俞辛焞著作集

第十卷

唇枪舌剑——九一八事变时期的中日外交

俞辛焞　著

南开大学出版社

天　津

前　言

　　外交与军事是抗日战争前日本对外政策的两翼。研究在战前日本外交史中占有重要地位的九一八事变，应把外交和军事有机地结合起来，以往的研究多是侧重于军事研究，以关东军和日本陆军中央为主要研究对象，并取得了相当的成果。本书则把九一八事变期间的中日外交作为研究对象，在主要研究日本外交、特别是日本外务省在此期间的对策和作用的同时，也研究中国南京政府的外交政策。

　　中外学界把1928年6月日军炸死张作霖作为九一八事变的起点，把1933年5月的《塘沽协定》作为九一八事变的终点，这已成为一般的通论。现今学界对1928年至1930年的中日外交研究已较为充分，并出版了几种专著。为此，本书拟着重研究和阐述1931年9月至1933年3月日本退出国际联盟期间的日本与中国的外交。

　　九一八事变虽因1933年5月的《塘沽协定》而大体结束，但"满洲国问题"却一直延续到全面侵华战争和太平洋战争时期，并成为日本战争外交的一部分。所以，本书还想进一步从日本军事史和外交史的角度，来探讨1933年至1945年8月战争结束时为止的伪满问题。

　　所谓外交，在狭义上是指通过国家间交涉来处理对外关系，即以外交部门为中心来处理涉外事务；在广义上则是指某个国家的外交政策和各种对外交涉等。本书所要探讨的，是广义上的外交，即以外交政策和对外交涉为中心的中日外交史。

关于九一八事变的名称问题。日本在事变初期称为"满洲事变"，在当时，中国则称为"东三省事件"或"奉天事件"，而中国共产党的文献中也曾称作"满洲事变"，后来才改称为九一八事变。

九一八事变已经成为历史，它是60多年前的那个不幸时代的产物。历史在前进，社会在变化，现在的中国和日本都进入了历史发展的新时期，因此，我们能够使用中日双方的历史资料，在中国和日本之间进行有关九一八事变及中日外交史研究的学术交流，并对中国和日本的外交加以研究比较，这是从那个不幸时代的历史教训中得到的中日友好的恩赐。中日两国人民今后还将从九一八的研究中得到更多的历史教训，并为进一步发展中日友好关系而努力。我研究九一八事变期间的中日外交史并出版本书的目的也在于此。如果本书的出版有助于促进近代中日关系史研究，并增进中日两国人民的交流，我将感到荣幸之至。

九一八事变和伪满问题涉及中国和日本的数十万、数百万乃至数千万人。现在的日本孤儿问题，就是九一八事变和那个时代遗留下来的。由于历史资料不够充分等原因，九一八事变的研究还会留下许多不明确的地方。特别是日本军部与内阁、外务省的内在关系，以及中国对事变的外交政策等等，还有进一步研究的必要。本书的出版并不意味着这一研究的终结，而是新的研究的开端。

本书集中了我在国内和在日本研修期间的研究成果。根据南开大学和日本早稻田大学、爱知大学的学术交流协定，我有幸在上述两所日本的大学研究九一八事变这个课题。从这个意义上讲，本书也是中日两国间学术交流的产物。在本书出版之际，我要对早稻田大学和爱知大学表示感谢，同时对恩师吴廷璆教授和对本书写作予以指导、协助的大畑笃四郎教授、江口圭一教授和安井正幸、马场公彦等日本朋友表示诚挚的谢意。

本书原用日文撰写，于1986年9月由日本的东方书店出版。作者对一些章节做了增补和修改，由朱庆余、李树果两位译成中文，在此致谢忱。

俞辛焞

1995 年春

目 录

绪　论

　　九一八事变期间的中日外交，是由中国南京政府对日本、对国联、对列强的外交与日本对中国、对国联、对列强的外交构成的。绪论首先综述日本在事变期间的外交和南京政府的外交政策，然后对中日外交加以简明的比较，以达到进一步深入了解九一八事变历史的目的。

　　九一八事变期间的日本外交，和甲午战争、日俄战争及而后的全面侵华战争、日美太平洋战争期间的外交相比较，有其特异性。这种特异性是由于九一八事变是以特殊的形态爆发的，而且是在国际联盟已成立这一特殊的历史条件下发生的。

　　这里所说的特异性，并不是绝对的，只是相对而言的。特异性中包含着普遍性或共同性，日本在九一八事变期间外交的特异性，也是日本外交的普遍性或共同性中的特异性，并不是与以往或而后的外交完全不同的。

　　近代日本外交的普遍性或共同性是战争外交。战前的日本是军国主义国家，军事和军部在其国内政治、经济、文化和教育等各个领域内都占有重要地位。在对外政策方面，军事和军部也占据优先地位，其对内政策也是为军事服务的。这就是所谓军国主义的特征。因而，处理对外问题的外交，在民主国家不过是实施本国外交政策的一种手段，而在军国主义日本却成了推行战争的手段。和民主国家相比较，这是军国主义日本的外交特征，也是近代日本外交的普遍共同性。

战争外交可以划分为三个阶段，即战前外交、战时外交和战后外交。本书对九一八事变期间的日本外交也拟分作三个时期加以叙述。从时间上划分，将 1931 年 9 月 18 日以前作为事变的战前外交时期；将九一八事变至第二年 3 月成立伪满洲国，作为事变的战时外交时期；将而后至 1933 年 3 月日本退出国联，作为事变的战后外交时期。从军事上来看，事变的战后外交还应包括 1933 年 5 月的《塘沽协定》的签订，从外交史的角度来看，还应将 1932 年 3 月伪满洲国成立后为促其获得国际承认的外交作为战后外交的一个部分。

事变前的日本外交，是两次战争期间，特别是华盛顿会议之后的外交的继续，其外交任务是想首先通过和平手段达到其侵略目的。如果外交手段不能达到这个目的，则诉诸战争。但是，九一八事变是以特异形态爆发的战争，是在关东军掌握挑拨战争的主动权，陆军中央的部分中坚人物的怂恿下，用阴谋手段发动的。这次战争不同于甲午战争、日俄战争以及太平洋战争，它不是经过阁僚会议、军部首脑会议和御前会议的最后裁决，并动用统帅权而挑起的战争。所以挑起这次战争的决策过程，在日本的对外战争史上也是异乎寻常的。日本外务省没有直接参与这次事变的挑拨行动，也没有进行挑起战争的外交准备。没有外交上的准备便突然地进行战争，这是九一八事变的一大特征。

然而，这并不是说日本外务省在事变之前没有起任何作用。事变之前发生了万宝山事件和中村事件。这两个事件是爆发九一八事变的间接导火线。在处理这两个事件中，日本外务省采取了积极的外交行动。万宝山事件是日本想在"满蒙"获得土地租借权，进一步扩大殖民权益的事件。把经济外交作为外交观念之一的币原外相，为了获得这种权益曾几次电训一时动摇并想从当地撤出警官的长春、吉林领事，要求他们以强硬的态度做出最后的努力。中村事件是由于日军大尉中村震太郎为了侦察兴安岭的军事地形而进入该地，被当地的中国驻军依法处死而引起的事件。但日本外务省的派出机构对这种特务活动进行强词夺理的争辩，并想利用这一事件扩大日本在东北的权益。

日本外务省的这种努力，虽说与关东军的最高目的也即通过武力占领"满蒙"不同，但和关东军想要扩大日本在东北的殖民权益是一致的。通过外交交涉而没有完全解决的万宝山事件中的土地租借权问题，由于九一八事变而解决了。所以两者试图在"满蒙"扩大日本帝国的所谓国益上，有着共同性。以日本外务省为主导的对上述两个事件的处理，虽被日本的社会舆论谴责为"软弱外交"，但日本外务省对上述事件的强词夺理及其对中国方面所采取的外交政策，却造成了日本挑起九一八事变的舆论，并为之打下了社会基础。这说明日本外务省和币原外交，在通过万宝山事件和中村事件而行使武力问题上虽与关东军有所不同，但双方又有共同点和相近的地方。九一八事变初期，日本外务省和币原外交，在对外问题上与关东军和日本陆军中央所采取的行动大体上是一致的，其根本点就在于此。

但是，日本外务省和币原外交没有为事变采取诸如争取列强的谅解、与特定的列强缔结同盟关系，以及在外交上孤立中国等方面的外交措施。这也是事变产生的"满洲国"未能获得国际承认的外交上的原因之一。

综上所述，日本在事变前的外交，既和事变有密切的关系，但又没有进行直接的开战外交。这正是其外交的一个特征。

那么，事变中的日本外交又当如何呢？

九一八事变中的日本外交的特征之一，便是一边进行战争，一边开展积极的外交活动。这在日本外交史上也是罕见的。在以往的甲午战争、日俄战争和而后的太平洋战争中，日本外交主要是开战外交或"终战"外交，在战争中的外交活动比较少。而在九一八事变中的日本外交，之所以那么积极地开展活动，一方面是由于当时的中日两国既处于战争状态，又没有完全断交；另一方面则是由于当时存在着国际联盟组织以及《国联盟约》（即《国际联盟盟约》，简称为《国联盟约》或《盟约》）和《九国公约》。这种特征是在两次世界大战之间特定的国际关系中产生的。

九一八事变中的外交，是以国联（列强）、中国和日本这样的三角关系而展开的。日本对中国、对国联和对欧美列强的外交，虽有直接交涉的一面，但主要是以国联为舞台而展开的。日本为了排除第三国对事变的干涉而主张直接交涉；而中国则想把日本的侵略行径诉诸国联与列强，并想借助国联和列强的力量制裁日本，以期解决事变。因此，以国联和列强为中心，日本和中国便展开了外交上的攻防战。

在这种外交攻防战中，由于日本与中国是侵略与被侵略的关系，因而从根本上说是针锋相对的。而处于中间或中心地位的国联与列强，则对日本和中国采取了双重的外交政策。

何谓双重的外交政策呢？国联是由世界上大小五十几个国家组成的，但它主要代表欧美列强的利益。因而，与国联的关系可以说主要是和欧美列强的关系。欧美列强和日本都是帝国主义国家，它们具有侵略中国、保护和扩大在中国的殖民权益的共同性，为此而相互同情、合作及支持对方保护既得权益。但日本和列强在侵略中国的过程中，为了扩大各自的权益和势力范围，又相互排斥和相互争夺，因此有时会出现反对对方的侵略并加以限制的情况。这种两面关系便是列强与日本之间的双重关系。欧美列强和中国的关系，基本上是侵略与被侵略的关系。欧美列强对日本侵略中国具有同情与支持的一面，但为了牵制日本对中国的急进性侵略，同时也为了与日本争夺中国，又有利用中国抵抗日本的一面，从而不能不考虑中国的某些反侵略要求。这就是国联或列强的双重外交政策。国联或列强对中日双方的这种双重的外交政策，使日本和中国的侵略与反侵略这一简单的外交关系更加复杂化了；而中国在九一八事变中的外交，也是在这种复杂化了的三角和双重的关系中展开的。在考察九一八事变期间和而后的中日外交时，需要首先想到这种基本的外交关系。这也是本书研究九一八事变时期中日外交史的一个核心的框架。

九一八事变中的外交特征之一，是在事变初期有过扩大与不扩大的二重外交。这在日本战争史或外交史上也是罕见的。那么，为什么会出现这种罕见的现象呢？20 世纪 20 年代，特别是在日本政党内阁时代，日本对中国的外交曾是二重外交。这是在华盛顿体制的牵制下，也是在政党内阁的新的政治体制下发生的。这种二重外交一直延续到事变前的中村事件。如果挑起九一八事变的决策，是通过正式的决策过程，那么这种二重外交则将是经过外务省与关东军及陆军中央的调整，成为对事变的统一的外交政策。但是，九一八事变没有依循这样的决策过程，所以 20 年代的乃至针对中村事件的二重外交便延续到九一八事变，并成为扩大与不扩大的二重政策。

在这种二重外交中，币原外交坚持了不扩大的方针。这个时期的所谓币原外交，代表了币原外相个人的外交观念或外交原则，同时也代表了这个时期的若槻内阁的对外政策。币原外交也有二重性：对内它主张不扩大，并限制关东军的军事行动；但作为代表日本帝国的外交，它为关东军的阴谋的军事行动又进行了全面的强硬辩解，并为了使这种军事行动得到国际性的保障而作了一贯的努力。以往对币原外交的研究和评价有一种倾向，即侧重于它在事变初期的对内牵制作用，而忽视了它对国联、列强和对中国外交上的作用。为此，本书在承认币原外交对内作用的同时，着重研究它的对外作用，并对九一八事变中的币原外交进行全面考察。

在九一八事变中，币原外交的主张是与南京政府或张学良进行直接交涉。这种直接交涉的主张与币原外交在事变初期的不扩大方针是相互对应的。币原外交是想利用关东军在事变初期军事上的"胜利"，通过与南京政府或张学良进行直接交涉，以解决在东北的 300 多件有关殖民权益的悬案，并收拾九一八事变的残局。这里包含着币原外交的外交观念，即通过非军事的力量来维护和扩大日本的殖民权益；同时也包含着与币原外交的外交观念相反的反协调主义的目的，即试图排除第三国和国联对事变干涉的目的。因此，这种直接交涉也具有两面性。

一个国家的外交政策在保护和扩张本国利益这个基本目标上是始终不变的。但为了达到这个目标而采取的具体的外交政策，不仅不是固定不变的，而且是变化多端的。对外政策与对内政策相比较，其变动性较大。日本的对外政策也是如此。所以，币原外交也随着九一八事变的进程于 1931 年 11 月中旬发生了转变。币原外交的这种转变，可以从他在撤兵、扩大以及成立傀儡政权等三个问题上得到证实。

在九一八事变中，解决事变的焦点或要害，是关东军撤回满铁附属地的问题。如关东军撤兵，则有通过外交途径来暂时解决事变的可能性。主张不扩大的币原外交，曾赞成 1931 年 9 月 30 日国联行政院有关日军撤退的决议，并试图通过直接交涉来解决事变问题。但是，从 10 月 9 日前后开始，币原外交又在撤兵问题上设置障碍，先后附加了确保日本人的生命财产安全、缔结五项大纲协定、成立治安维持会等先决条件，为关东军拒不撤兵的行动制造了外交上的借口。

在扩大事态的问题上，币原外交是沿着从不扩大向"和平"的扩大，进而又向军事性的扩大这个方向转变的。9 月 21 日关东军占领吉林以后，在日本政府的不扩大方针和国联行政院要求日本撤军决议的牵制下，曾一度停止公开的军事行动，但暗中利用张海鹏等旧军阀势力北进。这是所谓的"和平的扩大"。对此，币原外交曾给予赞同与合作。在11月上旬和中旬日军攻占嫩江与齐齐哈尔的问题上，币原外交最初予以反对，但最后则赞成占领齐齐哈尔。

主张不干涉内政的币原外交，在事变初期曾反对建立傀儡政权，甚至对参与此事也表示异议。然而，后来也发生了变化。这种转变是沿着为成立作为傀儡政权之基础的地方治安维持会进行辩护，而后赞同成立治安维持会，进而又同意将张学良政权从东北驱逐出去的方向转变的。

币原外交的上述转变，主要是在1931年11月中旬关东军侵占齐齐哈尔前后发生的。至关东军侵占锦州时，军事行动和币原外交已经相互协调并大体一致了。

币原外交的这种转变，在研究和评价币原外交以及九一八事变期间的日本外交时，都是重要的问题。当时日本驻奥地利公使有田八郎就承认了币原外交在日军撤退问题上的变化。南京政府也曾认为，日军占领齐齐哈尔之后，日本的二重外交结束了，币原外交也转变了。在有关研究九一八事变史或币原外交的著述中，也有承认这种转变的。①这些事实表明：币原外交在其告终的一个月之前，便已经改变了事变初期的日本外交。

币原外交的这种转变，是它的内在本质和对客观形势的认识促成的。币原外交试图解决1924年加藤内阁时期以来的"满蒙"悬案，并扩大日本帝国主义在"满蒙"的殖民权益。这是币原外交的本质。这种本质与关东军和日本陆军中央是一致的。但是在

---

① 白井胜美在其著作《满洲事变——战争与外交》(中央公论社1974年版，第124页)一书中，便明确地记述："币原外相在11月12日就满洲问题向驻意大利、美国和中国的大使或公使传达了政府的方针，15日又向芳泽代表训示了有关对[国联]行政院的对策。从这一系列的方针来看，币原外相的见解已经明显地改变了以往的币原外交路线。"原外交官斋藤镇男著述的《日本外交政策史论序说》(新有堂1981年版，第52页)也说："币原外相在第三次任外相时也没有改变他的外交观念。但在处理具体的外交问题时，则可以看出随着中国形势的进展，他以往的态度逐渐发生了变化。这种变化可以从他对国联有关满蒙问题的训令中看得出来。"(文下黑点是斋藤所加)。

事变初期，出现了意见上的分歧。这种分歧表现在是否通过军事占领来一举扩大殖民权益，并将这种权益一直推进到成立傀儡政权的问题上。然而，这种分歧不过是达到目的程度和手段上的区别。因而，虽然对内来讲，币原外交和军部存在着分歧，但从对外来讲，币原外交又为关东军的侵略行径进行辩护，并一贯努力为之造成有利的国际舆论和国际环境。这种一致性是币原外交发生转变的内在原因，并最终成为币原外交与关东军和陆军中央大体一致的基础。

币原外交的转变还与它对客观形势的认识变化有关。币原外交考虑到日本对英美的经济依赖和世界军事力量的对比，并曾担心苏联的军事干涉。但是，欧美列强与苏联对日本是妥协的，并没有采取经济制裁和军事干涉的手段。因而，币原外交对制约其协调外交本质的客观形势认识上发生了变化，而这种变化则成了币原外交转变的客观原因。

币原外交的转变，是客观外交活动的变化。至于当时币原喜重郎本身是怎么想的，以及他的外交活动与外交观念之间是什么关系等问题，由于缺乏确实的史料，只能有待将来进行研究。

"一·二八"事变期间的芳泽外交，无论对内对外，从一开始便与军部协调一致，日本外务省和军部是作为一个整体而行动的。芳泽外相和陆海军大臣共同决定向上海出兵，并主动要求列强介入与合作。军部也同样希望列强介入。这一情况表明："一·二八"事变期间的芳泽外交与九一八事变期间反对列强介入的币原外交是不同的。这是"一·二八"事变的特异性所产生的现象。"一·二八"事变的主要目的是转移列强对成立伪满洲国的注意力，并想牵制列强对成立伪满洲国的干涉。因此，日本在列强殖民权益集中的上海挑起事变，以便把列强卷入其中，使列强的注意力集中到上海。日本在"一·二八"事变中采取了两个相互矛盾的政策：一是军部所采取的政策，挑起事变并激化了日本与列强的矛盾；

二是以外务省为主而采取的政策，将列强卷入事变并与之协调或妥协。这两种政策作为手段或方法是相互矛盾的，但在为了转移列强视线的目的上又是一致的。

正如日本预料的那样，列强被卷入了"一·二八"事变，并暂时从成立伪满洲国的事情上转移了注意力，使得伪满洲国在没有列强的特别反对下成立了。但是，"一·二八"事变激化了日本与列强的矛盾，反而起到了难以获得列强承认"满洲国"的作用。

事变后的外交问题怎样呢？

伪满洲国只是日本的殖民地，作为一个没有国家主权的殖民地来讲，本没有什么外交问题可言。但是，伪满洲国又采取了"独立国家"的形态，因此，围绕着伪满洲国的外交问题便被提到议事日程上来。

九一八事变后，日本对伪满洲国的外交，一是确立日本的殖民体制；二是承认伪满洲国以及争取列强对伪满洲国的承认问题。这种外交首先是从内田担任外相时期开始的，一直延续到 1945 年战争结束。事变后的外交持续这么久，这在日本对外战争史或外交史上也是独一无二的现象。

事变后日本对伪满外交的特征之一，便是它的两面性。从背后来讲，是日本外务省和军部共同为了调整和确立其殖民体制而奔波，但在表面上又不遗余力地粉饰其殖民地傀儡政权的所谓"独立性"。当时日本拓殖省将这种两面政策讽刺为"挂羊头卖狗肉"。这不是夸大其词，而是事实。

在确立殖民地体制上，日本表面上承认伪满洲国是个"独立国家"，但在背后又缔结各种条约，采取从法律上确立和保障其殖民体制的种种措施。随着对伪满的殖民政策的实施，这种两面性便失去了均衡，殖民地的傀儡性愈发暴露，表面的"独立"形式反而妨碍了日本的殖民地政策。因此，继续粉饰其所谓的"独立性"已经没有必要了，日本外务省也逐渐被排斥在伪满的殖民统治之外，并一度酿成军部与拓殖省之间的权力之争。后来到1942 年举行"满洲国建国十周年"纪念活动和日本大东亚省成立时，拓殖省也几乎完全被排斥在外了。这表明日本对"满洲国"实施的殖民政策与日本外务省在"满洲国"的统治地位是成反比例的。这是日本殖民地政策的必然结果。

所谓争取伪满洲国的国际承认问题，与其说是争取国际上对"独立国家"的承认，莫如说是争取国际列强对日本侵略"满蒙"的承认，获得列强对伪满作为日本殖民地的承认。这是日本与列强争夺"满蒙"而产生的现象。

伪满的承认问题，曾在日本外交中占据重要地位，时至1940 年一直是日本对中国外交的首要问题。在"承认满洲国"的具体方针上几经变化，即要求国联与列强承认→中国承认→列强承认→中国承认，等等。其要求承认的具体方式也是多次变化的，即正式的公开承认→默认其存在→正式的公开承认→默认其存在，等等。这种变化是伴随着国际形势与战局的变化而改变的，同时也是在争取承认这个问题上反复失败的结果。

随着国际形势与战局的变化，伪满问题在日本外交中所处的地位也不尽相同。在中日战争中处于第一位的伪满问题，在日美交涉中属于应该解决的一系列问题的第八位，至 1944 年日美太平洋战争的后半期，则变成了如何维持现状的问题，进而至 1945 年夏天，"伪满问题"又被作为日本终战外交的一环，成了日本对美、对苏外交的"礼品"，变成了所谓对"满洲国"实行国际管理、中立化或者将北满铁路和旅顺转让给苏联等。"满洲国"的地位是随着战局的变化而变化的。

从上述九一八事变的前期、中期和后期的日本外交的阶段性可以看出日本外交的连续性和必然性。九一八事变时期日本外交虽然是沿着爆发→不扩大→扩大→成立傀儡满洲国→承认"满洲国"→退出国联这样的阶段性发展的，但其前后的紧密联系产生了它的连续性和必然性。九一八事变期间，日本是三届内阁和三人交替担任外相。这种交替与事变的阶段性是相呼应的，由于这种相应性，进而产生了交替的连续性和必然性。币原外交在1931年12月13日结束了，但在其后的芳泽外交与内田外交中，它被继承下来。如果在事变前期和中期没有币原外交和它的转变，那么也就不会有后来的芳泽外交与内田外交，也不会有日本对国联、列强外交的连续性。但是，这种连续和继承并不是单纯的连续和继承，而是否定中的继承，继承中的否定。犬养内阁选择芳泽任外相，其中有对币原外交的否定，也有对币原外交的继承。斋藤内阁选择内田任外相，也是既有对币原、芳泽外交的否定，又有继承，并最终在内田外相的"焦土外交"中达到了完整和高峰。这是历史发展的否定之否定的法则在九一八事变期间日本外交上的反映。

　　那么，九一八事变期间日本外交的连续性和必然性，与外交上的选择余地是什么关系呢？九一八事变不是偶然在某一天发生的。它的爆发有着历史的必然性。日俄战争，特别是第一次世界大战以后，日本对中国有所谓300余件的悬案没有通过对外交涉获得解决，所以便想利用世界经济危机的有利时机，通过军事手段来解决。这虽然是以关东军的石原莞尔和板垣征四郎等为主未经正式的决策过程而偶然选择的，但这种偶然选择中存在着历史的必然性。所谓历史的必然性，不是宿命论。石原莞尔和板垣征四郎作出九一八事变的历史选择是根据历史必然性的选择。这不是个人的选择而是作为国家政策的选择。这种国策选择是客观形势和多方面力量关系的矛盾与斗争的综合结果。这种综合性的结果就是九一八事变期间的日本外交的连续性及必然性。例如在承认"满洲国"时期，为什么要选择内田康哉作为外相呢？在退出国际联盟时，又为什么选择松冈洋右作为日本在国联大会上的全权代表呢？当时在霞关（日本外务省所在地）有各式各样的外交官，之所以从中选择了内田和松冈，是因为他们是那个时期完成日本外交任务的合适人选。这里便有作为日本的国策而不能不作上述选择的必然性。因此，选择是根据必然性的选择，必然性迫使那个时代的人作出那种选择。

在九一八事变的进程中，特别是在事变的各个阶段，日本外务省有自行选择的余地，但最终作出的选择不是外务省的自行选择，而是与日本帝国利益相适应的国策选择。这种选择是与九一八事变的进程相对应的，是与必然性和连续性相融合的，而不是与之分离的。这种必然性并不排斥个人对历史的作用，因为政策的选择包括国策的选择是通过个人或集团决定的。某个人或某集团的主张被选择为国策及其对历史产生作用的方式，有时还有一定的选择余地。九一八事变期间的日本外交也是基于这种必然性和选择关系的法则而选择和连续的。

根据这种必然性和选择性，九一八事变期间的决策过程如何呢？政策的决定是从多种政策方案中选取的。就政策的选择而言有两种方式：一是上级或中央作出选择，使之成为国策；二是下级首先作出选择，然后获得上级或中央的批准而成为国策。这两种方式在选择或决定国策的过程中都是正常的。九一八事变的情况则多是关东军先作政策选择，然后以中央批准的形式来定为国策的。这与其说是"不负责任的体制"，莫如说是正常的决策过程。如果将之称作"不负责任的体制"，那么则可以说，批准或默认关东军选择的日本陆军中央对国策是没有责任的，其次也可以说关东军对国策也是没有责任的。

然而，这种形式的决策，从日军侵占锦州以后开始发生变化，如在承认"满洲国"的问题上所采取的形式，便是根据日本政府的决定而步步推进的，而且还是下级按照中央的决定和命令来采取行动的。日本外务省对九一八事变的外交政策最初也是追随关东军的先期行动，但从日军攻占锦州以后则发生变化，在"一·二八"事变和承认"满洲国"的问题上，则可以说是主动采取了率先行动。

在九一八事变中，日本外务省本身的命令和指挥系统，始终是外务省本身居于主动地位，并指挥了它的派出机构和国联的日方代表。这与日本军部是不同的系统。

那么，中国的南京政府对九一八事变和日本的外交采取了什么样的对策呢？

对时局和形势的分析和判断是决定政策的重要前提。作为被侵略者，中国的南京政府又是如何判断九一八事变、"一·二八"事变和日军进攻热河的呢？由于九一八事变是通过阴谋手段挑起的，所以南京政府事前对此没有作出判断。同年7月，张学良曾致电蒋介石，内称日本关东军在东三省将要有所策动，但日本是针对苏联的还是针对中国的，难以作出明确的判断。7月的中村事件发生后，顾维钧认为日本可能要利用这一事件武力占领奉天（沈阳），并在当月将这种判断告诉给张学良，但张学良把它当成耳边风，未加以重视。张学良只是采取缓和对日关系的措施，而没有采取相应的对策。

九一八事变爆发时，南京政府依然认为这是局部的军事冲突，没有对日本试图占领东三省的目的作出判断。时至11月下旬关东军占领齐齐哈尔以后，南京政府才认清了日本发动事变的目的。南京政府的判断如此迟钝是同当时日本的二重外交，特别是币原外交有很深的关系。南京政府在事变初期对日本的二重外交曾有明确的认识，并抱有期待。在日军占领齐齐哈尔之后，认为日本的二重外交已告结束。这是正确的判断。

对于"一·二八"事变，南京政府认为是九一八事变的继续，并认为这主要是为了占领首都南京和长江流域而采取的军事行动，没有看透暗含其中的日本以此转移列强对成立"满洲国"的视线的特异性。因此，在不了解九一八和"一·二八"事变内在关系的情况下所采取的对策，是一种战略性的错误。

南京政府对日军在热河作战的判断是正确的。由于这次作战是在国联基于李顿报告书而起草和通过有关九一八事变和"满洲国"问题的最终报告期间发生的，所以南京政府对日军的这次作战与国联的关系有所认识，并采取了相应的对策。

基于以上的认识或判断，南京政府所采取的方针是，对九一八事变不抵抗、不交涉，对"一·二八"事变是一边抵抗、一边交涉，而对日军在热河作战则是抵抗、不交涉（最后是交涉）的方针，总体说来南京政府虽有抵抗，但基本上是不抵抗或消极的抵抗。这些多种形式的对策方针与对形势的判断有关，同时和其他因素也有关系。在"一·二八"事变时，表面上可以看作是积极的抵抗，但实际上是为了创造交涉条件而抵抗，不是为了抵抗而抵抗。对于日军进攻锦州和热河，南京政府的政策方针是想抵抗和进行部分抵抗，但也没有作出像样的抵抗。交涉主要是为了停战，这和1894～1895年中日甲午战争时李鸿章的对日交涉有某些相似之处，但也有不同之处。后来担任外交部长的顾维钧，在九一八事变的初期，便主张对日直接交涉，南京政府在11月17日、18日，也想以满蒙的铁路问题为中心对日直接交涉。但是这种交涉没有实现。然而，这种交涉却不是停战交涉，而是包括政治、经济问题在内的具有谈判性质的交涉。

南京政府对九一八事变的外交特征是，依赖国联和美国。南京政府试图根据国联行政院的决议，使日本关东军撤回满铁附属地带，并根据国联大会的最终报告制裁日本，解散傀儡"满洲国"。但是这些目的都没有达到。随着对国联的失望，南京政府又对美国寄予期望，想依靠《九国公约》来解决九一八事变。但是，美国对南京政府的期望并没有采取相应的对策。

南京政府虽说依赖国联和美国，但最终并不相信这种依赖可以解决九一八事变问题。这是因为南京政府最终对国联和美国有了一定的认识。南京政府针对国联与列强的双重政策，确实采取了相应的对策。如对李顿调查报告的评价便是一例。该报告的开头便表明了国联与列强对中国的双重政策。因此，南京政府对其公正的部分加以肯定，而对偏袒日本的不公正的部分则要求予以修改。

南京政府不相信"满洲国"问题能在短期内获得解决，因而想依靠长期的外交政策或日本国内政治势力的变化、国际形势的变化来最终解决。这其中含有"失败论"。南京政府认为，在军事上与日本对抗必然失败，抵抗是没有用的，试图尽可能地保存自身的军事实力。张学良和蒋介石都是如此，特别是张学良。这不能不说是"失败论"。

这种"失败论"和保存自己实力的企图，有其历史和现实的缘由。1911年辛亥革命推翻清朝政府以后，特别是1916年袁世凯死后，中国国内军阀林立，混战不断。通过1926年至1927年的北伐，虽然蒋介石暂时在形式上统一了军阀势力，但是军阀内部的对立和混战依然存在。这些军阀是半封建的地方割据势力。他们为了确保各自的割据地盘，认为保存自己的军事实力比什么都重要，这样，数十倍于日军的中国军队，不是为了对付外来侵略的，而首先是为了确保自身的实力和地盘的。因此，作为国民党新军阀的张学良、蒋介石自然不会例外，他们都不想全力对付日本，更不想与日本决战。这是因为如果在决战中失败，那么自己支配的地盘便有全面崩溃的可能性。南京政府在九一八事变中所采取的不抵抗或消极抵抗的方针中，便存在着这种半封建的军阀意识。

保存自己的实力还有出于对共产党的革命根据地和工农红军进行"围剿"的需要。1927年4月，蒋介石通过政变镇压共产党，破坏了第一次国共合作。之后，国共两党进入相互对立的国内战争状态。1930年12月，国民党动员10万军队开始第一次"围剿"，

1931 年 4 月动员 20 万军队进行第二次"围剿",同年 7 月又动员 30 万军队开始第三次"围剿"。九一八事变正是在第三次"围剿"的高潮中爆发的。因此,国民党的南京政府重视对苏区的"围剿",对日本却采取了不抵抗政策。"一·二八"事变时,南京政府只将 5 个师的兵力配备在上海,而将 30 个师的兵力用于包围苏区。及至上海停战协定签订,又立即出动 60 万军队对苏区进行第四次"围剿"。1933 年 5 月,缔结《塘沽协定》,九一八事变刚刚告一段落,南京政府于 10 月又动员百万军队对苏区进行第五次"围剿"。这些事实说明了国民党南京政府的本质,表明了它对日本侵略所采取的,只能是不抵抗或消极的抵抗。

当时日本外务省也曾分析过军阀、国民党内部及其对共产党的"围剿"等南京方面的内部情报,了解到南京政府认为"此时与日本交兵是失策的"[①]。日本关东军也正是在洞察南京方面的这种看法之后挑起了事变的。

中国共产党在反对国民党"围剿"的同时,于 1931 年 9 月 22 日通过了反对日本侵略满洲的决议,并发表了宣言。中央工农红军革命委员会也发表宣言,号召工人、农民、学生和市民奋起反抗日本侵略,反对对日消极抵抗的国民党政府。至"一·二八"事变时,再次发表决议,号召坚决反对日本侵略,反对停战谈判和缔结协定。

为了抵抗日本的侵略,中国共产党于 1933 年 1 月以中央工农民主政府和工农红军革命委员会的名义,呼吁国民党南京政府停止内战。1935 年,共产党发表《八一宣言》,向国民党呼吁建立抗日统一战线。由于共产党的努力和国民党内部张学良、杨虎城等人的爱国行动,以 1936 年 12 月的西安事变为转机,共产党和

---

① 美国国会图书馆复制:《日本外务省档案（1868～1945）》(Checklist of Archives in the Japanese Ministry of Foreign Affairs, Tokyo, Japan, 1868～1945，microfilmed for the Library of Congress),S483 卷, S1.1.1.0~17,第 1964 页。

国民党结成了抗日民族统一战线。这样，中国国内的对立和内战暂时停下来，国共两党开始联合起来对付日本的侵略。

最后，将九一八事变期间的中日外交作些简单的比较：

①在外交政策的决定过程中，日本军部有较强的发言权，而南京政府则是根据国民党的绝对意见来决定的。南京政府是国民党一党统治下的政府，国民党的最高权力组织——中央政治会议，是基于它的直辖机构——特别外交委员会的汇报和报告来决定外交政策的，有时则直接向日内瓦的中国代表发出训令，因此，南京政府的外交部没有特别的权限，而是指导具体的外交活动、具体执行国民党政治会议决定的机构。

②在外交与军事的协调上，日本在事变前和事变中，基本上是军事行动先行，外交追随其后；而南京政府则始终是外交先行，由于军事上的不抵抗或消极抵抗，没有采取与外交相应的军事行动，因此完全谈不上军事与外交的协调。南京政府的外交活动虽然是积极的，但由于没有军事上的保障，不能完全达到所期待的目的。

③日本的外交是侵略性的，中国的外交则是反侵略的。因而中国的外交是正义的，在国联中占主动地位，它所采取的是攻势，并获得了多数国家的同情与支持。日本的外交是非正义的，在国联中采取的是守势，受到了多数国家的谴责。这和军事上日本始终是攻势，而中国则是守势恰好相反。

④在与第三国的关系上，日本反对第三国干涉九一八事变，并试图用一切方法来排除这种干涉。而南京政府则始终希望第三国介入，并想依赖第三国和国联来解决事变和"满洲国"问题。

⑤在与国联和列强的关系上，日本和中国也是恰好相反的。国联和列强对日本、对中国都采取两重政策。在国联和列强对日表示同情和支持这一点上，日本表示赞成并予以接受，而中国则是针锋相对地反对。在国联和列强为了牵制日本的侵略而对中国

表示"同情"或"支持"的这一点上，中国予以肯定和接受，而日本则是针锋相对地反对。中国和日本对于国联和列强的双重政策的反应，可以说是截然对立的。

⑥中国和日本是侵略与被侵略的关系，然而，日本政府和南京政府又想通过一时的直接谈判来解决事变问题。这是不能实现的。

⑦一个国家的外交，也可以说是其国内政治、经济的延长。中国和日本在九一八事变期间的外交，与本国各自的政治、经济形势有着密切的关系。事变期间，日本采取的是"举国一致"的体制，而中国则处于国内分裂和内战的状态。从经济上讲，日本近代化了，而中国却是一个非近代的半封建国家，这表现在中日双方的国力差别上，日本是强国，中国则是弱国，除了侵略与被侵略的重要因素之外，这也是决定中日双方外交对策的一个重要因素。

⑧中国和日本对九一八事变和"满洲国"问题的外交，经过九一八事变、中日战争和太平洋战争，最后以中国外交的胜利而告终。

第一章　万宝山事件与中日交涉

　　九一八事变爆发前，中国东北发生了一系列的事件。1931年发生的万宝山事件便是其中之一。那么，万宝山事件具有什么性质？日本外务省及其驻东三省领事馆在有关交涉中起了什么作用？这种作用在日本的"满蒙政策"中具有什么意义？它和九一八事变又有什么关系？

　　本章首先探讨万宝山事件与土地租借权及朝鲜农民的双重国籍问题的关系，以阐明万宝山事件的性质，进而分两个阶段来叙述日本外务省及其驻东三省领事馆与中方的交涉，以及中国东北当局和南京政府的反应，通过评述这一交涉过程来阐明日本币原外交的本质和特征。最后，本章将通过分析万宝山事件、朝鲜排斥华侨事件以及中国的反日斗争和抵制日货运动的相互关系，进一步考察万宝山事件与九一八事变的关系。

一、万宝山事件与土地商租权问题

　　万宝山位于长春东北 33 公里处，属于吉林省长春县第三区管辖，该区的区政府和第三公安分局也设在这里，它是个拥有 92 户1100 余人口的小村。万宝山西南 15 公里外有伊通河流过，河西岸是三姓堡、马家哨口和宫荒屯等村落。万宝山的周围有数万垧[①]未开垦的荒地，这些土地的所有者每年向政府缴纳地租，因负担过重，就想雇佣部分朝鲜农民将其开发为水田。第三区区长曹彦士于 1931 年 3 月将此事向县政府报告，县政府也认为需要开发这片荒芜的土地，并为此研究了具体对策。

是时，日本帝国主义也想利用这个机会来攫取万宝山地区的土地租借权。据中国国民党吉林省党务指导委员会的调查，日方的计划是：在伊通河两岸开凿 17 条水渠，每条水渠灌溉水田 1000 垧，合计开成两万垧水田，并将二三万朝鲜农民迁居到此地。[②]此外，日方还想把满铁延长到马家哨口，进而以当地住有朝鲜农民为借口，在当地设置领事馆和警察署。万宝山地区的开垦问题，实际是这一长期计划的一部分。日方的目的在于迫使中方承认其在东北的土地租借权，以便扩大日本在华的殖民权益。

然而，当时中国还没有许可日本人在东北拥有土地租借权。因此，日本人不能直接通过中国地主来租借土地。于是日方就企图利用当地的卖国贼郝永德来达到上述目的。实际上，当时郝永德和日本已经私下共同设立了长农稻田公司，并以这个公司的名义于 4 月 16 日和万宝山的地主张鸿宾、肖翰林等人订立了租借荒地 500 垧的契约。[③]郝永德并非自己经营或耕种这些土地，而是将其转租给朝鲜的土地经营者李升熏等人，并和他们订立了十年的契约。[④]李升熏特地将吉林省各地的朝鲜农民 180 余人迁移到万宝山，从 4 月 18 日开始挖掘连接伊通河与荒地的水渠。[⑤]他们为了开掘 10 公里长的水渠用地，强行占用了当地 41 名农民的土地，但这种水渠用地并不在上述两个契约规定的荒地范围之内，

---

① 垧为计算土地面积的单位，一垧在东北大约为 10000 平方米。
② 罗家伦编：《革命文献》，第 33 辑，第 570～571 页。
③ 罗家伦编：《革命文献》，第 33 辑，第 505～507 页。
④ 罗家伦编：《革命文献》，第 33 辑，第 507～509 页。
⑤ 王霖、高淑英编：《万宝山事件》，吉林人民出版社 1991 年版，第 20 页。

所以从 4 月末开始，当地农民便阻止这种挖掘工程。5 月下旬，中国农民直接向省政府请愿。25 日，长春县公安局派出警察加以劝阻，并拘留了朝鲜人的水渠监工。6 月 1 日，长春县政府又派出职员与警察合作，继续以和平手段命令朝鲜农民退出该地。但朝鲜农民拒不撤出。于是中方警察便将为首的 10 人带往县公安局。6 月 3 日，长春县公安局长率马队 50 名，警察 10 人，将上述 10 人带到水渠工程现场的马家哨口，继续驱赶施工中的朝鲜农民。①然而，日方在派往当地的 10 名领事馆警察的支援下明令朝鲜农民继续施工。这样一来，中国农民和朝鲜农民、中国官吏和日本官宪便发生了对立。7 月 1 日，日本驻长春领事以"保护"为名，派军警殴打中国农民，开枪打伤多人，并逮捕十余人，这就是所谓的万宝山事件。②万宝山事件是日本为了在中国东北获得土地租借权而发生的。但它为什么表现为朝鲜农民的水田耕作问题呢？不弄清这个问题，就难以理解这一事件的实质，同时也难以阐明有关万宝山事件外交谈判的整个过程以及万宝山事件与九一八事变的关系。因此，本章首先探讨朝鲜农民在中国东北的土地租借权及其双重国籍问题。

朝鲜农民的土地租借权问题，与朝鲜农民向中国东北迁移的历史有关。朝鲜农民向中国东北迁移始自 19 世纪中叶。当初，春耕秋归者居多，而正式迁移则是从日本帝国主义将朝鲜作为殖民地加以合并的 1910 年前后开始的。时至 1931 年，迁入中国东北的朝鲜人总数已达约 100 万人，其中约有 60 万人集中在间岛地区③，40 万人分散在其他各地。这些迁移者的大多数从事农业，特别是水田耕作，有部分人是从事独立运动的爱国者，还有极少的一部分则是日本侵略中国东北的走卒。

---

① 王霖、高淑英编：《万宝山事件》，第 32～33 页。
② 参照王霖、高淑英编：《万宝山事件》，第 62～67 页。
③ 即现在的吉林省延边地区。

朝鲜农民向中国东北迁居，原本是前近代的历史关系和国际法不明确造成的。但中日甲午战争以后，这个问题则逐步成为日本对朝鲜实行殖民统治和侵略中国政策的一环，它的性质逐渐发生了变化。从 1908 年日本在朝鲜成立东洋拓殖株式会社之日起到 1910 年，仅短短的两年时间，日本便从朝鲜农民手中夺取了 1100 町步（每町步为 9918 平方米）的土地。日本吞并朝鲜后通过所谓的土地调查又从朝鲜农民手中夺取 102.5 万町步的土地。时至 1920 年，东洋拓殖株式会社已经掠夺了朝鲜农民的土地 10 万町步，因此，许多朝鲜农民破产，失去土地的佃户越来越多。为了生存和获得土地，他们只好离开世代居住的故土，越过图们江和鸭绿江，迁居到中国东北。由此可见，朝鲜农民向中国东北迁居，实际是日本对朝鲜实行殖民政策的产物。日本随后又把它变成了侵华的一种手段。1921 年 5 月日本驻奉天总领事赤冢正助在其编纂的《在满朝鲜人问题》的报告中便说："总之，住在这里的朝鲜人并没有受到中国官民使之感到威胁的那种迫害，正处于比较安定的生活状态中。如果给他们以相当的物资援助，将来则可以实现相当可观的发展，这对帝国在北满的发展极为有利。"[①]显然，日本帝国主义出于侵略中国的需要，实际上是希望朝鲜人向东北移民的，并已经将之作为日本"满蒙政策"的一个环节。

朝鲜农民向中国东北迁居，自然要涉及土地问题，而土地问题又是与国籍问题相关的，因而，这些问题与当时朝鲜、中国、日本之间关系的复杂性相关联，终于变成了中日之间发生矛盾的导因，并引起了相互间的外交问题。

这里，我们先来考察一下朝鲜农民的土地问题，朝鲜农民在种植水稻上具有较高的技术，一般定居在有可能开发为水田的地区，开垦低湿的荒地，从事水稻种植。被开垦的土地属于中国地

---

① 满洲移民史研究会编：《日本帝国主义下的满洲移民》，龙溪书舍 1976 年版，第 498 页。

主所有，朝鲜农民作为中国地主的佃户或雇工而从事劳动。由于种植水稻的收益比旱田高，在经济上对中国地主有利，所以中国地主有欢迎朝鲜农民迁居的倾向。但是，迁居后的朝鲜农民希望拥有自己的土地，这是一般农民的发自内心的朴素愿望。日本帝国主义正是利用了这一点，将它巧妙地运用到侵略中国东北的政策上。

日俄战争以后，日本在积极实行"满蒙政策"的同时，于1905年11月与朝鲜缔结了《日韩协约》，在朝鲜设置统监府，掌握了朝鲜的外交大权。1909年9月又和中国清朝政府缔结了《中日图们江界约》（也称"间岛协约"），其中规定"中国政府仍准韩民在图们江北垦地居住"，"所有图们江北杂居区域内韩民之地产房屋等由中国政府与华民产业一律切实保护"，同时规定居住江北的"韩民服从中国法权，归中国地方官管辖裁判，中国官吏当将该韩民与中国国民一律相待"。①这是朝鲜人在法律上加入中国籍，中国政府对入籍朝鲜人承认其土地所有权并予以保护的规定。但是，1910年8月日本帝国主义合并朝鲜后，朝鲜从日本的半殖民地变成了完全的殖民地，朝鲜人已经成为日本帝国主义的所谓"臣民"。这意味着上述条款业已失效。

1915年，日本利用第一次世界大战的机会，将"二十一条"强加给中国，并于5月25日缔结了《关于南满洲及东部内蒙古之条约》。该条约第二、三条规定："日本国臣民在南满洲为盖造商工业应用之房产，或为经营农业，得商租其需用地亩"，"得在南满洲任便居住往来并经营商工业等一切生意"。②该条约第八条还规定："关于东三省中日现行各条约，除本条约另有规定外，一概

---

① 黄月波等编：《中外条约汇编》，商务印书馆1925年版，第180页。参见日本外务省编：《日本外交年表及主要文书》，上卷，原书房1976年版，第325页。
② 黄月波等编：《中外条约汇编》，第407页。王芸生编：《六十年来中国与日本》，第六卷，三联书店1980年版，第264页。

仍照旧实行。"①然而这个条约对 1909 年的《间岛协约》并没有作出任何特别规定。因此，这个条约并不适用于居住在间岛地区的朝鲜人。这一条约在当时中国人民的强烈反抗下，没有付诸实施。但是日本政府后来认为，由于朝鲜人变成了日本国的"臣民"，根据 1915 年的条约，朝鲜农民在南满也应拥有土地租借权。这实际是强拉硬扯的解释。1915 年以后，日本就这个问题曾三次与中国政府进行交涉，但都没有任何结果。因此，土地租借权问题则成了当时日本"满蒙政策"中所谓 300 余件悬案中的一案，而且是最为亟待解决的外交问题之一。于是，日本支持朝鲜人为了取得中国的土地而加入中国籍，部分入籍而获得土地的朝鲜人又将其土地抵押或转让给日本的土地会社或个人，这就使朝鲜人的土地问题与日本的"满蒙政策"联系起来，朝鲜人的双重国籍问题因而产生。

当时，关于朝鲜人在中国的双重国籍问题，并没有任何特别条约。当时中国国籍法规定，原来没有国籍或者在取得中国国籍的同时放弃本国国籍者，才有资格取得中国国籍。②但朝鲜人在日本帝国主义的殖民统治之下，不可能脱离所谓"日本臣民"的国籍。而日方在迁居的朝鲜人的国籍问题上，则是在他们的中国国籍有利于日本时，便让朝鲜人取得中国国籍，但在他们作为所谓"日本臣民"对日本有利时，又使之适用于所谓的日本国籍。朝鲜人的双重国籍有利于日本的"满蒙政策"，因此，这个问题就变成了与日本的"满蒙政策"直接相关的问题。

中国当局针对日本把这一问题作为"满蒙政策"的一个环节的做法，一方面，希望居住在中国东北的朝鲜人完全加入中国国籍。早在 1928 年 5 月 1 日，南京政府外交部也曾就朝鲜人的双重国籍问题，对吉林省主席下达过如下训令，内称："近来各国侨民

---

① 黄月波等编：《中外条约汇编》，第 407 页。
② 见《最新六法全书》，新陆书局 1967 年版，第 317～320 页。

中，居住在东三省的多数，希望享受中国的权利，要求入籍。但入籍后依然不脱离其原有的国籍，因而在发生交涉事件时则不免繁杂并遇到困难。为消除这种纠纷和繁杂起见，不能不加以限制。对于今后万一中请入籍者，应努力使之脱离原有国籍，以取得单一国籍"云云。[①]另一方面，则试图取缔朝鲜人在东北耕种土地，从而消除朝鲜人双重国籍问题产生的根源。1928 年 3 月，奉天省政府发布关于取缔日本人和朝鲜人耕种土地的训令；1929 年 4 月发布关于取缔移居之朝鲜人耕种土地的训令；同年 7 月发布关于取缔朝鲜人耕种土地的训令。1931 年 7 月上旬，万宝山事件发生后，为了考察朝鲜发生排斥华侨事件而抵达平壤的中国驻日公使汪荣宝，在和朝鲜民族主义团体新韩会的干部会谈时便说："新兴的中国历来不堪耻辱，在为废除领事裁判权和治外法权而奋斗的今天，朝鲜人持有双重国籍之事，应被视作侵略行为。此事乃是纠纷之根源，如果完全加入中国国籍，则一切事情都迎刃而解。"[②]

　　这样，居住在中国东北的朝鲜农民，则成了日本"满蒙政策"的工具和中国反日政策的对象。从表面上看万宝山事件是朝鲜农民问题，而实际上是日本侵略与中国反侵略斗争的产物。这才是万宝山事件的实质。也只有从这个角度才能理解日方在万宝山事件上的政策和中方的对策。

二、日本与东北当局的交涉

　　日方将万宝山事件作为日本外交的一环而开展对华交涉，是从 1931 年 5 月下旬开始的，这是因为在 5 月下旬中日双方都向万宝山派出警察，双方农民的纠纷已经升级为中日两国间的外交问题。

---

① 玄圭焕：《韩国流移民史》，上卷，语文阁 1967 年版，第 239～240 页。
② 《朝鲜日报》，1931 年 7 月 19 日。

中日有关万宝山事件的交涉，在前期即7月中旬以前，主要是由日本外务省驻东三省领事馆和中国东北当局之间通过以下三个渠道进行的：日本驻长春领事田代重德同长春市政筹备处的交涉；吉林总领事石射猪太郎同吉林省政府的交涉；以及奉天总领事林久治郎同张作相及辽宁省政府的交涉。在这些交涉中，日方始终是攻势外交，而中方则是自卫的、消极的反应。

日本外务省驻东三省领事馆是否参与了万宝山的借地契约问题，迄今还没有确实的历史资料，但是，当时日本驻长春领事馆是知道租地问题的。1931年4月7日，日本驻长春领事田代重德曾向币原外相报告了郝永德和朝鲜人李昌德、金斗千等人缔结十年借地契约的情况。因此，5月25日长春县公安局向出事地点派出警官时，田代于26日也立即向该地派遣了土屋书记官和四名警官，并随后向币原表示："本官将极力按照使这一事件达到经营农场目的的方针，在与中方的谈判中采取适当的措施。"[①]显然，日本领事馆的警官进入满铁铁路附属地之外，并不是偶然的。

万宝山事件初期，中方也曾采取强硬的态度。5月31日和6月3日，中方向马家哨口一带出动警察马队，阻止朝鲜农民挖掘水渠。6月3日，长春市政筹备处向日本驻长春领事馆提出抗议，强调租地契约无效，要求赔偿因水渠工程所造成的经济损失。[②]面对这种形势，田代领事于6月4日向币原呈报了两种处理事件的意见，即："此时放弃保护当地鲜农的方针，立即撤回派遣人员"，并对"立即退出的鲜农采取其他善后措施"；或者作为促使中方"反省"的手段，"在水渠工程完成之前，进一步增援警官，以对抗对方用武力阻止工程，显示我方的威力"。[③]同日下午，田代领事与长春县县长马仲援进行谈判。马仲援说："这一事件在

<hr>

① 《日本外务省档案（1868～1945）》，S483卷，S1.1.1.0-18，第8页。
② 《上海新闻报》，1931年7月9日，王霖、高淑英编：《万宝山事件》，第263～264页。
③ 《日本外务省档案（1868～1945）》，S483卷，S1.1.1.0-18，第14页。

法律上有不完备的地方，我作为地方法官无从处理"①，拒绝继续交涉。因此田代再次向币原呈报说："以少数警官行事，只能白白造成牺牲者，故而不得不暂停工程，等待指示。"②6月5日，吉林总领事石射猪太郎也提议说，由于中方已撤回警官，日本也应撤回警官为好。这些事实表明，日方驻东三省领事馆曾一度产生动摇，这主要有三个原因，一是因为中方的强硬态度和实力反抗；二是由于日方不能不完全无视田代领事所承认的现实，即"这件事最为难办的地方，就是鲜人与地主之间的契约存在缺欠，水渠用地中有契约未载之地，因而不仅招致地主方面的反感，而且附近村民也因担心浸水而与地主附和，以至纠纷正在扩大"③；三则是由于郝永德等缔结的租地契约中写有"这个契约从县政厅批准之日起生效，若不能得到县政厅的许可则为无效"④字样（第十三条），日本领事馆知道当时正值中国政府取缔朝鲜农民租地契约，县政府没有批准这个契约，这对他们的交涉是极为不利的。

　　但是，日本外务省驻东三省领事馆中居于指导地位的奉天总领事林久治郎却坚持强硬态度，他派遣领事森岛正平向张作相强烈表示："对根据长春县公署承认的契约而从事正当土地开垦的鲜人，以枝节问题为借口突然施加武力驱逐甚为不妥，希望立即电训长春县长及吉林省公署，即时撤回派往现场的军宪，通过和平交涉解决争端。"⑤然而，张作相反对日方要求中国单方面撤退警官，要求双方同时撤退。6月5日，张作相将这一要求向吉林省政府作了指示。吉林省交涉署主任施履本将此意传给石射总领事，并抗议说日本警察进入中国内地保护朝鲜人是违反条约的，要求中日双方同时撤回警官。

①《日本外务省档案（1868～1945）》，S483 卷，S1.1.1.0-18，第 23 页。
②《日本外务省档案（1868～1945）》，S483 卷，S1.1.1.0-18，第 26 页。
③《日本外务省档案（1868～1945）》，S483 卷，S1.1.1.0-18，第 11 页。
④ 罗家伦编：《革命文献》，第 33 辑，第 506 页。
⑤《日本外务省档案（1868～1945）》，S483 卷，S1.1.1.0-18，第 17 页。

是时币原支持奉天总领事的强硬态度，6月5日对林久治郎发出训令："今后仍要注意当地事态，并依据阁下的电文方针进一步促使张作相尽力使这一事件圆满解决。"①币原认为，为了使万宝山事件按照日方的主张解决，撤回警官是不必要的。币原的这种强硬方针，对日本外务省的驻东三省领事馆产生了直接的影响，以致一度动摇的田代领事也改变了态度。他对币原表示："这一事件是一种试金石，满洲的舆论也意外地强硬起来。另外，问题的发生地点距此地（长春）仅有四百里上下，若在日本官宪力所能及的范围内，不对我国国民采取彻底保护的方针，则只能是愈发造成我国国民在满洲发展上的退缩倾向。"他还声称"只有使工程一气呵成，造成既成事实，然后再进行顽强的交涉"，并赞成币原所说的"现今不能立即从现场撤回"日本警察的意向。②在币原的指示下，林久治郎更加有恃无恐。6月4日，中国警官从出事地区撤回之后，张作相曾立即派出副官，要求林久治郎撤回日本警官。这种要求本来是公正的，而且是避免相互冲突的措施。可是林久治郎却说，中国"保证不再驱赶朝农，方可立即撤回"警官，声称："无论以何种途径使鲜农从该地退出都是本官绝对不能承认的。"③他对撤回日本警官之事还附加了让朝鲜农民在当地居住并获得土地租借权等条件。这样，撤回日警问题则成了当时双方交涉的焦点，日方企图借助警察的实力，迫使中方承认其土地租借权绝不会轻易撤回领事馆警官，因此，6月8日，长春市政筹备处处长周至柄前往日本领事馆，再次希望"日本警官也尽快撤回"④，又遭到了日本驻长春领事田代的拒绝。

在这种情况下，周至柄向日方提出了"彼此双方向现场派出调查组，在共同调查实况之后，再根据调查结果来寻求某种解决

① 《日本外务省档案（1868～1945）》，S483卷，S1.1.1.0-18，第31页。
② 《日本外务省档案（1868～1945）》，S483卷，S1.1.1.0-18，第32～35页。
③ 《日本外务省档案（1868～1945）》，S483卷，S1.1.1.0-18，第37页。
④ 《日本外务省档案（1868～1945）》，S483卷，S1.1.1.0-18，第38页。

方案"①的意见。应该说这是调查事实、公正而迅速解决万宝山事件的积极提案。但田代却说"熟虑之后再作某种答复"②，依然拒绝接受。其理由是"如果以鲜人退出为前提而形成解决方案，即使派出调查组，终究也是难以接受的"③。这在当时，如此露骨地拒绝中方的提案，对日本是不利的，所以第二天下午田代重德回访长春市政筹备处，又表示赞成共同调查的意向。然而，这种态度与其说是为了解决万宝山问题，莫如说是企图通过所谓的调查，迫使中方承认既成事实。关于这一点可以通过田代领事提出的如下调查条件得到证实：

①我方的根本方针是使鲜人实施在该地之事业，特将此点再次强调。

②调查组到达后撤回日警，但不是根据中方要求而撤回的，在必要时还将再次派遣。

③调查因伊通河的截水工程而发生的实际情况。

④实施短期调查，保障朝鲜农民的耕种。④

据《上海新闻报》的报道，中日双方在现场调查之前，制定了有关解决水渠问题的临时办法，首先是立即撤出中日双方的警官，其次是朝鲜农民停止水渠工程，然后根据调查结果再决定居留或退出的问题。⑤6月9日，长春市政筹备处向日本驻长春领事馆提出了再次确认此事的备忘录。⑥9日，中日双方向现场派出了各自的调查人员。9日及10日调查人员进行了现场调查。⑦调查之后，双方各自写成了调查报告。长春市政筹备处外事科长郭承

①《日本外务省档案（1868～1945）》，S483卷，S1.1.1.0-18，第38页。
②《日本外务省档案（1868～1945）》，S483卷，S1.1.1.0-18，第39页。
③《日本外务省档案（1868～1945）》，S483卷，S1.1.1.0-18，第38页。
④《日本外务省档案（1868～1945）》，S483卷，S1.1.1.0-18，第41～42页。
⑤《上海新闻报》，1931年7月19日。
⑥罗家伦：《革命文献》，第33辑，第514页。
⑦中国方面的调查员是长春市政筹备处外事科长郭承厚、长春县农会总干事吴长春、长春公安局督察长梁学贵，日本调查员是长春领事馆秘书官土屋波平、警部中川义昭、满铁长春地方事务所涉外主任笼谷保。

厚和长春县农会干事长吴长春所作的报告书包括租地契约的形成、地主和农民反对水渠工程的理由以及有关调查结果的意见等三部分。这份报告首先指出，租地契约没有得到县政府的批准，因而是无效的，其次列举了水渠工程对当地农民所造成的七项灾害，并认定决不能认可这种违法工程。6月11日长春市政筹备处将这一调查结果通知长春日本领事馆。①

当天夜里，田代领事访问市政筹备处长周至柄。周再次强调说，水渠恣意侵犯了他人的所有权，切断了农田，造成了耕作上的困难，而且截水工程带来了水害，阻碍了河道的航行等等。而田代却辩解说，"关于水渠用地，鲜人完全取得了地主的谅解，并非故意侵害所有权"，因而"在所谓侵害所有权的理由下，使这一工程的根基遭到破坏，毕竟是难以认可的"。②他还表示了继续推进工程的强硬态度，并言称在被切断的农田里架上桥梁就可以解决问题了。长春市政筹备处于翌日再次向日方谨慎而具体地说明了以往的主张，表示要对日方作出让步，周至柄在认定侵占水渠用地绝对不能许可的前提条件下提议说，鉴于朝鲜农民生活的具体困难，可以将开垦的水田变为旱田，由郝永德赔偿因此而造成的损失。③这是一个妥协方案，但是日方不同意。15日，日本奉天总领事林久治郎向张作相要求："鲜人方面向地主保证赔偿有关工程的损失，但中方则要代之以承认鲜人的水田经营。"④他还向奉天省主席臧式毅提出了同样的要求，但均被拒绝了。

日方之所以坚持水稻耕种，是因为想获得水渠所使用的熟地的土地租借权，使东北成为日本侵略中国的粮食供应地。人们知道，日本人是以大米为主食的，当时住在中国东北的关东军、满铁职员和其他日本人，合计大约有23万人，这些人所食用的大米

① 王霖、高淑英编：《万宝山事件》，第266～268页。《上海新闻报》，1931年7月9日。
② 《日本外务省档案（1868～1945）》，S483卷，S1.1.1.0-18，第52页。
③ 王霖、高淑英编：《万宝山事件》，第268～270页。《上海新闻报》，1931年7月9日。
④ 《日本外务省档案（1868～1945）》，S483卷，S1.1.1.0-18，第68页。

必须由当地供给。日本前奉天总领事赤冢正助更加露骨地道出了
日方坚持水稻耕种的目的，他说："无须赘言，将满洲作为产米之
地，可在一朝有事之际，为国家带来重大的贡献。"①因此，日方
无论如何要求水田耕作是与其"满蒙政策"密切相关的。

　　为此，日本外务省驻东三省领事馆，在赔偿也不能达到实现
水田耕作目的的情况下，开始采取造成既成事实，强行迫使中方
承认这一既成事实的方针。6月17日，田代领事向币原报告说：
"拟在首先强行播种的同时，继续顽强地与中国官宪进行交涉。"②
当时，日本驻奉天领事森岛也对前来交涉的吉林省政府交涉署主
任施履本说："若中方始终采取迁延态度，则不得不在近日内强行
实施工程。日方绝对需要鲜人在该地居住，为此，只有让他们经
营水田。"③对此，施履本再次提出了将水田改为旱田的方案，并
表示中方将赔偿由此造成的损失。但森岛说："阁下所说的方案是
绝对不能认可的。"④6月下旬，朝鲜农民开始在部分水田中耕作，
26日拦截伊通河的流水，以便把河水引入水田。为了断然实施这
一工程，田代领事专门向现场派出了12名警官，并对长春市政筹
备处辩解说，这是为了避免双方农民的冲突。

　　日本外务省驻东三省领事馆人员，之所以采取上述的强硬态
度，有如前述，首先与币原的指示有关。6月12日，币原向奉天
总领事林久治郎发出训令，要他"恳切警告"中国："如果继续采
取如此态度，日本政府将不能改变对中国之要求，特别是法权问题
的看法，而且无法抑制由于最近连续发生的此类事件而顿时强硬起
来的舆论趋势……政府自然也不得不按照自己认为正当的做法而
采取相应的措施，其结果将产生极为严重的局面。"⑤对华实行恐吓。

①　满洲移民史研究会编：《日本帝国主义下的满洲移民》，第497页。
②　《日本外务省档案（1868～1945）》，S483卷，S1.1.1.0-18，第80页。
③　《日本外务省档案（1868～1945）》，S483卷，S1.1.1.0-18，第86页。
④　《日本外务省档案（1868～1945）》，S483卷，S1.1.1.0-18，第88页。
⑤　《日本外务省档案（1868～1945）》，S483卷，S1.1.1.0-18；第56～57页。

　　其次，日本外务省驻东三省领事馆人员采取强硬态度，还与他们认为中方对于既成事实将会"默认般地予以承认"①有关系。6月26日，日本驻奉天总领事代理森岛与张作相进行了长达两个小时的会谈，在其发给币原的报告中，谈到了他对张作相的印象。他说："我感到，即使我方继续强行施工，中方也将无可奈何，不会用武力加以阻止。"②当时张作相也的确是想避免与日本发生正面冲突，并就此意向吉林省政府作了指示。29日，吉林省交涉署主任施履本会见日本石射总领事，转达了张作相的意见，并向石射通报说：中方向长春市政筹备处也传达了这种意见。这实际上是对日的软弱和让步。因此，石射30日向币原报告说："日本方面即使不退，交涉也将作为交涉而继续，其结局只能是自然解决。可以认为，中方正在采取有如张作相所表示的那种在现场绝对避免发生冲突的方针，现今中方正在忍气吞声，决定把问题付诸将来去争执。"③日本外务省驻东三省领事馆对中国东北当局上层人物的分析和判断是正确的。

　　但是，万宝山地区的地主、农民以及基层的行政人员却与上层不同，他们试图通过实力予以对抗。为此，6月24日夜间，40余名中国农民在警察的保护下，填埋了大约60米长的水渠。但朝鲜农民于25日又将水渠挖通，并于26日、27日在长春日本领事馆增援5名警察的情况下完成了伊通河的截水工程，还准备于28日在40"天地"（面积单位）上播种。这时，长春市政筹备处向日本长春领事馆提出抗议：朝鲜农民的这种行动，侵犯了中国地主和农民固有的合法权利，将来产生的一切纠纷和损失，应由贵方负完全责任。④与此同时，还向日本领事馆通报：由于被水渠切断的农田不便耕种，中国农民已将之填埋并恢复原

　　① 《日本外务省档案（1868～1945）》，S483卷，S1.1.1.0-18，第99页。
　　② 《日本外务省档案（1868～1945）》，S483卷，S1.1.1.0-18，第104～105页。
　　③ 《日本外务省档案（1868～1945）》，S483卷，S1.1.1.0-18，第110～111页。
　　④ 《上海新闻报》，1931年7月21日。

状。^①这样，中日双方在现场的冲突将不可避免。

7月1日清晨5点，日本外务省驻东三省领事馆人员以日本警察的武力为后盾，开始驱使朝鲜农民强行进行一度中止的伊通河截水工程。对此，400余名激愤的中国地主和农民，在6点半左右一举破坏了这个工程，并于9点20分前后开始填埋水渠。这是中国农民保护自己的耕地和国家主权的正义行动，但在现场的日本警察却对中国农民开枪，镇压中国农民的正当行动。中国农民在水渠中避难，并暂时从现场撤出。这就是万宝山事件。

日本警察开枪后，田代领事想通过外交谈判来迫使中国官方镇压农民。在事件发生的同一天，他向长春市政筹备处郭承厚提出了镇压中国农民的要求。郭表示"无论如何也不能镇压农民"，当场予以拒绝。^②田代向币原报告说："此时只有增派警察，在全力制止暴民阻挠的同时完成截水工程。"^③他于7月2日、3日再次向万宝山增援了30名警官。在肇事现场的中川义昭警部则放出信鸽，向日本关东厅请求出动1000人的军队。^④当时，田代领事一方面动用警察的武力，另一方面依然企图迫使中方就范。7月2日，田代将秘书官土屋波平再次派往市政筹备处，向外事科长郭承厚说："如果贵方制止地方民众的暴动，我方则可以停止武力行动，望急速处理。"^⑤郭说："农民的行动是为了保护自己所有的土地，作为官府无从施策，只能任其推移。日本警官在现场会助长农民的反感，如果日警撤退，问题将会自然平息，望迅速使之撤退。"^⑥土屋威胁说："在目前的形势下，不仅撤退警官是不可能的，而且或许要出动更多的警官和军事救援队。"^⑦对此，郭

① 王霖、高淑英编：《万宝山事件》，第277～278页。
② 《日本外务省档案（1868～1945）》，S483卷，S1.1.1.0-18，第114页。
③ 《日本外务省档案（1868～1945）》，S483卷，S1.1.1.0-18，第115页。
④ 辽宁省档案馆史料。
⑤ 《日本外务省档案（1868～1945）》，S483卷，S1.1.1.0-18，第133～134页。
⑥ 《日本外务省档案（1868～1945）》，S483卷，S1.1.1.0-18，第133～134页。
⑦ 《日本外务省档案（1868～1945）》，S483卷，S1.1.1.0-18，第135页。

承厚反驳说："日方不撤退警官，便没有圆满解决问题的办法。农民阻止截水工程、填平水渠，是正当的处置。事态恶化也是日方的责任。"①至此，土屋进一步威胁道："如果这样的话，日方采取必要的自卫手段也是不得已的，敬希谅知。"②然而，中方没有屈服于这种威胁。同日下午，郭承厚前往日本领事馆，进一步对日交涉："[日方]增援警官使农民愈发愤慨，有使事态恶化之虞，望迅速撤回并停止鲜农耕作。"③

在这种情况下，田代领事不得不于7月3日再次向币原报告："为了防止发生不祥事件，似有必要在最近抓住良机一举撤退。"④但币原在同日发给石射总领事的训令中说："[中方]唆使暴民且表示出消极地容许其暴行的态度，极为遗憾。事态既已至此，我方也不能不采取自卫手段。这并非我方之本意，应迅速要求地方官宪立即镇压暴民的行动。"⑤与此同时，他对长春领事田代也发出了同样的训令。因此，接到这一训令的田代于7月6日向币原表示："让鲜人始终保持完成水田工程的气势，这对交涉是有利的。"⑥再次改变了他的动摇态度。

当时，中方希望恢复由于双方的冲突而一度停止的外交谈判，并想通过和平方式来解决万宝山问题。为此，7月4日，吉林省政府派遣交涉署主任施履本向石射总领事表示了这种意愿。对此，石射总领事认为，"可以开始和平交涉……但现今拖长交涉有使鲜人耽误农期之虞"，并提出了三项恢复谈判的条件：①"中方赔偿鲜农的投资，并支给鲜农今后一年间的最低生活费用"；②"保护鲜农继续在现场居住"；③"至来年以前，鲜农与对立的地主之

---

① 《日本外务省档案（1868～1945）》，S483卷，S1.1.1.0-18，第135页。
② 《日本外务省档案（1868～1945）》，S483卷，S1.1.1.0-18，第135页。
③ 《日本外务省档案（1868～1945）》，S483卷，S1.1.1.0-18，第135页。
④ 《日本外务省档案（1868～1945）》，S483卷，S1.1.1.0-18，第126页。
⑤ 《日本外务省档案（1868～1945）》，S483卷，S1.1.1.0-18，第129页。
⑥ 《日本外务省档案（1868～1945）》，S483卷，S1.1.1.0-18，第138页。

间达成完全的谅解，并在有关地主提出请求时，许可其佃耕水田"。①这些条件和日方迫使中方承认万宝山的既成事实是一样的。7月5日，施履本向石射总领事表示：对于第一、二两项基本同意，而对第三项则是"在不违反省政府法令的情况下予以许可"②。这是一边坚持原则，一边又想在部分问题上通过与日方的妥协来解决。然而，石射要求中方也承认第三项，并没有表示妥协之意。

7月上旬，由于日方对万宝山事件的捏造和夸大宣传，在朝鲜各地发生了排斥华侨事件。于是，日方又乘机利用这种形势对中国施加压力，以图解决万宝山问题。7月7日，石射总领事会见吉林军参谋长熙洽时强调："鉴于朝鲜之骚乱，有愈发迅速解决万宝山问题之必要。"③与此同时，日方又唆使朝鲜农民完成了一度被填平的水渠工程，并于11日通水。其结果是，截水堤坝使伊通河水位增高，淹没了附近的农田，出现了预想的水灾。驻当地的日方警部中川向田代领事报告了这个事实，田代也向币原作了报告。对此，币原在训令中说："当初对邻近的中国农民并无损害，万一有所损害则应予以赔偿，但对中方予以过多的损害在今后的交涉上不利。在今年收成无望之际，应使部分堤坝放水，使水位下降，在不使特意完成的工程化为乌有的范围内，尽可能地防止淹没附近民众[之土地]。这与其说是根据现场实况采取相应的措施，莫如说是巩固我方立场之道。"④也即想以局部的让步来维持和保护已经完工的堤坝和水渠。但是，田代领事并没有赔偿万宝山农民的损失，这暴露了币原所谓的赔偿损失，也不过是想获得土地租借权的一种手段而已。

总之，5月下旬以来，日本外务省驻东三省领事馆与长春、

①《日本外务省档案（1868～1945）》，S483卷，S1.1.1.0-18，第141页。
②《日本外务省档案（1868～1945）》，S483卷，S1.1.1.0-18，第142页。
③《日本外务省档案（1868～1945）》，S483卷，S1.1.1.0-18，第170页。
④《日本外务省档案（1868～1945）》，S483卷，S1.1.1.0-18，第311～312页。

吉林、奉天等地方当局的外交谈判，并没有解决万宝山问题。之后，日方则开始与南京政府进行交涉。

三、日本与南京政府的交涉

万宝山问题是土地租借权问题，也是朝鲜人的双重国籍问题。这是关系到确保中国国家主权的事情，原本就不是地方当局可以处理的。为此，长春市政筹备处于 6 月 28 日向南京政府外交部驻吉林的特派员办事处要求：由于事关重大，希望外交部确认对本案事实的调查，并向日本驻南京公使馆进行严正交涉，以根本解决这一事件。[①]与此同时，日本警官在万宝山事件中业已开枪射击，并引发了朝鲜的排斥华侨事件，也引起了南京政府的重视。7月初，南京政府训令吉林省有关当局，向南京呈报有关万宝山问题的资料和所谓的契约书等。吉林省政府和外交部驻吉林办事处于 7 月 11 日向外交部送出了有关万宝山问题的资料，正确而系统地报告了事件的过程。长春市政筹备处也在同日向外交部副部长王家桢呈送了同样的文件资料。

当时，张学良正在北京协和医院住院，东北问题是由张作相处理的。吉林省政府将有关万宝山问题的文件送往南京政府之后，张作相于 7 月 10 日从锦州向吉林省政府作了如下指示："万宝山问题已向中央及东北政务委员会作了报告，因没有中央的训令，省政府难以进行地方性的谈判"[②]，并向吉林省政府传送了在南京进行交涉的意图。吉林省交涉署主任施履本于同日下午将张作相的意见转告了日本驻吉林省领事馆的石射。石射在次日向币原发出了如下电文："此事再次与省政府交涉，也不会有何结果，故

---

① 罗家伦编：《革命文献》，第 33 辑，第 531 页。
②《日本外务省档案（1868～1945）》，S483 卷，S1.1.1.0-18，第 211 页。

而暂且中止。"①

7月13日，南京政府召开中央政务委员会，决定了由中央对日交涉的方针。国民政府的最高政治组织——中央政治会议为了处理紧急外交问题而设置的外交组，于14日夜讨论了万宝山问题和朝鲜排斥华侨事件，并准备与日方交涉。

但是，日本外务省反对和南京政府交涉，并想继续通过东北地方当局来达到既定的目的。7月11日，币原向时在上海的代理公使重光葵发出训令，要他向南京政府提出要求"尽快在双方之间缔结某种地方性的协定，以调和现今之事态，并尽快向东三省当局发出适当训令，与日方开始接洽商议此事"②。当时，币原反对和南京交涉的理由，一是认为南京政府虽是中央政权，但东北当局拥有相对的独立性，南京政府在处理东北问题上的权限不大；二是认为南京政府从1927年以后便主张废除治外法权，修改不平等条约，要求恢复国家主权，提倡革命外交，日本难以与南京政府交涉；三是认为南京政府想从国际法的角度来解决万宝山问题，这对日本非常不利。

7月12日，重光葵根据币原的训令，向南京政府外交部部长王正廷表示了上述意图。而王正廷则如日方所料想的那样，从法律的角度提出了万宝山问题。他说："在满洲的朝鲜人问题的根本，在于朝鲜人的双重国籍和由于日本在[满铁]附属地之外行使警察权所产生的双重警察问题。日本不承认朝鲜人加入中国国籍，而且对上述朝鲜人延长使用警察保护的结果，当然要出现两国警察的冲突。双重国籍或入籍问题属于中央政府[管辖]的问题，也即有关朝鲜人问题想在中央开始谈判。"③王正廷的意见表明南京政府是想通过直接对日交涉，以解决朝鲜人的双重国籍问题和日方

①《日本外务省档案（1868～1945）》，S483卷，S1.1.1.0-18，第250页。
②《日本外务省档案（1868～1945）》，S483卷，S1.1.1.0-18，第244～245页。
③《日本外务省档案（1868～1945）》，S483卷，S1.1.1.0-18，第281页。

在满铁附属地之外的警察权问题，而有关万宝山的租地契约等问题，则想由驻哈尔滨的外交特派员钟毓代表中央在吉林与日本石射总领事进行交涉。但重光葵反对王正廷的这种意见。他强调："关于此种鲜人问题，当然应由了解情况的地方官员负责。"①其理由之一则是如他所说的"这一事件关系到法权问题，是迟早要提出的问题。如果中央只受理并交涉鲜人问题，那么与这次暴动事件关联起来，将徒为民国方面的宣传提供材料。这对我方极为不利"②。

7月12日从东京返回住地的林久治郎于15日访问张作相和臧式毅，提出了如下方案："为中日两国共存共荣考虑，此时相互研究谋求某种根本解决的简便方法是为上策。"③这是为了阻止把万宝山问题的交涉转移到南京的一种手段。张作相说，万宝山事件和朝鲜事件有因果关系，所以地方当局不能解决，日方和地方当局即使进行初步交涉，最终也必须依据中央的指示。④与此同时，他向林久治郎正式转达："将由石射总领事和驻哈尔滨的特派交涉员钟毓，在吉林非正式地研究本案之办法。"⑤

翌日，林久治郎将吉林总领事石射和长春领事田代叫到奉天，商谈有关与中国特派员钟毓进行交涉的对策。但石射反对与钟毓交涉。他认为，万宝山问题因朝鲜事件"已经超出了只限于作为吉林省的地方问题的范围。它和东三省的鲜人待遇这一根本问题具有不可分割的关系"⑥，"与仅为吉林省特派员的钟毓进行有关整个东三省问题的谈判，难以期望取得非正式的协议"⑦。石射于7月17日向币原发出询问："时至今日，只是勉强地解决这个问

---

① 《日本外务省档案（1868～1945）》，S483卷，S1.1.1.0-18，第282～284页。
② 《日本外务省档案（1868～1945）》，S483卷，S1.1.1.0-18，第282～284页。
③ 林久治郎：《满洲事变与奉天总领事》，原书房1978年版，第106～107页。
④ 《晨报》，1931年7月16日。
⑤ 《日本外务省档案（1868～1945）》，S483卷，S1.1.1.0-18，第274页。
⑥ 《日本外务省档案（1868～1945）》，S483卷，S1.1.1.0-18，第274页。
⑦ 《日本外务省档案（1868～1945）》，S483卷，S1.1.1.0-18，第292页。

题，岂不令人担心？这对解决作为我方目的的整个满洲鲜人待遇的根本问题反而有害。政府的方针难道只是单独解决这个问题吗？"①在此，他表示了企图以万宝山问题为突破口，一举解决整个满蒙土地租借权问题的欲望。

然而，币原在7月21日给石射的训令中说："并非谋求根本解决有关在满鲜人问题，而是寻求过渡性办法。"他指示石射："望迅速就本案的圆满解决进行磋商。"②币原认为，满蒙的朝鲜人问题是个与土地租借权问题和法权问题相关的复杂问题，并非一朝一夕所能解决，"只能是在交涉法权问题时与有关满蒙的特殊事项一并解决，或者与入籍问题相联系，对其进行调整"③。为此，他想采取以下的临时措施：

①"以赋予共存共荣之实为原则。"

②"为防止发生事端，各自派出的官员和警察及地方官员应充分贯彻上述原则，并据以指导各自国民。"

③"如不幸发生有关鲜人问题时，应根据该问题的性质，作和平而合理的处理，相互之间应绝对避免诉诸武力。"

④"组织一个共同调查委员会，以作为负责上述和平处理之机关，双方任命委员到发生问题之现场进行调查，且按第一项之原则进行公正裁决。"④

币原上述临时措施的核心是其所说的"共存"。所谓的"共存"则是承认朝鲜农民在"满蒙"各地租借土地和务农，进而解决日本人的土地租借问题。日本在中日战争、太平洋战争中提倡"共存共荣"这一口号的实质已被历史作了结论。而币原在九一八事变前便提出了这个口号，则清楚表现了币原外交的侵略性。币原在给林久治郎的训令中说："贵官应迅速会见张作相，就本问题坦

① 《日本外务省档案（1868～1945）》，S483卷，S1.1.1.0-18，第292页。
② 《日本外务省档案（1868～1945）》，S483卷，S1.1.1.0-18，第319～320页。
③ 《日本外务省档案（1868～1945）》，S483卷，S1.1.1.0-18，第287页。
④ 《日本外务省档案（1868～1945）》，S483卷，S1.1.1.0-18，第288～289页。

率交换意见。望锐意诱导对方，以前述方针为基础，缔结地方性的暂时协定。"[①]

石射虽然反对和钟毓进行交涉，但因中方的要求和币原的指示而不得不进行交涉，于是，他前往奉天与林久治郎总领事及田代、森岛和柳井等领事共同研究交涉对策。据北京《晨报》报道，石射等人确定了五项对策。[②]

7月18日，石射与钟毓在奉天进行预备性会谈。钟毓要求以日警退出万宝山为开始交涉的条件。而石射说："日本出动警察是中方行动引起的，若中方在此问题解决之前负责保护朝鲜人的居住及工程的现状，则可以考虑撤回日警。"[③]这意味着只有中方完全承认万宝山的既成事实之后日方才撤回警官。因此，日警的撤退问题变成了谈判的焦点。而这一焦点的本质则在于是否承认日本在万宝山所造成的既成事实。

石射与钟毓的交涉曾几度中止。现将其交涉过程分为以下三个阶段进行考察。第一阶段的交涉是从7月21日开始的。双方于21日、23日在吉林进行谈判。[④]谈判的焦点是日警撤退问题。石射提出了如下撤退条件：

①中国赔偿万宝山事件的损失。

②保证万宝山朝鲜人的生命财产。

③朝鲜人在吉林省内自由居住。

④让朝鲜人租借万宝山水田，中方补足契约上的不备之点，水渠所造成的损失由日方尽可能设法解决。

钟毓反对石射的前提条件，要求日警无条件撤退，并提出了以下五项要求：

①首先撤回日警。

①《日本外务省档案（1868～1945）》，S483卷，S.1.1.1.0-18，第289页。

②《晨报》，1931年7月23日。

③《日本外务省档案（1868～1945）》，S483卷，S1.1.1.0-18，第325～326页。

④ 对方交涉记录，见王霖、高淑英编：《万宝山事件》，第320～325页。

②朝鲜人也退出万宝山。

③中国人和朝鲜人私自缔结的契约无效。

④双方派调查人员进行现场调查。

⑤恢复农田原状。

在这种情况下，石射向币原汇报了想暂时撤出日警的意见。他在报告中说："中方一直坚持无条件撤回日本警察。因此我方莫如自动迅速撤回警官，并向对方声明，当出现压迫当地鲜人及破坏工程之事态时，还将随时派遣警官。这是否得策？"①币原不同意这个意见。

这样，交涉便暂时停止，钟毓于27日返回哈尔滨，并于29日在奉天与日本总领事林久治郎进行交涉。林久治郎说，如不接受日方的前提条件，则不能撤回警察。

这一时期，王正廷外交部长与重光葵代理公使在南京进行了谈判交涉。7月22日，南京政府外交部向重光葵提出了有关万宝山问题的抗议书，其中扼要地阐明了万宝山事件的经过和中方的如下立场：

①1909年中日图们江界约，仅以图们江北地方，即现延吉、汪清、和龙、珲春四县之特定区域为限，万宝山位于长春县北，并非垦居区域。

②此次韩民李升熏等前往该处垦种，毫无条约依据，乃竟与郝永德订立租佃契约，此项契约亦未呈报地方官署，遂引韩民180余人入境，挖掘水道，截流筑坝，以至附近民田被其损害。

③此种举动，既非根据条约，且显然犯有妨害公共秩序及毁弃损坏之刑事嫌疑……地方官厅有维持公安之责，前往实行制止，乃执行职务内应用之措施。

④贵国驻长春领事竟以防止冲突为理由，派遣多数警察前往

---

① 王霖、高淑英编：《万宝山事件》，第329页。

该地，致有 7 月 1 日之冲突。

⑤自该处冲突发生后，日方各报谓为中国地方官厅压迫韩人，故意扩大其辞，酿成朝鲜各地仇杀华侨之重大惨案。

⑥应请转饬谕令该韩民等即行退出该地。

⑦此次日警擅入内地，肆行干涉，实属蔑视中国领土主权……贵国驻长春领事不按国际常规，遂行派警前往，携带军械，强制协助韩农非法行动，贵国驻长春领事自应负相当责任。所有派往日警，应请转饬即行撤退。

⑧韩民李升熏等与郝永德所订契约，既无垦居权利，当然不发生效力，应予根本取消。①

最后，这份抗议书中还希望由中国设在吉林的外交特派员与日本领事公平调停处理。从法律与事实的角度来讲，这份抗议可谓明确地表示了中方对万宝山问题的正确方针。

对中国政府这份义正词严的抗议书，币原认为，"由于各种关系，需要充分慎重地予以回答"②，因而没有立即作出反应，在 7 月 28 日他训令石射总领事："贵官不必对钟特派员的态度表示心灰意冷，切望与林总领事及田代领事联络呼应，进行坚决交涉。"③至于撤回日警问题，"在完全消除中国官民进行实力压迫之危险，并预计不会因撤退而失去今日业已形成的鲜人在该地的地位之时，也可迅速择机自然撤退。但在撤退之时，应使中方负责在通过今后交涉而解决这一问题之前，不妨害目前鲜农居住，也不破坏现有工程"④，依旧主张以中国承认既成事实作为日本撤回警官的前提条件。他还指示石射："要不断努力使东三省的事情由东三省解决。"⑤

---

① 罗家伦编：《革命文献》，第 33 辑，第 552～554 页。

② 《日本外务省档案（1868～1945）》，S483 卷，S1.1.1.0-18，第 347～348 页。

③ 《日本外务省档案（1868～1945）》，S483 卷，S1.1.1.0-18，第 345～346 页。

④ 《日本外务省档案（1868～1945）》，S483 卷，S1.1.1.0-18，第 345～346 页。

⑤ 《日本外务省档案（1868～1945）》，S483 卷，S1.1.1.0-18，第 348 页。

　　基于币原的指示，8 月 2 日石射与钟毓开始了第二阶段的谈判。石射主张：① "问题解决之前，不得妨害鲜农的居住，也不得破坏水渠工程"；② "如有违背上述之行为，我方可根据自卫之必要而随时派出警察"①，如果中方接受这些主张，则日方可以自动撤退警察，但中国须在报纸上公开表示承认上述之第一项。对此，钟毓表示了妥协的态度，他说："第一项不是交换条件，而且在报纸上刊登是有困难的，请予谅解。第二项我方不能同意，但将采取措施，不使出现那种必要。"②对此，石射说："关于撤出警官的时间问题，基于和贵方的协议，在与贵官确认地方官是否彻底实施有关第一项之后，便可立即撤退。"③这样，由于中方的妥协，在撤警问题上暂时达成了一致的意见。④石射总领事将此告诉了田代领事。田代认为 "有关撤回警官之事没有异议"⑤，但在短期内撤退是有困难的，并强烈要求在报纸上说明 "将来发生迫害事件时，随时都可再次派遣警察"⑥。田代领事以维持和保障既成事实为条件，于 8 月 6 日派出领事馆秘书通知长春市政筹备处说：日方将在 8 月 8 日从万宝山撤回警察。7 月 1 日以后，日本在万宝山先后派驻了 46 名警官，后来撤走 20 名，其余由中川警部率领在 8 月 8 日下午也撤退了。⑦这样，从 5 月末开始便成为谈判焦点的撤警问题，大体上获得解决。然而这不过是暂时的妥协，万宝山的根本问题依然存在，并在继续交涉。于是，谈判进入了第三个阶段。

　　8 月 8 日、10 日、12 日、13 日，石射与钟毓再次谈判。⑧谈

① 《日本外务省档案（1868～1945）》，S483 卷，S1.1.1.0-18，第 350 页。
② 《日本外务省档案（1868～1945）》，S483 卷，S1.1.1.0-18；第 351 页。
③ 《日本外务省档案（1868～1945）》，S483 卷，S1.1.1.0-18；第 351 页。
④ 双方交涉记录，见王霖、高淑英编：《万宝山事件》，第 307～309 页。
⑤ 《日本外务省档案（1868～1945）》，S483 卷，S1.1.1.0-18，第 367～368 页。
⑥ 《日本外务省档案（1868～1945）》，S483 卷，S1.1.1.0-18，第 370 页。
⑦ 《日本外务省档案（1868～1945）》，S483 卷，S1.1.1.0-18，第 382 页。
⑧ 双方四次谈判记录，见王霖、高淑英编：《万宝山事件》，第 312～326 页。

判的焦点从日本的撤警问题转向了有关朝鲜农民退出及租地契约的法律依据问题。此时钟毓提出：日警撤退之后，①"令鲜人立即退出，废弃不合法的租地契约，并将水渠及截水堤坝恢复原状"；②"日方及鲜人负担中国人所受到的直接或间接的损失以及上述的复原费用"；③"作为今后的保障，应严格处分在此问题上的责任者"；④"若鲜人有诚意，此种损失费用可由郝永德赔偿"。[①]对此，石射强调说，万宝山地区的租地契约是基于 1915 年的《关于南满洲及东部内蒙古条约》而成立的。钟毓反驳说，这个条约在中国已被废弃了，契约没有法律依据，而且长春万宝山位于内蒙古以东，在地理上不属于南满洲，即使条约有效也不适用于这个地区。因而，双方虽然进行了长达 9 个多小时的交涉，也没有找到解决问题的端口。

在这种情况下，石射提出了两种方案。第一案是："鲜农与郝永德所订之契约及手续可用合理合法之方法改正之。至于对于地方人民权利如有损害，亦可设法避免，但耕田用鲜人"；第二案是："将该地农业改为中日合办（官办或商办），其耕佃人以中国人和朝鲜人充之。至于水渠及筑坝各工程设施，交中国官宪管理之。"[②]对此，钟毓明确表示，"关于第一案，万宝山既非垦民区域，鲜人自不能居留"[③]，"第二案纯系根据已废弃之民四条约（即 1915 年5 月缔结的《关于南满洲及东部内蒙古之条约》——笔者注），绝对不能承认"[④]。石射想用第二案的妥协方法来说服钟毓。但钟毓断然表示"本员所接外交部之训令，系催促全韩农退出"，"我方令其退出，自是顺理成章之主张，不能有互让之理"。[⑤]对于钟毓的这种坚定态度，石射在 8 月 14 日向币原报告说："每次会谈

---

① 《日本外务省档案（1868～1945）》，S483 卷，S1.1.1.0-18，第 410～411 页。
② 王霖、高淑英编：《万宝山事件》，第 321 页。
③ 王霖、高淑英编：《万宝山事件》，第 321 页。
④ 王霖、高淑英编：《万宝山事件》，第 322 页。
⑤ 王霖、高淑英编：《万宝山事件》，第 322～323 页。

虽然都要耗费很长时间并努力进行耐心的说明，但对方的态度是不妥协的。"①交涉没有任何结果，又暂时中断。钟毓再次返回哈尔滨。

在这种情况下，日方依然想达到耕种水田的目的，以期获得土地租借权。为此，石射又向币原提出了两种方案："一是不使用截水堤坝，而采用抽水泵"；"二是全然放弃从伊通河引水，通过掘井在农场内设置小型贮水池"。②如果中方对这两个方案都不同意，则"明年至少按第二种方案的宗旨单方面实施"③。为准备实施第二种方案，田代领事还专门将东北劝业株式会社的斋藤技师邀到现场进行了可行性研究。④

回到哈尔滨的钟毓于8月24日向南京外交部报告了奉天谈判的情况，并在外交部的指示下于25日返回吉林，27日、31日和9月4日又与石射进行了三次交涉。⑤是时，"钟丝毫没有表示妥协的态度"⑥，但作为个人的意见，他表示："如果鲜农退出，即使他们到满洲任何地方居住，中方也将不再根据垦民区域问题加以阻挠。"⑦由此可见，这个阶段交涉的焦点依然是朝鲜农民的退出问题。正如石射所说的那样，谈判处于"对方以鲜农的退出为绝对前提，而我方主张鲜农定居"⑧的状态，因而陷入了僵局。朝鲜农民的"退出"与"定居"的对立，并非只是居住与否的问题，承认朝鲜农民在万宝山地区居住，则意味着承认他们在当地进行水田耕作，也就是承认其土地租借权，所以双方都不让步，并极力贯彻自己的主张。币原也对石射总领事训令说，有关钟毓

① 《日本外务省档案（1868～1945）》，S483 卷，S1.1.1.0-18，第 420 页。
② 《日本外务省档案（1868～1945）》，S483 卷，S1.1.1.0-18，第 421～422 页。
③ 《日本外务省档案（1868～1945）》，S483 卷，S1.1.1.0-18，第 422 页。
④ 《日本外务省档案（1868～1945）》，S483 卷，S1.1.1.0-18，第 468～474 页。
⑤ 三次交涉记录，参见王霖、高淑英编：《万宝山事件》，第 326～338 页。
⑥ 《日本外务省档案（1868～1945）》，S483 卷，S1.1.1，0-18，第 502 页。
⑦ 《日本外务省档案（1868～1945）》，S483 卷，S1.1.1.0-18，第 502～503 页。
⑧ 《日本外务省档案（1868～1945）》，S483 卷，S1.1.1.0-18，第 503 页。

提出的朝鲜农民换地的意见，"此时无论如何没有商量的余地"[①]。

这样，石射在 9 月 5 日再次向币原提出了两种方案。其一是"放弃从伊通河引水，在依靠井水可能灌溉的范围内，试行小规模经营"[②]；其二是"依靠堤坝和水渠实行原计划"[③]。他忧虑地说：第一种方案对中国有利，"是否会被认为是让步过多的提案"，但要"实施第二种方案，则不得不考虑来春的再次骚乱"[④]。对于石射所提出的方案，币原训令说，当以中方承认鲜农在当地居住为原则，"以第一种方法圆满实现鲜农之定居，也不能谓之重大让步"，"望以贵电之第一方案为重点，进一步研究"。[⑤]这一电文表示，币原在水渠问题上放弃了原有的主张，出现了某种让步的态度；同时也意味着如果中方始终以强硬态度进行交涉，并非没有达到目的的可能性。

在此期间，南京政府外交部和日本公使馆之间也交换了有关万宝山问题的公文。8 月 26 日，日本公使馆向南京外交部递交了针对 7 月 22 日中方抗议书的公文。其主要内容是：

①该契约"无须得到县政府许可之必要"。

②水渠用地是"经郝永德及其他关系者斡旋，并已与水路用地之地主达成谅解"。

③"韩农之举动全系善意，其根据契约之行为，并无不法失当而遭非难之处。"

④"日本之派遣警官，系因华警以实力压迫韩农所致……为保护韩农，始派遣武装警官。此实出于不得已。"[⑥]

此外，币原强调：基于 1909 年和 1915 年的条约，作为"日

---

① 《日本外务省档案（1868～1945）》，S483 卷，S1.1.1.0-18，第 517 页。

② 石射猪太郎：《外交官的一生》，读卖新闻社 1950 年版，第 179 页。

③ 《日本外务省档案（1868～1945）》，S483 卷，S1.1.1.0-18，第 504～505 页。

④ 《日本外务省档案（1868～1945）》，S483 卷，S1.1.1.0-18，第 505 页。

⑤ 《日本外务省档案（1868～1945）》，S483 卷，S1.1.1.0-18，第 517～518 页。

⑥ 王霖、高淑英编：《万宝山事件》，第 351～357 页。《日本外务省档案（1868～1945）》，S483 卷，S1.1.1.0-18，第 388～408 页。

本国民"的鲜农,有权在南满居住和经营。对此,中国的《国民日报》将之评论为"措辞荒谬",并对日方再次提到二十一条,也即 1915 年的条约而表示愤慨。[①]南京外交部将这一公文的重要内容告之外交特派员钟毓,并再次指示要使朝鲜农民从当地退去。

南京方面收到日本的上述公文后,为了确定今后的交涉方针,于 9 月 8 日召开国民党中央政治会议,研究万宝山问题。[②]9 日,外交部长王正廷在会议上报告了有关万宝山问题的情况。针对日方 8 月 26 日公文的措辞,南京中央政治会议外交组首先仔细研究了日方的公文,并制定了对应原则。基于这一原则,由外交部起草了第二次抗议书[③],并于 9 月 15 日递交给日本公使馆。其主要内容如下:

①"兹查阅来照所开,与事实真相出入甚多。对于郝永德无权与韩农订立契约,韩农更无权占有万宝山农田各节,尤未加以注意。"

②"郝永德原租契约,未经官厅正式核准,自始即属无效……郝永德与韩农之契约,不能产生任何权利,实无疑义。郝永德与韩农之契约,在法律上既属无效,其着手开垦之农田,即为侵占。所有开沟筑坝等行动,均属非法,况所掘水沟,在未经核准之租地以外,又损害多数人之田地,侵害多数人之权利。"

③"依照宣统元年中日图们江界约:'韩民仅得在图们江北延吉、和龙、汪清特定区域内垦地居住。'……矧本案地点在条约允许区域之外,其所订契约又属无效乎!"

④"当地日领派遣武装日警,擅入万宝山强制援助韩农非法工作,实为本案纠纷扩大之重要原因,该日领应负相当责任。"

⑤"应再请转饬劝令该韩农等速即退出该地,至韩农与郝永

---

① 上海《国民日报》,1931 年 9 月 1 日。
② 上海《国民日报》,1931 年 9 月 9 日。
③ 上海《国民日报》,1931 年 9 月 12 日。

德间因契约无效而发生之法律关系，自应设法处理，华农方面已受之损失，仍应由韩农及早补偿，以资解决。"①

南京政府主要从契约和法的角度对8月26日日方的公文进行了反驳，明确地表明了公正而当然的立场。石射总领事在回忆万宝山事件时承认南京政府的这一公正的立场。他回忆道："租地契约本身的合法性也有疑问"，况且"对于擅自在他人所有的地里开水渠，随意截住河流，是任何国家的法律也不会承认的"。②

与此同时，日本外务省及其驻东三省领事馆还与东北的最高权力者张学良进行了有关万宝山问题的交涉。7月8日，石射曾向币原呈报说："作为迅速解决这一事件的途径，想在事情允许的情况下，说服病中的张学良，使之作出在健康恢复后一定对鲜农给予满意解决之声明，然后作出信赖这一声明而退出万宝山的姿态，以期缓和事态。"③石射等待过这种机会。当时张学良正在住院，对日方表示了如下意向，即万宝山事件不是孤立的突然爆发的事件，这一事件和中村事件与日本的"满蒙政策"有密切的关系，鉴于这一事件对日本"满蒙政策"的影响，将组织由10名委员构成的东北外交委员会负责解决万宝山事件、中村事件及其他悬案。

8月中旬，中村事件正式公布后，日本国内的社会舆论更加激昂，军部的态度也强硬起来，时局日益恶化。张学良为了缓和这种恶化的形势，于中旬派汤尔和去日本，向日本政府及军部要人表示改善相互关系。8月22日，汤尔和访问币原，谈到了万宝山问题。币原说："脱离理论而从常识的角度看，朝鲜人的存在并没有侵害中国的主权"④，朝鲜农民开垦放任的荒地，将其作为水田，对中国也有利，"中方无论从国家还是从地主的角度看，都

---

① 王霖、高淑英编：《万宝山事件》，第357～359页。
② 石射猪太郎：《外交官的一生》，第178～179页。
③《日本外务省档案（1868～1945）》，S483卷，S1.1.1.0-18，第173页。
④《日本外务省档案（1868～1945）》，S483卷，S1.1.1.0-18，第514页。

没有受到任何实际损害，因而不拘泥法律问题而以常识的角度来处理，则可以简单地得到解决"①。这说明币原企图回避涉及国家主权的法律问题，把朝鲜农民作为尖兵来解决日本人的土地租借问题，因而他特别重视东北当局对朝鲜农民的态度，并质问汤尔和是否发出了驱赶鲜农的密令。汤尔和就此事电告张学良。张学良在 9 月 1 日的回电中说："我想立即训令东三省的全体地方官员，应亲切对待日鲜之人，并加以严密保护。"②币原还向汤尔和谈到了 7 月 16 日提出的有关万宝山问题的四项临时措施，请汤尔和向张学良转达。9 月 16 日，日本驻北平参事官矢野访问张学良，向张学良询问对临时措施的意见。张学良回答："我赞成临时措施之宗旨……正与南京政府商量适当之办法。例如，中日之间有数百件未决之悬案，对其中的中日委员会给予考虑其他问题之权限，也是正在考虑的一种办法。"③张学良所采取的方针是，不单独解决万宝山问题，而是要与其他问题同时解决。同日，汤尔和也通知日本在北京的公使馆："张副司令鉴于日方处理在满鲜人问题之临时措施，想就中日在满洲之三百悬案加以整理，以期进行政治解决。为了研究此事，目前正在组织有南京政府代表参加的一个委员会。"④张学良为了缓和紧张的中日关系，也采取了姑息态度。

　　如上所述，日本外务省及其驻东三省领事馆一边在吉林和南京进行外交谈判，一边又在背后逐渐造成既成事实，要求中方默认。林久治郎回忆当时的情况说："我方所造成的既成事实，在实际上可以看作是这一事件的最终解决……表面上尚未解决，而实际上却因造成既成事实而告一段落。"⑤然而这只是日本以关东军

　　①《日本外务省档案（1868～1945）》，S483 卷，S1.1.1.0-18，第 514 页。
　　②《日本外务省档案（1868～1945）》，S483 卷，S1.1.1.0-18，第 514～515 页。
　　③《日本外务省档案（1868～1945）》，S483 卷，S1.1.1.0-18，第 524～525 页。
　　④《日本外务省档案（1868～1945）》，S483 卷，S1.1.1.0-18，第 526 页。
　　⑤ 林久治郎：《满洲事变与奉天总领事》，第 107 页。

和警察为背景的武力外交，而不是基于公理的外交。

中方在外交谈判的同时，也不能不全力对应，但是除了 7 月 1 日前后万宝山农民在警察的援助下以实力对抗之外，并没有采取其他的武力行动。其实在万宝山问题上，如果万宝山农民和当地的官员形成一体而进行抗争，或许有可能取得局部的胜利。但是，由于中国当局压制农民、学生和市民的反日运动，力求避免冲突，以至于没能取得可能争取到的局部成果。关于这一点可以从蒋介石和张学良的指示和命令中清楚地反映出来。万宝山事件发生后的 7 月 8 日，张学良对东北政务委员会便作了如下指示：①

①政务委员及吉林省政府应以和平手段负责解决此事件。

②日本将极力诱发军事行动，一旦开战，我东北必定失败。而日本胜利之结果，则将要求赔偿。故而，不论日方态度如何，我方均应据理对待。

③严密注视延吉、和龙、珲春、汪清等延边地区，勿再发生不祥事件。

④在东北现状之下，对日本宜隐忍持重，若与日本开启战端，共产党、广东派必定纷起，造成无法收拾之局面。

⑤倘若中日开战，俄中交涉必然停顿，南北满洲将陷入困境。

7 月 11 日，蒋介石也对张学良指示：

"此次对日交涉应极力保持冷静态度，①不要虚张声势；②不要扩大宣传；③不要作排日排货之举；④不要有游行演说等行动。而且，对事实上需要解决之事件，也不要扩大风潮。日本人素来狡猾阴险，现今尚不是我国与之对抗时期。"②

这些指示一直贯彻到东北地区的基层，中国人的一举一动都受到了政府的控制。例如，8 月 2 日吉林省教育厅便指示和龙县政府："对于此案应取镇静之态度，与中央一致行动，持以坚忍之

---

① 《日本外务省档案（1868～1945）》，S483 卷，S1.1.1.0-18，第 278～279 页。
② 《日本外务省档案（1868～1945）》，S483 卷，S1.1.1.0-18，第 261 页。

决心，谋求外交上最后之胜利为要……在宣传该案时，宜注意人民态度，万不可对日人有轨外行动。"①

那么，南京政府和东北地方当局为什么会对日本的侵略行动采取如此的态度呢？这和中国国内的形势也有密切关系。

其一是国民党和共产党的矛盾。当时中国共产党所领导的革命运动，正在以江西为中心蓬勃发展。这种革命势力是中国的新民主主义势力，也是抗日的主力军。蒋介石为了维持国民党的统治，从7月以后对中国共产党和工农红军实行第三次"围剿"，并动员了国民党政府的30万主力军。因此，以蒋介石为首的国民党政府想避免与日本对抗。日本的侵略使日本帝国主义和中国人民的矛盾成为中国社会的主要矛盾。在这种情况下，国民党理应停止对共产党的国内战争，结成抗日统一战线来对付日本帝国主义，但是蒋介石把共产党视为主要敌人，集中其主力军队对付共产党，所以对来自日本的侵略采取妥协让步的政策。

其二是国民党内部的矛盾。当时，汪兆铭等人在广东宣布独立，建立了与蒋介石政权分道扬镳的广东政府，当时湖南省二十八军等南方的部分军队也倾向广东政府。在这种情况下，日本政府利用蒋、汪矛盾，通过广东政府的日籍顾问山田，将汪政权的外交部长陈友仁招到日本。陈友仁于7月22日到达长崎后进入东京。据报道，陈友仁从日本获得了500万日元的借款，并购买了短枪两万支、大炮10门。②日本政府的目的在于加强广东政权的军事力量，以强化其对蒋介石政权的对抗。广东政府的这种行动从背后牵制了蒋介石，蒋介石也不能不对其给予相当的警戒。

其三是中国国内的军阀混战。在关东军积极准备九一八事变的同时，日本还将当时驻大连的石友三和阎锡山送往河南和山西，

---

① 辽宁省档案馆史料。
② 《晨报》，1931年8月2日。

从背后牵制张学良和蒋介石。当时日本在中国的驻屯军也认为"石友三将要形成第三种势力，其成功与否虽然不明，但有取代张学良之意"①。石友三向日方秘密要求："希望以现金交换短枪一万支、机关枪若干挺及购买相应之弹药，并可与日本缔结某种密约，以便将来得到援助。"对此，日方表示"可以答应"②。7月中旬，石友三在河南北部和南部一带举旗反蒋，给蒋介石和张学良造成了威胁。蒋、张于7月下旬开始在南北两个方面对石友三作战。而返回山西的阎锡山虽然没有采取类似行动，但对蒋、张也是一种无声的威胁。

其四是有关当时形势的判断。蒋介石和张学良虽然知晓日本在东北的侵略行动，但不清楚其矛头是对着苏联还是中国。如7月12日张学良在致蒋介石的电文中说道："从万宝山事件及鲜人排华事件看来，日本无疑有推进其大陆政策、积极侵略满洲之意，但其对象是中国还是苏联尚且不明，假如关系到满蒙之存亡，则需要仔细考虑。"③此外，他们并没有收集到有关关东军准备事变的确实军事情报。这虽然不能成为重要原因，但形势的判断对决定政策也必然会有相当的影响。

四、万宝山事件与九一八事变的关系

以往，东北地区经常发生中国地主、农民与朝鲜农民之间的土地纠纷。万宝山事件不过是这类纠纷之一。然而，万宝山事件之所以成为一次历史性的事件，则是因为这次事件与九一八事变有密切的联系。那么，万宝山事件与九一八事变到底是什么关系？

一般认为万宝山事件是九一八事变的导火线，但最近出现了

①《密大日记》，昭和六年（1931）第四册，第864～865页，日本防卫厅防卫研究所藏。
②《密大日记》，昭和六年（1931）第四册，第864～865页，日本防卫厅防卫研究所藏。
③《日本外务省档案（1868～1945）》，S483卷，S1.1.1.0-18，第261～262页。

"它是间接导火线，而不能说成是直接导火线"的看法。[①]本书认为，考虑九一八事变与万宝山事件的关系，是阐明九一八事变导因的必不可少的重要课题。而研究这个课题则不能不首先弄清万宝山事件、随之发生的朝鲜排华事件、而后出现的以上海为中心的排日和抵制日货运动等事件相互之间的关系。

首先，从万宝山事件与朝鲜发生排华事件（以下称朝鲜事件）的关系来看，7月上旬朝鲜发生排华事件的导火线，是《朝鲜日报》的号外对万宝山事件作了夸大报道，诸如："中国官民八百余名与二百名同胞发生冲突而负伤　据与驻当地中国警官交战之速报长春日本驻屯军准备出动　三姓堡风云渐急""对峙之中日警察交战一时许　中国出动六百名骑马队　同胞安危急迫""拒绝撤退要求　增派机关枪队""准备战斗中"，等等。[②]于是，见到这种报道的朝鲜人，便开始在仁川、镇南浦、平壤等30余处迫害华侨。在这种排华风潮中，华侨死亡121名、负伤300名、失踪77名，并蒙受了数百万日元的财产损失。[③]这一事件作为国际性的事件，不仅在中国而且在其他国家也引起了反响。

为了弄清万宝山事件与朝鲜上述事件的关系，有必要首先弄清对事实作了夸张报道的《朝鲜日报》长春支局长金利三与日本外务省驻东三省领事馆的关系。天津《大公报》、北京《晨报》和《吉长日报》《益世报》等都报道说，金利三受日本领事馆的唆使，传播了夸张而虚伪的情报。[④]金利三早年毕业于日本早稻田大学，与日方确有关系。1931年7月15日，他在《朝鲜日报》上发表了《朝鲜日报记者的谢罪说明书》，其中谈道："韩农因不愿被利用为不合理斗争之器具，既有自退场者，多数残余鲜农，被日警制止，不得自由退出，现正陷于进退不得之苦境"，"鄙人受日领

① 朴永锡：《万宝山事件研究》，第一书房1981年版，第128页。
② 朴永锡：《万宝山事件研究》，第117页。
③ 罗家伦编：《革命文献》，第33辑，第664页。
④ 《吉林日报》，1931年7月16日。

之唆使，讹报本国，遂至两民族冲突惨境。因悔前过，敢此声明鄙人之罪过，以谢中韩两民族"。[1]金利三的这个谢罪声明，据说是在朝鲜独立运动参加者的威胁下写的，因此其可信性程度或许是有问题的。但是金利三于同日在吉林市远东旅馆内被日本吉林总领事馆巡捕朴昌厦所暗杀的事实，却说明了日本害怕金利三披露事实真相。7月19日，中国《益世报》报道说：呜呼！日本帝国之丑行、鼓动鲜民排华之铁证。鲜报记者受日本领事唆使、造谣煽动，事后忏悔暴露黑幕，为日本警官所枪杀。[2]外交特派员钟毓、长春市政筹备处也分别于7月28日和8月17日向外交部和吉林省政府报告了这个事实。[3]因此，可以认为，上述事实和史料证明了金利三是受日本领事馆的唆使而进行夸张报道的。

那么，日本领事馆又为什么让金利三作出夸张的报道呢？为了说明这个问题，不能不研究日本外务省及其驻东三省领事馆是怎样利用朝鲜事件的。首先，日本外务省及其驻东三省领事馆想利用朝鲜事件来解决万宝山问题。7月6日，中国公使汪荣宝访问日本外务省，要求日方取缔朝鲜发生的事件。但日本外务省亚洲局长谷正文却说："此次鲜人之暴行是因万宝山事件使之感到中国官员和警察危及了他们同胞在满洲的居住而过于激愤的结果。今后只要中国官宪继续在满洲危及鲜人的居住，便会立即在朝鲜引起反响，朝鲜官员即使予以取缔也将无法制止……望今后严密注意不要压迫鲜人。"[4]币原将这种要求告知石射，要其对中国施加压力。于是，石射在7月8日下午会见吉林军参谋长熙洽，向他转告了朝鲜事件的情况后，便力主所谓"必须迅速解决造成这

　　① 朴永锡：《万宝山事件研究》，第135页。天津《大公报》，1931年7月19日。
　　② 天津《益世报》，1931年7月19日。
　　③ 罗家伦编：《革命文献》，第33辑，第564及538页。1931·年7月16日吉林省日本总领事石射在给币原的电报中，否认金利三被朴昌厦所暗杀，见《日本外务省档案（1868～1945）》，SP86卷，SP205-4，第10152～10154页。
　　④《日本外务省档案（1868～1945）》，S483卷，S1.1.1.0-18，第146～147页。

一严重事态原因的万宝山问题"。①他还警告说，如不解决万宝山问题，朝鲜事件也将无法收拾。对此，熙洽回答说："擅自解决万宝山问题，责任过于重大，终究不是省政府所能办到的。"②

其次，日本外务省及其驻东三省领事馆想把两个事件一并解决，因为一并解决对日本有利。日本外务省说，朝鲜事件是对万宝山事件的报复，日方没有责任。币原说："日本对这一事件的受害者支付赔偿，没有法据。"③不仅以万宝山事件作借口来推卸日本在朝鲜事件中应负的责任，而且想在朝鲜事件中利用万宝山事件。

那么，南京政府对此采取了什么态度呢？朝鲜事件发生前，南京政府把万宝山问题看作地方问题，想由东北当局与日本总领事馆或领事馆进行交涉处理。在朝鲜事件发生后，又想一并处理两个事件。但这与日方的一并处理不同，与其说是承认两者的因果关系，莫如说是由于分析了《朝鲜日报》夸大对万宝山事件的报道而使朝鲜人激愤及至酿成暴乱的原因，同时也鉴于问题的严重性，南京政府才想直接交涉的。7月7日、16日和8月22日，南京政府外交部连续三次向日本公使馆提出抗议，并在8月22日的抗议中向日方提出了八项要求：

①正式道歉。本京由驻华贵国公使向本部行之；朝鲜方面由朝鲜总督府向本国驻在总领事行之。

②各地负责官吏立即予以相当之处分。

③煽动及加害之暴徒，严加缉捕惩罚。

④对于各该地华侨生命被害者予以赔偿；失踪者详查之后，与生命被害者一体赔偿。

⑤负伤者视其轻重，分别赔偿。

---

① 《日本外务省档案（1868～1945）》，S483 卷，S1.1.1.0-18，第 167 页。

② 《日本外务省档案（1868～1945）》，S483 卷，S1.1.1.0-18，第 170 页。

③ 《日本外务省档案（1868～1945）》，S483 卷，S1.1.1.0-18，第 190 页。

⑥财产上之损害，双方会查之后照给赔偿。

⑦因此案归国侨民，将来回朝鲜时应与特别便利。

⑧对于将来预防发生不祥事故，须予以切实之保障。①

但是，南京政府没有勇气动员民众和社会舆论来对抗日本。重光葵也发现了南京政府的这一弱点。为此，他在 8 月 31 日向币原报告说："[南京]国民政府有关朝鲜事件的态度，尽管对日本政府始终强硬，但对民众运动却极力压制"②，"国民政府在交涉上虽然持强硬态度，但与外交部长会面时，却迄今未谈及此事"。他估计："就现今的状况而言，[南京政府]似无彻底贯彻其主张之真意，最后将在公文往返之间拖延到自然解决。"③重光葵的这种估计是南京政府对朝鲜事件态度软弱的一个证据。这一事实还进一步说明南京政府只是对朝鲜事件有所反应，而不是想利用这一事件进行报复或诱发新的事件。

那么，万宝山事件和朝鲜事件与九一八事变到底有什么关系呢？朴永锡在《万宝山事件研究》中，对这个问题作了如下论述。他说："日本帝国主义对万宝山事件作了虚伪而夸张的报道，从而在朝鲜导致了对此进行报复的排斥中国的事件，由于其影响进一步波及中国东北，因而中国人便抓到了驱赶韩人和采取军事行动的合法口实。"④

那么，日本外务省及其驻东三省领事馆，是否想让朝鲜发生的排华事件进一步扩大、并在东北也发生排斥朝鲜人的事件呢？按朴永锡的上述说法可以得出肯定的结论。但是从现有的史料看，日本外务省及其驻东三省领事馆反而担心朝鲜事件影响到中国东北，并采取了预防措施。7 月 8 日，币原对来访的中国公使汪荣

---

① 罗家伦编：《革命文献》，第 33 辑，第 664～665 页。王霖、高淑英编：《万宝山事件》，第 347～350 页。

②《日本外务省档案（1868～1945）》，S483 卷，S1.1.1.0-18，第 476 页。

③《日本外务省档案（1868～1945）》，S483 卷，S1.1.1.0-18，第 477 页。

④ 朴永锡：《万宝山事件研究》，第 127 页。

宝说："请中方也尽量[在满蒙]别发生报复行动。"①而后，在东北部分地区发生小规模的驱赶朝鲜农民事件时，币原在训令中又说："要向其充分告诫，我方对此极为关注，并严肃要求地方官员迅速制止驱赶朝农的行动，同时应强烈提出我方保留将来对此事进行善后交涉之旨。"②同样，日本驻吉林总领事石射在7月7日会见吉林军参谋长熙洽时也强烈要求："如果中方进行报复行动，事态将愈发严重，请切实取缔此种行动。"熙洽回答说："鉴于朝鲜之事态，虽然不能断言绝对不发生上述之报复行动，但若发生时则将极力取缔。"然而，石射对此并不满足，随后又对熙洽说："不只是行动发生之后，还望其不发生。"熙洽回答说："当然是此种方针。"③

　　日本外务省及其驻东三省领事馆之所以担心发生排斥朝鲜人事件，与其说是对朝鲜人的保护，莫如说是警惕由此而危及日本在东北的利益。币原防止发生此类事件的另一个理由是，如果发生第二次万宝山事件的话，将"刺激朝鲜民心并有惹起第二次、第三次朝鲜事件之虞"④。朝鲜事件对于日方解决万宝山问题当然有其得利的一面，但这一事件对国际舆论和中国反日运动的影响也是相当大的，所以币原不得不这样考虑。

　　朝鲜事件发生后,中国各家报纸将其作为特大问题作了报道。这刺激了中国人民的民族情绪，并引起了有广泛阶层参加的反日运动。这一运动是以上海为中心，以抵制日货的形式展开的。7月13日,上海成立了由商会、工会和各个民众团体组成的反日援侨会，在为援助朝鲜华侨募集资金的同时，开展了抵制日货运动。17日,该会制定了《排斥日货方案大纲》和《抑制日货办法大纲》，29日又决定了《处理日货办法》，并设立了日货检查所，坚决没

---

①《日本外务省档案（1868～1945）》，S483卷，S1.1.1.0-18，第189页。
②《日本外务省档案（1868～1945）》，S483卷，S1.1.1.0-18，第355~356页。
③《日本外务省档案（1868～1945）》，S483卷，S1.1.1.0-18，第169页。
④《日本外务省档案（1868～1945）》，S483卷，S1.1.1.0-18，第355页。

收日货。时至 7 月 28 日，总计没收了 42 件 889 种日货。在天津，7 月 15 日组成了对日外交后援会，27 日全市商人又自发地成立了对日绝交委员会。在长沙，7 月 27 日也成立了湖南人民对日外交后援会。此外，其他各地也相继成立了反日会和反日团体，对日"永远经济断交"的呼声响彻全国。

这种情况表明，中国人民针对朝鲜事件的斗争，其矛头不是对着身在中国东北的朝鲜人，而是针对日本的。这是因为南京政府、中国的民众团体和宣传机构对朝鲜事件有正确的认识。例如国民党吉林省执行委员会在《告民众书》中便说，不平等条约是发生万宝山事件和朝鲜事件的原因，呼吁民众团结一致，主动废除不平等条约，并主张必须与清白忠实之朝鲜人联合，结成统一战线，打倒共同之敌。①

以上海为中心的抵制日货运动，给日本的经济侵略以直接的打击。于是，日本开始镇压这种抵制。7 月 20 日，币原训令重光葵，要其向上海市长张群和外交部长王正廷"要求切实取缔排日运动"②。于是，7 月 22 日重光葵和日本驻上海总领事村井便分别向王正廷和张群提出了取缔排日运动的要求。

南京政府表面上对民众的反日运动和抵制日货运动没有公开支持，但背后是支持的。这是因为，中国民众的反日运动对南京政府在万宝山事件和朝鲜事件的交涉中具有有利的一面。

日方试图一并解决两个事件，并想在解决万宝山问题中利用朝鲜事件，而南京政府则是想使朝鲜事件与抵制日货运动联系起来，并利用抵制日货运动来解决万宝山事件和朝鲜事件。由于万宝山问题的起因在于中日之间的不平等条约，所以南京政府还想乘机把万宝山问题用在修改内含租借和治外法权等内容的不平等条约上。7 月 11 日，王正廷会见重光葵，向他提出了修改不平等

---

① 辽宁省档案史料。
② 《日本外务省档案（1868～1945）》，S6 卷，S1.1.1.0-7，第 535 页。

条约问题，并对重光葵说：日方对这个问题"大体上是消极的，还没有过积极的表示，令人遗憾"①。对此，重光葵主张"上海方面的排日计划与日中两国间的各种交涉，在理论上说有关系"。②他试图消除抵制日货运动对包括万宝山问题在内的日中交涉的压力。

7月下旬，上海的抵制日货运动更加高涨，屡屡发生强制没收日货的事件。于是，日本海军则想以武力镇压中国人民的抵制日货运动。8月3日，日本第一遣外舰队司令官盐泽幸一提出了动用海军力量的五种方案。③对此，日本驻上海领事村井认为："在本地排货风潮趋于更加恶化之时，将来或许会发生我方以实力直接保卫之事态，但在目前中国官员明确表示加以取缔之际，还不是行使实力之时机。"④8月5日，村井将这种意见报告给币原。币原也有同感，并于8月15日向重光葵作出如下指示："鉴于中国官员未能彻底取缔扣留日货事件，根据情况以我海军之实力采取自卫措施，以示我方对排斥日货运动之强硬态度，并促使中方严行取缔，这虽然是一种方法，但上述实力措施要适应缓急时机，不可酿成不必要之事端。特别是在动用海军力量之际，要预先在外务、海军之间充分协商，并使中方无机可乘。"⑤这是具有可能行使海军实力和目前尚无必要的两重性意见，但它表明在必要的时候可以在协商之后行使武力。8月15日，上海的日本海军出动25名陆战队员，强行夺回了被没收的日货，在军舰上拘留了4名日货检查员，并用枪殴打。这是根据上海日本商人的要求而采取的行动。此外，上海的日本商工会议所还公开要求海军以武力介入。

---

① 《日本外务省档案（1868～1945）》，S6卷，S1.1.1.0-7，第615页。
② 《日本外务省档案（1868～1945）》，S6卷，S1.1.1.0-7，第615～616页。
③ 《日本外务省档案（1868～1945）》，S471卷，S1.1.1.0-7，第1427～1429页。
④ 《日本外务省档案（1868～1945）》，S471卷，S1.1.1.0-7，第1426页。
⑤ 《日本外务省档案（1868～1945）》，S471卷，S1.1.1.0-7，第1650～1651页。

对此，上海市长张群向村井总领事提出了抗议。他说，这一事件"是违背国际法、蔑视中国主权的……在激发此等部分行为上，何人应负责任？特此提出严重抗议"，并要求日方处罚士兵，对被害的中国人予以赔偿和道歉，并保障今后不再发生此等事件。[①]上海商会也抗议说："日方此次暴行是不承认中国独立自主之权的证据。不然的话，为何不依据外交手段而诉诸武力呢？"[②]此外，上海《时事新报》也发表社论，以期唤起社会舆论。[③]

面对中方的抗议，日本驻上海总领事村井一方面认为"海军方面在此次事件中的行动至少对中国官员产生了相当的效果"，但另一方面又担心中国采取强硬行动，因而对海军方面说："万一作得过分，则有产生意外反动之虞"，"切望海军方面姑且斟酌行事"。[④]当时，日本海军省也认为行使武力为时尚早，并通过军务局长对第一遣外舰队司令官发出了如下指示：

①命令之前未付诸协议；

②鉴于排日风潮之现状，在中国官员明言取缔之际，尚不是用武力防卫之机；

③只因被害者的告状便行使直接行动有欠妥当。[⑤]

这样一来，日本海军的武力行动被暂时制止了。

以上事实表明，由于万宝山事件和朝鲜事件的影响而发生的抵制日货运动，发展到了日方小规模行使武力的程度，因而增加了在上海武装冲突的可能性。但是，这并没有成为日本挑起九一八事变的借口，并没有直接导致九一八事变。

那么，连续发生的万宝山事件、朝鲜事件以及抵制日货运动，最终对九一八事变的爆发有什么影响呢？表面看来这三个事件与

---

① 《日本外务省档案（1868～1945）》，S471 卷，S1.1.1.0-7，第 1667～1668 页。
② 《日本外务省档案（1868～1945）》，S471 卷，S1.1.1.0-7，第 1767 页。
③ 《时事新报》，1931 年 8 月 16 日。
④ 《日本外务省档案（1868～1945）》，S471 卷，S1.1.1.0-7，第 1676 页。
⑤ 《日本外务省档案（1868～1945）》，S471 卷，S1.1.1.0-7，第 1685 页。

日本关东军挑起的九一八事变的阴谋没有直接关系，但实际上，上述事件所形成的社会舆论起到了促成关东军和日本陆军中央的部分将校加速挑起事变的作用，构成了挑起事变的社会基础。挑起事变，并非只是军事上的行动，其中还有社会舆论和民众对其是否支持的问题。如果社会舆论和大多数民众对事变不予以所谓的支持，事变也是难以实行的。而万宝山事件、朝鲜事件和抵制日货运动，被利用在这一方面，对挑起事变起了重要的作用。

当时，日本在中国东北的"满洲青年联盟"及各地的商工会议所首先狂热地制造舆论。比如"满洲青年联盟"便针对万宝山问题，向田代领事、武并警察署长和中川旅团长上书，言称"帝国权益目前正濒于覆辙之危，五千联盟同志期望贵官此时采取断然措施"，向各地支部发出指示："望以联盟支部之名义，让长春领事以外之当局就万宝山事件发出声援电报"，并要求在各地举行所谓"唤起舆论"的演讲会。①据《满洲青年联盟史》记述，该联盟6月13日在大连歌舞剧院举办的演讲会，则是"杀气腾腾"②。该书还记载：满洲青年联盟通过万宝山事件"感到唤起国内舆论之必要，7月13日决定前往本国游说，特别是让小泽以万宝山事件为中心，披露了东北军宪非法压迫我国国民之事。这产生了很大的效果"③。

与此同时，哈尔滨的日本商工会议所也在7月11日以所谓"此时姑息处理，将留下忧虑之祸根"④为由，要求日本政府彻底镇压中国的排日运动。8月11日该会议所又反对日警从万宝山撤退，声称"如此不彻底之外交，将愈发使中国逞横施暴……益加助长中国对我国之轻辱，使各地排斥日货风潮更加激烈，其前途令人

---

① 满洲青年联盟史刊行委员会编：《满洲青年联盟史》，原书房1968年版，第509页。
② 满洲青年联盟史刊行委员会编：《满洲青年联盟史》，原书房1968年版，第509页
③ 满洲青年联盟史刊行委员会编：《满洲青年联盟史》，第509～510页。
④ 辽宁省档案史料。

心寒。切望此时鞭策政府，考虑伺机采取匡救难局之断然态度"①。

在日本国内，政友会和对外采取强硬立场的团体，也纷纷召开大会、制造社会舆论，以期将日本国民的视线集中到中国的东北，督促政府采取措施。政友会等采取的主要方法是，集中谴责和攻击币原外交。这是因为币原外交在当时还没打算以武力根本解决问题。因而在制造挑起事变的舆论中，币原外交成了最好的攻击目标，而且这又是督促政府的一举两得的手段。

东亚振兴会于7月18日在东京上野公园的自治会馆召开所谓"满蒙问题国民大会"，由对外同志会、相爱会、日蒙贸易协会以及日本精神团的代表和退役中将等针对"满蒙问题"进行了煽动性演讲。退役中将菊池武夫在演说中强调："我国现政府之外交，因软弱退缩，终究难以解决当前之满蒙问题。"②大会的主持人也说，此次大会正是为了打开"满蒙问题"之难局而召开的。这次大会通过了包括"现任内阁之外交始终软弱，遇事经常有损帝国之威信，从而自行退至劣等地位"③的决议，以督促币原外交对中国采取更为强硬的政策。

是时，全日本爱国者共同斗争协议会也在7月10日向币原表示："我等以全日本国民的名义，要求彻底清算软弱外交……毅然采取积极态度。"④

此外，在野党政友会则于7月8日召开政调特别委员会，研究对万宝山事件和朝鲜事件的有关对策。该委员会认为这两个事件是由币原的"软弱外交"引起的，因而派出代表向外务省、拓殖省表示抗议，并由松冈洋右等人组成小委员会，商讨弹劾若槻内阁的具体方法。这虽然是政友会与民政党争夺政权的策略，但从政友会的社会、政治地位来讲，却在形成有关"满蒙问题"的社

---

① 辽宁省档案史料。
② 《日本外务省档案（1868～1945）》，S482卷，S1.1.1.0-17，第1145～1146页。
③ 《日本外务省档案（1868～1945）》，S482卷，S1.1.1.0-17，第1144页。
④ 《日本外务省档案（1868～1945）》，S481卷，S1.1.1.0-17，第524页。

会舆论中起了重要的作用。特别值得注意的是，政友会还向中国东北派出了由其总务森恪等人组成的"满蒙"调查委员会，以积极推进侵略政策。森恪等人出发前与陆军方面充分讨论了"满蒙问题"。他们7月6日从东京启程，经由朝鲜到达中国东北，到万宝山进行现场调查。森恪等人还与关东军司令官本庄繁、参谋长三宅光治以及板垣征四郎、石原莞尔、土肥原贤二、河本大作等人举行了一系列的会议，以研究解决"满蒙问题"，还同满铁总裁内田康哉交换了有关意见。据与森恪同行的山浦贯一说："森在此次旅行中似乎得出了结论。币原外相在向内阁会议报告万宝山事件时说'万宝山事件不过是一次地方事件'，但事实上绝非那样无足轻重，而是重建满洲还是放弃满洲、是危及对朝鲜统治还是强化这种统治的关键所在。那么，应如何处置呢？于是发生了森所说的通过自然起火而爆发的满洲事变。"①

森恪一行归国后，将这种调查结果向政友会作了报告，并在统一党内舆论的同时，前往各地积极活动，以期形成有关"满蒙问题"的舆论。如事变前的9月9日，森恪便在名古屋的公会堂向8000听众煽动对满蒙的侵略。他说："如若不将日本国内七千万人天赋的生产力普及到海外去，则无从谋求我日本之生存。"他所说的"海外"便是拥有4亿人口的中国。他还说："这四亿人口如果每年每人平均多消费12日元，将会形成每年48亿日元的新的购买力。"②他进一步煽动说："何谓万宝山事件？""那是中国官宪压迫朝鲜农民的事件"，"现今满洲到处都有压迫朝鲜人、压迫日本人的事件"。③他站在殖民主义的立场上扬言："不考虑我日本帝国的存在，又怎样考虑中国官民的存在呢？"④森恪的最后结论是："国民必须认识现实而奋起。那么应如何奋起呢？我等

---

① 山浦贯一：《森恪》，原书房1982年版，第700页。
② 《日本外务省档案（1868～1945）》，S481卷，S1.1.1.0-17，第1041页。
③ 《日本外务省档案（1868～1945）》，S482卷，S1.1.1.0-17，第1044页。
④ 《日本外务省档案（1868～1945）》，S482卷，S1.1.1.0-17，第1056页。

有一种方法和手段。"①森恪所说的这"一种方法和手段"实际便是挑起事变。森恪不仅对公众进行这种演讲，而且在贵族院研究会、昭和俱乐部、东京帝国大学和选举区内也进行这种演讲，并通过广播，向日本社会广泛传播。他的演讲为形成挑起九一八事变的社会舆论及社会基础起到了推波助澜的作用，对日本关东军和陆军中央部分将校的事变准备，给予了精神上和舆论上的支持。

　　值得注意的是满洲青年联盟的活动，满洲青年联盟实际是积极支持日本"满蒙政策"的青年别动队。该联盟设有调查委员会，曾编辑出版了1万册《满蒙问题及其真相》，向中国东北和日本国内的政府、议员、新闻杂志社、各县厅及民间团体发送。其内容是：①汉民族称其在满蒙之地有领土权，历史根据何在？②鉴于历史事实，我国之既得权益是正当的而且是最小限度的；③有关"二十一条"的条约是维护我国权益的正当防卫手段；④东三省政府今日之基础是靠何人奠定的？⑤满蒙之和平谁来维持，满蒙今日之文化由何人来兴隆？⑥正在被践踏的我国既得利益；⑦与中国暴戾压迫进行斗争的在满日人；⑧从根本上颠覆我国权益的中国新政策；⑨应该放弃满蒙乎？等等。它在系统地叙述了日本侵略中国东北的历史之后，极力主张所谓"满蒙"理应当然地成为日本的殖民地。7月下旬，该联盟又发行了5000册《满蒙三题》，向日本国内及中国东北各地散发。其内容是所谓"满蒙问题"的重要性、失去权益的在满日人以及现今住在满蒙的各民族的协和，等等，公开地呼吁"打倒半封建的东北政权"②。

　　7月中旬，该联盟向日本国内派出了演说队，竭力制造有关满蒙的舆论。这些演说者先后访问了若槻首相、币原外相、政友会总裁犬养毅、陆军大臣南次郎和情报部长建川美次等，向他们陈述了立即解决"满蒙问题"的要求。7月25日，联盟的演说者

①《日本外务省档案（1868～1945）》，S482卷，S1.1.1.0-1.7，第1063页。
② 满洲青年联盟史刊行委员会编：《满洲青年联盟史》，第466页。

向建川说：“鉴于日本现在之舆论，已非主张满蒙政策之时，唯有根据国策断然下定决心”[1]，促使军部作出决断。对此，建川美次回答说：“军部已有最后之决心和准备，莫如使冷却的舆论沸腾，希望积极说服处于安然状态的有关当局，以打开绝好的有利时机。”[2]建川是陆军中央中支持关东军的将校，他非常明白唤起所谓“满蒙舆论”高潮的重要性。该联盟的演说人员还在东京大阪、下关和福冈等地以所谓满鲜问题国民大会、市民有志大会、满蒙问题大会或研究会等形式，宣传包括万宝山问题在内的“满蒙问题”。当时大阪、神户的财界直接受到以上海为中心的抵制日货的影响，对上述宣传并无热情，反而认为“是由于激烈地议论满蒙问题而导致了排斥日货的运动，遂使大阪的商工贸易不能进行，莫如放弃满蒙问题，以免祸水波及中国南部”[3]。但是，由于联盟人员的游说，还是出现了许多共鸣者。参加演说的高冢源一在其《复命报告》中谈道：“我等代表首先去大阪点燃了第一把烽火。虽然只用一棵火柴，但已经点燃了。从此烽火在国内蔓延，现今正在以燎原之势燃烧。”[4]该联盟的演说队还在所谓“依靠唤起舆论而形成巩固背景，从而达成实际目的”[5]的方针下，为了在日本的各个角落宣传“满蒙问题”，通过了继续派遣演说员的决议。

由于联盟演说队的影响，在日本国内兴起了所谓“唤起满蒙问题舆论”的运动。9月10日，对外同志会、“满蒙问题”国民同盟等八个所谓“满蒙团体”在东京的青山会馆举行了“满蒙问题”联合大会。这次大会的决议声称：“[土地]商租权乃是大正四年（1915年）五月缔结的日中条约第二条所明示者，故而期待迅

---

① 满洲青年联盟史刊行委员会编：《满洲青年联盟史》，第483页。
② 满洲青年联盟史刊行委员会编：《满洲青年联盟史》，第500页。
③ 满洲青年联盟史刊行委员会编：《满洲青年联盟史》，第493页。
④ 满洲青年联盟史刊行委员会编：《满洲青年联盟史》，第500页。
⑤ 满洲青年联盟史刊行委员会编：《满洲青年联盟史》，第500页。

速实现";"应将被捕之鲜人立即向日本官宪引渡,并保证在满鲜人之安居与耕作,倘若拒绝此种要求,日本政府应采取自由行动",等等。[①]并将之向社会传播。

以上不过是列举了一些典型事例。这些活动都是利用万宝山事件、朝鲜事件和抵制日货运动来刺激日本国内舆论的,它对推进日本的"满蒙政策"起到了推波助澜的作用,并将民众、舆论以及政府导向了不惜动用武力的轨道。

当时,在日本国内也有人揭露万宝山事件和朝鲜事件的本质,出现了与日本帝国主义的侵略政策和战争政策相对抗的努力和舆论。比如属于日本劳动组合全国协议会系统的日本金属劳动组合便散发了题为"与日本帝国主义侵略野心作斗争"的传单。其中指出:"压迫朝鲜劳农大众的,绝不是中国民众,而是日本帝国主义者!日本帝国主义者才是压迫朝鲜和中国劳动大众的元凶……这次万宝山事件是对日本帝国主义这种侵略政策的反抗……能与日本帝国主义决战的是我们劳动者!"[②]这是日本国民的正义之声。但是,这种呼声由于日本当局的镇压,被限制在局部范围内,没有产生多大影响,以致未能阻止当时对华采取武力的强烈社会舆论。

利用万宝山事件、朝鲜事件、抵制日货运动以及而后发生的中村事件来从事鼓动社会舆论的活动,与日本关东军准备炸毁柳条沟铁路的活动是并行的。事变爆发后,日本的社会舆论和多数日本人支持这次事变,加速了币原外交的转变。

以上分析了上述事件或运动之间的关系,以及它们对九一八事变的影响,那么万宝山事件与九一八事变到底是什么关系呢?

本书认为,九一八事变与甲午战争、日俄战争、第一次世界大战及太平洋战争的情况不同,它是以特殊形态爆发的战争。它

---

① 满洲青年联盟史刊行委员会编:《满洲青年联盟史》,第502~503页。
②《日本外务省档案(1868~1945)》,S482卷,S1.1.1.0-17,第1052~1053页。

没有像上述其他战争那样在事前提交内阁会议或四相、五相会议乃至御前会议，也没有在外务、军部、大藏省之间进行充分协调，而是在陆军中央部分将校的怂恿下，由关东军挑起的战争。从 6 月末开始，日本关东军便计划炸毁柳条沟的铁路，以阴谋手段挑起事变。日本外务省及其驻东三省领事馆没有参与这种谋略，但事前知道关东军正在准备战争。6 月下旬返回东京的日本奉天总领事林久治郎于 7 月 1 日向币原报告："根据最近从各个方面所获得的情报，军部正在满洲计划某种积极行动。"[①]但他不知道关东军要炸毁柳条沟铁路的阴谋。炸毁铁路的阴谋与万宝山问题的交涉虽然是并行的，但目前还没有发现关东军像直接介入中村事件那样，想把万宝山问题作为借口来挑起事变的事实。另外，日本外务省也没有想用万宝山问题来根本解决"满蒙问题"的企图。这说明万宝山问题的交涉与关东军的阴谋是分别并行的，没有直接的联系。

　　但是，林久治郎根据所谓满蒙 300 余件悬案及随之而来的两国关系的恶化曾预料到"日中在满洲的冲突最近正处于不可避免的态势"[②]。"从各方面来考虑，需要使之以有利于我国的形式发生"。[③]在这一点上，他的想法与关东军是一致的。林久治郎向币原报告说："如若鲁莽行事，则有遭国际舆论反对之虞"[④]，"这次计划（指发动事变计划——笔者注）似乎有相当的组织性，担心将会造成比前几年的交叉电事件（即指 1928 年炸死张作霖事件——笔者注）更大的后果"[⑤]。那么，林的担心在哪里呢？他曾向币原建议："南满洲固然是我国的势力范围，但是日俄战争以后，出现了与英美的关系问题，特别是美国虎视眈眈地监视

①　林久治郎：《满洲事变与奉天总领事》，第 104 页。
②　林久治郎：《满洲事变与奉天总领事》，第 103 页。
③　林久治郎：《满洲事变与奉天总领事》，第 103 页。
④　林久治郎：《满洲事变与奉天总领事》，第 103 页。
⑤　林久治郎：《满洲事变与奉天总领事》，第 104 页。

我国的行动。坦率地说，满洲问题并不是仅仅与中国交涉就能解决的，不能不以美国为对象而讲究对策。"①对此，币原也有同样的看法。7月20日，币原在接见满洲青年联盟演说队时说："多数日本人对满蒙问题的观念，历来是以日俄战争前的想法来攻击当局，但中国人、特别是中国要员却以世界大战后的新观念来主张更新条约，所以日本人和中国人在思想上有很大的距离，外交谈判中的各项障碍也基本上由此而产生，日中交涉的困难之处也在于此。举一事例而言，许多中国人都知道威尔逊总统的《十四点条约》(原文如此，应为纲领——笔者注)，而日本人中间知道这种状况的有几人呢？诸位也不要只是迷信新闻报道的恶意宣传"②，向演说队暗示了与列强特别是与美国协调的重要性。币原和林久治郎在处理万宝山问题上，考虑了与列强，特别是与美国的关系，因此，在万宝山发生冲突后，尽管币原在给石射和田代的电报中使用了"我方势必采取自卫手段"③的词句，但还是指示他们："无须扩大或恶化事态，在大局上尤当慎重措置。"④

从上述事实看来，可以说日本外务省及其驻东三省领事馆已预测到中日冲突是不可避免的，但并没有计划利用万宝山问题挑起冲突或事变。这与当时关东军和陆军中央的部分将校不同。

然而，这里有必要强调的是，在这种不同点中也有共同的一面，那就是扩大日本的侵华权益。币原曾对前述的联盟演说员保证"将确保在满蒙的既得权益"⑤，并在7月8日向驻华总领事、领事发出了作为处理万宝山问题的基本方针的指示，即"我方关于在满鲜人问题上的希望，是使他们在当地安居并使荒地水田

---

① 林久治郎：《满洲事变与奉天总领事》，第103页。
② 满洲青年联盟史刊行委员会编：《满洲青年联盟史》，第480页。
③ 《日本外务省档案（1868～1945）》，S483卷，S1.1.1.0-18，第129页。
④ 《日本外务省档案（1868～1945）》，S483卷，S1.1.1.0-18，第131页。
⑤ 满洲青年联盟史刊行委员会编：《满洲青年联盟史》，第480页。

化……以期共存共荣而无他，万宝山事件也当据此方针而努力解决"①。其中所说的朝鲜人在当地"安居"，也就是要求认可朝鲜人的耕作权和土地租借权。而朝鲜人的土地租借权与日本人的土地租借权是连在一起的，所以这个方针实际是想使日本获得土地租借权。这是在所谓"共存共荣"美名下的经济侵略。当时，日本关东军和军部的最低要求，也是确保和扩大在中国东北的既得权益。因此，可以说，日本外务省及其驻东三省领事馆的要求与日本军部的最低要求是一致的。但在最高目的上两者有所不同。关东军和陆军中央的部分将校是想挑起事变，以根本解决"满蒙问题"，并建立伪满洲国，使之作为日本的殖民地。而外务省及其驻东三省领事馆则是想以万宝山问题为突破口，集中解决土地租借权问题。这不是全面的解决，而是局部性的解决。不能不承认这两者之间是有区别的。

　　如上所述，在万宝山问题和九一八事变的问题上，日本外务省及其驻东三省领事馆与关东军及陆军中央的部分将校之间，既有共同点也有不同点，但最终解决万宝山问题的目的则是完全一致的。

　　由于九一八事变，万宝山问题也解决了。由于九一八事变，日本在中国东北建立了傀儡政权——伪满洲国，原长春县长马仲援被免职，汝祺被任命为长春县的伪县长。11 月 2 日，汝祺访问田代领事，声称要释放卖国贼郝永德，并明确表示："对万宝山朝农的保护以及有关维持当地设施现状问题，基于在吉林达成的谅解已予以充分安排。"②11 月 14 日，汝祺以"惟至今日，时异势变，斯案重大问题，似已随之转移"为由，以治疗疾病为名，要求释放郝永德。10 月 18 日，吉林省长官公署准许"交保医治"。于是，10 月 10 日长春县清乡局长以"保外治疗"为由，释放了

①《日本外务省档案（1868～1945）》，S483 卷，S1.1.1.0-18，第 191 页。
②《日本外务省档案（1868～1945）》，S483 卷，S1.1.1.0-18，第 540 页。

郝永德。①

9月21日关东军占领吉林以后，原吉林军参谋长熙洽与日本相勾结，当上了吉林省傀儡政府的省长。11月7日，钟毓被免职，谢介石被任命为交涉署署长（后任伪满洲国外交总长），负责对日交涉。②由于傀儡政权的成立，完全消除了解决万宝山问题的障碍，日本通过这个政权可以随心所欲地解决万宝山问题了。因此，11月13日林久治郎向币原报告说："这次事变发生的结果，已不存在中国官员的干涉与压迫，至少可以说眼下如此。因而现今应该处理的问题就只有调节地主和佃户的契约关系了。"③同样，熙洽也向石射总领事说："现今没有重大问题了，省政府对鲜农耕地之事宜没有其他异议，想于现状（使用水渠及堤坝进行耕种）之下，在鲜农和地主之间适当解决。"④为了最后具体地解决万宝山问题，傀儡当局于翌年1月下旬还向田代领事提出双方对现场进行调查的方案。2月15日、16日，双方进行了所谓共同实地调查。其结果是：

①"河船远运……无须顾虑"；

②"因修筑堤坝而对附近旱田造成的浸水，仅限于半个天地（土地的计量单位）……无水害之危险"；

③"灌溉排水水渠之用地，据所用面积支付地租"；

④"租给鲜人水田用地与否，依官员之意见处理，各地地主、村民不得反对"。⑤

这样，朝鲜农民的租借土地问题得到了承认，日本人也同样在满洲获得了土地租借权，万宝山问题和日本在东北掠夺土地问题，由于九一八事变而得到了日本人所需要的"彻底的解决"。

---

① 辽宁省档案史料。参见王霖、高淑英编：《万宝山事件》，第112页。
②《日本外务省档案（1868～1945）》，S483卷，S1.1.1.0-18，第546页。
③《日本外务省档案（1868～1945）》，S483卷，S1.1.1.0-18，第555页。
④《日本外务省档案（1868～1945）》，S483卷，S1.1.1.0-18，第552页。
⑤《日本外务省档案（1868～1945）》，S483卷，S1.1.1.0-18，第561～562页。

　　为了从法律上确认日本在中国东北获得的土地租借权，1936 年 6 月 10 日，日本和伪满洲国签订了《有关日本臣民在"满洲国"居住及"满洲国"课税条约》，其中规定："日本国臣民得以在满洲国领域内自由居住往来及从事农业、商工业等其他各种业务，并享有土地上的一切权利。"①这样，日本人在东北已不是租借土地而是随意掠夺土地了。

　　综上所述，可以看出，万宝山事件虽然是以朝鲜农民和万宝山地区的中国地主、农民之间以土地纠纷形式而发生的事件，但实际上是企图在中国东北获得土地租借权的日本与反对这种经济侵略的中国政府及当地地主和农民之间发生的冲突，其核心是土地租借权问题。在这一事件中，朝鲜农民被日方利用，处在中日冲突旋涡的困境之中。

　　日本外务省及其驻东三省领事馆试图通过日本警察的实力和与东北地方当局的交涉，让东北当局承认日本人的土地租借权。在这种交涉中，日本驻长春领事田代和吉林总领事石射，面对中国东北当局和当地农民的坚决抵抗，一时曾产生动摇并打算退却，但币原在获得土地租借权问题上态度极为强硬，多次指示其属下进行蛮横无理的交涉。币原外交的特征之一是经济外交，土地租借权问题是经济问题，币原外交的这种经济性特征在万宝山问题的交涉中得到了赤裸裸的反映。

　　从现有的史料来看，日本关东军没有像在中村事件时那样，直接插手干涉万宝山事件。日本外务省也没有参与关东军挑起的九一八事变的阴谋。万宝山事件与挑起九一八事变的阴谋是分别进行的，两者之间没有直接联系。日本外务省与关东军在"满蒙政策"上也存在着不同之处。在万宝山事件中，日本外务省及其驻东三省领事馆想以这次事件为突破口，解决土地租借权问题。

---

① 日本外务省编：《日本外交年表及主要文书》，下卷，第 341 页。

而关东军是想通过挑起事变一举解决包括土地租借权在内的所谓300 余件悬案，并想通过建立"满洲国"从根本上解决"满蒙问题"。从广义上说，这是日本在"满蒙政策"上的双重外交，但在万宝山事件上并没有形成双重外交，这是因为关东军和军部没有直接干预万宝山事件。但是，日本外务省及其驻东三省领事馆与关东军在扩大日本的殖民权益上是一致的。两者既有共同之点，又有分歧的地方，主要是因为日本外务省担心日本对中国东北的激烈政策，会激化与列强特别是与美国的矛盾。然而，在九一八事变的爆发和而后的过程中，激化日本与列强特别是与美国矛盾的程度比日本外务省预想的小得多，因而日本外务省和币原外交则从初期的"不扩大方针"逐渐转向了扩大的方针。

由于九一八事变的爆发，日本在中国东北建立了傀儡政权，万宝山问题按照日本的意愿解决了。其结果，不仅是土地租借权问题得到了解决，而且通过 1936 年的条约，日本还获得了在东北自由掠夺中国人土地的权利。关于万宝山问题的外交谈判与关东军挑起九一八事变的阴谋，在九一八事变爆发阶段相互交织趋于一致。这种一致性是由于在两者分别并行过程中存在着的共同之点而形成的。另外，日本外务省所考虑的列强特别是美国方面的消极反应也是原因之一。

万宝山事件与关东军挑起的九一八事变的阴谋，虽然没有直接关系，但是后来连续发生的朝鲜事件和中国反日、抵制日货运动，却被政友会、满洲青年联盟等对外强硬团体利用于鼓动"满蒙问题"的社会舆论上，对日本政府的"满蒙政策"施加了压力，并促成了其政策上的转变，从而形成关东军挑起事变的社会基础。这便是万宝山事件对九一八事变爆发的直接影响和作用。在广义上可以说万宝山事件是九一八事变爆发的一个原因。但在狭义上，它没有成为九一八事变的直接导火线，而是间接导火线。

外交与战争是一个国家对外政策的两翼。当通过外交谈判不能达到对外目的时，便想通过战争解决问题。从这个意义上讲，外交是不流血的战争，战争是一种流血的外交。九一八事变是特殊的战争，在这场战争的准备过程中，外交与军部的行动虽然没有直接关系，但从结果上来看，有关万宝山事件的外交谈判与九一八事变的军事行动之间，依然存在着如上所述的关系。

第二章 日本对中村事件的二重外交
与张学良的对策

　　一个军人被杀，在国际关系史上并不值得大惊小怪。但中村事件，发生于日本关东军和陆军中央的部分将校策划九一八事变的过程之中，因此，日本便大肆渲染，极度夸张。那么，中村事件在发动九一八事变过程中居何地位？对九一八事变产生了什么影响？日本政府和军部采取什么方针来解决这一事件？本章试就这些问题，将日本外务省、陆军中央以及关东军的政策加以比较，并在考察其二重外交的同时，探讨张学良针对日本二重外交所采取的对策以及国际社会的反应。

一、日本对中村事件的二重外交

　　在考察日本对中村事件所采取的二重外交之前，有必要弄清中村事件的经纬。

　　在实施"满蒙政策"的过程中，日本军部认为将来对苏作战是不可避免的，并从这一判断出发把对苏作战作为其满蒙军事作战的一部分。所谓对苏作战，并不是再次出兵西伯利亚，而是当日军在中国东北发动战争时，苏军若出兵北满，关东军则将在北满，特别是兴安岭一带与苏作战。为此，1925年，日本参谋本部和关东军便向北满一带派出了5个调查组，进行实地调查。时至1928年，先后又有公平大尉对泰来附近的调查，田中隆吉大尉对海拉尔、阿尔山至兴安岭地区的勘查以及关东军新妻骑兵少佐对兴安岭的纵贯调查等。

当时，日本参谋本部和关东军估计苏军主力将从齐齐哈尔、昂昂溪方面南下，因此将第一次会战的地点预定在洮昂线西侧、兴安岭东侧，即大体在泰来以东偏西的地区，并计划在洮南附近集中十几个主力师北进。根据这一计划，届时日本参谋本部将派出一支精锐部队，从绰尔河上游地区斜插兴安岭，打入兴安岭分水岭附近的伊力克得，从背后切断苏军。日本参谋本部将中村震太郎大尉派至中国东北，令其对斜插兴安岭的"兵要地志"，即有关宿营、给养、供水以及行动难易等方面进行实地调查。这一调查与发动九一八事变的谋略有无直接关系，迄今不明，但这是日本军部在东北准备军事作战的一个组成部分。

中村于1931年5月10日从东京出发，途经旅顺日本关东军司令部，而后在关东军参谋部调查组新妻少佐的帮助下北上，至兴安岭一带开始军事调查。中村带领的人员有井杉延太郎（原日军曹长）、一名蒙古人及一名白俄人，预定6月6日从伊力克得南下，7月3日前后到达洮南。其时，当地中国政府已注意到中村等人的行动。日本驻满洲里代理领事丰原幸夫于5月31日向币原报告说："今探知关东军派遣新妻少佐、参谋本部派遣中村大尉，以研究地质为名，带领海拉尔之日人服部，前往呼伦贝尔东北部。海拉尔的中国官员及蒙古政厅似对此等军人行动颇为注意。"①6月26日，中村等人到达余公府，27日被当地屯垦的三团士兵逮捕并处死。据原三团副团长董昆五少校回忆，中村大尉确实曾在兴安

---

①《日本外务省档案（1868～1945）》，S118卷，S42602，第9～11页。

岭、呼伦贝尔一带进行过军事侦察活动。①日本军人在这一地区进行军事侦察，无疑是违反当时有关协定的。

驻东北的日本领事馆事前知道此事，并积极协助了军部的这次军事侦察，驻奉天、哈尔滨的总领事馆为中村大尉提供从事侦察所需的护照即是证据。兴安岭、呼伦贝尔一带是我国蒙古族居住区，情况十分复杂。日本大陆浪人川岛浪速等曾与军部相勾结，煽动"满蒙独立运动"。蒙古族的王公们也曾以其土地为担保向日人借过款。同时，该地区作为东北边防军的军事要地，驻有屯垦军，并设有屯垦公司。因此东北地方当局曾明令禁止日本人进入该地区。这些情况，日本的领事馆一清二楚。日本驻齐齐哈尔领事清水八百一在 7 月 30 日向币原报告说："屯垦公司设立以来，该公司自不待言，连奉天官员也非常警戒日人进入洮索线一带，不许日人乘坐洮索线火车。当地有关官员亦一再向本官内示，已数次接到日人从奉天入蒙及警戒人员之训令。"②日本驻郑家屯领事大和久义郎也曾向奉天总领事报告说："中村大尉遇难之苏鄂王府……属于奉天省政府之所谓禁止旅行区域。"③因此，"中村大尉从东京出发之时，已委托哈尔滨、奉天各陆军机构，经由哈尔滨、奉天总领事领取了另一种护照"④。据查，日本驻奉天总领事馆根据日本在奉天特务机关的要求于 5 月 5 日发给中村护照，哈尔滨总领事馆则是在 5 月 14 日发给中村护照的。中村所以要携带两个护照，是"因奉天的护照在中方签证时附加了洮南、洮安方面为禁止旅行区域的条件，故又领取了哈尔滨的护照"⑤。可见，日本驻东北的领事馆对中村的军事侦察给予了积极的协助。

上述两个日本总领事馆办理护照时，隐瞒了中村的军人身份，

① 《文史资料选辑》，第三辑，第 72～73 页。
② 《日本外务省档案（1868～1945）》，S118 卷，S42602，第 74 页。
③ 《日本外务省档案（1868～1945）》，S119 卷，S42602，第 317 页。
④ 《日本外务省档案（1868～1945）》，S118 卷，S42602，第 119 页。
⑤ 《日本外务省档案（1868～1945）》，S118 卷，S42602，第 73 页。

称之为"学校教员"，在递交给当地办事官员办签证的公文中，"又将中村的身份记为官吏"①。哈尔滨总领事馆在致中方的公文及免签证申请书中，又省略中村的职业，只记其姓名。②

中村事件发生后，中国社会舆论也非常重视中村的护照及其旅行目的，认为这是解决问题的关键。北京《晨报》在题为"论中村上尉事件"的社论中主张，"首应调查者，为中村一行护照问题"，"兹事判明，一切争端皆可迎刃而解"，"果发现其非教育家，而旅行目的，轶出研究史地范围以外，或竟有密探国防之行动，则中国政府行使独立国家之主权，当然应加以阻止或处罚"。③

当时，日本外务省及其驻东三省领事馆唯恐中村的身份和旅行目的被泄露。哈尔滨总领事大桥忠一于7月29日向币原报告说："鉴于国内参谋部对满蒙之策动，倘如传闻，中村被官兵所杀，且已掌握其侦察军事之证据，则中方将来不仅要对此种护照之签证多加斟酌，且有被用之于排日宣传之虞。故将来以何等形式与中国交涉此事或向外界公布此事时，均须慎重考虑。"④

因此，日本外务省及其驻东三省的领事馆对此事的处理极为慎重，对外保密。7月25日，币原向奉天、上海和天津总领事发出如下指示："请部署贵官所辖之日本新闻与通讯，不要报道此事。"⑤

与此同时，日本外务省及其驻东三省的领事馆着手这一事件的调查。7月27日，币原指示奉天总领事进行调查。29日又指示说："关于此事的处理，在与军部协议之后再作某些补充，眼前应

①《日本外务省档案（1868～1945）》，S118卷，S42602，第72页。
②《日本外务省档案（1868～1945）》，S118卷，S42602，第99页。
③《晨报》，1931年8月23日。
④《日本外务省档案（1868～1945）》，S118卷，S42602，第56～57页。
⑤《日本外务省档案（1868～1945）》，S118卷，S42602，第32～33页。

努力查明将来可作为与中国进行交涉的资料证据。"①据此指示，奉天总领事林久治郎于 7 月 30 日将小栗警部派往洮南，与满铁洮南公所及军部有关人员协同调查。小栗为了实地调查，向佘公府派出密探。②同时特意委托洮南满铁公所所长河野，"将今后的情报逐一报告总领事馆"③。其时，奉天、哈尔滨、齐齐哈尔等地的日本总领事馆不断向币原报告有关中村事件的调查情报。

　　那么，关东军又怎样对待中村事件呢？当时，板垣、石原等关东军参谋从 7 月 11 日起，正以"研究对苏作战之终结点"为目的，进行所谓"第三次北满参谋旅行"。他们到达哈尔滨时得到了有关中村的情报。这个情报是满铁公所雇员永野俊夫的情妇荣子传给满铁公所职员佐藤鹤龟，再由佐藤传给哈尔滨特务机关的。于是，关东军派出片仓衷大尉（与中村是陆军士官学校同期生）前往洮南，与哈尔滨特务机关的宫崎大尉、吉林省政府顾问大迫大尉一起，开始对中村事件进行调查。④

　　当时，关东军方面为了策划事变，已经形成了两种纲领性政策方案，即板垣起草的《满蒙问题处理方案》和石原起草的《满蒙问题之我见》，并开始设计种种阴谋，诸如唆使川岛浪速等人策动的"满蒙独立运动"，由甘粕正彦等人挑起的间岛暴动和扰乱北满治安以及 6 月下旬开始准备的爆破柳条湖铁路的计划，等等。中村事件正是在关东军紧锣密鼓加紧准备发动九一八事变的过程中发生的，为关东军策划九一八事变提供了可资利用的素材，虽然关东军仍把炸毁柳条湖铁路的计划作为事变的导火线，但把中村事件作为在柳条湖行使武力的前提条件加以利用，以便制造向满铁附属地以外出兵的借口。石原等表示："中村事件只是增加了一件悬案，但军部将在没有外务省的协助下，独自果断地

　　①《日本外务省档案（1868～1945）》，S118 卷，S42602，第 66～67 页。
　　②《日本外务省档案（1868～1945）》，S118 卷，S42602，第 93 页。
　　③《日本外务省档案（1868～1945）》，S118 卷，S42602，第 95 页。
　　④ 板垣征四郎传记刊行会编：《秘录·板垣征四郎》，芙蓉书房 1977 年版，第 48 页。

加以解决。"①他们并不希望外务省及其驻东北领事馆的协助。对此，7月28日林久治郎向币原报告："因军部正在绝对保密状态下进行策划，故发生本案之可疑地点虽在本馆管辖之内，然在军方提出要求之前，只能视事态发展，与中方进行有关搜查的交涉。"②

关东军在向陆军中央提出的中村事件处理方针中声称：这一事件"乃是扬军部威信于中外、回答国民期待并解决满蒙问题之绝好机会"③。为利用这个"绝好机会"，石原参谋和花谷少佐于8月2日会见奉天总领事林久治郎，声称："有关中村大尉事件，现已大体判定被害之事实，倘若贻误交涉时机，只能造成中方湮灭证据之机会。为此，关东军拟向政府呈报有关交涉方针之意见。"并向林久治郎透露了有关交涉方针的主要内容：

①现今派遣的调查组到达洮南之时，则停止秘密调查，并转向交涉；

②在上述交涉中明确中村的军人身份，由军部负责交涉，与总领事进行充分协商；

③交涉的第一步是要求与中方联合调查，如中方同意，则迅速向现场派出必要人员和部队（一个步兵小队），并在现场等待中方调查人员的到来；

④联合调查之承诺与否，应附以最短期限，并在提出共同调查时预先警告：若中方不同意，则我方将以实力进行调查；

⑤解决此事的大体条件是：（一）开放洮南地方及洮索铁路，（二）道歉，（三）赔偿，（四）保障。④

这一方案的特征是关东军直接与中国东北当局进行交涉。奉

---

① 日本国际政治学会太平洋战争原因研究部编：《走向太平洋战争之路》，第1卷，朝日新闻社1963年版，第442页。
② 《日本外务省档案（1868～1945）》，S118卷，S42602，第53页。
③ 角田顺编：《石原莞尔资料·国防论策篇》，原书房1967年版，第84页。
④ 《日本外务省档案（1868～1945）》，S118卷，S42602，第90～91页。

天总领事林久治郎不太同意这一方案。他对石原说:"先要对事实进行调查。对上述方案须慎重,考虑与各方面之关系,现今难以立即表示同意。"①

这样一来,在如何处理中村事件上,便出现了关东军与外务省驻东北机构间的二重外交。

当时,日本陆军中央也没有完全认可关东军的上述方案。8月7日,陆军次官杉山元向关东军参谋长三宅光治传达了陆军中央处理和交涉中村事件的方针。其主要内容如下:

①力图牵制关东军的独自交涉方针,并指示,"军方所进行的交涉,应在外务官员正式交涉前的预备性范围内进行;至于根据某种时机而转向正式交涉与否,当根据军方所进行的预备性交涉之结果而定";

②有关中村大尉的身份,"可以将之明确为将校";

③日中联合调查,"反而有使事件暧昧之虞,自始则应收缴确实证明杀害之物证,公开调查也应为证实上述证据确凿而进行","在公开调查时向中方要求派遣护卫,中方拒绝,则我方可派遣必要之护卫";

④要求条件是,"在确认杀害事实之后,让中方道歉,惩处责任者,予以赔偿,并要求中方对将来作出保证","但以此事作为解决满蒙问题之机会,颇为不妥"。②

这表明了日本陆军中央不赞成关东军把中村事件作为"解决满蒙问题之绝好机会"的方针,陆军中央与关东军之间在处理中村事件上出现分歧。

日本陆军中央决定和外务省协商处理中村事件,并就这一方针向关东军作了如下指示:

①由外务官员负责与中方交涉,以期短期内解决这一事件;

---

① 《日本外务省档案(1868~1945)》,S118卷,S42602,第92页。
② 《日本外务省档案(1868~1945)》,S118卷,S42602,第108~111页。

②经一定时期,外务官员与中方的交涉仍未达到适当解决时,与外务官员协商之后,军方可利用以往与中方之间的关系来协助外务官员之交涉;

③中村之身份眼前虽然保密,但至军方需要协助外务官员交涉之时,可明确表示其将校身份;

④对中国之要求,应为道歉、惩办责任者、赔偿损失及保证将来等四项。有关赔偿额,拟在[外务]省[参谋本]部之间协商决定后提出;

⑤不以此事为解决满蒙问题之契机,在调查中亦不动用我方兵力;

⑥有关外务官员之交涉,当由外务省严格训令驻奉天总领事。①

这些指示与上述 8 月 7 日杉山元传达的训令在原则上大体一致。它明确了交涉中以外务官员为主、关东军予以合作的关系,并再次确定了不将中村事件作为解决满蒙问题契机的方针。

8 月 10 日,币原向奉天总领事林久治郎传达陆军中央上述指示时,令林久治郎就中村事件与奉天地方政府进行正式交涉。其训令的主要内容是:

①"鉴于中村为将校身份,军部对处理此事极为重视。更重要的是,鉴于派出方面(指关东军——笔者注)的激愤情绪,此时应谋求迅速解决此事,以免发生纠纷"。

②"贵官应在迅速与东北当局接洽之后,对前述领事馆及军方调查之结果加以详细说明,努力……使中方坦率地承认事实"。

③"没有借助此事之交涉而获得其他权益之意图。对此,军部亦全然同意",在奉天当局承认中村事件后,"应要求道歉、惩处责任者、赔偿(金额将追加电报)及将来之保证"。

---

① 《日本外务省档案(1868~1945)》,S119 卷,S42602,第 183~186 页。

④有关中村身份问题，"因中村身份尚在保密，贵官目前不宜对中方明确此事，经一定交涉而仍不能适当解决时，再明确表示中村为将校身份"。

⑤关于和军方的关系，在明确中村之将校身份后，"可让军部利用与中方的特殊关系，协助贵官交涉（其时机当根据交涉进度，与军方协商）"。①

币原这一交涉训令与陆军中央对关东军的指示大体上一致，这说明日本外务省和陆军中央试图协调一致来处理中村事件。因此，九一八事变前夕在中村事件上所采取的二重外交，与其说是日本军部与外务省的二重外交，莫如说是外务省、陆军中央与关东军之间的二重"外交"。

关东军对陆军中央和外务省的方针心怀不满。8 月中旬，关东军在四平街聚集了装甲车和步兵联队，试图强行实力调查。由于陆军中央的制止而没有实施。②对此，驻关东州的久保田武官向陆军参谋本部次长和陆军省次官说："关东军方面当初想在公布这一事件的同时，以大约一个大队的兵力强行调查，但被当时的中央当局所否决。"③关东军参谋石原莞尔向一贯支持和援助关东军行使武力意图的军事课长永田铁山大佐报告说："在此次事件中，若军方以最大决心，直接与东北军首脑进行交涉，从整体上说，我等可以确信在最短时间内予以解决。无须赘言，我等着手此事时，应暗怀使用武力之决心。试图通过外务省的抗议来迅速解决此事，全然不过是一种空想。若是如此便得以解决，何致有数百件悬案积于总领事面前，又何致现今仍喧嚣不已于'满蒙问题'呢！"④

---

① 《日本外务省档案（1868～1945）》，S118 卷，S42602，第 155～160 页；S119 卷，S42602，第 161～164 页。

② 《日本外务省档案（1868～1945）》，WT66 卷，IMT523，第 327 页。

③ 《日本外务省档案（1868～1945）》，WT66 卷，IMT523，第 327 页。

④ 角田顺编：《石原莞尔资料·国防论策篇》，第 83～84 页。

显然，关东军石原莞尔等所强调和要求的，并不是通过外交谈判来解决中村事件和所谓的满蒙悬案，而是要用武力解决。

8月17日，日本驻奉天总领事林久治郎按币原训令会见奉天省主席臧式毅，"在递交认定事件概要的备忘录后，简单叙述了因军方的激愤情绪而迅速解决事件的必要"[①]。由此，正式开始了中村事件的交涉。

交涉中，臧式毅向林久治郎询问了中村的身份及其旅行目的。林久治郎回答中村是一军人，其旅行目的是为了经济调查。[②]关于中村的身份问题，币原和陆军中央指示在交涉初期不要明确，8月12日林久治郎向币原提出："始终对中村的身份保密，事实上是不可能的，若迟早会公开他的军人身份，莫如从交涉开始便明确其为军人为上策，以免中方不必要的怀疑。"[③]对此，币原在8月14日的回电中表示赞成。他说："如明确中村的身份有利于事件的解决，那就按贵官的想法处理。"[④]当时，币原认为，中村的将校身份及其军事侦察是日本在外交谈判上的弱点，因而想尽量隐瞒，以达到预期的谈判目的。但林久治郎认为，明确中村的将校身份，用以向中国东北当局施加压力，反而对谈判有利。交涉中，林久治郎对臧式毅威胁说："帝国军人被杀要比苏鲁本事件（美国士兵在苏州被杀害——笔者注）更为严重，望在最短期间内调查真相，否则将对日中国交产生重大影响。"[⑤]

然而，在联合调查问题上，币原不赞成陆军中央和关东军的主张。8月24日他向林久治郎指示："联合调查之事恐怕对今后之交涉产生不利影响，如中方有此提议，当予以拒绝。但确有联

① 《日本外务省档案（1868～1945）》，S119卷，S42602，第209页。
② 《日本外务省档案（1868～1945）》，S119卷，S42602，第211页。
③ 《日本外务省档案（1868～1945）》，S119卷，S42602，第188～189页。
④ 《日本外务省档案（1868～1945）》，S119卷，S42602，第198～199页。
⑤ 《日本外务省档案（1868～1945）》，S119卷，S42602，第211页。

合调查对我方有利之理由时，望及早请示。"①币原的这一指示乃是担心通过联合调查而暴露中村的军事目的，并对日本产生不利的影响。

综上所述，说明在日本的二重外交中，外务省与陆军中央的方针基本上是一致的，但在具体问题上又有差异，与此同时，外务省与关东军却有相同之处。日本的二重外交可谓错综复杂。

军部没有直接参与对东北当局的谈判，但参谋本部所派遣的森纠大尉（曾在兴安岭一带进行过军事侦察）却在 8 月 18 日访问了臧式毅，并威胁说：军方"监视中方的态度，认为没有诚意时，将不惜使用武力"②。

森纠的这种威胁，与其说是代表日本军事中央的方针，莫如说表明了关东军行使武力的方针，这表明在日本军事中央部门也有一些将校支持关东军行使武力。

8 月 17 日中日交涉开始，日方解除了有关中村事件报道的禁令。于是日方便大肆喧嚣："向中方提出严重抗议及就道歉、赔偿损失、惩处责任者以及要求将来保证的谈判业已开始。"③日本国内社会舆论逐渐朝着有利于强硬方针的方向发展。8 月 18 日，全满日本人自主同盟本部、国粹会满洲本部、满洲青年联盟奉天支部等团体，向政府首相、外相、陆军大臣和帝国议会议长"恳请让我军采取占领四洮线铁路的行动"④，8 月 27 日举行中村大尉的祭奠仪式。当时的政友会也决定"发动国力"，谴责币原的软弱外交，强调倒阁的必要。

与这种社会舆论相适应，陆军中央也开始强硬起来。当时，日本陆军省制定了《对中村事件中方否认杀害事实或不能达到满意解决时的处理方案》，准备在中国否认杀害中村或不作任何承诺

---

① 《日本外务省档案（1868～1945）》，S119 卷，S42602，第 262 页。
② 《日本外务省档案（1868～1945）》，S119 卷，S42602，第 228 页。
③ 《日本外务省档案（1868～1945）》，S119 卷，S42602，第 220～221 页。
④ 《日本外务省档案（1868～1945）》，S119 卷，S42602，第 223 页。

时，"立即向洮南派出以一个大队步兵为骨干的部队，断然占领洮索铁路"①。同时认为，"把这一事件作为根本解决满蒙问题的契机虽然并不合适"，但在断然占领洮南地区时，"或许遇到中方的实力反抗，进而找到根本解决满蒙问题的理由。对此，则需要另行研究对策"②。也就是说，此时的日本陆军省业已考虑到，为解决中村事件而对洮南地区实行"保证性占领"有可能进一步发展为根本解决满蒙问题，这表明日本陆军中央的方针政策有可能倒向关东军。

　　然而，日本陆军省将这一方案于 8 月 24 日送往外务省后，外务省对此反应暧昧。币原和事务次官、政务次官以及参与官等都阅读了陆军省的上述方案，不知谁在所谓"根本解决满蒙问题"的下边画上了一条线，并写上了表示疑问的"何事？"③字样。币原外相在 8 月 24 日向驻中国公使重光葵、驻北平参事官矢野、南京领事上村等人传达了这个方案，却没有向奉天总领事林久治郎传达。这种情况意味着，在日本二重外交中曾大体采取一致方针的陆军省与外务省之间随着时局的变化而产生了某种分歧。

　　此时的关东军对陆军中央在中村事件上的行动限制表示不安。为了弄清此前怂恿其行动的陆军中坚将校的态度，关东军方面于 8 月下旬派遣花谷正少佐返回东京探听情况。花谷在拜访参谋次长二宫治重、参谋本部情报部长建川美次等人时，要求他们对关东军的行动给予关照，"在日中两国军事冲突"时，"请不要过细干涉"。④二宫、建川对此答应："不知道政府到底想怎么办，但将尽可能地努力贯彻贵军的主张。"⑤花谷还明确告知参谋本部

---

　　①《日本外务省档案（1868～1945）》，WT66 卷，IMT523，第 227 页。

　　②《日本外务省档案（1868～1945）》，WT66 卷，IMT523，第 224～226 页。

　　③《日本外务省档案（1868～1945）》，S119 卷，S42602，第 226 页。

　　④ 日本国际政治学会太平洋战争原因研究部编：《走向太平洋战争之路》，第 2 卷，第 407 页。

　　⑤《秘密昭和史》（别卷知性），河出书房 1956 年版，第 43～44 页。

亚洲班班长桥本欣五郎中佐、中国班班长根本博中佐："现已准备完毕，将坚决按预定计划行事。"①根本博劝告说："若槻内阁时期难办，等内阁倒台后如何？"花谷答称："箭已离弦。"②再次表明了行使武力的决心。在这种情况下，根本博和中国课课长重藤千秋大佐商议，委托重藤盟兄的外甥、政商藤田勇为关东军的阴谋行动筹集了数万日元的资金，以用于炸毁柳条湖铁路而发动事变，这就意味着他们试图通过中村事件而断然行使武力。

与此同时，日本总领事林久治郎和领事森岛在奉天与东北当局继续进行谈判。9月4日，林久治郎会见臧式毅和参谋长荣臻。当他听说8月19日从奉天到现场调查的两名调查员"一无所获、徒手而归"时，便警告臧、荣二人说："万一中方回避公正处理，则本官也只能作其他考虑，这将对两国国交产生重大影响。"③其后，林久治郎想会见调查人员，但未达到目的，遂向奉天当局要求在奉天盘问屯垦三团代理团长关玉衡。

同日，币原也向林久治郎发出以强硬态度进行交涉的第二道训令。内称："万一对方否认事实，则应不失时机地根据王某等证人及其他可靠材料，坚持我方调查结果的绝对准确和无可争议的余地。"④实际上，日本驻奉天领事馆并没有可靠的证人和确凿的证据，日本总领事林久治郎在9月8日给币原的报告中对此有如下自白："有关中村事件的证据，迄今掌握的只限于和事件无直接关系的第三者传闻，这对认识事实是充分的，但作为证据微不足道。目前正在努力搜集确凿证据和寻找证人。"⑤

币原在第二道训令中还提示了应向中国东北当局提出的四项

---

① 日本国际政治学会太平洋战争原因研究部编：《走向太平洋战争之路》，第1卷，第407页。

② 日本国际政治学会太平洋战争原因研究部编：《走向太平洋战争之路》，第1卷，第407页。

③《日本外务省档案（1868～1945）》，S119卷，S42602，第417～421页。

④《日本外务省档案（1868～1945）》，S119卷，S42602，第429～430页。

⑤《日本外务省档案（1868～1945）》，S119卷，S42602，第519页。

要求，指示林久治郎在提出这些要求时，"应确认军方派出机关进行协助的时机业已到来。而且这一协助完全是出于援助和促进贵官交涉之意，其做法要与贵官的交涉策略保持协调。今后，要和陆军方面密切联系，以期万全"①。币原企图在向中方提出要求时，向东北当局施加军事压力。由此可见，所谓日本的二重外交，也是相对的双重性，军事和外交犹如车之两轮，两者具有内在的联系。当时，币原所指示的四项要求是：

一、道歉。由臧式毅及荣臻出面，向总领事及军方司令官，以最为严肃的形式进行道歉。

二、赔偿损失。为中村支付 73180 日元，为井杉支付 27262 日元，合计 100442 日元。（略）

三、惩处负责人。对屯垦军队代理团长关玉衡中校等直接负责人，处以严刑（要求按中国法令中最为严厉的规定处置，但不要指定具体罪名）。

四、将来之保证。要求［中方］解除对日本人事实上封闭洮索地区的禁令，在日本国民赴该地旅行时，中方应予以完全保护，并同意在必要时加派护兵（有关必要时加派护兵之事，若中方不予承诺，当告之日方将代替中方采取必要措施之意，并请极力说服中方）。②

这四项要求是在以往发生任何事件时都会提出的，但其中第四项却包含着日本想在东北扩大权益的企图，故引起林久治郎的极度重视。9 月 12 日，林久治郎向币原建议："关于加派护卫兵员之事，此时若迫其成约，反有碍我国国民在此地自由旅行之虞……窃以为，护卫之要点不在于原则上的问题，莫如委以实际性处理为上策。"③言外之意，是要中方保障日本人对洮索地区的

---

① 《日本外务省档案（1868～1945）》，S119 卷，S42602，第 429～431 页。
② 《日本外务省档案（1868～1945）》，S119 卷，S42602，第 433～437 页。
③ 《日本外务省档案（1868～1945）》，S119 卷，S42602，第 686～687 页。

侵略自由。币原对此表示同意，在 14 日指示："可以不提出第四项末尾处'予以完全保护'的护卫兵之事。"①林久治郎在 12 日的请示中还建议："在本案交涉之际，如有适当时机，应提议开设洮南领事馆之事。"②币原也表示赞成，认为"以本次交涉为契机，谋求解决开设洮南领事馆问题颇为适宜"③，要求林久治郎竭尽全力。

上述事实表明，日本外务省的方针，也包含着利用中村事件交涉，扩大日本在满蒙权益的企图。这一点与关东军是一致的。但在扩大的程度上，关东军想解决所有悬案，亦即根本解决"满蒙问题"，而日本外务省及其派出机构则是想部分解决"满蒙问题"。这表明两者在一致中又有差异。

交涉中最为重要的是证人和证据。9 月 6 日，中国东北当局曾再次派出军署副官李大铮、关超羽，法官吴瑞绮和宪兵司令陈兴亚等前往出事现场，试图进一步确认事实。日本外务省的派出机构也千方百计地要进行调查并获得对日方有利的所谓证人和证据。据说，林久治郎曾提审过唯一的证人——荣子的丈夫王翼先（原佘公府职员），但他对中村事件也只是道听途说，并非真正了解，因此，他"作为证人毫无价值"④。特别应该指出的是，即便是这样一个证人，也是日方用重金收买的。林久治郎给币原的报告中曾这样说："此时，我方以向此人保障其本人及家属、亲戚的生命安全，且以先行交付五万大洋报酬为条件，与之交涉是否愿意出庭作证。此事是否妥当，请予考虑。"⑤但最后王翼先还是拒绝出庭作证。无奈之下，9 月 6 日，林久治郎再次向币原报告说，王翼先"作为证人不仅价值甚微，而且需要重金收买，所以

①《日本外务省档案（1868～1945）》，S119 卷，S42602，第 720～721 页。
②《日本外务省档案（1868～1945）》，S119 卷，S42602，第 687 页。
③《日本外务省档案（1868～1945）》，S119 卷，S42602，第 721～722 页。
④《日本外务省档案（1868～1945）》，S119 卷，S42602，第 461 页。
⑤《日本外务省档案（1868～1945）》，S119 卷，S42602，第 469～470 页。

现已停止。目前正在全力收买齐齐哈尔的霍某，并尽可能地搜集证据"①。这里所说的霍某，即霍富元，是满铁公所佐藤所找到的证人。当时日方表示："富元本身作为证人可给予七千元。"②霍富元拒绝了日方的要求，但向日方介绍了一个名叫郭振永的原屯垦三团的士兵。然而郭振永也是一个"没有目击枪杀现场，而只是根据一般传闻进行想象"③的人。日本驻齐齐哈尔领事清水为使郭作为证人出庭试图伪造郭振永的住处、职业及前往佘公府的日期等等，这些伪造要得到霍富元的配合，如伪造郭振永的住处，清水采取的办法是"若霍同意言明振永在他家居住之事，则给予哈尔滨大洋五千元"④，霍富元没有同意。日本领事馆还是把郭振永作为证人，9月13日，佐藤把郭振永带到了旅顺。

关东军对外务省派出机构的上述行动表示满意，其参谋长三宅向参谋本部次长二宫治重夸奖说："林久治郎总领事为解决这一事件相当热心，完全同意本部（即关东军——笔者注）开放洮索洮南地区以及最低赔偿二十万日元的主张。"⑤

是时，日本陆军中央对中村事件的方针和态度也逐渐强硬起来。9月7日，日本陆军省和参谋本部正式决定对中村事件采取强硬态度。⑥接着，日本陆军省军务局又和外务省亚洲局达成了谅解，即至9月9日"奉天政权"仍无诚意时，则采取"国际法及惯例上所承认的一切报复手段"⑦。11日，日本外务省的干部会议也决定承认这一方针。这表明日本外务省的方针和态度与陆军中央一样，都强硬起来。当时，北京《晨报》报道说："关于中

---

①《日本外务省档案（1868～1945）》，S119卷，S42602，第491～492页。

②《日本外务省档案（1868～1945）》，S119卷，S42602，第727页。

③《日本外务省档案（1868～1945）》，S119卷，S42602，第727页。

④《日本外务省档案（1868～1945）》，S119卷，S42602，第811～812页。

⑤《日本外务省档案（1868～1945）》，S119卷，S42602，第384页。

⑥ 日本国际政治学会太平洋战争原因研究部编：《走向太平洋战争之路》，第1卷，第414页。

⑦ 日本国际政治学会太平洋战争原因研究部编：《走向太平洋战争之路》，第1卷，第414页。

村事件陆军方面固持强硬态度，即在外务省方面，亦稍变其先时所持态度。"[1]

9月11日，由日本三省二部（外务省、陆军省、海军省、参谋本部、军令部）各课长组成的"十日会"举行会议，讨论中村事件，由陆军省军事课长永田铁山说明了陆军方面的方针。这次会议取得了一致意见，决定"以中村事件为契机，一举解决以铁路交涉为主的各种悬案"[2]。日本三省二部中坚群体的这种主张，表明了军部中央对关东军的倾向，说明了两者正在靠近，日本二重外交的相互关系正在发生变化。

这时，奉天特务机关长土肥原贤二也恰好回到东京。他的言行不啻给日本陆军中央及社会舆论火上浇油。土肥原贤二在返回东京前的9月2日曾给二宫参谋次长发出电报，内称："日方轻侮中国，中方也轻侮日本，两者正处于不知何时便突然爆发某种事件之可忧状态之中。而且，在满日人的神经颇为敏感，[中国]官员和军警也很傲慢，两者之对立观点也处于非人力所能奈何的状态。"[3]这实际上是事前制造行使武力的舆论。9月10日，土肥原到达东京后，又在会见记者时扬言，若外务省不能解决中村事件时，则可能用实力解决，并煽动说：中村事件发生后，关东军虽有直接行动的想法，但政府不承认，因而束手无策。随后，土肥原又向军部首脑报告说："中国方面完全没有解决问题的诚意。"[4]当天下午，土肥原贤二和参谋总长金谷范三、参谋次长二宫治重、陆军大臣南次郎、陆军次官杉山元、军令部次长永野修等省、部首脑商议，决定向关东军传达军部中央按既定方针实施的方针。11日，土肥原又在陆军次官办公室内，与二宫、杉山和永田等人

①《晨报》，1931年9月8日。
② 日本国际政治学会太平洋战争原因研究部编：《走向太平洋战争之路》，第1卷，第415页。
③《日本外务省档案（1868～1945）》，S119卷，S42602，第571页。
④ 重光葵：《外交回忆录》，每日新闻社1978年版，第92页。

研究了有关进行实力报复的具体方法。当天，土肥原贤二还会见了币原和外务省亚洲局谷正之局长。币原似乎向他流露了"希望军方自重"①的意见。

自从土肥原返回东京以后，日本陆军省、参谋本部的中坚群体草拟了《中村事件今后处理方案》。其内容如下：

"中方第二次派出的调查人员返回奉天之际，应立即让奉天总领事前去追问调查结果，且不管其调查结果如何，都应要求中方在限期（一周）内，对我方的要求条件作出答复。若不答复，则应停止交涉，采取自由行动和复仇手段。但陆军省及外务省之间的事务性协商，在自由行动的问题上难以达成协议，因而在陆军大臣与外务大臣直接交涉依然不能达成协议时，陆军大臣则应在内阁会议上单独提出军方的主张。若此主张不被采纳，招致政变也在所不辞。"②

该方案中提出的"中村事件难以解决时的复仇手段"是：

一、由关东军对洮南、郑家屯及通辽实施军事占领，以便在通辽截断打通线与四洮线的联系。

二、切断京奉铁路与满铁的交叉点。

三、军事占领奉天兵工厂。

该方案还作为陆军大臣的"内阁会议提案"而制定了如下方针："根据今后交涉进展状况，迫使中方限期答复，如得不到满意解决时，帝国将基于这一事件在国际法上属于中国不法行为的事实，在有关复仇方面采取自由行动。"③这一方案表达了当时日本陆军省和参谋本部中坚层的意愿。

币原不赞成中坚层的这一主张和军部中央以实力报复的方针，对关东军策划武力行动抱有戒心。9月5日，币原对奉天总

---

① 重光葵：《外交回忆录》，第92页。
② 日本参谋本部：《满洲事变作战指导关系缀》，别册二，日本防卫厅防卫研究所藏。
③ 日本参谋本部：《满洲事变作战指导关系缀》，别册二，日本防卫厅防卫研究所藏。

领事林久治郎发出如下指示："近闻关东军板垣大佐等在贵地（奉天）拥有相当丰富资金，并操纵国粹会等大陆浪人进行种种策动。据说尤因中村事件的交涉迟无进展，决定于本月中旬断然采取具体行动，望在取缔浪人种种策动之外，对此也予以防备。"①9 月 15 日，林久治郎向币原报告："关东军正在集结部队，搬出弹药物资，有近日进行军事行动之势。"②对此，币原对陆军大臣南次郎说："这将从根本上推翻若槻内阁以国际协调为基础的外交政策，因而绝无默认之理。"③币原在陆军中央和外务省少壮派课长们的主张甚嚣尘上之际，仍欲维持陆军中央和外务省的原有方针。

如前所述，币原担心日本与列强的关系恶化，因而反对武力解决"满蒙问题"。但他作为日本帝国的外务大臣，当然也希望维持和扩大日本在"满蒙"的权益。其实，当时关东军的行动已经对中国当局构成了压力，因而完全有可能通过谈判来扩大日本的在华权益，币原外交的支持者们也的确没有放过这种可能性。6 月 13 日就任满铁总裁的内田康哉，从 8 月中旬便开始就吉会、长大两条铁路问题与东北当局交涉。因为铁路问题是"满蒙问题"的核心，所以重光葵公使也与内田合作，以期解决铁路问题。重光葵后来曾回忆说："我和满铁新总裁内田康哉（原外相）交换意见，制定了解决满洲问题的方案，并想说服当地政府同意。币原外相和内田伯爵亦对此表示赞成，所以我为促其实现而作了一番努力。"④

重光葵是当时支持币原外交的重要人物，在中村事件和满铁问题上，他追求全面解决"满蒙问题"。8 月 6 日升格为驻中国全权公使后，便开始为此与南京政府财政部长宋子文谈判，他强调，

---

① 日本国际政治学会太平洋战争原因研究部编：《走向太平洋战争之路》，第 1 卷，第 416 页。
② 币原和平财团编著：《币原喜重郎》，东京 1955 年版，第 466 页。
③ 币原和平财团编著：《币原喜重郎》，东京 1955 年版，第 466 页。
④ 重光葵：《外交回忆录》，第 91 页。

"说服中国在满洲的当权者张学良改变排日政策才是根本"。宋子文对此表示同意。于是，宋子文与重光葵借参加张作相母亲葬礼之名，于 10 日前往东北，他们"中途在北京访问了张学良，试图说服他改变在满洲的对日政策及态度"[①]。重光葵的行动方针是基于他对张学良和东北形势的认识，他认为："张作霖的继承者张学良与其父不同，他具有坚决反抗日本的坚定意识。因而，他参加国民党，与南京政府连手，并实行了极端的排日政策，想把日本认为是生死问题的满洲权益迅速地夺回去。所以在满洲发生日华冲突是必然之势。"[②]

有侵略便有反侵略，张学良排日政策的根源，在于日本对中国的侵略政策，而中村事件就是这种侵略政策的一部分。因而，需要根本转变的，不是张学良的排日政策，而是日本的侵略政策。让被动的一方作根本性转变,其目的是企图阻止中国人民的反抗。这是地地道道的帝国主义理论，也是中村事件中币原外交的本质。但是，应该看到的是，币原外交在这个时期还没有发展到以武力打倒张学良、在满洲建立伪满洲国的程度。这与关东军的方针仍有区别，所以，日本依然存在着二重外交。

币原和外务省驻东三省的领事馆在有关中村事件的交涉中，既有和关东军不同的地方，又有试图借助关东军的"现场调查"和"军方的激愤情绪"，对奉天当局施加压力，以解决事件的一面。因而，在提出前述四项要求之后，便想在关东军的直接协助下来实现这些要求。那么，其结果又如何呢？

9 月 18 日下午，东北军参谋长荣臻向森岛领事正式承认了中村大尉被杀的事实。在这之后，日本驻奉天总领事馆举行了高级馆员会议，研究应该提出的要求，诸如道歉、赔偿损失、处罚负责人以及将来的保障等等。但在有关保障要求上，藤田俊房领事

---

① 重光葵：《外交回忆录》，第 91 页。
② 重光葵：《外交回忆录》，第 91 页。

强烈要求以占领奉天作为将来的保障，这个意见已大大接近于关东军的方针了。而森岛守人领事则主张在洮南立即开设日本领事馆，这一要求早已被中国东北当局所拒绝，因为，如果在洮南设置日本领事馆，那么东北当局则要撤销禁止日本人到洮索地区旅行的命令，日本也就可以在当地扩大权益。这次会议估计到让东北当局立即同意是相当困难的，因此决定："在不能迅速取得东三省同意的情况下，只有在武警护送之下，由我单方让领事上任"①，藤村领事被推荐为洮南领事。会议还决定：如果藤村"赴任之际，东三省方面以武力阻挠，并且由对方主动挑起武装冲突，那么我方请求军方出动亦属名正言顺"②。于是，"在没有军方参与的总领事馆范围的会议上，也充满了最后不可避免地要使用武力的气氛"③。至此，日本在中村事件上的二重外交已经接近九一八事变前夕的二重外交。这是因为，二重外交中存在着维护和扩大日本权益的基本目的。

二、张学良的对策和列强的反应

作为中国政府东北地区最高军政长官的张学良，对于中村事件和日本的二重外交理应进行针锋相对的斗争，但是，他对关东军用武力解决中村事件和"满蒙问题"的企图采取了不抵抗主义；对币原外交则幻想通过外交谈判以期阻止关东军行使武力。

8月19日，张学良的军事顾问柴山兼四郎表示：中村事件发生后，"日本人特别是军部的情绪很激动，18日又在青岛发生事件，因而我对事态的恶化感到忧虑"④。张学良的回答是："由于感情上的不合而连续发生事件，实为遗憾，应严加管束。但我现今尚

---

① 森岛守人：《阴谋·暗杀·军刀》，岩波书店1950年版，第51页。
② 森岛守人：《阴谋·暗杀·军刀》，岩波书店1950年版，第51页。
③ 森岛守人：《阴谋·暗杀·军刀》，岩波书店1950年版，第51页。
④ 《日本外务省档案（1868～1945）》，S119卷，S42602，第239页。

未接到任何报告，待有报告之时，当在调查之后予以处置。"①调查是解决事件的基础，张学良的这种态度是理所当然的。

中村事件不是突然发生的孤立事件，而是与日本的"满蒙政策"密切相关的，张学良已经意识到了这一事件对日本"满蒙政策"的影响。8月24日，他对柴山和今田两顾问说："鉴于东北地区中日两国关系的现状，深感现今迅速解决各种悬案乃是当务之急，因而我想由下述10名②委员组成东北外交委员会，以改变现今日本对东北交涉难以找到负责人的状态。将来一切对日交涉都由该机关慎重审议后处理。"③这顺应了币原外交所要求的外交谈判的态度。对张学良的这一提案，日本外务省驻华使馆也有兴趣。9月4日，北平的江藤会见张学良，言称中村事件"如何解决，对日本驻奉天人员的态度将有至关重要的影响"。他还表示："满洲的对日关系也很重要，为了彻底研究问题和审议解决各种案件的方针政策，现今成立诸如外交委员会之类的组织如何？如有必要，我等也想出席。"④北平领事馆的矢野于翌日向币原报告了这一情况。

时至9月，日本军部的态度变得强硬起来，社会舆论也更加激昂，时局日益恶化。为缓和与日本的关系，张学良开始趋向妥协。他把汤尔和派往日本，希望改善与日本军部和政府要人的相互关系。9月5日，汤尔和访问币原，说明张学良在中村事件上"全无故意拖延之意"⑤。而币原则说："学良的态度固然很好，但实际上不能不考虑，拖延或不能取得满意的结果，将对日本舆论造成很大的刺激。"⑥当然，币原不会忽视张学良在解决中村事

---

① 《日本外务省档案（1868～1945）》，S119卷，S42602，第239～240页。
② 这10人为顾维钧、汤尔和、刘哲、臧式毅、袁金铠、刘尚清、章士钊、曹汝霖、王树翰等。
③ 《日本外务省档案（1868～1945）》，S119卷，S42602，第476～477页。
④ 《日本外务省档案（1868～1945）》，S119卷，S42602，第458～459页。
⑤ 《日本外务省档案（1868～1945）》，S119卷，S42602，第527页。
⑥ 《日本外务省档案（1868～1945）》，S119卷，S42602，第527～528页。

件中的作用。9月8日，他向北平的矢野参事官指示："贵官应尽快会晤张学良……详细说明本大臣切望副司令今后尽力圆满而迅速解决此事，以期维持大局之意，并望张学良深思。"[①]汤尔和在同日本陆相南次郎会谈时，也表示了和平解决中日间各种问题的希望。归国途中，汤尔和于9月8日访问林久治郎总领事，再一次表示了在双方共同让步的精神下和平解决中村事件的愿望。[②]

9月9日，张学良再派柴山顾问回日本，行前指示如下：

①关于中村事件，已命前日来此的荣臻与臧式毅共同以诚意交涉，相信近期可有某种结果。②已训令部下此时应以足够诚意处理有关中日交涉案件，在小事上应尽可能让步。③已劝诚部下此时不可轻举妄动。④不论东北或华北凡我管辖范围之内，将严格取缔民众的排日行为，但华北由于和党部的关系，难以达到充分彻底。这令人遗憾。[③]

柴山转道奉天，经朝鲜在14日到达东京，向南次郎陆相和金谷参谋总长报告了东北当局对中村事件的态度以及张学良的意向。[④]

张学良想用让步的绥靖政策来改善对日关系，避免和日军发生武力冲突。据柴山顾问说，张学良曾对前来北平的荣臻和奉天公安局长、卫队旅长、洮索铁路局长等人训令："考虑到万一的情况，才决定了采取绝对不抵抗主义的态度。"[⑤]

此时，张学良发现了日本军部和外务省在中村事件、"满蒙问题"上二重外交的不同点，试图按照币原外交所主张的外交谈判来解决中村事件。9月11日，汤尔和向北平的日本公使馆馆员表示："副司令对中村事件的态度极为公正，该事件数日内可望圆满

①《日本外务省档案（1868～1945）》，S119卷，S42602，第533～534页。
②《晨报》，1931年9月10日。
③《日本外务省档案（1868～1945）》，S119卷，S42602，第606～607页。
④《晨报》，1931年9月15日。
⑤《日本外务省档案（1868～1945）》，S119卷，S42602，第589～590页。

解决。希望林总领事在上述交涉中暂且坚持以往的态度。假若听从军部的意见，则将会对本事件的解决带来极大的困难。"①这番话所表达的是张学良的意见，它表明，张学良对币原外交抱有幻想。

当时的北平《晨报》也倾向于币原外交。9月18日，该报发表题为《中村事件与今后对日方案》的社论，在对日本的二重外交作了具体分析之后，表示反对日本军部干涉外交。该报特别引用了土肥原从东京返回奉天时（9月15日）所说的"此后吾等在外军人可在领事谅解之下，与中国直接办理外交"这句话，认为"此在日本方面固属变态，即在我国方面，以日本军人为交涉对方，亦失外交常轨，将来不但增加许多无谓纠纷，且有使中日关系益趋恶化之危险。若槻内阁何以如此敷衍军部意见，殊难索解"②。这说明：中国的社会舆论对币原外交也抱有期待。

张学良和社会舆论对币原外交的期待，从其试图避免一触即发的武力冲突的主观愿望来说，或许有一定的意义，但从解决"满蒙问题"来讲，则是消极的，甚至是对日本的姑息。9月16日，汤尔和对北京日本公使馆馆员说："鉴于日本方面处理在满朝鲜人问题的办法，张副司令准备将对日中在满洲的三百件悬案，用政治性方法予以解决。为了研究这种解决办法，希望组织一个南京政府代表也参加的委员会。南京政府对此也基本同意。"③同日，南京政府外交部长王正廷在会见记者时也说：中国方面一定公平处理中村事件。④重光葵公使在17日会见记者时表示响应张学良和南京政府的方针，他说："日本政府对于所发生的种种事情，正在努力按照最为实际的手段，尽可能迅速而友好地解决，以期不

---

　　①《日本外务省档案（1868～1945）》，S119卷，S42602，第684～685页。
　　②《晨报》，1931年9月18日。
　　③ 日本国际政治学会太平洋战争原因研究部编：《走向太平洋战争之路》，第1卷，第435～436页。
　　④ 天津《大公报》，1931年9月17日。

在日中两国国交上造成障碍。"他还声称"计划动员日本军队的说法"是没有根据的宣传。[1]

对币原外交抱有幻想的张学良，由于事前对关东军武力发动事变的阴谋没有采取任何军事措施，所以对于关东军在事变后军事上的侵略只能是不抵抗，以至于关东军在数日之内便占领了东北的中心地带。可以认为，币原外交在九一八事变爆发上的客观作用在于使事变的爆发和随后的日军军事占领更轻易地实现了。

张学良对币原外交抱有幻想，对关东军的武力未能抵抗，既有自己的主观原因，也有其客观原因。

中国军阀的特征之一是不与他们的共同对手进行总决战，对于他们来说，最重要的是确保自己的势力范围和全力保存自己的军事力量。军队的主要任务是消灭敌人，保存自己的兵力也是为了消灭对手。他们消灭敌人的最终目的则是确保自己的势力范围，但当主观上料到以兵力不能确保自己的势力范围时，他们则全力保存自己的兵力，兵力保存下来后，可以在其他地盘继续开拓自己的势力范围；而兵力被敌人消灭，则从根本上失去了继续开拓自己势力范围的可能性。因此，大敌当前，一般地，军阀们总是将保存实力放在第一位，而将消灭敌人放在第二位。张学良身为军阀也具有这个特征。这是他对关东军武力不作抵抗的主观原因。

关东军在背后采取牵制张学良的措施，是张学良难以坚决对抗日军的客观原因。关东军特务机关长土肥原贤二利用中国军阀内部的派别矛盾和对立，于8月5日将当时在大连的阎锡山用日本飞机送往大同，从西面牵制张学良，山东的韩复榘也从南部牵制张学良。关东军还把在大连的广东派邹鲁和军阀石友三送入天

---

[1]《日本外务省档案（1868～1945）》，S119卷，S42602，第771～772页。

津，想从广东、河北、河南牵制蒋介石和张学良。在这样的形势下，张学良举全力对抗日本是不可能的。因而，随着时局的进一步恶化，他只有期待币原外交，不得不与之应酬。由此可见，张学良在东三省不抵抗日军不是偶然的。这与中国军阀内部的矛盾、对立和关东军的上述阴谋有密切关系。

中国东北历来是列强争夺的要地，中村事件发生后，引起了其他列强的注意。

以与列强协调为基轴的币原，鉴于中村事件可能对列强发生的影响，于9月10日曾向驻英、美大使说明了事件发生的经过。但是，币原却把中村说成是"旅行"时被杀害的，而没有说明中村的军事目的。他还把事态恶化的原因完全推卸到中国方面，声称："近来国内有关满洲问题的舆论哗然，而中国方面在解决这一事件上却表示了没有诚意的态度。鉴于上述事态有进一步恶化的危险，正在努力说服东北当局，以期迅速而圆满地解决。"①币原这种说法的目的是企图防止由于关东军的动向和社会舆论的激化而导致时局的恶化，并预防随之而来的日本与列强矛盾的激化。

列强和日本都是帝国主义国家，为了维持列强在中国的共同权益，他们对中村事件采取同情日本并支持日本的立场。这种立场首先表现在他们对中村事件的默许。虽然列强还有和日本争夺中国东北的另一面，但在当时，列强还没有掌握关东军借中村事件侵略东北并加紧进行军事准备的事实，日本与列强争夺满蒙的矛盾还没有激化，因此列强也就没有对中村事件提出警告或抗议。在这种情况下南京政府向国联陈述中村事件是不会得到国联积极反应的。南京政府代表施肇基在国联11日的大会上，谴责日本企图在中国东北采取军事行动，要求国联加以制裁。指出对日本若

① 《日本外务省档案（1868～1945）》，MT66卷，IMT523，第414～415页。

"不加制裁，那么《巴黎公约》即是一纸空文"①。国联没有采取任何制裁措施。

列强对中村事件的立场还进一步表现在他们唆使日本采取军事行动，日本第九师团曾以司令部的名义用飞机向金泽、彦根、长浜、敦贺等地散发写有"日俄战费 24 亿日元、投资 17 亿日元、20 万同胞鲜血"的传单进行蛊惑宣传，英国《泰晤士报》马上在 9 月 9 日的社论上擂鼓助威，胡诌"世界上训练有素的日本军队，其将校作出这样的示威行动，可谓是对这一犯罪事件的激愤。这种激愤乃是出于担心中国国民运动无视日本在满洲的重大权益，并迟早会践踏日本在满洲的条约上的权利。现今的中国中央当局显然更加没有能力保护外国人。中村事件表明，只听中国一方面的言辞是要慎重的，这是一个更为有力的警告"②。北平英国公使馆武官也向日本武官表示："希望下决心断然采取占领行动。"③其他列强的武官在 9 月 10 日举行的各国武官宴会上也说："对于日本保持军队荣誉的行动没有责难的余地。"④如此种种，反映了世界帝国主义的共性。

能够正确分析中村事件并谴责日本侵略行径的只有社会主义国家苏联。9 月 9 日，苏联《消息报》发表短评，列举了万宝山事件和中村事件，认为"杀害中村大尉事件，进一步给日本公开侵略满洲提供了借口……这一事件在其他场合并不重要，然而因为此时日本正在计划侵略满洲，所以被用于占领满洲的宣传材料之中。一部分日本人主张占领全满洲，一部分人主张夺取满铁的竞争线。正在满洲发展着的此次事件，反映了日本愈发强烈的侵

---

① 日本国际政治学会太平洋战争原因研究部编：《走向太平洋战争之路》，第 1 卷，第 413 页。

② 《日本外务省档案（1868～1945）》，S119 卷，S42602，第 673～674 页。

③ 《日本外务省档案（1868～1945）》，S119 卷，S42602，第 620～621 页。

④ 《日本外务省档案（1868～1945）》，S119 卷，S42602，第 620 页。

略欲望"①。应该说，这个短评在某种程度上已经指出了日本利用中村事件发动九一八事变的可能性。

最后，再通过比较日本外务省、陆军中央和关东军对中村事件的不同对策，来总结一下在这个事件中日本二重外交的共同点和不同点。

日本二重外交的共同点是侵犯中国的国家主权，使不利于日本的事件朝着有利于日本的方向解决，进而解决日本在中国东北的所谓悬案，扩大日本的权益。这是由上述三者的共性即帝国主义的本质所决定的。但是，在将日本权益扩大到何等程度的问题上，上述三者又有某种程度的区别。这种区别大体反映在以下三个方面：

（1）有关中村事件与九一八事变的关系。当时，日本外务省和陆军中央没有参与发动九一八事变的计划和准备，主观上尚无利用中村事件发动事变的想法，但陆军中央的部分将校已从内部支持关东军。中村事件发生后，外务省、日本陆军中央曾想通过外交谈判迅速解决这一事件，以阻止关东军行使武力。但关东军方面则把中村事件视为"开始解决满蒙问题的绝好机会"，将其作为"解决满蒙问题的第一步"，使之有利于发动事变。至于他们假惺惺地表示"并不想把中村事件作为直接占领满蒙的借口"②，则是因为此时他们已经选定了在柳条湖炸毁铁路，挑起事变的缘故。

那么，关东军究竟想如何利用中村事件呢？石原莞尔认为，"今日的满蒙问题是由于外交谈判的无力而造成的……如果以军部的力量在最短的期间内便成功地解决一般认为领事所不能解决的事件，这将会增进国民对军部的信赖"③。因此他企图依靠关

①《日本外务省档案（1868～1945）》，MT66 卷，IMT523，第 416～417 页。
② 角田顺编：《石原莞尔资料·国防论策》，第 84 页。
③ 角田顺编：《石原莞尔资料·国防论策》，第 84 页。

东军的直接交涉和实力，在最短的时间内解决中村事件，以提高国民对关东军的信赖，并在关东军一旦发动事变时使国民信赖并支持关东军。可见，这里包藏着把中村事件作为发动事变的前提加以利用的企图。

（2）关于行使武力问题。关东军认为，通过外交谈判不可能解决所谓满蒙悬案，唯一的办法是行使武力。为此，关东军从1931年初便开始正式策划发动事变，并在6月下旬开始准备实施炸毁柳条湖铁路的计划。恰在此时发生了中村事件。于是关东军就试图先直接与东北当局交涉，当交涉不成时，则采取实力调查和保护性的占领，这就使中村事件具备了充当发动事变导火线的可能性。

当时，日本陆军省也估计到，对洮南地区实行保护性占领，有导致武装冲突的可能性。但没有料到这种冲突将发展成为九一八事变。这一点表明，虽然同样是武力冲突，但陆军中央与关东军之间有所不同。

日本外务省及其派出机构虽然反对用武力解决中村事件，但不惜利用关东军的军事威胁来迅速解决中村事件，而且最后在关东军的军事支援下，断然在洮南开设了领事馆。

从这种比较中可以看出：在行使武力问题上，上述三者有所不同，但到后期三者的见解又日益接近，因此，日本的二重外交并不是绝对的。

（3）关于和东北当局的交涉。关东军想站在主导地位上与东北当局直接谈判，让外务省及其驻东三省领事馆予以协助。而日本外务省和陆军中央则是想由外务省的派出机构居于主导地位，让关东军与之协调。这种主导与协助的关系不仅仅是形式问题，而是关系到把中村事件导向何方的问题，所以它成了日本二重外交中的一个矛盾点。

日本在中村事件中的二重外交，直到九一八事变爆发前，其分歧点虽有所接近，但依然存在，并在九一八事变的初期，再次表现为二重外交。事变初期的币原外交，是中村事件时日本外务省对外方针的继续。但是，这不是单纯的重复。事变中的币原外交是作为具有新内容的战时外交而登上"战争外交"舞台的。

在中村事件上，日本和列强的关系也具有两面性，他们相互争夺中国东北，同时列强又同情和支持日本对东北的侵略。尽管我们在中村事件中只看到了同情与支持的一面，还没有看到相互争夺的一面，但这并不能说明其骨子里没有争夺的欲望。中村事件还没有激化日本与列强的矛盾。但到九一八事变时，日本与列强争夺"满蒙"的矛盾进一步激化，两面性便暴露无遗了。

第三章 九一八事变与币原外交

本章主要探讨九一八事变与币原外交的关系。所谓币原外交，首先是指币原外相个人的外交思想，由于在九一八事变中，他执行的是若槻内阁的对外政策，所以币原外交也可称为包含着币原个人外交思想的若槻内阁的外交。

外交与军事，是一个国家推行对外政策的两种手段。战争时期（可以分为战前、战时和战后），如何调整这两种手段，使它们相辅为用，以完成战争的目的，是研究日本外交史的重要课题。

以往国内史学界对日本外交史的研究多是强调军事与外交的一致性，不承认两者之间的某种区别。本书认为，九一八事变与历史上的中日甲午战争、日俄战争、第一次世界大战以及太平洋战争的情况有所不同，它是以特殊形式爆发的战争。九一八事变不像日本发动太平洋战争时那样，事前通过四相会议、五相会议乃至御前会议的讨论，对外交、军事和财政等方面进行调整，并决定了一致的内外政策或路线之后发动的，而是在陆军中央部分将校的怂恿下，由关东军掌握主动权而挑起的战争。因而，从战争爆发开始，日本关东军、陆军中央和外务省之间便存在着分歧与矛盾，这是以往日本对外战争中所没有的特异现象。它源于事变爆发的特异性，也是华盛顿会议以来日本二重外交的继续。但是，在九一八事变的进程中，这种分歧与矛盾逐渐趋向统一，并在最终建立傀儡政权的目的上，大体上达到了一致。

为此，本章拟将币原外交与日本关东军、陆军中央在九一八事变前后从分歧到统一的过程，划分为四个时期，以分析币原外交在九一八事变中所起的作用，并阐述最终又与军方统一的币原外交的本质。

一、事变爆发后的对策

日本外务省，对内与其他各省并列，对外则代表日本政府，在九一八事变中起着对内、对外的双重作用。

首先，就对内的作用而言，日本外务省在事变初期牵制了关东军试图一举占领"满蒙"的军事计划。

日本驻奉天总领事林久治郎"从事变突然爆发开始，便随时向东京报告事态的发展……并请求防止事态的扩大"①。据统计，林久治郎在事变爆发的第二天向币原发出了30余封电报，报告了9月14日抚顺守备队袭击奉天机场的计划，认为"这次事件全然是军部有计划的行动"②。林久治郎还向关东军参谋板垣征四郎表示："此时尽力不扩大事件最为重要，希望通过外交机关处理事件。"③他希望币原外相"在政府方面也采取紧急制止军事行动的适当措施"④。

但是，关东军迅速地占领了奉天、新民屯、营口、海城、凤凰城、洮南和郑家屯等地，并于21日占领了吉林，妄图一举占领整个中国东北，使之变为日本的殖民地。

日本内阁于19日举行会议，若槻首相在会上说：这次事变的原因"果真是中国士兵破坏铁路，并攻击守备铁路的兵员而引起的吗？是属于正当防卫吗？如果不是这样，而是日本军队的阴谋

① 林久治郎：《满洲事变与奉天总领事》，原书房1978年版，第118页。
② 日本外务省编：《日本外交文书·满洲事变》，第1卷第1册，第6页。
③ 日本外务省编：《日本外交文书·满洲事变》，第1卷第1册，第4页。
④ 日本外务省编：《日本外交文书·满洲事变》，第1卷第1册，第5页。

行动，那么我国又将如何面对世界呢？对于发生如此不幸事件，我表示十分遗憾"①。币原朗读了林久治郎给他的各种电报，"这些情报多数是对陆军极为不利的"②。所以，陆军大臣南次郎听了外相宣读的电文之后，"意气顿挫，在内阁会议上失去了提议从朝鲜军派出增援的勇气"③。由于若槻和币原的上述态度，这次内阁会议决定了"不使现今事态再行扩大"④的方针。币原在26日的内阁会议上说："关东军现今以多数兵力部署在吉林，这对外交谈判将带来极大的困难。如果陆军不肯从吉林撤退，我将辞职"⑤，继续坚持了不扩大的方针。日本内阁的不扩大方针使关东军在北满的军事行动和朝鲜军第十九师团对间岛地区的军事行动计划都暂时停止了。这时，板垣也认为"在现今的形势下，不可能实施一举占领［满蒙］的方案"⑥，并从军事行动转向了以建立傀儡政权为主的政治策略。

关东军对于政府和外务省的不扩大方针"极为不满"⑦，因此，当关东军向哈尔滨出兵的军事行动被制止时，便议论纷纷地说："政府的真正意图何在？陆军大臣为什么不敢以正面冲突的决心来对待政府呢？"⑧这种情况再次表现了关东军与日本政府、外务省之间所谓扩大与不扩大的矛盾与对立。这种对立意味着华盛顿体制确立以来，以对英美协调为主的日本外务省的协调外交与日本军部志在和英美对抗的亚洲门罗主义的政策⑨在九一八事变中都表面化了。

---

① 原田熊雄口述：《西园寺公望与政局》，第2卷，岩波书店1982年版，第62页。
② 稻叶正夫等编：《走向太平洋战争之路》，别卷，朝日新闻社1963年版，第114页。
③ 稻叶正夫等编：《走向太平洋战争之路》，别卷，朝日新闻社1963年版，第114～115页。
④ 稻叶正夫等编：《走向太平洋战争之路》，别卷，朝日新闻社1963年版，第115页。
⑤ 稻叶正夫等编：《走向太平洋战争之路》，别卷，朝日新闻社1963年版，第129页。
⑥《现代史资料（7）·满洲事变》，三铃书房1965年版，第190页。
⑦《现代史资料（7）·满洲事变》，三铃书房1965年版，第190页。
⑧《现代史资料（7）·满洲事变》，三铃书房1965年版，第191页。
⑨ 参阅江口圭一：《一九三〇年代论》（江口圭一编：《体系·日本现代史》，第1卷）。

然而，这种对立不是根本性的对立。从关东军来讲，是企图一举占领中国东北，以扩大日本的殖民权益。日本外务省虽然反对一举占领中国东北，但是也想以关东军在事变初期的军事胜利为背景，解决自二十一条要求以来的各种"满蒙悬案"，以扩大日本的权益。因此，在22日的内阁会议上，当南次郎陆相主张维持关东军的现状及一并解决"满蒙问题"时，币原表示"陆军大臣的意见对于外交交涉极为有利"[①]。参谋本部也认为："维持现状给彼此双方解决'满蒙'的主要问题形成了极好的因素，它能以现实为基础来推动外务官员"[②]，因而作出了"军方对于内阁会议所确定之事无须提出强烈反对"[③]的决定。当时，日本外务省和军部中央在不扩大事态的方针上大体是一致的，并于9月24日发表了所谓不扩大事态的第一次政府声明。这个声明是由军部起草之后经外务省修改的。它是日本外务省、政府和军部相互调整、妥协的产物，也是外务省和军部合拍的第一步。

再者，所谓不扩大也并非是绝对的，在不扩大中，也存在着扩大的因素。九一八事变爆发后，军部主张一举解决"满蒙问题"，并认为"万一政府不同意军部的这一方案，那么政府因此而倒台也毫不在乎"[④]。但在21日的内阁会议上，全体阁僚还是就"满蒙问题"达成了一并解决的一致意见。[⑤]在有关增派朝鲜军的问题上，若槻首相在21日的内阁会议上表示赞成。22日的内阁会议决定，"现在使之出动，则全体阁僚承认这一事实"，并"支付其所必要的经费"。[⑥]若槻首相在奏折中说："政府考虑支付派遣朝鲜军之经费。"[⑦]对此，天皇予以裁可。这些事实表明，日本外务

---

① 稻叶正夫等编：《走向太平洋战争之路》，别卷，第124页。
② 稻叶正夫等编：《走向太平洋战争之路》，别卷，第116页。
③ 稻叶正夫等编：《走向太平洋战争之路》，别卷，第115页。
④ 稻叶正夫等编：《走向太平洋战争之路》，别卷，第117页。
⑤ 稻叶正夫等编：《走向太平洋战争之路》，别卷，第119页。
⑥ 稻叶正夫等编：《走向太平洋战争之路》，别卷，第123页。
⑦ 若槻礼次郎：《古风庵回忆录》，读卖新闻社1950年版，第377页。

省和内阁开始赞成军部的行动，在不扩大事态的方针下，开始采取扩大的行动。

如上所述，日本外务省虽然一时牵制了关东军的军事行动，但实际上还是配合了关东军的侵略行动，并制造了有利于事变的国际舆论和国际环境，以期使关东军的行动得到国际保障。如日本驻奉天总领事林久治郎便采取了与关东军合作的态度。他向币原表示："对外国人的质问将按陆军方面的说明进行回答"①，"在对外关系及有关维持治安等方面，则想全力与军方合作"②等等。日本外务省为了造成有利于关东军的国际舆论和国际环境，还作了如下工作：

其一是歪曲事变爆发的原因。九一八事变爆发初期，最大的问题是事变由哪方以及出于什么目的而挑起的，这是决定战争性质及世界舆论倾向的重大问题。币原通过林久治郎总领事的电报原本已经知道这场事变是关东军的阴谋,但在21日仍向日本驻国联代表芳泽谦吉发出了如下指示："这一事件是因为中国军队破坏满铁铁路，我国守备部队采取必要的自卫措施而引起的两国军队的冲突。"③于是，芳泽在22日的国联行政院会议上讲："事件的开端，在于中国军队破坏我国在奉天附近的铁路，我国少数守备部队，不得已而拿起武器来对付这种破坏行为。我军为了防止扩大事态，且保护满铁铁路及居住在当地的日本人的生命财产，不能不占领几个城市的要害地点"④，极力为关东军的侵略行径进行辩护。9月23日，币原又对国联议长勒鲁进行强词夺理的辩解："只在吉林和奉天城内驻有少量部队，或在几个地方有若干兵员，这无论如何也不是军事占领。"⑤他对英、美也作了同样的辩解，

① 日本外务省编：《日本外交文书·满洲事变》，第1卷第1册，第7页。
② 日本外务省编：《日本外交文书·满洲事变》，第1卷第1册，第10页。
③ 日本外务省编：《日本外交文书·满洲事变》，第1卷第3册，第156页。
④ 日本外务省编：《日本外交文书·满洲事变》，第1卷第3册，第164页。
⑤ 日本外务省编：《日本外交文书·满洲事变》，第1卷第3册，第184页。

以欺骗国际舆论。此外，为了掩盖关东军挑起事变的事实，日本外务省还在国联派遣观察员的问题上始终以这将刺激日本人的感情为由加以反对。

其二是日本外务省把排除国联和第三国的干涉作为最大的外交任务。日本是二流的帝国主义国家，它有过在欧美列强的干涉下吐出侵略权益的历史"教训"，例如甲午战争后归还辽东半岛、第一次世界大战后归还山东等。所以日本外务省想通过外交手段来确保关东军在军事上的猎物。9月19日，国联在日内瓦召开行政院会议，芳泽向币原报告说："我方目前正在尽力不使行政院受理此事。"①驻华公使重光葵也向币原外相建议："无论如何都应避免通过有如国联的第三者来处理满洲问题。"②币原对此深有同感，他说："我认为，现在将这个问题作为国联大会或行政院会议的问题，将对日中两国产生新的刺激，反而成为纠纷的理由。"③目的也是想避免国联干涉。但是，由于中国南京政府向国联申诉了事变问题，22日，国联行政院开始审议九一八事变。

其三是日本外务省利用所谓不扩大的方针来对付国际联盟。所谓不扩大方针，从对内来讲，虽然起到了牵制关东军一举占领中国东北的作用；但从对外来讲，则是企图缓和日本与列强的矛盾，排除干涉并造成有利于关东军行动的国际环境。因此，日本政府于9月24日公布了不扩大方针以后，"英国代表认为，根据日方的回答，事态显然已经缓和，因而国联行政院根据《盟约》第十一条，确保和平的任务已经完结"④。美国国务卿史汀生也说："根据报纸及其他情报得悉，币原男爵对于这次事件深表痛心，并正在努力收拾时局，实堪同情……我确信在若槻首相之下由币原男爵负责外交的现任内阁，将环顾世界大势，并鉴于日本自身

---

① 日本外务省编：《日本外交文书·满洲事变》，第1卷第3册，第155页。
② 日本外务省编：《日本外交文书·满洲事变》，第1卷第2册，第317页。
③ 日本外务省编：《日本外交文书·满洲事变》，第1卷第3册，第157页。
④ 日本外务省编：《日本外交文书·满洲事变》，第1卷第3册，第188页。

的利益，能够迅速撤销占领并解决这一事件。"①此后，"美国的舆论有所缓和……国务院对日本持好意态度"②。由此可见，币原外交在国际上一时获得了有利的地位。

　　然而，所谓不扩大方针并没有从根本上消除日本与列强之间的矛盾。列强依然警惕关东军的军事占领并要求日军早日撤退。为此，当中国和参加国联的各个小国打算在国联大会上讨论事变时，日本代表芳泽向国内呈报了"以予期确保[日本]居留民生命财产之安全为绝对条件，限期全部撤兵"③的意见，这主要是芳泽担心日本"与世界舆论为敌，陷入孤立无援的地位，并导致和友邦断绝经济往来"④的缘故。但币原在撤兵问题上采取了强硬态度。28 日，他向芳泽训示："限期撤兵之类的方案……违背日本的名誉和尊严，不能予以承认。"⑤国联秘书长德拉蒙德为了早日结束行政院会议，要求日方作出"明确表示不作保障性占领"⑥的声明。在这种情况下，为了排除国联的干涉，币原只好按照德拉蒙德的要求，于 9 月 30 日发表了如下声明："有如帝国政府历次声明的那样，在确保我国铁路安全及在满帝国臣民生命财产安全的情况下，[我方]具有使军队全部撤回[满铁]附属地之内的坚定方针。有关我帝国之部分军队驻在附属地外的现状，与今后之争议交涉是属不同问题，特此一并声明。"⑦

　　这个声明实际是在撤兵问题上附加了两个先决条件，即要确保满铁铁路安全及日本居留民生命财产的安全，并表示了如果不能确保便不能撤兵的立场。这本来是应予驳斥的。但是，在列强操纵下的国联行政院却接受了这个声明，并通过了九项决议，内

---

① 日本外务省编：《日本外交文书·满洲事变》，第 1 卷第 3 册，第 6～7 页。
② 日本外务省编：《日本外交文书·满洲事变》，第 1 卷第 3 册，第 13 页。
③ 日本外务省编：《日本外交文书·满洲事变》，第 1 卷第 3 册，第 193 页。
④ 日本外务省编：《日本外交文书·满洲事变》，第 1 卷第 3 册，第 194 页。
⑤ 日本外务省编：《日本外交文书·满洲事变》，第 1 卷第 3 册，第 196 页。
⑥ 日本外务省编：《日本外交文书·满洲事变》，第 1 卷第 3 册，第 202 页。
⑦ 日本外务省编：《日本外交文书·满洲事变》，第 1 卷第 3 册，第 204～205 页。

称："[本会]谅解日本代表所作的声明，日本政府将在确保其臣民生命财产安全之下，将军队撤回铁路附属地内，希望业已开始的撤兵继续加速进行，并在最短时间内实现上述意图。"①显然，这是迎合币原声明的决议。因此，芳泽也说：这个决议"大体上是对我方有利的"②。这说明了日本外务省所说的不扩大方针正使日本在国际上获得了某种外交上的成功。

在九一八事变初期的日本外交中，还有一点值得注意的，则是对美外交。美国虽不是国联成员国，但第一次世界大战后取代英国居列强之首，并建立了以《九国公约》为中心的华盛顿体制，牵制了日本对中国大陆的侵略。美国还是《巴黎公约》的签字国，以其经济和军事实力为后盾，对国联和国际形势有很大的影响力。因而日本外务省十分重视美国对事变的态度，试图阻止美国依据《九国公约》和《巴黎公约》对事变进行干涉，牵制美国与国联之间的协调，切断美国与国联之间的关系。例如，在向中国东北派遣观察员问题上，国联希望美国也对日本提出同样的要求。日本外务省担心美国与国联进行协调，25日训令驻美大使出渊胜次访问美国国务院，极力陈述日方反对的理由。美国副国务卿卡斯尔表示："派遣调查委员不会收到任何实际效果，只会刺激舆论，我非常清楚地理解日本对满洲问题的心态"③，不赞成国联向中国东北派遣观察员。但是，日本外务省却欢迎美国向南满派遣外交官，并予以方便。这表明日本外务省试图利用美国与国联之间的非一致性，来牵制美国与国联的协调。

那么，币原外交又是如何对待中国南京政府的呢？

第一，它想通过与南京政府的直接交涉，排除国联的干涉，同南京政府一并解决"满蒙问题"。19日，宋子文代表南京政府

---

① 日本外务省编：《日本外交文书·满洲事变》，第1卷第3册，第208页。
② 日本外务省编：《日本外交文书·满洲事变》，第1卷第3册，第209页。
③ 日本外务省编：《日本外交文书·满洲事变》，第1卷第3册，第13页。

向重光葵提出了关于组成中日委员会的方案。21日，币原向重光葵指示："帝国政府对宋的意见具有同感，可以转达政府对宋之提案的这种意向。"①重光葵本人对宋的提案也抱有很大希望，他说："我曾设想过，在现在开始的有关满洲问题的国际斗争中，日方能否有效地利用这次与宋子文的会见，是个关键所在。"②但是，宋子文于22日对重光葵说："在日军撤兵之前……是难以组织［中日］委员会的"③，收回了设置委员会的提案。至此，日本失去了与南京政府直接谈判的可能性。但是，日本外务省却把排除国联或第三国的干涉作为主要的外交策略，始终主张与南京政府直接谈判。

第二，日本外务省向南京政府施加压力，以镇压中国人民的抗日运动和抵制日货运动。10月13日，重光葵向孔祥熙"诉说严厉取缔排日运动乃当务之急，并劝说如不取缔，日本政府则将不再忍耐"，等等。④南京政府屈服于日本的要求，在军事上不抵抗日本的侵略，限制人民的抗日运动。

第三，日本政府的所谓不扩大方针，对南京政府的不抵抗主义造成了相当的影响。9月19日，重光葵向南京政府外交部亚洲司徐司长转达日本政府的这一方针时，徐表示："日本政府决定防止扩大事态，乃是不幸中的幸事。"⑤南京政府的齐世荣在东京会见币原之后，对币原外交也抱有幻想，他说："我充分了解币原外相冷静而公正的意见，并将报告给国民政府的中枢部门。如果按照币原男爵的意见行事，则没有重大困难"，"国民政府的中枢部门没有理由不在两者之间进行极为冷静的交涉"。⑥这说明对币原

① 日本外务省编：《日本外交文书·满洲事变》，第1卷第2册，第305页。
② 重光葵：《外交回忆录》，每日新闻社1978年版，第94页。
③ 日本外务省编：《日本外交文书·满洲事变》，第1卷第2册，第308页。
④ 日本外务省编：《日本外交文书·满洲事变》，第1卷第2册，第343页。
⑤ 日本外务省编：《日本外交文书·满洲事变》，第1卷第2册，第295页。
⑥ 日本外务省编：《日本外交文书·满洲事变》，第1卷第2册，第343页。

外交的幻想，对南京政府的不抵抗主义确实产生了相当的影响。

第四，日本外务省与军部共同利用中国军阀的内部矛盾，进行阴谋活动，起到了背后牵制张学良和南京政府的作用。9月30日，日本军部在《有关中国本部的政策方案》中，作了如下规定：①为了肃清张学良的势力，"利用反蒋势力或北洋军阀"；②"支持广东政府，策动瓦解南京政府"；③上述两种方针政策的目的，在于利用中国的政治混乱，减轻满蒙政策的严重性。①日本外务省还联络南京、广东和北方军阀中的亲日势力，引诱和利用他们，以协助军部达到上述目的。币原在枢密院的证词中承认了这一事实。

币原外交对南京政府实施的以上外交策略，在中国内部造成了有利于关东军行动的形势，并在南京政府镇压抗日运动上起了很大作用。而这种作用是关东军的武力所达不到的。

如上所述，币原外交的对内牵制和对外保障似乎是一种矛盾现象，但实际上是完全统一的一种外交路线的两个方面。币原外交牵制关东军一举占领中国东北计划的目的之一，是想通过外交活动来得到国际保障。币原担心关东军一举占领东北，会激化日本与列强及苏联的矛盾，并由此招致经济或军事上的制裁。但在确认无须担心这种制裁后，这种矛盾现象便消失了，双方的政策便达到了大体上的一致。因而可以说，对内牵制与对外保障是币原外交在九一八事变初期的特征。

二、日本在国联的外交活动

币原外交的第二个时期，是日本轰炸锦州以及10月13日至24日国联行政院讨论美国观察员是否出席会议和关东军撤兵问

---

① 稻叶正夫等编：《走向太平洋战争之路》，别卷，第131页。

题时期。这也是日本从所谓不扩大向不撤兵转变的时期。

10月8日，日本关东军轰炸锦州。这一方面是轰炸张学良的东北政府及其军队，同时也是对币原外交不满的关东军通过轰炸与列强权益有直接关系的北宁线，以激化列强与日本的矛盾，从而排除币原外交的掣肘。石原莞尔在轰炸锦州之后说："这样一来，日本政府在国联的信用便完全告吹了。"①当时，南次郎陆相也对币原外交不满，曾对币原说过："日本脱离国联不是更好吗？"②

关东军轰炸锦州，在某种意义上是针对币原外交的。但币原外交反而对关东军的行动采取了辩护的立场。若槻首相说："日军轰炸锦州，恶化了国联气氛，对日本非常不利。14日国联举行会议之前，对这一事实必须进行相应的解释。"③而币原则说，日军轰炸锦州，是由于中国军队"对我方的侦察机开炮……使我军不得不立于正当防卫的地步"。他向国联警告说："如果国际联盟听信中国的宣传而表现出镇压我方的态度，那么日本则不得不作出重大决定。"④币原为了隐瞒轰炸锦州的真相，还反对国联调查锦州事件。他说："只是调查锦州事件，不仅违反我方试图根本解决问题的宗旨，反而使中国有机可乘，事态更加恶化。"⑤为了阻止国联根据《盟约》和《巴黎公约》通过有关日军轰炸锦州的决议或宣言，他采取了强硬的态度。

通过锦州的北宁线，与英国资本有关。因而英国格外关心日军轰炸锦州。10月9日，英国外交大臣雷丁指示驻日大使林德利："我被轰炸锦州的报道扰得心烦意乱。这同日本向国联行政院所作的不使形势继续恶化的保证，很难一致……请你强烈地向日本政府强调，他们有必要按照对行政院的声明，使事态得到缓和。与

---

① 山口重次：《满洲国》，行政通信社1975年版，第115页。
② 原田熊雄口述：《西园寺公望与政局》，第2卷，岩波书店1982年版，第84页。
③ 原田熊雄口述：《西园寺公望与政局》，第2卷，岩波书店1982年版，第91页。
④ 日本外务省编：《日本外交文书·满洲事变》，第1卷第3册，第296页。
⑤ 日本外务省编：《日本外交文书·满洲事变》，第1卷第3册，第261页。

此同时，还应提醒他们注意我国在京奉铁路线的巨大的财政利益。"①10 月 10 日，林德利奉命对币原的辩解之词加以反驳，同时提请币原注意："该铁路与英国资本有关，所以英国政府也感到有某种利害关系。"②对此，币原辩解说："我清楚地知道京奉线与英国有利害关系，并接到了有关飞机妥善注意不破坏铁路的报道，而阁下所说的破坏铁路及工厂之事，本大臣并不知道。"③

轰炸锦州对美国也是一个很大的冲击，美国政界对日本产生了异常的反感。美国政府改变了以往对国联的态度，表示要与国联合作，要求国联邀请美国代表出席行政院的下次会议，并向日本政府提出了抗议日军轰炸锦州的备忘录。日本外务省警惕美国的这一动向，采取了防止美国与国联合作的对策。可是，美国也不想直接干涉。10 月 13 日，美国的各家报纸报道说："国务院当局的意向是，美国政府认为此次满洲事件可以通过日中两国的直接谈判来解决，因而对两国没有施加任何压力的意图，当然也无直接干涉之意。"④

如上所述，日军轰炸锦州之后，英、美的对日态度较前稍为强硬。但由于币原及驻外官员的辩解，国联仍没有对日军轰炸锦州之事，采取什么特别措施，只是在中国代表的要求下，于 10 月 13 日提前召开了预计在 14 日举行的行政院会议。

这次行政院会议的议题焦点是美国的观察员出席行政院会议和日军撤兵问题。

日军轰炸锦州激化了日本与列强的矛盾。美国采取了与国联合作的态度，国联也希望美国派遣观察员出席行政院会议，并采取共同行动。日本驻国际联盟事务局长泽田"担心国联理事国与

---

① 《英国外交政策文件（1919～1939）》，第 2 辑第 8 卷，第 733 页。转引自徐蓝：《英国与中日战争》，北京师范学院出版社 1991 年版，第 34 页。
② 日本外务省编：《日本外交文书·满洲事变》，第 1 卷第 3 册，第 252～253 页。
③ 日本外务省编：《日本外交文书·满洲事变》，第 1 卷第 3 册，第 253 页。
④ 日本外务省编：《日本外交文书·满洲事变》，第 1 卷第 3 册，第 33 页。

美国联合一致，出现共同对付日本的形势"①。14 日他警告国联秘书长德拉蒙德："如果邀请美国参加会议，则将视为国联与美国共同对日本施加压力，这将愈发刺激舆论，且有使之强硬而难以解决时局的危险。"②但是，国联行政院在 15 日下午举行的秘密会议上，还是讨论了美国观察员的出席问题。会上，尽管日方理事"着重指出法律上的疑点，并强烈反对"③，但在表决时，还是通过了邀请美国观察员参加的决定。币原不顾国联行政院的决定，于 17 日指示驻美大使出渊，向美国国务卿建议：美国不要主动派遣观察员。美国拒绝了日本的这一意见，因为美国已派观察员吉伯特出席了 16 日的行政院会议。

美国观察员出席行政院会议后，日本外务省表面欢迎，背后却极力阻挠美国在国联会议上采取强硬态度。币原威胁说："如果国联将来在其他问题上也像这次一样，以施加压力的态度对待我方，那么不仅是满洲问题，而且很难保证不发生诸如不得不决定我帝国对国联整个态度之类的事情。"④

美国观察员出席行政院会议，是美国与国联合作的第一步，但它并不表明美国与国联已经成为一体了。17 日，在中日两国没有参加的行政院会议上，美国观察员提出了根据《巴黎公约》第二条向中日两国提出劝告中止战斗的建议。行政院鉴于上述提议而起草了劝告方案。这个方案没有区别侵略与被侵略的界限，只是要求中日两国停止军事行动，这是一种不平等的要求。22 日，日本政府又针对国联的上述劝告进行诡辩，言称："[我方]9 月 18 日夜间以来所采取的军事行动，完全是针对中国军队及其匪兵的非法攻击。我军是为了自卫和基于保护南满洲铁路及帝国臣民生命财产的必要。我帝国政府没有为了解决与中国的各种悬案而诉

① 日本外务省编：《日本外交文书·满洲事变》，第 1 卷第 3 册，第 284 页。
② 日本外务省编：《日本外交文书·满洲事变》，第 1 卷第 3 册，第 288 页。
③ 日本外务省编：《日本外交文书·满洲事变》，第 1 卷第 3 册，第 300 页。
④ 日本外务省编：《日本外交文书·满洲事变》，第 1 卷第 3 册，第 335 页。

诸战争的考虑。"胡说什么中国人民的抗日运动"不能认为是符合《巴黎公约》第二条的明文规定或条约精神的"①。19日，币原对英国驻日大使也有同样的说辞："中国所进行的'抵制日货'等其他各种反抗运动，不能视其为和平手段。现在中国正在利用这种非常手段来达到自己的目的，希望……依据《巴黎公约》第二条阻止中国的这种行动。"②由于币原外交的上述诡辩，国联启用《巴黎公约》第二条的劝告案，对日本没有产生任何效果。

　　行政院会议的第二个焦点是日本撤兵问题。芳泽向币原报告说："现今国联所重视的问题在于实行撤兵"，他认为在即将召开的行政院会议上日方有必要极力陈述"在目前的形势下，绝对不能撤兵的理由"③。为此，日方在会议上提出了"尊重条约论"。日本事务局长泽田认为，日方在9月间行政院会议上所说的如果确保生命财产便予以撤兵的说法，"从中国方面来说，便是日方不完全撤兵则不能完全保护其生命财产，其结果将是争论不休"④。因此他认为：日方这次出兵，在于保护在满日人的生命财产，同时也是为使中国尊重日方在条约上的权利，除此之外并无他意。也就是将保护生命财产和构成事变真正原因的尊重条约论作为日方的论据进行辩论，则可在舆论方面加强日本的立场。⑤他向币原提议，最好是建立宋子文提议的日中委员会来商讨各种悬案，"使行政院会议在该委员的任务完成以前，延期对本事件的讨论"⑥。这种"尊重条约论"，企图利用列强和日本都有迫使中国尊重侵略性条约的共同点，来获得列强对日本拒不撤兵的同情与支持。

　　币原赞同泽田的意见，10月9日向泽田连续发出了题为"关

①　日本外务省编：《日本外交文书·满洲事变》，第1卷第3册，第386～387页。
②　日本外务省编：《日本外交文书·满洲事变》，第1卷第3册，第348页。
③　日本外务省编：《日本外交文书·满洲事变》，第1卷第3册，第227页。
④　日本外务省编：《日本外交文书·满洲事变》，第1卷第3册，第220页。
⑤　日本外务省编：《日本外交文书·满洲事变》，第1卷第3册，第220页。
⑥　日本外务省编：《日本外交文书·满洲事变》，第1卷第3册，第227页。

于就中国方面侵略日本在满权益之事唤起国联注意"'"关于中国方面妨碍大正四年协约之租借权的状况"'"关于满洲之中国官员压迫朝鲜人及日本人的实情""关于中国方面对铁道之妨碍行为"等电报，指示泽田用这些电报对付国联与中国的要求。

基于这种方针，日本政府在10月9日确定了试想通过中日直接交涉来实现的所谓五项协定大纲。这个协定大纲的一、二、三项只是形式，其第四项的内容是："中国政府约定，对在东北不论何地居住、旅行及从事商业、工业、农业及其他各种和平业务的日本臣民，在其活动不危害公共秩序及安宁的情况下，予以适当而有效的保护。"①第五项是："为了增进日本国政府及中国政府在两国铁道系统的相互关系中的友好合作，并防止破坏性的竞争，以及为了实施日本国及中国之间有关东北各省铁路现行条约的规定，在南满铁道株式会社与东北各省的有关官厅之间，应不再迟疑地缔结必要的协定。"②这些内容反映了日本政府以关东军的军事行动为背景，试想一举解决"满蒙问题"的侵略意图，而且是以中国方面不能承诺的事项作为撤兵条件的。对此，泽田也承认，"根据本使的经验判断，鉴于蒋介石政府的不稳地位以及学生团体等强硬的中国舆论，难以想象南京政府能够就此事件进行直接谈判，即使答应直接谈判，其结局也难以期待其全部承诺我方之五项大纲"③。日本政府明明知道中国方面不能接受，反而提出这种五项协定大纲，明显是企图将其作为不撤兵的借口。币原于9月30日就曾说过"帝国之部分军队在附属地之外的现状，与今后的争议交涉是属不同的问题"④，但现在却把直接交涉作为撤兵的先决条件，将撤兵这个另外的问题与交涉联系起来了。这是币原外交为了不撤兵而制造出来的对策。这表明日本政府9月30

---

① 日本外务省编：《日本外交文书·满洲事变》，第1卷第2册，第335～336页。
② 日本外务省编：《日本外交文书·满洲事变》，第1卷第2册，第335～336页。
③ 日本外务省编：《日本外交文书·满洲事变》，第1卷第3册，第372～373页。
④ 日本外务省编：《日本外交文书·满洲事变》，第1卷第3册，第205页。

日的声明不过是为了博取国际好感的一种手段。

　　泽田向国联议长白里安和秘书长德拉蒙德私下透露了日方的协定大纲，以期得到国联的支持。白里安表示："国际最关心的事情是撤兵未了，中国方面在撤兵未了的情况下，是不能承诺某种基础上的直接谈判的，这是最为困难的问题。"国联办公厅主任莱杰也说："第四及第五项是实质问题，撤兵之前不能进行谈判。"①英国外交大臣西蒙也表示反对，他说："所谓确保铁路之事，我是第一次听说。"②泽田辩解说："本使以往所声明的，不过是抽象的原则，如果对日本人生命财产的安全作出具体的说明，那么财产当中最为重要的部分便是铁路。"③与此同时，币原也对国联和英国的异议进行了强硬的辩驳。

　　在日本与国联就撤兵问题处于全然对立的情况下，国联方面主动与日本妥协，采取了让步的态度。19日，白里安对泽田试探说："如果日中就前四项达成协议后日方就立即撤兵的话，那么世界舆论则将称赞日本公正而稳健的态度。在实施四个条款方面，是否需要国联的援助？"④这时，泽田也感到有和国联妥协的必要，便向币原提出："在某种程度上缓和作为撤兵之前提条件而实施协定大纲的方针，此时是绝对必要的。"⑤其理由是："最近当地的对日气氛明显恶化，特别是在美国参加会议问题上，因为我方采取的态度过分强硬，所以行政院内部加强了反对我方的团结，有使我方事实上处于孤立无援之虞。"⑥币原也担心出现不利的国际环境，于是将第五项的内容作了部分修改，将其改为中国政府有义务执行现存两国条约中有关满洲铁路的规定。这种修改只是

①　日本外务省编：《日本外交文书·满洲事变》，第1卷第3册，第290～291页。
②　日本外务省编：《日本外交文书·满洲事变》，第1卷第3册，第314页。
③　日本外务省编：《日本外交文书·满洲事变》，第1卷第3册，第314页。
④　日本外务省编：《日本外交文书·满洲事变》，第1卷第3册，第349页。
⑤　日本外务省编：《日本外交文书·满洲事变》，第1卷第3册，第350页。
⑥　日本外务省编：《日本外交文书·满洲事变》，第1卷第3册，第349页。

简化了第五项的内容，并没有实质上的变化。币原强调：缔结五项协定大纲，是"任何压力也不能改变，任何环境也难以动摇的"①。

德拉蒙德为了解决日本与国联之间的僵局，于 20 日向日本代表杉村阳太郎出示了三种解决方案。第一种方案是，将日方的大纲方案纳入 9 月 30 日行政院会议的决议范围之内，行政院劝告中日两国立即就撤兵及安全保障问题开始直接谈判，行政院暂时休会 3 周，在确认直接谈判的结果后复会。第二种方案的内容是，日方在行政院会议上就大纲问题发表有必要实现协定原则的声明，而中国方面正式承诺，而后行政院会议暂时延期 3 周。第三种方案是，在前两个方案都不能接受的情况下，由两个当事国之外的其他理事国提出全体赞成的原始方案，然后征求当事国的意见。②第一、第二两种方案接近日本的主张，是撤兵与谈判并行的妥协性方案。德拉蒙德私下表示，第一种方案充分容纳了日本的主张，希望日方接受这一方案。泽田向币原报告说："按照本职的看法，[第一种方案]是最符合日本要求的。"③当时，日本驻英大使松平、驻德大使小幡、驻比利时大使佐藤等人，也都劝告币原接受第一种方案。于是，币原打算接受第一种方案，以推进既定方针。22 日，他向泽田发出训电："采纳第一方案的宗旨。"④但是，第一种方案将日军的撤兵时间限制在 3 周之内，因此币原又在第一方案的后面，加入了修改条件，即"一旦行政院会议延期召开，日本政府将随时向国联通报有关直接谈判的过程"⑤。这个条件是想排除国联对撤兵问题的干涉，使日本掌握直接谈判的主导权。

① 马场明：《日本外交史·满洲事变》，第 18 卷，鹿岛研究所出版会 1973 年版，第 215 页。
② 日本外务省编：《日本外交文书·满洲事变》，第 1 卷第 3 册，第 358 页。
③ 日本外务省编：《日本外交文书·满洲事变》，第 1 卷第 3 册，第 359 页。
④ 日本外务省编：《日本外交文书·满洲事变》，第 1 卷第 3 册，第 383 页。
⑤ 日本外务省编：《日本外交文书·满洲事变》，第 1 卷第 3 册，第 383 页。

但是，国联的五人委员会于 22 日在德拉蒙德提出的第三种方案即日本认为是最坏的方案的基础上提出了 7 项内容的决议案。第一项内容注意到了"日方代表关于日本政府在日本人的生命财产得到确实保障之下，使其军队尽速继续撤至铁路附属地之内的声明"。①第六项内容是，"完成撤兵的同时，劝告日中两国政府就两国间的一切悬案，特别是基于最近事件所产生的问题和由于满洲铁路状况而出现的纠纷，开始直接谈判"②。即规定日本首先撤兵，然后直接谈判。这个决议案表明，国联从德拉蒙德的直接谈判与撤兵并行的提案转向了首先要求日本撤兵的方针。

这个决议案对日本很不利。日本代表反对在 22 日下午公开举行的行政院会议上讨论这个决议案，并在要求延期举行这次会议的同时提出了修正案。日方在修正案中要求国联"再次谅察日本代表于 10 月 13 日所作的声明，也即日中两国政府就保证日本人生命财产安全的根本原则，在达成先决性的协定，使人心稳定、事态缓和的同时，日本政府则可实施撤退依然驻在铁路附属地以外之日军的声明"，要求国联"以实现[上述]协定为目的，劝告日中两国政府立即协商"。这实际是坚持把日中的直接谈判作为撤兵的先决条件，并附加了没有"人心稳定、事态缓和"，便不予撤兵的新条件。这个修正案还企图迁延再次举行行政院会议的时间，言称"任何时候也不能容许为了进行新的审查而召集行政院会议"。③这是因为上述决议案规定了关东军要在 10 月 16 日以前撤兵的缘故。币原赞成日本代表的修正案，他希望国联采用德拉蒙德的第一种方案或日本代表的修正案。

23 日，日本代表在国联行政院会议上提出了修正案。中国理事反对日方的修正案，并表示接受行政院的决议案。24 日下午，

---

① 日本外务省编：《日本外交文书·满洲事变》，第 1 卷第 3 册，第 390 页。
② 日本外务省编：《日本外交文书·满洲事变》，第 1 卷第 3 册，第 390～391 页。
③ 日本外务省编：《日本外交文书·满洲事变》，第 1 卷第 3 册，第 400 页。

第十六次行政院会议对决议案进行记名投票。芳泽表示反对。他说："这件事关系到日本的死活，不能接受这种不能满足日方要求的原方案。"①因行政院的决议案需要全体理事同意才能成立，所以原案因日本反对而成为废案。在这次行政院会议上，由于日本强硬的外交政策，中国和国联想通过决议使关东军撤兵的努力失败了。

那么，国联为什么不以德拉蒙德的第一种方案而以第三种方案为基础来起草决议案呢？这首先是日本与列强矛盾激化的必然结果。当时《伦敦泰晤士报》报道说，根据来自东京的电报，第五项意味着履行1915年的日中条约。币原也说："该条约是依照两个当事国的自由意志"而批准的，"该条约是现今维持满洲和平的基础"。②这意味着币原承认大纲的第五项包含有二十一条条约中有关"满蒙问题"的内容。作为与日本争夺中国的列强，没有理由容许日本这种庞大的野心和欲望。因而，列强反对日本的大纲，并要求日本早日撤兵。

其次，在这个时期，关东军在政略和军事上双管齐下，向齐齐哈尔方面推进，并派飞机轰炸黑龙江的中国军队。这是日本向列强表示它要进一步扩大事态。因此，国联行政院想以日本认为最坏的第三种方案来牵制日本的军事行动。

行政院会议闭幕后，日本政府于10月26日发表了第二次政府声明。这个声明毫无撤兵之意，内称"此时我帝国政府如果单纯依赖中国政府的保证，使军队全部返回满铁附属地内，事态则将更加恶化，并使帝国臣民的安全处在危险之中"③。它公开表明了坚持在附属地之外进行军事占领的立场。这个声明是不撤兵声明，它意味着币原外交从不扩大进入了不撤兵的阶段。

---

① 日本外务省编：《日本外交文书·满洲事变》，第1卷第3册，第415页。
② 日本外务省编：《日本外交文书·满洲事变》，第1卷第3册，第410页。
③ 日本外务省编：《日本外交年表及主要文书》，下卷，第186页。

三、日军攻占齐齐哈尔前后

币原外交的第三个时期是关东军北进嫩江、齐齐哈尔时期。这个时期是币原外交从不扩大转向扩大、从不赞成建立傀儡政权转向赞成建立傀儡政权的重要时期。

关东军在不扩大方针的牵制下，利用中国地方军阀和亲日分子，采取以政治阴谋为主的手段来扩大占领区域，并开始建立地方傀儡政权组织。诸如向洮南地区的军阀张海鹏提供武器和资金，使之成立边境保安军，用以作为进攻北满的走卒。从10月15日开始，张海鹏军沿洮昂线北进，想打倒齐齐哈尔的万福麟和马占山政权，建立亲日的傀儡政权。

这时，币原也与关东军有同样的想法。他认为："鉴于马占山占据齐齐哈尔之情况，我方可以让张海鹏北进，以适应南满方面之大势。"①但币原考虑到苏联以及对国联的影响，又想回避军事行动，企图通过所谓的和平手段来达到目的。因此，他训令奉天、哈尔滨两地的总领事："鉴于同苏联的关系，不宜在张军北上之际，与马军发生冲突，并扰乱中东铁路沿线。应使马军不加抵抗便撤出齐齐哈尔为要。若使我军之一部与张军同时北进，则我方要负扩大事态之责，并有恰好陷入中国圈套之虞。故而无须让张军与我军同时北进，要加强该军之实力，使马军感到抵抗是无意义的。同时以收买马占山等方法加以怀柔，在和平的情况下接收其政权。这在各种关系上都是最为适宜的。"②根据这一指示，哈尔滨总领事大桥向币原报告说："让马占山仿效奉天事例，组织治安维持会，乃是唯一可供选择的适当方策。"③其理由是基于以下的分析：

---

① 日本外务省编：《日本外交文书·满洲事变》，第1卷第1册，第459页。
② 日本外务省编：《日本外交文书·满洲事变》，第1卷第1册，第459页。
③ 日本外务省编：《日本外交文书·满洲事变》，第1卷第1册，第471页。

（一）"现今正处于按照军方最初的预定计划，张军不可能夺取江省的状态"；（二）"日本方面如果坚持现行计划，则我方要根据脱离国联的情况，加强唯有与苏、美一战的决心，由我军歼灭江省军队或解除其武装之后再建立张政权。不然的话，只能像吉林那样，为拥护张的政权而让日军在当地驻扎"①。大桥总领事是想在黑龙江也成立奉天那样的治安维持会，任命马占山为会长，以建立傀儡政权。为此，从10月中旬开始，大桥与哈尔滨特务机关的宫崎少佐共同进行了收买马占山的阴谋活动。11月4日，币原与军部洽谈之后，向大桥总领事及林久治郎总领事传达了为此而提供300万元的决定。币原在指示中说："此乃极密之事，最好完全由军方实施，贵官应经常与军方保持联系，若贵官插手更为合适，且在军方提出希望时，也可参与实施。"②

大桥总领事为使这一阴谋获得成功，向币原提出了以下意见："（一）修理桥梁与本事件有关，应尽快进行；（二）派往江桥之军队，应为小股部队，并尽可能避免与江省方面发生冲突，且在洮南郑家屯方面集结大部队，在对江省显示我军威力的同时，暗示我方的意图。"③可以认为，这是关东军和陆军中央向嫩江方面出动小股部队的原因。这个事实表明，日本外务省、关东军与军部在北进问题上的意见是一致的。但是，日本外务省是想尽可能避免使用武力来达到北进的目的。

以上事实说明，币原外交是主张以"和平"手段向北推进的。这意味着币原外交从所谓不扩大转向了"和平"地扩大，并赞成用"和平"的方法在北满建立傀儡政权。这种"和平"地扩大与"和平"地建立傀儡政权的方针，是币原外交转向军事扩大与武力建立傀儡政权之前的过渡期。这个过渡很短。

---

① 日本外务省编：《日本外交文书·满洲事变》，第1卷第1册，第471页。
② 日本外务省编：《日本外交文书·满洲事变》，第1卷第1册，第474页。
③ 日本外务省编：《日本外交文书·满洲事变》，第1卷第1册，第473页。

　　11月4日，日本关东军向嫩江方面出动，并与马军交战。对此，日本外务省采取了哪些外交措施呢？

　　在国联方面，中国理事施肇基向秘书长德拉蒙德申诉："日方派遣军队，表面上是为了掩护修理桥梁，而实际上却是支持张军来引发马、张间的冲突，以谋求日军北上。"①德拉蒙德于12日向币原发出电报，要他注意北满的战局。而币原却公开为之辩解，声称："我军此次向嫩江方面出动……目的全然在于援护洮昂铁路局修理桥梁。但因中国军队不讲信义的攻击，以致我军不得已而采取了排除的行动。"②13日，币原反而向国联议长白里安提出了如下要求，即所谓"中国在齐齐哈尔、昂昂溪及其以南，集结了大于我军十余倍的兵力，对我军之威胁迫在眉睫。我提醒议长对此予以深切注意"③，反而诬陷保卫国土的中国军队威胁了日本军队。

　　德拉蒙德针对关东军进攻北满的事实要求国联派委员视察满洲。币原表示："我方尽可能提供方便。"④这表明日方改变了事变初期反对国联派遣调查员的方针。这是因为币原认为国联委员的视察对日本有利。这种改变与奉天总领事林久治郎10月29日向币原所作的如下报告有关。林久治郎在报告中说："许多来当地视察实际情况的外国人了解到，以满洲目前的状态，不可能急速撤退日本军队。如此时我方改变以往的行动，进而主动让国联派遣调查员，不仅有利于让国联了解满洲的实情，而且可以在这种僵局状态下，给国联一个出路并加以妥善诱导。再者，本庄司令官也认为，让国联调查员了解当地的实际情况是有利的。"⑤由此可见，币原对国联采取的这一对策，是为了

① 日本外务省编：《日本外交文书·满洲事变》，第1卷第3册，第481页。
② 日本外务省编：《日本外交文书·满洲事变》，第1卷第3册，第490页。
③ 日本外务省编：《日本外交文书·满洲事变》，第1卷第3册，第532页。
④ 日本外务省编：《日本外交文书·满洲事变》，第1卷第3册，第523页。
⑤ 日本外务省编：《日本外交文书·满洲事变》，第1卷第3册，第427～428页。

给关东军侵占嫩江造成有利的国际环境，并想通过这一外交措施来缓和由于关东军北进而激化了的日本与国联的矛盾。

与此同时，出渊大使则向美国国务卿和副国务卿辩解说，是马占山的军队破坏了铁桥，日军出兵嫩江是为了修理铁桥。①但是，美国认为关东军出兵嫩江是侵占齐齐哈尔的前奏，所以对日本怀有戒心。11月16日，美国国务卿史汀生警告出渊：日军是否最终要把马占山赶出齐齐哈尔，并将北满置于日本的势力之下？出渊辩解说："日本的方针绝不是进军北方。但在目前的情况下，要在修理桥梁的同时立即撤兵是困难的。而且在尚未修理完的这两天，马军屡次进攻。这实在不胜忧虑。"②美国方面或许相信了这种说法，对日本出兵嫩江没有采取什么特别措施。

那么，币原外交又是如何对待南京政府的呢？

11月11日，南京政府外交部长向重光葵公使递交了有关嫩江问题的备忘录，抗议关东军进攻嫩江。备忘录披露了嫩江问题的事实，并揭露了关东军侵略北满的企图。这对支持关东军行动的日本政府来说，是一种打击。对此，币原歪曲事实，想使关东军对齐齐哈尔方面的军事行动合法化，他说，马占山的军队"违反规定，对我掩护修理嫩江桥梁的小股部队进行攻击。被我军击退之后，依然继续在齐齐哈尔、昂昂溪及以南地区集结部队，并以大于我军十余倍的兵力，连续对我军进行挑衅"③。11月16日，重光葵也向南京政府外交部递交了所谓反驳书，内称"此次中日两国军队之冲突，起因于中国军队不守信用，其责任完全在中国方面"④，"万一江省军队依赖人多势众，对我军进行挑衅，惹起与我军的冲突，那么由此而产生的一切后果，当概由贵国政府负

---

① 日本外务省编：《日本外交文书·满洲事变》，第1卷第3册，第77页。
② 日本外务省编：《日本外交文书·满洲事变》，第1卷第3册，第100页。
③ 日本外务省编：《日本外交文书·满洲事变》，第1卷第2册，第396页。
④ 日本外务省编：《日本外交文书·满洲事变》，第1卷第2册，第395页。

责”①。公然威胁南京政府，并为关东军辩护。21日、23日，重光葵又连续两次向南京政府提出抗议。这表明日本外务省是支持关东军北进的。

嫩江事件以后，关东军准备进攻齐齐哈尔。对此，币原和日本外务省的驻华机关又采取了哪些对应措施呢？当时，哈尔滨总领事大桥主张一举占领齐齐哈尔。他向币原报告说，此时由素质低劣的张海鹏军单独占领齐齐哈尔，恐怕是不可能的。即使占领了，若没有关东军在当地支持，维持其地位也是困难的，而且“依靠收买等办法来怀柔马占山之事，现今已绝对不可能了”②。因此，他进一步提出，“实施政府经略北满之方针，此时只有一举攻打齐齐哈尔，在彻底击败江省军队及其友军之后，让我方认为合适之傀儡占据齐齐哈尔”③。这时，在事变初期主张不扩大事态的林久治郎，也提出了支持关东军出兵齐齐哈尔的意见。他说：“现下的事态，实际上已经超出了五项大纲可以收拾的范围，除了维护既得权益以外，应进而经略北满”；“我军仍在极力避免进攻齐齐哈尔，实际上不可能尽快地实施上述经略”；“窃以为，向齐齐哈尔进军是该地情况所决定的不得已的方策”。④

日本关东军在准备出兵齐齐哈尔的同时，又通过张景惠开展阴谋活动，以期让马军撤退，使马占山下台，把政权交给张海鹏。哈尔滨总领事大桥和关东军一起从事这项阴谋活动。币原对大桥表示支持。他在指示中说：“贵官有关贵地政权和平交接的努力，我非常重视，此时当与军方密切联系，以尽力达到目的。但此交涉有极其微妙的关系，因而不要留下被视为我方干涉内政的文书，应尽可能地用口头方式推进。”⑤

---

① 日本外务省编：《日本外交文书·满洲事变》，第1卷第2册，第395页。
② 日本外务省编：《日本外交文书·满洲事变》，第1卷第1册，第502页。
③ 日本外务省编：《日本外交文书·满洲事变》，第1卷第1册，第502页。
④ 日本外务省编：《日本外交文书·满洲事变》，第1卷第1册，第523页。
⑤ 日本外务省编：《日本外交文书·满洲事变》，第1卷第2册，第519、543页。

当时，在日本内阁内，陆相南次郎主张："如果不越过中东线来进攻齐齐哈尔，那么作为军事战略是不完整的。"①但若槻首相却说："如果陆军越过中东线而攻击齐齐哈尔的话，我将不负这一责任"②，不赞成关东军出兵齐齐哈尔。币原外相曾主张过"和平"北进，对使用武力似乎也不完全赞成。但是，首相、陆相、外相商量的结果，最后达成了"越过中东线进攻齐齐哈尔是不得已的，一旦敌军屈服，便立即撤回军事据点，不再占领齐齐哈尔"③的妥协。这表明币原外交追随关东军的扩大方针，开始从所谓"和平"扩大转向军事扩大。由于军事扩大的目的是以武力在北满建立傀儡政权，所以这又意味着币原外交从和平建立傀儡政权开始转向以武力建立傀儡政权。

19 日，关东军占领了齐齐哈尔。其目的在于建立傀儡政权。币原为了掩盖关东军的这一目的，于 20 日向国联表示："我军决无从政治上考虑占据该地的意图，在解除了马占山的军事威胁以后，将迅速撤兵。对此，请予以充分谅解。希望行政院相信我方诚意，暂且静观事态之发展。"④这说明币原企图排除国联对占领齐齐哈尔的干涉。

关东军占领齐齐哈尔后，打算在达到建立傀儡政权，确立日本统治体制的目的后，撤出部分主力，以期缓和国际舆论。然而，这个计划没有顺利实施，日方并没有迅速撤兵。日本参谋本部第二部在 12 月 4 日制定的《昭和六年（1931 年）秋末的形势判断及其对策》中决定："为了控制黑龙江，防备张学良系统军队的复活，绝对不能过早地从齐齐哈尔撤兵。"币原也改变了原先"立即撤回"的意见，协助关东军拒不撤兵和建立傀儡政权的活动。23 日，他向泽田训令："通报撤兵大致日期不仅困难，而且此时轻易

---

① 原田熊雄口述：《西园寺公望与政局》，第 2 卷，岩波书店 1982 年版，第 133～134 页。
② 原田熊雄口述：《西园寺公望与政局》，第 2 卷，岩波书店 1982 年版，第 133～134 页。
③ 原田熊雄口述：《西园寺公望与政局》，第 2 卷，岩波书店 1982 年版，第 134～135 页。
④ 日本外务省编：《日本外交文书·满洲事变》，第 1 卷第 3 册，第 610 页。

作出通报而将来不能实施时，其结果反而对我方不利"①，改变了他所谓"迅速撤兵"的意见。

　　日军侵占齐齐哈尔时，最担心的是与苏联的关系。因为侵占齐齐哈尔要穿过中东线，所以有同苏联直接冲突的可能性。事变爆发以来，苏联在道义上同情中国，并感到了日本占领东北后将对苏联造成的威胁。但在行动上采取了不介入和不干涉的中立政策。日军侵占齐齐哈尔前夕的11月14日，苏联外交人民委员李维诺夫向日本驻苏大使广田弘毅表示：苏联政府奉行严格的不干涉政策，并批驳了苏联援助某些中国军队的传闻。②鉴于这种情况，哈尔滨总领事大桥认为，"此次日本在满洲无论采取什么行动，彼方（苏联）都没有勇气与我正面为敌"③，因而主张侵占齐齐哈尔。关东军占领齐齐哈尔的第二天，日本驻苏大使广田为了稳住苏联而拜访了苏联外交人民委员李维诺夫。他对李维诺夫"谈到'日本军队今后也将在尊重中东铁路利益的情况下行动'时表示，日本政府在我军不得已而进行战斗时也将考虑苏联的利益，让苏联政府也满意我军的行动。同时认为在这种事态下，两国继续保护良好关系乃是两国的幸事"④。以期缓和对苏关系，获取占领齐齐哈尔的国际保障。

　　对美国，日本又采取了怎样的措施呢？哈尔滨总领事大桥认为："此时日本在满洲无论采取何种行动，美国自不必说，就是国联即使在言论上多少进行一些非难，也不至于通过经济封锁或行使武力来进行妨碍。"⑤他估计，"即使把矛头对准苏联，目前最担心[苏联]五年计划的美国也好，保守党执政的英国也好，都会同情我方，决不会表现出妨碍态度"⑥。然而，要同日本争夺中

---

　　① 日本外务省编：《日本外交文书·满洲事变》，第1卷第3册，第642页。
　　② 《消息报》，1931年11月15日。
　　③ 日本外务省编：《日本外交文书·满洲事变》，第1卷第1册，第502页。
　　④ 日本外务省编：《日本外交文书·满洲事变》，第1卷第3册，第618～619页。
　　⑤ 日本外务省编：《日本外交文书·满洲事变》，第1卷第1册，第503页。
　　⑥ 日本外务省编：《日本外交文书·满洲事变》，第1卷第1册，第503页。

国东北的美国，却不赞成将南北满洲全部置于日本的统治之下。11 月 19 日，美国国务卿史汀生向出渊大使表示："看到日军进攻齐齐哈尔，我不禁感到失望。鉴于奉天、吉林之现状，如齐齐哈尔也陷入同样的事态，南北满洲必将在事实上都被置于日本的势力之下，这将给美国舆论以重大刺激。"①史汀生还表示："我只能认为，日本军队破坏了《巴黎公约》和《九国公约》的条款。"②这是事变后美国第一次向日方指出日本违反了两个公约，反映了美国态度有了较强硬的转变。为此，币原通过出渊大使向史汀生传达了如下希望："虽然[我方]已明确表示日军可从嫩江方面撤兵的日期，以期缓和事态，但马占山也没有接受我方的提议，反而在 18 日早晨整顿军备，突然发动攻势，以致我军在兵力寡少的情况下，不得不予以应战。在此，我帝国表示，假如我军击败了马军，并加以追击而进入齐齐哈尔解除了来自马军的军事威胁之后，则将迅速撤至洮南以南或郑家屯以东"，"希望美国政府相信我帝国政府之诚意，我军近期将从齐齐哈尔撤退，请予静观"云云。③这是对事实的歪曲。因为关东军的部分军队仍然占据着齐齐哈尔。但是，币原的对美外交却取得了相当的成果。史汀生向出渊大使说："昨日贵大使所说的从齐齐哈尔方面迅速撤兵的方针，我已立即转达给了道威斯（时任驻英大使），他将进一步转告给施公使。这对说服该公使有相当的效果。今后我将继续以适当的方法采取使中国取缔对日敌对行为的方针。"④

　　关东军侵占齐齐哈尔，是事变初期最大的军事行动。因日本外务省的上述外交对策以及列强各自的情况，列强没有对日采取特别制裁措施，默认了关东军对齐齐哈尔的占领。

　　如上所述，币原的外交政策在 11 月 16 日国联再次举行行政

---

　　① 日本外务省编：《日本外交文书·满洲事变》，第 1 卷第 3 册，第 102 页。
　　②《美国对外关系文件》（日本，1931～1941），第 1 卷，第 45 页。
　　③ 日本外务省编：《日本外交文书·满洲事变》，第 1 卷第 3 册，第 104 页。
　　④ 日本外务省编：《日本外交文书·满洲事变》，第 1 卷第 3 册，第 109 页。

院会议和日军占领嫩江、齐齐哈尔前后，进入了一个新的阶段。11 月 12 日币原发出的《传达有关政府处理满洲事变之方针》及15 日发出的《关于再次举行行政院会议时的对策》等训令都明确表述了这种变化。币原在训令中说："张学良因其排日态度，不能得到我方的支持。现在他在东三省已经丧失势力，因此其政权早已不是东三省的政权"；"今后满洲出现何种政权，是东三省内部的问题，主要应由东三省民众决定，我方只有根据今后的形势演变"①，"谋求充实中国地方维持治安机关之内部，待其势力波及腹地时，我军将逐渐自发地向满铁附属地内集结"②。这就是所谓的"政府目前正在使地方治安维持会充实警察力量，使其负责维持治安，以开辟撤兵之途径"和所谓"在现在的事态下，索性免去交涉，由我方自主地认定撤军"的政策。③

　　将币原的上述训令和币原对入侵齐齐哈尔的态度加以综合研究，则可以看出，这个时期币原外交有以下四个方面的变化：

　　①逐渐从不扩大向和平扩大转变，从和平扩大又向军事扩大的方向转变。在出兵嫩江、齐齐哈尔的问题上，币原外交曾附加过种种条件，但最后还是赞成出兵。

　　②否定张学良政权。币原本想在与南京政府谈判不成时，便和张学良政权进行交涉，以期一并解决"满蒙问题"。否定张学良政权也就是否定外交谈判，这就意味着要在中国东北建立取代张学良政权的新的傀儡政权。

　　③在有关建立傀儡政权的问题上，币原否定了自己在事变初期反对建立傀儡政权的立场，转向赞成关东军以治安维持会的名义建立地方傀儡政权。这是承认伪满洲国的第一步，不能不说是币原外交的转变。

---

　　① 日本外务省编：《日本外交文书·满洲事变》，第 1 卷第 3 册，第 559 页。
　　② 日本外务省编：《日本外交文书·满洲事变》，第 1 卷第 3 册，第 519 页。
　　③ 日本外务省编：《日本外交文书·满洲事变》，第 1 卷第 3 册，第 560 页。

④在撤兵问题上，币原附加了充实和确保治安维持会的新条件。这是不撤兵的借口。币原在这里所说的治安维持会即是傀儡政权，是九一八事变的最终目的。如果这个政权成立了，中国东北则是日本的殖民地，满铁附属地也不存在了，关东军也就不存在撤兵问题了。因此，币原主张复会的国联行政院没有必要讨论撤兵问题，并完全拥护关东军的军事占领和拒不撤兵。

币原外交为什么会发生这些变化呢？如上所述，币原是想以事变初期的军事胜利为背景，通过协调与国联和列强的关系来达到维护和扩大日本在中国东北侵略权益的目的。币原认为，如果恶化日本与国联及列强的关系，在国联或列强以实力干涉事变时，日本将不能达到自己的目的。但是，事变发生以后，国联和列强都在某种程度上避免干涉。因此，币原外相在 11 月 16 日《有关美英法三国政府最近对满洲事变之态度》中分析："可以认为，美国政府对于日本近年来致力于满洲，以及在条约上所拥有的权益，持有善意的谅解。但在《巴黎公约》和《九国公约》的关系上，却又警惕日本的过分行动，并在避免破坏对日关系上煞费苦心"；"英国政府在尊重条约的权益方面，对我方的主张并无异议。但它极端热心保持国联的威信，因而希望日本方面满足中国所作的某种程度的保障之后，将军队撤至满铁附属地之内。最近国内舆论明显对英反感，英对此深为忧虑"；"法国的态度大致上与上述英国的情况相同"。①从币原的分析来看，列强虽然对事变存有戒心，但对日本采取了相当友好的态度。

币原外相的上述分析与日本参谋本部第二部在《昭和六年（1931 年）秋末的形势判断及其对策》中的判断大体上是一致的。参谋本部第二部在这一文件中认为：美国的态度"比预想的冷静"，"美国对帝国现今对满蒙的经营，万无使用武力干涉之意"；

---

① 日本外务省编：《日本外交文书·满洲事变》，第 1 卷第 3 册，第 565～566 页。

"英国只有与日本保持密切协调，才能保障其在东亚的现存势力的稳固。英国国民也逐渐对此有所了解，现今一般舆论逐渐对我表示同情"；苏联"在我不主动采取挑衅态度的情况下，也无意投入日中纠纷之旋涡"；至于"国联的态度，因其始终仰仗美国鼻息，而在美国舆论倾向于不应实施有如经济制裁行为的情况下，国联也没有采取断然决定之意"。①因此，币原对列强感到放心，认为在与列强之间的协调上，没有过于担心的必要。因而，币原在这个时期追随关东军，赞成和主张侵占齐齐哈尔和建立傀儡政权以及不撤兵等。这个事实表明，在事变过程中，币原外交是随着军事行动的扩大和列强态度而转变的。

关于币原外交的这种转变及其影响，日本驻奥地利公使有田八郎坦率地说："关于撤兵之事，当初是说在生命财产确保安全时便毫不迟疑地撤兵，中期主张不就基本条款缔结协定则不撤兵，最近又说等待中国方面地方自治的实力影响到各地时再撤兵……终究使外部难以接受，结果使世界感到日本所说的保护生命财产云云，不过是为了解决悬案，以期保障占领及确立对自己合适的政权的借口；愈说明愈有加深这种疑虑的倾向。"②然而，这不是疑虑而是事实。

币原外交转变的原因，除了这一时期的国际形势之外，还有十月事件以后，日本国内权力结构的变化及国内舆论的影响等。但根本原因在于币原外交的本质。客观形势是通过事物内部自身的因素而起作用的。币原外交企图以事变初期的军事胜利为背景，解决"满蒙悬案"，在中国东北扩大日本的权益。但扩大权益中不包括参与建立傀儡政权，其原因是考虑到日本与列强的关系。币原外交的根本目的是在中国东北扩大日本的权益，由于受到当时客观形势的制约，币原最初主张采取不扩大的方针。当这

---

① 日本参谋本部：《满洲事变作战指导关系缀》，别册二，日本防卫厅防卫研究所藏。
② 日本外务省编：《日本外交文书·满洲事变》，第1卷第1册，第529页。

种客观形势发生变化或对客观形势的认识发生变化时，制约不扩大方针的主客观因素便消失了，不扩大方针也就必然转向扩大的方针。

四、日军攻占锦州前后

币原外交的第四个时期是侵占锦州的时期。日军侵占锦州的政治目的比军事意义更为重要。关东军占领奉天以后，张学良政权迁到锦州。日方认为，张学良政权的存在是建立伪满洲国的最大障碍。因此，关东军要攻占锦州，驱赶这个政权，为建立伪满洲国创造条件。否定张学良政权的币原在这个时期也主张"锦州政权已经有名无实，只有[从锦州]撤兵，别无出路"[①]。从否定这个政权到驱逐这个政权，并与关东军结成一体，币原展开了积极的外交活动。

关东军占领齐齐哈尔后，把矛头转向辽西，准备进攻锦州。11月21日，中国驻国联代表施肇基向国联秘书长德拉蒙德通报日军向锦州方面出动的情况，并要求采取对策。对此，币原于23日向国联表示："此时不会出现向锦州出动之事。"[②]24日，他以张学良的2万军队在锦州方面集结，给日军造成了威胁为借口，替关东军辩护。言称："针对上述形势，我军在感到重大威胁的同时，难以抑制强烈的愤怒情绪是当然的"；"对于对方的挑衅行为，是不能拱手坐视的"。[③]

与此同时，币原还企图通过外交交涉，让张学良的军队从辽西撤退，以便无血占领锦州。24日，他向泽田发出训令："应提醒白里安等人，注意中国军队在锦州方面的活动，在适当的时机

---

① 日本外务省编：《日本外交文书·满洲事变》，第1卷第3册，第727页。
② 日本外务省编：《日本外交文书·满洲事变》，第1卷第3册，第643页。
③ 日本外务省编：《日本外交文书·满洲事变》，第1卷第3册，第643页。

对中国发出使之不要向辽西集结兵力的警告。"①按此训令，25 日，泽田就提醒白里安注意"中国在锦州方面的挑衅行为有发生重大事态的危险……希望使其兵力不要向辽西集结"②。26 日，泽田将有关锦州问题的备忘录交给白里安，再次为关东军辩护说："日军即使不采取主动，在中国军队进行挑衅的情况下，也将不得不予以应战，两军有发生冲突的危险。就此希望议长采取使中国军队撤出该地区的适当措施。"③

国联对日军侵占锦州没有采取积极的对策，而是想利用中日同时撤兵的办法来解决锦州问题。白里安向泽田询问："在中国撤兵的同时，日军是否可以撤回到满铁附属地之内？"而泽田却说："我方撤退是困难的。"④这表明日本外务省是支持关东军进攻锦州的。

但是，由于南京政府提出了锦州中立区的方案，向锦州出动的关东军接受了陆军中央从 27 日开始撤兵的命令，日本外务省在将锦州划为中立区的问题上，与关东军、陆军中央大体是一致的。它想通过对国联、对南京政府的积极外交活动来占据锦州地区。

南京政府对关东军向锦州出动不仅没有进行抵抗，而且于 11 月 24 日向驻南京的英、美、法三国公使提出了所谓中立方案："日本方面如果没有异议的话，则将锦州至山海关地区作为中立地带，日中两国军队都不进入该地，且将现今滞留在锦州附近的中国军队全部撤回关内。由当事国让上述三个国家出具保障。"⑤27 日，法国驻日大使马蒂尔将这个中立方案转告币原。币原认为这是无血占领锦州的良机，立即表示赞成，并于 29 日向南京政府通报了这种意见。但南京政府希望中立国军队进入中立地带，并派遣观

---

① 日本外务省编：《日本外交文书·满洲事变》，第 1 卷第 3 册，第 656 页。
② 日本外务省编：《日本外交文书·满洲事变》，第 1 卷第 3 册，第 665 页。
③ 日本外务省编：《日本外交文书·满洲事变》，第 1 卷第 3 册，第 673 页。
④ 日本外务省编：《日本外交文书·满洲事变》，第 1 卷第 3 册，第 673 页。
⑤ 日本外务省编：《日本外交文书·满洲事变》，第 1 卷第 2 册，第 435 页。

察员，以便同双方保持联络并处理一切问题。对此，重光葵表示反对。他说："日本不能赞成第三国介入的内容。"①南京政府外交部长顾维钧强调："民国提案的侧重点在于日本政府对三国政府作出保障这一条件"②，反驳了重光葵的意见。于是，重光葵强硬要求中国军队从辽西撤兵，并威胁说："日军的撤退是在时日紧迫的情况下，按着民国方面也撤兵的估计和贵方提案所承认的意思来进行的。如这一计划失败，则将很难预料对我国舆论及军部产生多大的反作用。那时，日本军部将有完全被欺之感。"③在事变初期，关东军虽然成立了以袁金铠为委员长的辽宁地方治安维持会，但又企图在张学良的军队撤兵后，于锦州成立袁的傀儡政权，并以此为基础建立伪满洲国。如果第三国介入，即使张学良的军队撤兵，也不可能在锦州建立傀儡政权，而且还有可能使第三国势力向该地区渗透，所以日本始终对此强硬反对。

26 日，施肇基又向国联秘书长提出如下方案："要求行政院立即采取措施，在现今中日两国军队驻地之间，设立中立地带，在行政院的权力之下，由英、法、意等中立国家派遣军队占领该地。在上述情况之下，中国准备按照行政院的希望，将兵力撤至关内。"④同日下午，行政院决定派遣观察员，并向日本通报了决定的具体内容。币原对此表示拒绝，他说：国联的提案"有使第三者监视我军行动之虞，我方终究是难以承认的"⑤。12 月 3 日，币原又向国联要求："关于从锦州撤兵及设置中立地带的问题，我方想在日中之间直接协商，希望行政院旁观协商的进展情况。"⑥依然反对国联或第三国介入。

① 日本外务省编：《日本外交文书·满洲事变》，第 1 卷第 2 册，第 447 页。
② 日本外务省编：《日本外交文书·满洲事变》，第 1 卷第 2 册，第 458 页。
③ 日本外务省编：《日本外交文书·满洲事变》，第 1 卷第 2 册，第 459 页。
④ 日本外务省编：《日本外交文书·满洲事变》，第 1 卷第 3 册，第 668 页。
⑤ 日本外务省编：《日本外交文书·满洲事变》，第 1 卷第 3 册，第 679 页。
⑥ 日本外务省编：《日本外交文书·满洲事变》，第 1 卷第 3 册，第 726 页。

　　国联交涉的另一焦点是撤兵地带的范围问题。币原向泽田训示说，大体"考虑为锦州至山海关地区"①。而国联行政院则想把辽河作为撤兵区的东部界限。泽田等日方代表认为，将撤兵区定在锦州至山海关"给人以过分之感，在我方持有如此庞大计划的情况下，是绝难说服中方并怂恿其进行直接交涉的"②。他们反对币原的意见，提出了以大凌河为东部界限的方案。对此，币原表示反对，他在训令中说："我方的意向是把撤兵地区的东端定为小凌河"③，"努力促进日中直接交涉最为重要"④。泽田向币原询问：锦州在小凌河以东，该市是否在上述撤兵地区之外？币原答复说："小凌河贯穿锦州，其市区街道的三分之二在河之左岸，其余三分之一在河之右岸，这三分之一当然应作为所说的撤兵地区（即日中两国军队的缓冲地带）"⑤，公开地表明了占据锦州的目的。以至日方驻国联的代表也不得不承认，"其结局还是证实了日本最后进军锦州这一预料之中的疑问"⑥。

　　国联想以大凌河为撤兵地区的东限，以期与日本妥协，但币原坚持以小凌河为界，谈判陷入了僵局。

　　由于对南京政府和国联的交涉没有进展，币原认为应该促进与张学良的对话。12月3日，他向驻北平的天野参事官发出训令："让张学良彻底明了此时在锦州地区避免日中军队冲突，乃是其自身利益的最大急务，我方无意使此事成为锦州地区的永久事态。因此，张学良是可以作为地方问题予以决断的。"⑦天野向张学良转达了币原的意思。但张学良认为"日本有某种隐藏的目的"⑧，

---

① 日本外务省编：《日本外交文书·满洲事变》，第1卷第3册，第740页。
② 日本外务省编：《日本外交文书·满洲事变》，第1卷第3册，第740页。
③ 日本外务省编：《日本外交文书·满洲事变》，第1卷第3册，第750页。
④ 日本外务省编：《日本外交文书·满洲事变》，第1卷第3册，第751页。
⑤ 日本外务省编：《日本外交文书·满洲事变》，第1卷第3册，第755页。
⑥ 日本外务省编：《日本外交文书·满洲事变》，第1卷第3册，第762页。
⑦ 马场明：《日本外交史·满洲事变》，第18卷，第286～287页。
⑧ 马场明：《日本外交史·满洲事变》，第18卷，第287页。

没有接受。于是，币原又委托原东北参议汤尔和对张学良进行说服工作，结果张学良作出了"自动撤兵至山海关"[①]的决定。

币原在与张学良政权就中立地带进行交涉时，同军部进行了充分的协商。军部的方针是，如果这一交涉失败，便立即派出新的师团或旅团，以增强关东军的力量，把张学良的军队驱赶到山海关以西。

为了给关东军出兵锦州制造借口，币原及日本在国联的代表还力图在国联行政院的决议和国联议长的声明中加入所谓"讨伐匪贼权"的内容，这种努力与军部的要求是一致的。12月4日，日本参谋本部第二部决定把从锦州附近驱逐张学良政权作为首要任务，并决定"对内对外公布与锦州政权乃至张学良脉络相通的兵匪马贼扰乱满蒙铁路沿线治安的事实"[②]。然而，12月10日国联行政院会议的决议案的第二项却规定："行政院了解到两个当事国约定采取一切避免事态更加恶化的必要措施，并约定控制战斗和一切可能引起丧失生命的主动行为。"[③]这种规定是想牵制关东军进攻锦州，因而对日本不利。日本代表曾设法修改或删掉这项内容，但因这个决议对中国也同样有牵制作用，因而日方从牵制中国的角度，在议长的上述宣言规定中，附加了如下保留条件："在[中国]谅解不妨碍日本军队为保护日本臣民的生命财产，对满洲各地猖獗至极的匪徒及不法分子，采取必要的行动这一宗旨下，将以日本政府的名义，承诺此项规定。"[④]这实际是保留关东军向锦州方面出兵的权利，并以国联议长宣言的形式，使关东军的侵略行径合法化，为之创造占领锦州的国际条件。此时美国虽然也尽量避免公开指责日本，但采取了与国联不同的态度。12月10日，美国国务卿史汀生召见出渊大使时指出：如果日军向锦州周围的

① 马场明：《日本外交史·满洲事变》，第18卷，第289页。
② 日本参谋本部：《满洲事变作战指导关系缀》，别册二，日本防卫厅防卫研究所藏。
③ 日本外务省编：《日本外交年表及主要文书》，下卷，第192页。
④ 日本外务省编：《日本外交年表及主要文书》，下卷，第194页。

中国军队发动进攻，美国将不容争辩地将其视作侵略行为。23 日，史汀生再度向出渊表示：如果日军进攻锦州，美国将认为日本方面在发动侵略。①

12 月 11 日，若槻内阁总辞职，币原也辞去职务。13 日，日本成立了犬养毅内阁，犬养兼任外相。犬养内阁在九一八事变问题上，不论对内对外，都同军方保持一致。

12 月 28 日，日本关东军以"讨伐匪贼"为借口进攻锦州。这虽然是在犬养外相时期进行的，其外交态度却是币原时期决定的。在此基础上，犬养外相于 12 月 27 日发表了第三次政府声明，公开支持关东军侵占锦州。张学良基于币原外相时期的谈判，撤兵关内。次年 1 月 3 日，关东军未经流血便占领了锦州，在辽西建立了傀儡政权，从而为伪满洲国的成立创造了条件。

那么，此时欧美列强对日军占领锦州采取了什么态度呢？美国自日俄战争以来便对日本在东北扩大权益颇为关注。因此，它率先采取了新的措施，1 月 5 日，史汀生分别召见英、法驻美大使，言称：由于日本占领锦州，美国将分别照会中国和日本政府，希望英、法政府也采取相应的步骤。1 月 7 日，史汀生通过驻日大使福布斯和驻南京总领事贝克，分别照会日本和中国政府。照会中指出："美国政府不能容许任何事实上的情势的合法性，也不拟承认中日政府或其代理人之间缔结的有损于美国或其在华国民的条约权利——包括关于中华民国的主权、独立或领土及行政完整，或关于通商的门户开放政策的对华国际政策在内——的任何条约或协定；也不拟承认用违反 1928 年 8 月 27 日中日美均为缔约国的《巴黎公约》之条款与义务的方法而获致的任何局势、条约或协定。"②这份照会就是后来被称为"史汀生主义"的最初表

---

① 《美国对外关系文件》（日本，1931～1941），第 1 卷，第 59、60、61 页，转引自《抗日战争研究》1993 年第 3 期，第 30 页。

② 《中美关系资料汇编》，第 1 辑，世界知识出版社 1957 年版，第 476 页。

述形式，其特征是"不承认主义"，即不承认日本在华侵略扩张行径及其后果的合法性。① 它虽然具有美国与日本争夺中国东北的一面，但客观上有利于中国，有其积极意义。照会发出后，史汀生指望得到英、法配合，但英、法两国采取了不与美国合作的态度。1 月 10 日，英国政府发表公报，以日本数次表示在满洲遵守机会均等和门户开放的原则并欢迎各国对满洲各种事业的合作与参与为理由，拒绝向日本发出与美国照会相同的任何照会。② 英国不与美国合作的做法，促使日本外务省于 1 月 16 日发表了驳斥美国照会的声明。因此，美国的对日照会也没有起到牵制日本的作用。

在这种情况下，关东军占领锦州后，又把侵略矛头转向哈尔滨。为了送运军队，1 月 29 日，日本驻苏大使广田弘毅向苏联副外交人民委员加拉罕提出了使用中东铁路的要求，当即遭到拒绝。③ 2 月 5 日，关东军占领哈尔滨，整个东北被置于日军的占领之下。

通过上述四个时期可以看出：币原外交与关东军、日本军部中央从对立和矛盾逐渐走向统一，并在锦州问题上，大体上达到了一致。如果对这个过程加以总结的话，则是在扩大事态的问题上，从不扩大转向和平扩大，进而走向军事扩大；在撤兵问题上，则是连续附加了确保日人生命财产安全——缔结五项大纲协定——成立治安维持会等中国方面绝对不能接受的条件；在傀儡政权问题上，则是从不赞成转向为成立治安维持会进行辩护，进而赞成成立治安维持会，最后转向驱逐张学良政权。

这种转变的原因在于币原外交的本质。币原从加藤内阁时期开始，一直想解决自日俄战争特别是"二十一条"要求以来的所

---

① 参照《抗日战争研究》1993 年第 3 期，第 31～32 页。

② 《英国外交政策文件（1919～1939）》，第 2 辑第 9 卷，第 102 页，参照徐蓝：《英国与中日战争》，第 37～38 页。

③ 《苏联对外政策文件集》，第 15 卷，第 70～71 页。

谓"满蒙悬案"，以期扩大日本在中国东北的殖民权益，这是币原外交的本质。这个本质与关东军、日本军部中央的要求是一致的。在事变初期，是将这种权益通过外交手段扩大推进到成立傀儡政权，还是用一举占领的军事行动来解决呢？对此，币原外交与关东军有过分歧。这种分歧是达到目的的手段及程度上的差别，并不是侵略与非侵略的根本性差别。它们在维护和扩大日本在中国东北的侵略权益这一根本目的上又存在一致性，因此，币原向国联或第三国歪曲事变爆发的真相，对关东军的军事行动进行辩解，并全力排除国联或第三国的干涉，以便为关东军制造有利的国际舆论和国际环境。这种一致性是币原外交转变的内在原因，也是币原外交最终与军方大体一致的基础。

　　币原外交的这种转变，还基于对客观条件认识上的变化。事变初期，币原外交与军方的对立是由于对客观形势的认识和对策的不同而产生的。关东军想以对英美、对苏联的对抗之势来处理事变；而币原外交则是以对英美和苏联的协调之势来处理事变。币原外交考虑到对英美的经济依赖及世界军事力量的对比等，要在对英美协调的范围内解决"满蒙问题"，并曾担心苏联的军事干涉。然而，列强和苏联对日本是妥协的，并没有采取经济制裁或军事干涉手段。因此，从币原外交来讲，对制约其协调的客观形势的认识发生了变化，而这种变化也就成了币原外交转变的客观原因。

　　从币原外交与军方的统一来讲，币原外交有被军方统一的一面，也有军方逐渐了解币原外交，注意调整军事行动与外交活动的相互关系而被币原外交统一的一面。例如在嫩江、齐齐哈尔问题上的妥协，在锦州中立区及撤兵问题上，军方一边与外务省进行调整，一边推进其军事行动等等。这也是军方与日本外务省对中国东北有共同目的的缘故。

　　九一八事变中的日本外交，和其他事物一样，有其形成和发展的过程。在事变前后的三年间，日本有三届内阁和三任外相交替。如果将这三届日本内阁加以比较，则是后来者居上，对事变每届都比前届内阁更为积极。第三届内阁即斋藤实内阁的内田外相，甚至不惜脱离国际联盟和被世界孤立，以获得国际上对伪满洲国的承认。内田外相的这种强硬政策，虽说有"五一五"事件的影响，但也可以认为是对币原外相、芳泽外相的外交政策的继承和发展。币原外交与其后的芳泽外交、内田外交虽有不同的一面，但从外交的连续性上来讲，却可以说币原外交奠定了芳泽外交与内田外交的基础。

第四章 "一·二八"事变与日本外务省

日本军部以阴谋手段在上海挑起了"一·二八"事变。此次事变不是孤立的，而是九一八事变的一个重要组成部分。军部的本意并非通过"一·二八"事变来扩大日本在上海的殖民统治和权益，而是转移列强对伪满洲国的视线，减少国际社会对其的压力，同时镇压以上海为中心的中国人民的反日斗争，从背后牵制中国人民对伪满洲国建立的抵抗。

"一·二八"事变虽从属于九一八事变，但两者的目的并非完全一致，日本外务省在两次事变中的外交政策也不尽相同。

本章拟在阐述日本外务省在"一·二八"事变中的外交政策的基础上，分析九一八事变与"一·二八"事变的内在关系。

一、事变初期的对策

"一·二八"事变的导火线是 1932 年 1 月 18 日发生的袭击日本僧侣事件。这个事件是由关东军参谋板垣征四郎与日本驻上海武官助理田中隆吉、宪兵重藤宪文大尉等人共同策划的。[1]

日本外务省是否参与了这次活动，迄今尚未发现确实的史料。据当时的日本驻华公使重光葵事后回忆，当时"我所坚持的是稳

---

[1] 田中隆吉：《上海事变是这样发生的》，《秘密昭和史》（别卷智能），河出书房 1956 年版，第 182～183 页。

健政策，即把九一八事变局限于满洲，不在上海惹起事端，如果事端发生了，则以稳健手段通过外交手段进行局部性解决。从日本的大局上考虑这是绝对必要的"①。1932 年 1 月 12 日重光葵从上海起程，15 日抵达东京，向外务省的官员详细说明了上海事态的难处。他指出："如果在上海发生新的事端，则不仅是中日之间的问题，还将危及日本的国际地位，我的这种态度与亚洲局长谷正之等人的见解完全是一致的。"②1 月 25 日，重光葵会见芳泽谦吉外相。芳泽指示说："我完全同意你的意见，望尽快返回上海处理事件，不要发生重大事情。"③重光葵接受这一指示后，29 日乘长崎丸号从神户起程回上海。

　　1 月 28 日夜间，日本海军陆战队开始攻击驻扎在闸北地区的十九路军，挑起了"一·二八"事变。重光葵是 30 日在长崎丸号得知事变爆发消息的。

　　31 日，重光葵到达上海，经过对事件的详细调查，于 2 月 2 日向芳泽外相发出了第 62、63 号电报，说明事变的起因在于日本一方。他在报告中说："28 日，尽管中国方面全部接受了我方总领事的多项要求，但我居留民中的主要团体（时局委员会）却坚决反对，有的说这是千载难逢的好机会。集中在该委员会坚守地区（日本人俱乐部）的在乡军人们，有的哭泣，喧闹至极，不仅非难总领事而且非难海军。但当传来我海军方面将按预定计划行动的消息时，俱乐部中的人们则一变喧闹而为万岁之声"，"海军陆战队与舰队本部的意见往往相左，青年将校中也有血气方刚者……从居留民的行动来看，依然是极端论占主导，即使说是不负责任的行动支配了一切也不为过。尽管 28 日与中国方面达成了妥协，但上述状况是酿成 28 日夜晚军事行动

---

① 重光葵：《外交回忆录》，第 99 页。
② 重光葵：《外交回忆录》，第 99 页。
③ 重光葵：《外交回忆录》，第 100 页。

的主要原因。"①

　　由此可见，重光葵已经知道了"一·二八"事变是由日军的挑衅而发生的。但他与奉天总领事在九一八事变初期的反应不同，反而要求立即派遣陆军。他在上述电报中说："窃以为，派遣陆军之事……此时是一日不可迟疑的。"②

　　芳泽通过重光葵的电报而得知"一·二八"事变的真相，但他也表现了不同于币原在九一八事变初期的态度，率先同意出兵。③2月1日，芳泽与陆、海军大臣共同决定出兵。2月2日犬养内阁会议通过了这一决定。为了证明自己是主动赞成出兵的，芳泽在给驻美大使出渊的电示中表示："本大臣决非慑于陆海军大臣的压力才决定出兵的"④，并训令他根据需要，向有关方面解释。这件事说明日本外务省在"一·二八"事变初期的方针与币原外交的方针不同，从"一·二八"事变初期开始，日本外务省便对军部的侵略行为采取了积极合作的立场。

　　重光葵在向本国求派遣陆军的同时，还要求实施国土防卫的中国陆军撤兵。2月2日，重光葵秘密会见殷汝耕、黄郛、张群、张公权等，言称"目前除了中国方面退出着弹距离之外，别无良策"，并"强调撤退中国军队的必要"。⑤

　　另一方面，日本外务省对欧美列强歪曲事变爆发的真相，为日军在上海的军事行动进行辩解。1月31日，芳泽分别召见英、美、法三国大使，言称："我海军陆战队是为了防范而配备的，完全是自卫行动。"⑥

　　芳泽在会见内外新闻记者时也强词夺理地说："因为中国方面

---

① 日本外务省编，《日本外交文书·满洲事变》，第2卷第1册，第43～44页。
② 日本外务省编：《日本外交文书·满洲事变》，第2卷第1册，第43页。
③ 芳泽谦吉：《外交六十年》，自由洲社1958年版，第135页。
④ 日本外务省编：《日本外交文书·满洲事变》，第2卷第1册，第131页。
⑤ 日本外务省编：《日本外交文书·满洲事变》，第2卷第1册，第44页。
⑥ 日本外务省编：《日本外交文书·满洲事变》，第2卷第1册，第38页。

突然开始射击，我军才自卫应战"①；"如果中国方面不停止攻击和撤兵，那么日军则不得不派遣陆军，以防范中国方面的攻击，努力保护帝国臣民及公共租界的安全"。

但是，欧美列强了解了事变爆发的事实，连续向日本提出抗议。1月29日，美国国务卿史汀生照会日本政府，指责日本军队进攻上海，"极大地破坏了上海的和平，妨碍了这个通商口岸的商业活动，严重威胁着公共租界的安全"，要求日军立即停止在上海使用武力。1月30日，史汀生在召见日本大使出渊时又指出，日本在上海的军事行动，已经引起了"爆炸性"的局势，美国政府认为其责任在日本方面，并要求日本不得利用租界作为进攻中国军队的基地。②1月31日，美国驻日大使福布斯向芳泽说："日本陆战队于28日夜间在上海的商业区开始对中国军队进行攻击，扰乱了上海全市的和平，切断了商业往来并危及公共租界的安全。美国政府对此种事态的发展不能置之不理，日本政府应阻止上述造成生命财产损失的行动。"③英国大使林德利也根据本国政府的训令向芳泽提出抗议。

针对英美列强的抗议，芳泽极力进行辩解。从上述情况可以看出，尽管日本外务省没有参与发动"一·二八"事变的阴谋，但为了达到事变的目的，从一开始就是与军方合作的。

芳泽一方面对列强的抗议予以反驳，另一方面又想利用列强对中国施加压力。1月31日，芳泽向英国大使说："我陆战队正面临着危险，公共租界也事态严重，希望美国方面就中国军队迅速停止增援并撤出一定距离之外一事，向驻上海官兵发出训令。"④

2月2日，日本政府决定向上海派遣陆军。为了作出相应的

---

① 日本外务省编：《日本外交文书·满洲事变》，第2卷第1册，第39页。
② 《美国对外关系文件》（日本，1931～1941），第1卷，第165、167页，转引自《抗日战争研究》1993年第3期，第34页。
③ 日本外务省编：《日本外交文书·满洲事变》，第2卷第1册，第37页。
④ 日本外务省编：《日本外交文书·满洲事变》，第2卷第1册，第37页。

外交姿态，芳泽以"保护居留民及防卫公共租界"为借口，向驻英临时代理大使泽田节藏及驻美大使出渊胜次发出训令：要他们"在不得已而出动陆军的情况下"，向驻在国当局"适当说明事件的近况及我方的立场之后，应商谈由驻在国政府迅速向上海驻在官员发出必要训令之事"。①

上海是列强侵略中国的据点，列强在上海拥有大量的投资。据统计，当时列强在上海的投资和贸易情况是：日本投资额白银3.8亿两，英国5.34亿两，美国1.63亿两，法国1.03亿两；贸易额（1930年）日本为1.72亿两，美国2.57亿两，英国2.98亿两。②欧美列强和日本一样，在上海拥有巨大的殖民权益。日军专门选择在上海挑起事变，不无利用上海地区这种特殊性的因素。

"一·二八"事变爆发后，列强为了维护各自在上海的权益均向上海派遣军舰和水兵。列强的这种行动正是日本外务省和军部所希望的，这从芳泽2月19日发给驻英、美、法三国大使的电报中可以推测出来。芳泽在电报中强调对列强进行协调，"列强应密切合作，以维护上海的安定秩序，这是列国的共同利益"；"我军这次在上海的行动是为了警卫租界"的"共同行为"。"由于保护我国侨民的需要，该行动或许超出共同警卫的范围，在某种程度上成为我方的单独行动。但鉴于上海是个国际城市，特别是考虑到我方参与管理公共租界这一点，上述行动是属共同行动还是单独行动，在事实上几乎难以区别"；"据说包括许多共产分子的十九路军继续驻在上海附近，这是任何一个有关国家都不会容忍的，因而与各国协调，努力实现使该军撤退，乃是当务之急"。③他指示驻上述三国大使向驻在国当局传达此意并加以劝导。2月11日，芳泽向驻中国公使重光葵也发出了"尽可能与列强共同要求中国

①　日本外务省编：《日本外交文书·满洲事变》，第2卷第1册，第51页。
②　日本外务省编：《日本外交文书·满洲事变》，第2卷第1册，第160页。
③　日本外务省编：《日本外交文书·满洲事变》，第2卷第1册，第131~132页。

撤兵"①的指示。

鉴于芳泽的上述指示，日本驻英临时代理大使泽田向英国外交部表示：日军"增兵的结果不仅完成了保护我国侨民的任务，而且解除了多国的不安，巩固了公共租界的防卫并实现了共同义务"②，对日军出兵进行辩解，并希望与列强协调。

日本陆军大臣荒本贞夫也对出兵上海的第九师团长植田谦吉发出如下指示："我帝国对中国本土的政策与'满蒙'政策的宗旨全然不同，帝国迫切需要在中国本土上与列强合作……使在上海方面的军事行动与列强保持协调。"③

日本外务省的方针与军部的上述对策是完全一致的，双方都与在九一八事变初期的态度不同，主动要求列强介入与合作。这是挑起"一·二八"事变的目的所形成的必然现象，表明日本外务省为了实现这个目的，采取了和军部一致的外交对策。

那么，列强对日本的行动有何反应呢？事变爆发的第二天，英国驻上海总领事白利南和美国总领事克宁翰便对外国记者团说："如果日军不能彻底消灭中国军队，事态则很难预料，也很难说会发生什么事情。公共租界、法国租界有可能被乘势而来的中国兵非法侵入，并存在以武力收回租界的危险。解救事变危机的唯一办法，就是依靠日军的力量彻底制服中国军队。日本至少应向中国派遣相当于现在数倍或十多倍的兵力，以控制时局，解救上海之急。"④一席话清楚地表露了列强的立场：向日本让步，让日本出动大批军队，维持列强在上海的共同利益。

但是，列强担心日本在上海扩大租界或通过军事占领而扩大日本在长江及中国南部的权益，并和英、美争夺中国南部，因此，欧美列强也急速向上海增兵，并反对日本向中国派遣过多的兵力。

---

① 日本外务省编：《日本外交文书·满洲事变》，第2卷第1册，第138页。
② 日本外务省编：《日本外交文书·满洲事变》，第2卷第1册，第136页。
③ 日本外务省编：《日本外交文书·满洲事变》，第2卷第1册，第150页。
④ 榛原茂树、柏正彦：《上海事件外交史》，金港堂1932年版，第5～6页。

到 2 月 4 日，英国在上海的陆海军兵力已达 6600 人，美国达 6200 人，法国达 3400 人，共停泊军舰 17 艘。[①]当 2 月 13 日日军第九师团在上海登陆时，英、美、意的总领事便向日本驻上海总领事村山仓松提出了强烈抗议。特别是美国总领事更是以美国政府名义提出抗议。美国国务卿史汀生也在 15 日的抗议中说："对日本的行动，不仅美国政府不能承认，而且中国方面也有可能以此为借口对租界内进行报复性攻击，出现危及美国人生命财产的事情。"[②]

针对美国的抗议，日本驻美国大使出渊表示："美国和英国都曾因中国的抵制而蒙受挫折，可谓甚为不幸。将来如美国面临现今日本方面所遇到的麻烦，为了对抗中国，也难免不出现让陆军登陆在租界之事。在日本陆军业已完成登陆之际，不表示抗议的态度方为上策。"[③]显然，出渊是想利用日本与列强侵略中国的共同性，在对付美国抗议的同时，力图通过外交途径保障陆军在上海登陆。

在"一·二八"事变中，日本外务省和军部对内对外都是一致合作，共同行动的。日军第九师团登陆后，芳泽指示："第九师团已经到达，故应要求十九路军撤退，如不听从，则予以攻击并驱逐之。"[④]2 月 18 日，他指示上海总领事向上海市长发出最后通牒。于是村井仓松便向上海市长吴铁城递交了含有如下内容的通牒："中国军队应在 2 月 20 日上午 7 时以前，完成从第一线的撤退；同日下午 5 时以前，完成从黄浦江左岸之公共租界的西北端、曹家渡镇、周家桥及吴淞镇一线的租界以北的撤退；并从黄浦江右岸的烂泥渡、张家楼一线北部二十公里区域内（包括狮子林炮台）撤兵，还要拆除上述区域内的炮台及其他军事设施，而且不

① 日本外务省编：《日本外交文书·满洲事变》，第 2 卷第 1 册，第 96 页。
② 日本外务省编：《日本外交文书·满洲事变》，第 2 卷第 1 册，第 157 页。
③ 日本外务省编：《日本外交文书·满洲事变》，第 2 卷第 1 册，第 157 页。
④ 原田熊雄口述：《西园寺公望与政局》，第 2 卷，岩波书店 1982 年版，第 213 页。

得重建","中国军队从第一线撤退完了之后,日军为确认其实施,将向撤退区域派遣拥有护卫兵的调查员"。①在这个通牒之外,村井总领事又提出了"切实实施立即解散抗日会及有关禁止其他抗日运动的承诺","若无实际效果,我方可采取适当之手段"②等附加条件。

发出最后通牒后,日本首先做欧美列强的工作。日本驻美大使出渊就这一通牒向美国国务卿强词夺理地解释说:"我帝国政府从防止上海方面发生战争的角度,迄今为止,一直是尽力劝告中国军队主动撤退,但中国方面不仅不听从我方劝告,反而愈发集结兵力,继续采取敌对行为,以致增加了租界的不安。在这种危急的事态下,我帝国政府不得不决定采取最后手段,以最后通牒形式要求中国军队在二十四小时之内,撤退至租界二十公里以外。"③

2月19日,国联行政院通过日本理事佐藤尚武,希望日本政府延长最后通牒的期限。翌日,芳泽表示拒绝。他说:"在最后通牒的期限已过,我军已经开始行动的时候,十九路军的态度如不发生重大变化,则无论如何不能延长上述期限。"④

从20日开始,日军对中国军队开始新的进攻,但遇到中国军队的强烈抵抗。日本军部和政府于23日决定向上海增派第十一、第十四师团。这种行动看似要扩大事变,但实际并非如此。因为25日,日本参谋本部第二部又制定了所谓局部解决事变的《上海事件对策方案》。这个方案规定,"根据局部解决的原则,当努力贯彻最初的意图",在其实施纲要中又规定,"在击退正面之敌并确保自登陆地点至昆山附近之地区时,上海派遣军就停止军事行动","在各国以我方要求为基础而进行斡旋时,可举行圆桌会议,

---

① 日本外务省编:《日本外交文书·满洲事变》,第2卷第1册,第164页。
② 日本外务省编:《日本外交文书·满洲事变》,第2卷第1册,第164页。
③ 日本外务省编:《日本外交文书·满洲事变》,第2卷第1册,第168页。
④ 日本外务省编:《日本外交文书·满洲事变》,第2卷第1册,第171页。

以迅速缓和国联方面的气氛"。①这一对策方案与九一八事变时不同，它表明日本军部最初的主要意图不在于谋求长期占领上海和扩大殖民权益，而是将列强的视线集中到上海，为建立伪满洲国造成有利的国际条件。

这时，日本外务省也与军方的对策相呼应，对列强采取了同样的措施。2月25日，即日本军方制定上述对策的同一天，芳泽对驻国联的事务局长泽田、驻中国公使及总领事等发出如下训令："我方没有利用时局在上海实现政治野心的意图，因而不仅没有在该地设定专管租界及其他只为日本人谋求利益的想法，而且要对开发上海的有功者美、英、法等表示十分敬意。并应特别尊重公共租界工部局，使上海更加展现国际城市的面貌。"②他指示泽田等向驻在国当局说明上述意图。同日和次日，芳泽又发出如下指示："可以明确表示我方同意停止战斗，但要以中国军队在一定时间内撤至一定区域之外为条件"③，"同意召开有列国代表参加的、为讨论今后保护上海附近外国人问题的圆桌会议"④。这些外交措施与日本军方在上海挑起事变的企图完全一致。

26日，芳泽就圆桌会议的内容和程序又作出了如下指示，即"要首先讨论敦促日中两军停止战斗的纲要"⑤，停战条件虽与村井总领事向上海市长提出的最后通牒相同，但"为了警卫（中国军队的）撤兵区域，同意国际志愿军或国际军进入该区域，而这种警卫军中要包括日本军队"⑥，其目的是和列强一起共同对付中国。当时列强的态度正如芳泽所判断的那样，"既希望我军在上海早日消灭中国军队，又担心将善后问题完全托付给日本对他们

① 日本外务省编：《日本外交文书·满洲事变》，第2卷第1册，第176～177页。
② 日本外务省编：《日本外交文书·满洲事变》，第2卷第1册，第180页。
③ 日本外务省编：《日本外交文书·满洲事变》，第2卷第1册，第183页。
④ 日本外务省编：《日本外交文书·满洲事变》，第2卷第1册，第180页。
⑤ 日本外务省编：《日本外交文书·满洲事变》，第2卷第1册，第182页。
⑥ 日本外务省编：《日本外交文书·满洲事变》，第2卷第1册，第183页。

不利"，因而芳泽指出，"彻底贯彻各国共同防卫政策对我方至关重要"①。这种对策与币原在锦州设置中立地带时反对第三国介入的对策完全不同，原因在于日军占领锦州与在上海发动事变是出于不同的目的。

为了实现上述目的，芳泽积极主张促成圆桌会议的召开，他指示重光葵说："目前日中两军虽在继续交战，但随时促进召开此种会议最为适宜。"②九一八事变时，日本对举行圆桌会议提出了种种条件，而此时却没有提出任何条件，这里面隐藏着日本的微妙企图。

27日，日本驻英大使松平恒雄向英国外交大臣西蒙转达了芳泽的指示，希望在"继续交战的情况下尽快举行圆桌会议"③，要求英国驻华公使从中斡旋。西蒙热心地听取了这种意见并表示了要与日本协调的态度，他说："对于日本就停战及保障租界安全问题举行圆桌会议的要求，我方予以理解，并同意在日本保证无意为自己在上海设立租界和无意在各个重要城市周围设置中立地带以及无任何领土野心的基础上进行商议。如果这种理解是准确的并能得到确切的答复，则有利于向各国说明，并成为全体会议的决策。"④然而，西蒙同时还要求"双方立即停战，并在维持现状的情况下举行会议"⑤，这与日本外务省的主张不同，反而给圆桌会议的召开提出了附加条件。

但是，芳泽不赞成西蒙的这一主张，芳泽的停战主张只是外交辞令，他表示"此时立即同意无条件停战是不可能的"⑥，并指令国联事务局长泽田"要尽力稳住西蒙等人，不要让他们急

① 日本外务省编：《日本外交文书·满洲事变》，第2卷第1册，第183页。
② 日本外务省编：《日本外交文书·满洲事变》，第2卷第1册，第182页。
③ 日本外务省编：《日本外交文书·满洲事变》，第2卷第1册，第186页。
④ 日本外务省编：《日本外交文书·满洲事变》，第2卷第1册，第186~187页。
⑤ 日本外务省编：《日本外交文书·满洲事变》，第2卷第1册，第187页。
⑥ 日本外务省编：《日本外交文书·满洲事变》，第2卷第1册，第191页。

躁"①，以谋求为拖延"一·二八"事变而进行非正式的预备性停战谈判。

当时，欧美列强为了维护其自身在上海的殖民权益，提出在上海设置中立地带的方案。英、美驻上海总领事提出要在中日两国军队之间设立中立地带，并主张对中立地带"应由驻屯于公共租界内的中立国家的军队占领"②。2月2日，英、美、法三国就此问题向日本政府提出了备忘录。日本外务省对列强的主张采取了积极迎合的态度，2月4日，芳泽答复三国的备忘录，"同意由领事及军事指挥官来商议有关设立中立地带的问题"③。2月5日，芳泽指示重光葵："目前各国一致希望在上海市周围的一定范围内，设置不准中国军队驻扎及不准其侵入的地区，应抓住适当的机会，按上述宗旨努力诱导各国。"④重光葵则向芳泽报告说："将尽可能地让工部局的警察进入该中立地带（或者是与中国公安局共同进入）。"⑤在九一八事变后围绕着在锦州设置中立地带的交涉中，日本外务省曾坚决反对第三国介入，而在上海则赞成各国军队和警察介入。两种不同的态度表明，日本欲利用列强在上海拥有殖民权益这一点，使列强卷入"一·二八"事变，以转移列强对建立伪满洲国的注意力。

关东军板垣等人为了转移列强对建立"满洲国"的视线而发动"一·二八"事变。这里有一个问题，即日本外务省是否是在了解了关东军的目的后，有意识地采取了上述政策？迄今为止还没有发现日本外务省参与板垣、田中等人阴谋的确实证据。在有关"一·二八"事变的外交文书中，也没有关于外务省了解其目的的记载。然而，即使日本外务省不知道板垣等人的目的，也不

---

① 日本外务省编：《日本外交文书·满洲事变》，第2卷第1册，第191页。
② 日本外务省编：《日本外交文书·满洲事变》，第2卷第2册，第66页。
③ 日本外务省编：《日本外交文书·满洲事变》，第2卷第2册，第101页。
④ 日本外务省编：《日本外交文书·满洲事变》，第2卷第1册，第106页。
⑤ 日本外务省编：《日本外交文书·满洲事变》，第2卷第1册，第108～109页。

能认为日本外务省在"一·二八"事变爆发后仍不知道这次事变与九一八事变的关系，因为这是外交政策上的一般性常识。日本外务省积极支持向上海派遣陆军，并采取了与九一八事变初期的币原外交有所不同的政策，与此同时又对列强采取了协调态度。对列强的协调与积极的出兵是相互矛盾的。这种矛盾来自"一·二八"事变的特异性。

　　在"一·二八"事变过程中，日本与列强的关系存在着双重因素：一是为了转移列强的视线而挑起事变，从而激起了日本与列强的矛盾；二是为了顺利建立"满洲国"而在"一·二八"事变中对列强协调或妥协。前者是军部的方针，后者主要是外务省的对策。两者在方法和手段上虽然不同，但在为了发动九一八事变和建立伪满洲国的目的上是一致的。因而在"一·二八"事变中，日本军部没有反对外务省对列强采取的协调政策，尽管军部本身挑起了事变，但对列强也持协调态度。例如，2月4日日本陆海军共同制定了《上海方面军事行动指导要领》中，主张"与英美协调"和"协同列强"。2月6日参谋总长在给派往上海的第九师团的指示中也说："师团在大局上应该努力与各国军队协调，并有利而迅速地收拾事态。"①

　　为了转移列强对伪满洲国的注意力，日本军部采取的策略之一，便是使列强卷入"一·二八"事变，将其视线集中到上海。而这种策略却是通过外务省的协调政策实现的。

　　退一步说，即使日本外务省当时没有把列强的视线从建立伪满洲国上转移开来的意图，也会由于担心上海的事变伤害列强的感情而采取同列强协调的态度。从客观上讲，这种外交措施适应了军方挑起事变的目的。

---

① 稻叶正夫等编：《走向太平洋战争之路》，别卷资料编，第192页。

二、日本在国联的外交活动

为了实现发动"一·二八"事变的目的，日本外务省对国际联盟采取了哪些对策呢？

首先是在是否援引《国联盟约》第十五条①的问题上，日本外务省采取了服务于"一·二八"事变目的的对策。

"一·二八"事变后的第二天，中国理事颜惠庆就向国联秘书长起诉，要求根据《国联盟约》（或简称《盟约》）第十条②、第十五条来处理满洲及上海问题。在同日举行的国联行政院决议上，中国理事在发言中指出：中国的"领土及行政安全受到了日本的侵略。这种侵略行为无疑违反了《盟约》第十条，即日军的行动不仅破坏了第十条的精神，而且破坏了《盟约》的规定。因此我根据本国政府的指示，就要求援引第十五条问题提出备忘录"③，行政院应按照第十五条的规定处理这次事变，并揭露日军挑起"一·二八"事变的侵略行为。

对此，日本理事佐藤尚武辩解说："事情发展到今日，责任不在日本方面。中国理事的陈述，给人以事件是日方引发的印象，但据我方掌握的情报，事情恰好相反。"④他反对援引第十五条，并声称："日中两国的问题，原本是根据第十一条提出的，行政院以往亦基于该条进行审议，而今若援用第十五条，则讨论的基础将全然改变。"⑤

---

① 其中第四项规定："倘争议不能如此解决，则行政院经全体或多数之表决，应缮发报告书，说明争议之事实及行政院所认为公允适当之建议。"
② 其中规定："联盟会员国尊重并保持所有联盟各会员国之领土完整及现有之政治上独立，以防御外来之侵犯。如遇此种侵犯或有此种侵犯之任何威胁或危险之虞时，行政院应筹履行此项义务之方法。"
③ 日本外务省编：《日本外交文书·满洲事变》，第2卷第2册，第52页。
④ 日本外务省编：《日本外交文书·满洲事变》，第2卷第2册，第53页。
⑤ 日本外务省编：《日本外交文书·满洲事变》，第2卷第2册，第53页。

针对中国理事的援引第十五条的要求，国联行政院议长克莱一边表示"不能否决这种主张"，一边又说"在援用第十五条时，存在如何依据第十一条规定的手续进行处理的问题"，并向日本理事佐藤表示"行政院愿意听取日本理事的意见"。①

此时，佐藤向芳泽报告说："这次行政院与12月时不同，白里安、道威斯和西蒙等一流人物没有出席，第二流人物占据多数，有偏重理论的倾向，因此不会像12月的行政院会那样对中国施加压力。"②与此同时，他提出了对付国联援引第十条约的三种措施。其中的第三种措施是："以满洲问题不是12月10日行政院会议后发生的新问题为由，将适用第十五条的范围仅限于上海事件。"③

但是，芳泽对此表示异议，2月2日他向佐藤发出了如下明确的指示："国联方面迄今为止虽在压制中国、努力避免援引第十五条，但因发生了上海事件……一旦放弃上述努力则将甚难谅解"；"如果采取强制依据第十五条审议满洲问题的态度，则我方要对帝国与国联的关系作根本性考虑"；"如果将第十五条适用的范围仅限于上海事件……则要重新严肃而明确地保留我方'上海事件不适用于第十五条'的主张"。④但是，第二天芳泽又同意了针对上海事件援引第十五条的意见。他指示说："如果国联只在上海事件援用第十五条的话，我方除保留法律上的问题之外，对国联的措施应尽力表示好意，以便静观。"⑤迄今为止尚未发现能够说明芳泽这种突然变化的史料，但"一·二八"事变爆发后，在日本外务省亚洲局局长办公室内，曾几次举行外务省与陆海军方面的联络会议，研究对国联与列强的对策，因此不能说芳泽不了

① 日本外务省编：《日本外交文书·满洲事变》，第2卷第2册，第54～55页。
② 日本外务省编：《日本外交文书·满洲事变》，第2卷第2册，第56页。
③ 日本外务省编：《日本外交文书·满洲事变》，第2卷第2册，第61页。
④ 日本外务省编：《日本外交文书·满洲事变》，第2卷第2册，第63～64页。
⑤ 日本外务省编：《日本外交文书·满洲事变》，第2卷第2册，第96页。

解军方发动"一·二八"事变的企图，他不过是想用在上海问题上的妥协来获得建立满洲伪政权的保障。后来，芳泽也承认了这一点。他对泽田说："为了顺利实现满洲问题的圆满解决，我方要采取尽量在中国本土避免发生事端的方针（军部也同意），对上海事件的妥协态度也是出于上述考虑。这种妥协态度暗示着我方在满洲问题上的坚强决心，并不意味我国既定方针的变化。"①芳泽的表述暴露了日本在上海问题上实行妥协的真正目的。

接着，佐藤向国联秘书长德拉蒙德、行政院议长库尔及意大利外交大臣、法国驻国联行政院代表等人阐明了日本的立场，以期得到他们的赞同和支持。但是，这些人没有轻易赞成日本的意见，反而在中国东北问题上也要援引第十五条，并据此对日本施加压力，以期早日解决与各自国家有直接关系的上海问题。当时，行政院所采取的措施是：基于《国联盟约》第十五条第一项，设置由各国驻上海总领事组成的上海事变调查委员会，并责成该委员会向行政院提出有关事变的调查报告。

日本理事佐藤根据他会见德拉蒙德等人所得到的信息，向芳泽提出了缓和上海局面，早日解决"一·二八"事变的意见。他说："看起来，只要迅速解决上海事件，那么在满洲问题上国联已根据 12 月 10 日的行政院决议派出调查委员的今天，德拉蒙德暂且等待调查结果，迁延时日，尽量不引发多余的问题，则可以自然予以解决。"②当时在日内瓦的佐藤并不知道军部在上海挑起事变的企图，因而他才提出了这种意见。

但是，事实与佐藤的设想恰恰相反，上海事变反而愈发扩大，芳泽并未听取佐藤等人的意见。

其次是对国联临时大会的对策。随着"一·二八"事变的扩

---

① 日本外务省编：《日本外交文书·满洲事变》，第 2 卷第 2 册，第 279~280 页。
② 日本外务省编：《日本外交文书·满洲事变》，第 2 卷第 2 册，第 75 页。

大，中国理事颜惠庆根据《国联盟约》第十五条第九项[①]，向国联行政院要求在两周之内举行临时大会。2月12日，行政院举行秘密会议，审议了将中日问题移交给大会审议的问题。

日本外务省反对将事变问题移交国联大会审议。其理由如同佐藤所说，"一旦召开大会，则小国将占多数，他们将不会听取日本的主张与申辩，并通过不利于我方的决议。他们虽然不敢援引第十六条[②]，但在道义上使我方处于颇为尴尬的地位，难保不出现被世界所孤立的情况"[③]。当时情况也的确如此，在国联中，小国对行政院不满，当地的多种国际团体也对日本的侵略行动表示抗议，并认为应该适用《国联盟约》第十六条。如果日本在国联大会上陷于孤立状态，则可能出现与挑起"一·二八"事变的企图完全相反的结果。

佐藤反对事变问题移交大会审议的借口是："如果此时召开临时大会，反而会使当地的事态变化，导致出现难以收拾的结果。"他还强辩说：在行政院根据第十一条向中国派遣调查员，国联秘书长又根据第十五条第一项对上海事变进行调查的情况下，将日中纠纷移交大会，乃"表示行政院本身无能为力，且迄今所作的努力化为乌有"，而中国方面要求向大会移交，乃是"侮辱行政院的行为"[④]。

但是，行政院还是向日本递交了2月16日十二国理事的劝告书。劝告书谴责日本在上海的武力行为，认为日本是侵略者。2月19日，行政院再次审议将日中纠纷移交大会审议的问题，会议过

---

① 其中规定："对于本条所规定之任何案件，行政院得将争议移送大会。经争执之一方请求，大会亦应受理；唯此项请求应于争议送交行政院后十四日内提出。"

② 其中第一项规定："联盟会员国如有不顾本《盟约》第十二条、第十三条或第十五条所定之规约而从事战争者，则据此事实应即视为对于所有联盟其他会员国有战争行为。其他各会员国担任立即与之断绝各种商业上或财政上之关系，禁止其人民与破坏盟约国人民之各种往来并阻止其他任何一国，不论为联盟会员国或非联盟会员国之人民与该国之人民财政上、商业上或个人之往来。"

③ 日本外务省编：《日本外交文书·满洲事变》，第2卷第2册，第90页。

④ 日本外务省编：《日本外交文书·满洲事变》，第2卷第2册，第98页。

程中，佐藤继续为日本的侵略行为进行辩解。他说："近年来，外国屡次对中国使用暴力……没有理由只承认其他国家这样做是自卫手段而唯独不允许日本这样做。如果把日本视为侵略者，那么其他国家也应视为侵略者"；日本"放弃上海则意味着放弃日本在整个中国的利益，对此无论如何不能予以默认的"。①国联行政院基于《盟约》第十五条第九项，终于决定将事变移交大会审议。佐藤理事反对这一项决定，并强词夺理地声称："《国联盟约》是约束'有组织之人民'的，而中国内乱不止，长期处于无政府状态，无论如何也不能说是有组织的国民……中国的现状不能严格地适用《国联盟约》。"②

在2月19日的行政院会议上，日本理事佐藤表面上极力为日本的军事行动进行辩解，内心却痛感到日本在国际社会中已陷入孤立。佐藤向芳泽报告说："会议的形势如本使之所料，日本陷入了完全孤立的状态……在世界舆论面前已孤立无援"；"对我方来讲，局面空前恶化"。③

国联行政院决定在3月3日举行临时大会，日本外务省立即开始研究对策。大会的中心议题仍是如何处理"满洲问题"和上海问题。佐藤认为："在目前的形势下，把满洲事件和上海事件截然分开。"④他向芳泽建议，向国联临时大会一并提出有关满洲和上海问题的陈述书。佐藤分析，国联大会"对我方情绪的恶化，将远远超过我方的想象"，"即将到来的临时大会怎样发展，主要系于上海事态的今后变化"。⑤为此，他强调上海停战的必要性。当时日本驻英大使松平也向芳泽提出同样的意见。

但是，芳泽在2月26日的指示中说，在陈述书中"要只限于

① 日本外务省编：《日本外交文书·满洲事变》，第2卷第2册，第110页。
② 日本外务省编：《日本外交文书·满洲事变》，第2卷第2册，第110页。
③ 日本外务省编：《日本外交文书·满洲事变》，第2卷第2册，第113～114页。
④ 日本外务省编：《日本外交文书·满洲事变》，第2卷第2册，第119页。
⑤ 日本外务省编：《日本外交文书·满洲事变》，第2卷第2册，第118页。

讨论有关上海事件的事项"；关于依据第十五条而举行临时大会之事，"我方要在保留只有上海事件适用于第十五条之意见的前提下，以静观援引第十五条手续的履行为方针，并按照同样的宗旨对大会就上海事件的审议予以默认"；"关于九一八事变，则应进一步坚持去年 12 月 10 日的决议已使之告一段落的立场"。①

国联行政院的日本代表与芳泽之间之所以意见分歧，主要是因为前者不了解发动"一·二八"事变的目的。

3 月 1 日，日本在东北建立伪满洲国，当天日本的上海派遣军发动总攻，3 月 3 日国联召开临时大会，这些大体上是同时进行的。这并不是偶然现象。可以认为，3 月 1 日建立伪满洲国是为了在召开临时大会之前造成既成事实，对国联施加压力，使国联大会默认这一既成事实。而 3 月 1 日的总攻击则是为了使临时大会的视线集中到上海，分散列强对伪满洲国成立的注意力。

3 月 3 日，国联临时大会如期在日内瓦举行。由于日军在上海发起总攻，所以大会首先就上海问题进行讨论。并在 3 月 4 日通过了有关上海停战问题的三项决议案。其内容主要是：日中双方各自向军队长官发出停止敌对行动的命令；双方代表尽快进行中止纷争的交涉；在上海拥有权益的其他国家努力推进这种交涉或会谈；向国联报告有关日中双方在上海停止敌对行动的情况。②芳泽表示这个决议"大体上符合我方的既定方针"③。

就这样，伪满洲国在"一·二八"事变的掩护下，未经列强与中国的抑制而顺利成立，日本实现了九一八事变和"一·二八"事变的双重目的。

3 月 5 日以后，国联大会进入包括"满洲问题"在内的一般

---

① 日本外务省编：《日本外交文书·满洲事变》，第 2 卷第 2 册，第 149～150 页。
② 日本外务省编：《日本外交文书·满洲事变》，第 2 卷第 1 册，第 201～202 页。
③ 日本外务省编：《日本外交文书·满洲事变》，第 2 卷第 2 册，第 200 页。

性讨论。大国与小国的态度各不相同，大国代表在发言中始终原则上表示尊重《国联盟约》及国际条约，却不直接接触建立满洲傀儡政权问题。小国的代表仅对日本的侵略行为，"从一般性的观点评论日中纠纷，强调用武力侵略他国领土为违反［《盟约》］行为，用和平手段解决国际纠纷、不得在武力压力下进行谈判、不能承认使用武力所造成的既成事实等诸原则"①。

8 日，国联大会设置决议案起草委员会，开始起草决议案。日本代表会晤英、法、德、意等大国代表，希望起草一个对日本有利的决议案，并企图利用大国来压制小国对日本的谴责。英国外交大臣西蒙向日方代表松平表示："我正在为起草尽可能稳健的决议案而努力"②，他向起草委员会提出的内含四原则内容的决议案中，没有触及"满洲问题"。而瑞士、瑞典等国提出的决议案中主张"撤退入侵军队，以谋求保全中国领土"；"劝告两个当事国家在恢复原状后，将纠纷委托给司法或仲裁机构裁判，或是委托国联行政院进行审查"，③并称日军为"侵略军"。佐藤评价上述决议案说，"英案稳健……瑞士、瑞典方案最为过激"。④他还对英国外交大臣西蒙"在现今的气氛下，率先反对过激分子，努力作成稳健方案"⑤之举，深表感谢，以期利用西蒙来压制小国提出的决议案，促使大会通过不直接触及"满洲问题"的决议案。西蒙为了在起草委员会上起草有利于日本的决议案，也向日本代表松平讨好说："现在首先要否定把不撤兵便不能交涉的原则写入决议案的主张，我本身便反对在决议案中提出这种原则。日本反复说明是为保护本国国民生命财产而驻兵，我认为，对此提出过激的要求是不当的。这样，讨论的结局将止于陈述不能谋求以兵

---

① 日本外务省编：《日本外交文书·满洲事变》，第 2 卷第 2 册，第 202 页。
② 日本外务省编：《日本外交文书·满洲事变》，第 2 卷第 2 册，第 220 页。
③ 日本外务省编：《日本外交文书·满洲事变》，第 2 卷第 2 册，第 225 页。
④ 日本外务省编：《日本外交文书·满洲事变》，第 2 卷第 2 册，第 223 页。
⑤ 日本外务省编：《日本外交文书·满洲事变》，第 2 卷第 2 册，第 228 页。

力压迫来解决纠纷的盟约精神。"①西蒙的态度是英国本身的利益使然，同时，不能否定日本外务省的外交努力对西蒙产生了一定影响。

这样一来，日本颇感危险的国联大会以英国提出的方案为基础通过了决议。其主要内容是再次确认《国联盟约》和《巴黎公约》；在上海租界拥有特别利益的联盟各国为日军撤退及维持撤退地带的治安而进行必要的合作；设置十九国委员会②，使之向国联大会提出有关日中纠纷的报告，等等。③芳泽认为："该决议并未使我方承担任何新的具体义务，并没有超过根据以往各种条约及行政院决议所承担的义务。"④佐藤也说："小国方面对决议案与自己的主张有很大差距表示相当不满。中国方面也因他们提出的四点要求被忽视而深表不平。"⑤可是这个决议对日本是相当有利的。但是，十九国委员会关于向国联大会提出包括"满洲问题"在内的日中纠纷报告书的决定，对日本是不利的。

虽然国联大会通过上述决议表示了要审议"满洲问题"的姿态，但因英国等大国对小国的压制，"满洲问题"的审议又被拖延到李顿调查团提出调查报告之后。估计5月1日以前十九国委员会提出的第一次报告也只是限于上海问题，因而佐藤等人向芳泽报告说："此时不反对上述决议案为上策。"⑥但是，芳泽对这个决议案不赞成。其理由是："在调查委员依据《国联盟约》第十一条业已到达远东并开始工作之时，将'满洲问题'也一并按照第十五条来处理就等于不必要地搅乱了事态。"⑦根据芳泽的指示，

---

① 日本外务省编：《日本外交文书·满洲事变》，第2卷第2册，第227页。
② 十九国委员会是除了大会议长、中国和日本代表之外，由12个理事国理事及这次总会选出的瑞士、瑞典、捷克、哥伦比亚、葡萄牙、匈牙利6个国家的理事组成。
③ 日本外务省编：《日本外交文书·满洲事变》，第2卷第2册，第231～234页。
④ 日本外务省编：《日本外交文书·满洲事变》，第2卷第2册，第279页。
⑤ 日本外务省编：《日本外交文书·满洲事变》，第2卷第2册，第238页。
⑥ 日本外务省编：《日本外交文书·满洲事变》，第2卷第2册，第238页。
⑦ 日本外务省编：《日本外交文书·满洲事变》，第2卷第2册，第242页。

佐藤在 3 月 11 日的全体会议上说：我方"对日中事件全部适用第十五条之事有过异议"——"日本对适用第十五条持保留意见，这次大会也是在保留上述意见前提下参加的，因此，我们不能参加对上述决议案的表决"①，对决议案投了弃权票。日本的弃权是对决议案不满的表示，但又不是全面反对这个决议，前述芳泽对这一决议的评价便证实了这一点。因此，按芳泽的话说，"只是不参加投票而已"。

如上所述，国联行政院会议和临时大会的注意力果然集中到"一·二八"事变上，因而对建立伪满洲国的问题没有采取特别措施。这样，伪满洲国便按照日本的设想成立了，没有遇到任何障碍。这是在"一·二八"事变爆发后，欧美列强为了维护各自在上海的殖民权益，不敢在"一·二八"事变及九一八事变的问题上对日本采取强硬态度的结果，也是日本外务省利用列强的这种立场而积极采取相应外交措施的结果。

三、围绕停战谈判的对策

在事变爆发的当天就提出停战问题，这是"一·二八"事变与九一八事变的一个不同点。日本外务省和军部相互合作，共谋使英美等列强卷入停战交涉，将它们的视线集中到上海。

如前所述，上海是列强的殖民权益集中的地区。"一·二八"事变的爆发给列强的权益造成了威胁，列强为了维护各自的利益，希望中日停战，并率行参加停战谈判。日本外务省和军部则始终持欢迎列强介入的态度。

"一·二八"事变爆发的当天，英美驻上海总领事便会晤日本驻上海的总领事村井，要求他为寻求停战的途径而从中斡旋。村

---

① 日本外务省编：《日本外交文书·满洲事变》，第 2 卷第 2 册，第 248 页。

井带领英美总领事拜访日本第一遣外舰队司令官盐泽幸一，当晚8 点与上海市长吴铁城委托前来的殷汝耕达成了停战协议。但第二天双方又进入了战争状态。

经英、美公使斡旋，1 月 31 日，在上海英国总领事馆进行了第二次停战谈判，参加人员有日方的舰队司令盐泽、驻上海总领事村井，中方的上海市长吴铁城、十九路军师长区寿年。谈判结果是中国军队撤退至步枪射程距离之外，日军撤至原来地区，撤退后的地区由中立国军队担任警备。谈判暂时缓和了双方的军事冲突，并出现了通过交涉而解决事变的可能性。但是，由于英军指挥官弗富明以警备困难为由，要求日军全部撤至租界以内①，所以谈判又陷入僵局。2 月 3 日，日军再次发起进攻。

2 月 2 日，英、美、法三国向中日双方递交了如下照会：

①中日双方立即停止一切暴力及暴力的准备活动；

②中日双方不得为了敌对行为进行动员及准备；

③中日双方军队从上海地区的一切接触地点撤退；

④双方撤退之地区由友军驻屯；

⑤停止冲突后，在列强的参与下开始谈判，并按照《巴黎公约》及国联行政院 12 月 10 日的决议，解决中日间的一切纠纷。不许双方提出先决条件或保留条件。②

2 月 6 日，英国舰队司令官克莱根据该照会第三、四项提出了停战方案。中国方面对该方案提出附加照会中的第五项内容：在停战后，就中日间的所有问题进行谈判，以期将"一·二八"事变和九一八事变一起解决。但是，日本驻华公使重光葵拒绝了这一方案，并要求中国军队撤退 15 公里至 20 公里，③第三次交

① 秦孝仪主编：《中华民国重要史料初编——对日抗战时期》绪编（一），台北 1981年版，第 522 页。

② 《国民政府军事机关档案》（二十五），南京第二档案馆史料，第 25~181 页。《美国对外关系文件》（日本，1931~1941），第 3 卷，第 168 页。

③ 罗家伦编：《革命文献》，第 36 辑，第 1536~1537 页。

涉至此宣告失败。

2月12日，英国公使蓝普森又提出一个方案，即中国军队首先从上海市管辖区撤退，然后日军撤至1931年12月31日驻在区。该方案极不公平，中国方面首先予以拒绝。因此，第四次停战交涉也没有成功。

数次停战交涉之所以没有成功，不仅与日方条件强硬有关，也与日本在上海挑起事变的目的直接相关。日军司令官野村吉三郎向军部中央报告说："目前，关于停战谈判的良策是采取不即不离的态度。"①这种"良策"得到了日本军部中央的赞同。日本军部的真正企图是在不即不离之中，使中国和列强陷入停战谈判，在建立伪满洲国之前，继续维持战争状态，以拖延时间。因此，尽管停战谈判一时没有成功的可能性，也不能不继续进行。

2月16日，经过英国蓝普森公使的斡旋，第五轮停战谈判在法国租界内的中日联谊社开始进行。日方提出中国军队后退20公里、拆除吴淞和狮子林炮台、取缔抗日运动以及在确认中国军队撤退后日军才能撤退的要求。中国方面断然拒绝了这些无理要求，谈判又归于破裂。

日方的上述要求，与其说是为了停战谈判，莫如说是暗示将向中国方面提出最后通牒。在中国拒绝了日方的上述要求后，日军第九师团植田于同日晚9点便发出了要求中国军队在20日下午5点以前后撤20公里的通牒，村井总领事也向上海市长吴铁城提出了同样的要求，并要求取缔抗日团体。村井威胁说，如果中国方面不接受这个通牒，那么日本则要采取适当的措施。②实际上是为2月24日以后日军开始第三次大规模进攻制造外交上的借口。

---

① 日本国际政治学会太平洋战争研究部编：《走向太平洋战争之路》，第2卷，朝日新闻社1963年版，第142页。
②《历史档案》，1984年第4期，第73页。

2月27日，英国舰队司令克莱劝说日本舰队司令官野村进行停战谈判。28日，日方派出野村和松冈洋右（特派使节），中方派出十九路军参谋长黄强、外交部长顾维钧等，在英舰肯特号上进行第六次停战谈判。日本要求中国军队撤退到20公里以外，并永久性地拆除吴淞和狮子林炮台。同日，日本代表在国联行政院会议上公布了所谓《芳泽备忘录》。其中声称："日本在上海行动的目的是保护公共租界及侨民，因此，只要十九路军撤退就可以满足了"；"如中国军队撤至一定区域内，日本政府为了与各国协调，共同研究上海事变的善后对策，准备召开圆桌会议。日本政府丝毫没有在上海设置专管租界或只为日本谋求利益的念头，而是向期待上海发展的英、美、法三国表示敬意，并尊重工部局，希望使上海展现国际城市的面貌"。①但是，谈判开始不久，日军便背信弃义，3月1日，又开始全面进攻上海。这种行为充分体现了日本外务省和军部的既定策略，即一边通过停战谈判使列强陷入其中，一边声东击西，为掩护建立伪满洲国而总攻上海。

3月3日，国联举行临时大会。如日本预想的那样，由于"一·二八"事变的扩大，上海问题成了会议讨论的焦点。事前日本外务省曾估计到列强有可能在会议上对日本采取强硬态度，为此决定发表停战声明。日军开始总攻后，日本驻华公使重光葵一直等到3日拂晓才与在出云舰上的舰队司令野村联系并询问："事已至此，日本应立即停战，野村司令官意向如何？"②野村回答说："我个人没有异议，陆军怎么想是另外的问题。"③由于上海与日内瓦有9个小时的时差，重光葵决定利用这个时差，在国联临时大会举行之前发表停战声明。于是他没有同陆军方面商议便自行起草了一份声明："日本军现在在上海战斗的结果，完全达

① 日本国际政治学会太平洋战争原因研究部编：《走向太平洋战争之路》，第2卷，第390～391页。
② 重光葵：《外交回忆录》，第109页。
③ 重光葵：《外交回忆录》，第109页。

到了出兵的目的，因而决定全军立即停战。"①并将声明散发给内外通讯社加以报道。而后，重光葵说服日本派遣军司令白川，得到了白川的赞同。重光葵之所以在这个时间发表停战声明，是因为3月2日以前的军事行动已把列强和中国的视线集中到上海，达到了挑起事变的目的。这个停战声明的发表，在一定程度上缓和了日本与列强的矛盾，国联临时大会也在通过了基本在日本预料之中的决议之后闭幕，这表明日本外务省和重光葵的外交措施已经奏效。

3月14日，重光葵与南京政府外交部副部长郭泰祺在英国总领事馆就有关停战协定问题举行预备谈判，此后从3月19日至5月5日进行正式谈判。在这次谈判中，中方要求日军立即撤退，而日方则坚持尽可能广泛的领土占领和日军的自主撤退，从而拖延了协定的签订，日方为巩固刚刚成立的"满洲国"赢得了时间。

这次停战交涉的特点是，英、美、法、意四国公使作为正式观察员直接介入谈判，英国公使蓝普森在这次谈判中起了核心作用，甚至提出了《蓝普森方案》，这是九一八事变时不曾有过的现象，日本利用上海地区的特殊性，使列强卷入事变的策略得以实现。它使列强在缔结停战协定之前，主要关心上海的局势而不对伪满洲国的成立作出强烈反应。

如何处理停战谈判与十九国委员会的关系，也是在这次谈判中遇到的问题。十九国委员会是基于3月11日国联临时大会的决议而成立的，它拥有向国联大会提出有关包括九一八事变在内的中日问题的报告书的权利和义务。如前所述，上海停战谈判由于日方的阻碍，进展很不顺利，因此中国代表于4月1日就停战协定问题诉诸国联，要求召集十九国委员会。日本方面既对小国占据多数的十九国委员会心存疑虑，又担心该委员会审议九一八事

---

① 重光葵：《外交回忆录》，第109页。

变问题，因此，反对中国代表的上述要求。日方代表泽田向国联秘书长德拉蒙德表示："十九国委员会讨论停战问题不仅不妥，而且不可能。"①

但是，十九国委员会根据 3 月 11 日临时大会决议，已经开始履行自己的权利与义务，于是，日本外务省又欲对其权利加以限制。芳泽在给泽田的指示中说：要预先提醒有关人员注意"该委员会不是具体讨论停战条件的"②。泽田便借用海曼斯议长的话警告西蒙：十九国委员会的任务是"对谈判进行监视，非干预停战谈判内容"③。

十九国委员会不顾日方的反对，于 3 月 16 日举行秘密会议，并于 19 日通过了有关上海停战谈判的决议案。该决议案声称十九国委员会有权宣布日军合理实施完全撤兵的日期（第十一条），要求日本在近期内将军队撤回到 1932 年 1 月 28 日事变前的公共租界及租界外道路的地区（第六条），警告日本在不能形成协议时可将问题再次提交国联大会（第十三条），并认为只有日军完全撤兵才表明日本完全服从了 3 月 4 日的国联决议（第十八条）。这些内容都遭到芳泽的反对，他要求删除决议案中的这些内容。④

这样，日本外务省与十九国委员会便产生了正面冲突。针对这种情况，重光葵和泽田向芳泽建议，只提出删除第十一条，而对第八条和第十三条给予妥协，其理由依然是要考虑九一八事变与"一·二八"事变的关系问题。重光葵向芳泽报告说："这个问题的核心是能否因上海事件而与国联发生正面冲突。应从日本对外关系的全局考虑问题。有人认为，现在对国联不采取强硬态度，将来在满洲问题上也难以通过日本的主张，即使这种议论是正确的，也不能认为因日本在上海事件上态度强硬，则国联就会在满

---

① 日本外务省编：《日本外交文书·满洲事变》，第 2 卷第 1 册，第 239 页。
② 日本外务省编：《日本外交文书·满洲事变》，第 2 卷第 1 册，第 249 页。
③ 日本外务省编：《日本外交文书·满洲事变》，第 2 卷第 1 册，第 255 页。
④ 参见日本外务省编：《日本外交文书·满洲事变》，第 2 卷第 1 册，第 281～283 页。

洲问题上向日本让步，结果将是五十步笑百步。目前需要作出决断的，不在于满洲事件，而在于能否根据上海事件的'有利之点'，极力疏导与国联的关系，以符合日本的全局利益。"①

国联事务局长泽田在给芳泽的电报中也提出："如果认为迅速解决上海问题对帝国有利，那么此时的上策是尽量与十九国委员会保持步调一致"，"暂且不必理会第八条及第十三条决议"。②

然而，芳泽依然坚持删掉决议第八条、第十一条和第十三条。他指示重光葵："如果今后中国方面坚持依靠国联牵制日本的立场，事态将会更加严重。因而要极力劝导南京政府的要人，在最短的时间内重新举行停战会谈，以解决交涉中的问题。"③芳泽的目的很明显，即想用停战会谈来对抗十九国委员会决议。

但是，十九国委员会终于向国联临时大会提交了上述决议案，国联临时大会只对第十一条作了某些修改便通过了这个决议案。

在这种情况下，日本外务省和军部考虑到长期拖延上海停战谈判会对承认"满洲国"问题产生影响，于是在5月5日与中国签订了上海停战协定，在这个协定上签字的还有始终介入上海问题的英、美、法、意四国的驻华公使。停战协定的第三条规定："日本国军队应如昭和七年（1932年）1月28日以前一样，撤到公共租界及虹口租界外的宽阔道路。"④据此，日军又恢复到事变前的状况。"一·二八"事变落下了帷幕。日军虽未获得在上海的新的殖民权益，却已达到了它的预期目的。

综上所述，日本外务省虽然没有直接参与挑起"一·二八"事变的阴谋，但在事变的过程中，采取了一系列与事变目的相应的外交措施，并为成立伪满洲国创造了有利的外交形势。因此，日本外务省对"一·二八"事变负有不可推卸的责任。

① 日本外务省编：《日本外交文书·满洲事变》，第2卷第1册，第288页。
② 日本外务省编：《日本外交文书·满洲事变》，第2卷第1册，第294页。
③ 日本外务省编：《日本外交文书·满洲事变》，第2卷第1册，第305页。
④ 日本外务省编：《日本外交年表及主要文书》，下卷，原书房1966年版，第205页。

在"一·二八"事变中，日本外交的"胜利"就是未经列强与中国的抵制就成立了伪满洲国。

那么，"一·二八"事变对后来日本要求国际承认伪满洲国的问题，产生了什么影响呢？应该说，国际列强虽然为了维护各自在上海的权益，一直介入上海问题，并一度放松了对满洲的关注，但是对日本在上海制造事端的目的，还是存有戒心的。2月19日，英国下院议员考克斯对外交部政务次长说："对以解决上海事变为条件，换取承认满洲现状的做法，要格外注意。"①事实上列强在签订了上海停战协定之后，又重新把视线转移到"满洲问题"上来，始终不想承认"满洲国"的存在。

日本方面也如芳泽所说的那样："国联方面以为我方在上海事件上表现了妥协的态度，在'满洲问题'上或许会改变以往的强硬方针，这种认识是非常错误的"，"上述妥协态度暗示了我方在满洲问题上的坚定决心，并不意味我方既定方针的变化"。②3月12日，日本政府制定《满蒙问题处理方针纲要》，确定了扶植伪满洲国的方针，并于3月25日确定为了承认伪满洲国而不惜脱离国联的决心。

上海"一·二八"事变一方面转移了列强对满洲的注意，并在一定程度上起到了牵制南京政府的作用。但在另一方面，又激化了日本与列强的矛盾，反而使日本争取列强承认伪满洲国的努力产生了相反的结果。

---

① 日本外务省编：《日本外交文书·满洲事变》，第2卷第2册，第178页。
② 日本外务省编：《日本外交文书·满洲事变》，第2卷第2册，第279～280页。

第五章 南京政府对九一八事变和 "一·二八" 事变的对策

中国对九一八事变和 "一·二八" 事变的反应是各种各样的。例如，国民党和南京政府的反应，共产党和中华苏维埃共和国的反应，民众的反应，东北边防军的反应等等。有关共产党、民众和东北边防军的反应，李新等人主编的《中国新民主主义时期通史》（人民出版社 1981 年版）和易显石等人著述的《九一八事变史》（辽宁人民出版社 1981 年版）已经作了详细的叙述，因此本章主要考察国民党和南京政府在九一八和 "一·二八" 事变时期的外交政策。

在现今已经公布的档案资料中，有关南京政府对事变的反应的资料很少，因此很难对此作出完整而系统的研究。本章主要是以现有的资料为中心，对南京政府在事变中的前后反应加以比较，并阐明南京政府外交政策的本质。另外，本章还想就南京政府对币原外交和芳泽外交的认识和对策，与日本外交进行对照，以期明确事变期间中国与日本的外交政策的不同点，阐明侵略与被侵略国家各自不同的外交特征。

一、南京政府与九一八事变

1931 年 9 月 18 日晚 10 点 20 分左右，日本关东军炸毁了柳条湖的满铁线，并命令驻在奉天的独立守备步兵第二大队和第二师团的步兵第二十九联队开始进攻北大营和奉天城。当时，驻在北大营的中国军队是东北边防军的主力——独立第七旅（旅长是王以哲，官兵共 6800 余人）。该旅官兵听到爆炸声和枪声以后，以为是惯常的枪声，并没有特别在意，当关东军开始攻击营地时，才意识到这是日军的军事袭击。[①]然而，他们并没有想到这是九一八事变的导火线。当时，北大营的指挥官们理应在这突然发生的紧急状态下，首先采取应急对策。但由于同年 8 月 6 日张学良向东北边防军下达过命令："对于日人无论其如何寻事，我方务须万分容忍，不予反抗"[②]，因此他们没有采取任何对抗的措施，只是等待城内司令部和王以哲旅长的指示。东北边防军参谋长荣臻向当时在北京的张学良报告了北大营受到关东军袭击的情况，并请示应付办法。张学良指出："尊重国联和平宗旨，避免冲突。"[③]北大营的边防军根据这一命令没有抵抗，并向东大营方向退却，只由六二〇团进行掩护。[④]

辽宁省长臧式毅几次派人询问日本驻奉天总领事："日军此举，是何用意？"但日方领事馆不作明确答复，最后竟声称："军人行动，领事无权限制。"[⑤]

日军占领北大营之后，步兵第二十九联队开始进攻奉天城。臧式毅在自己的住宅内与王以哲、朱光沐等研究对策，但最终还

---

① 李树桂：《九一八事变目击记》，《文史资料选辑》，第 12 辑。
② 李云汉编：《九一八事变史料》，正中书局 1982 年版，第 288 页。
③ 秦孝仪主编：《中华民国重要史料初编——对日抗战时期》绪编（一），第 262 页。
④ 秦孝仪主编：《中华民国重要史料初编——对日抗战时期》绪编（一），第 263 页。
⑤ 秦孝仪主编：《中华民国重要史料初编——对日抗战时期》绪编（一），第 262 页。

是遵照张学良的命令，决定采取不抵抗主义。19日早晨关东军第二十九联队占领奉天城，张学良仍电训张作相等人："职等现均主张坚持不予抵抗，以免地方糜烂。"①

而由于东北边防军采取不抵抗主义，日军乘机连续血腥急袭，扩大占领区域，以致三天内便占领了奉天、长春、吉林、营口和凤凰城等地。

当时，张学良在北京协和医院召开紧急幕僚会议，研究对策。②19日晨6点左右，张学良及其幕僚邀请顾维钧出席会议，并征求他的意见。此时，顾维钧提出了以下两条意见：（一）立即电告南京，要求国民政府发报向国际联盟行政院提出抗议，请求国联行政院召开紧急会议处理这一局势；（二）向旅顺派出日语好手，会见关东厅长官及满铁总裁内田康哉，以确认日方的意图。③张学良及其幕僚赞成顾维钧的第一条意见，有少数人赞成第二条意见。张学良认为第二条意见无用，因为关东厅长官不会接见来人。但张学良的秘书王树翰赞成顾维钧的第二条意见，并再次与顾维钧一齐说服张学良。张学良虽然不再反对，但因没有合适的人选，最终还是没有采纳这条意见。

这样，张学良在19日早晨召集的紧急会议最后作出了所谓日本人违反国际法，破坏了东亚和平，吾等采取不抵抗主义，一切听任国际裁决的决定。④

顾维钧的第二条意见虽然被拒绝了，但是由于后来他作为张学良的代表被派往南京，成为特种外交委员会的成员，进而又晋升为代理外交部长及部长，对他的外交思想及其行动，应该特别予以重视。顾维钧所提出的第二条意见中实际包含着以下三种意图：

①《北京档案史料》1991年第3期，第20页。
② 上海《民国日报》，1931年9月20日。
③《顾维钧回忆录》（1），中华书局1983年版，第414页。
④《晨报》，1931年9月20日。

其一，首先派人去旅顺探查日本的意向，确认日本军事当局要在满蒙干什么，以决定中国的对策。

其二，这种意见中孕育着与日本直接交涉的意图。顾维钧试想通过在某些问题上与日方妥协，来缓和双方的矛盾，防止事态扩大，以打开全面解决"满蒙问题"的途径。[①]

顾维钧在担任代理外交部长及部长期间，表示出愿与币原直接交涉的态度，其根源也正在这里。

其三，九一八事变初期，顾维钧对国联并没有抱太大的期望。这是因为他认识到国联在"满蒙问题"上不可能采取什么有效的措施，也不可能依赖国联的斡旋来解决紧张局势。他只是认为将事变诉诸国联，可以唤起世界的舆论，给日本施加间接的压力，以便暂时阻止九一八事变的扩大。[②]

张学良决定诉诸国联之后，派他的外国顾问唐纳德向英国驻华公使蓝普森、美国公使詹森说明已命令东北军收藏武器，不采取报复措施。次日又派顾维钧向英美公使询问是否可以运用《国联盟约》《巴黎公约》和《九国公约》等，对日本的军事行动进行牵制与制裁。[③]英国公使则说，由于英国和日本的友好关系，无论如何不能采取主动措施，并称赞张学良的不抵抗方针是贤明的措施。[④]美国则采取"不介入的态度"[⑤]。

19 日早晨，张学良还派出心腹汤尔和前往北平矢野真参事官的住处，次日亲自会见矢野，对其表示抗议说，关东军根据什么理由占领东北各地，实在难以理解。

由于关东军占领奉天城，奉天的军政机构一时陷于瘫痪状态。9 月 23 日，张学良将东北政务委员会临时办事处、东北边防司令

---

①《顾维钧回忆录》（1），第 414～415 页。

②《顾维钧回忆录》（1），第 414 页。

③《美国对外关系文件》（日本，1931～1941），第 3 卷，第 12 页。

④ 臼井胜美：《满洲事变——战争与外交》，中央公论社 1974 年版，第 59 页。

⑤《美国对外关系文件》（日本，1931～1941），第 3 卷，第 31 页。

长官公署和辽宁省政府行署迁往锦州，并任命张作相为代理东北边防军司令官，试图以锦州为基地，与日本相对应。

这时张学良继续坚持不抵抗主义。9月22日他指示东北边防军长官，"惟彼不向我军压迫，我应力持镇定；万一有向我军施行压迫之动作，该部应避免冲突，暂向安全地带退避，以期保全"①。26日，张学良又向东北边防军下达了如下不抵抗训令：①此次之所以命令采取不抵抗主义，是要将此次事变诉诸国际公审，依靠外交来求得最后胜利。②现今还不是与日军抗争之时，各军将士要一如既往地对待日本人，不得加以侵犯。②

当时，张学良的东北边防军有26万正规军、18万非正规军，合计44万人。其中有11.5万正规军随同张学良驻扎在北京、河北一带。③从数量上讲，张学良的军队和关东军相比占绝对优势。那么，到底是什么原因使张学良采取不抵抗的方针呢？张学良说："这次所以不予以抵抗，乃是为了主张公理。"④然而这是表面上的说法。应该说这里有一个对事变爆发的军事形势的判断问题，张学良采取不抵抗政策不是偶然的。张学良在万宝山和中村事件中就为避免冲突而采取了让步政策。九一八事变后的不抵抗方针是这种政策的继续。张学良本是中国的一个军阀，对他来讲，最为重要的是维持和确保自己的地盘和势力。如果因对关东军应战而扩大战火，导致日军大规模出动的话，则有可能失去自己的军阀地盘和势力。因而他想通过不抵抗政策来防止事态的扩大，并

---

① 《北京档案史料》，1991年第3期，第21页。
② 关东军参谋部：《关特报（中国）第32号，昭和六年9月28日，张学良对全体东北陆海军的对日不抵抗训令》。
③ 日本参谋本部编：《满洲事变作战经过之概要》，岩南堂1973年版，第8～9页。
④ 关东军参谋部：《关特报（中国）第32号，昭和六年9月28日，张学良对全体东北陆海军的对日不抵抗训令》。

想依赖国联和美国的力量来阻止关东军的军事行动。①

事变爆发时，中国国内形势仍处于军阀之间相互对立抗争的状态。在北方，以冯玉祥、阎锡山为主的军阀势力持反蒋态度；在南方，以汪兆铭和广东、广西、福建的军阀为中心，于1931年5月建立了广东独立政权，并开展反蒋运动。在这种军阀对立和混战中，张学良与南北势力都不合作，一方面保持着某种独立性，另一方面又同蒋介石的南京政府保持着一定的关系。蒋介石为了阻止张学良与南北反蒋势力联合，并使之向南京方面靠拢而任命张学良为陆海空军副总司令，对他采取了支持和援助的态度。事变爆发后，感到自己的势力和地盘受到威胁的张学良，为了诉诸国联，也不得不进一步倾向南京政府。

9月19日，张学良与南京政府派来的国民党代表张继、吴铁城等人进行协商，并向南京政府报告了九一八事变的情况。②

那么，蒋介石和南京政府的态度如何呢？

南京政府外交部于19日向重光葵提出紧急抗议，要求关东军停止一切军事行动，在24小时内退回原驻地区。③次日又提出第二次抗议，要求日军撤退，恢复原状，并保留提出正当要求的权利。④同日，中国驻日代理公使江华本也向日本外务省抗议，要求关东军全面停止军事行动，并撤回原地。

19日下午，国民党举行中央执行委员会，并通过了如下决议：

①由中央执行委员会常务委员电请蒋介石（当时在南昌指挥"围剿"工农红军）回南京。

---

① 10月20日，张学良致东北边防军长官公署的电中称："自美国加入国联后，对我空气甚佳，国联对中日事始终不能放手……最近国联提议限日军于三星期后中日双方开始商议解决办法。至实行接收时由中立国人员到场监视，俟日军大部分撤退时，开始正式谈判……希转饬所属坚毅镇定，听候解决为要。"引自《北京档案史料》，1991年3月，第22页。

② 上海《民国日报》，1931年9月20日。

③《晨报》，1931年9月21日。

④ 上海《民国日报》，1931年9月24日。

②根据正式报告，继续对日方提出抗议，并电令驻外代表向国际间宣布。

③立即向国民党的各地指导部发出训令。

④从明日起，每日开中央委员会谈话会一次。①

20日，国民党中央政治会议设置外交小组，以处理外交问题。

同日，国民党中央委员会举行谈话会，讨论九一八事变和王正廷外交部长的有关抗议书，并通过如下决议：

①电粤请对外交表示态度。

②通电全国，定本月23日全国下半旗并停娱乐一天，对奉天被陷表示哀悼。

③推定邵元冲、王正廷、陈立夫起草告全国国民书、告各国国民书。②

21日，蒋介石从南昌返回南京，召开会议，商讨对日政策。为了对外诉诸国联及《巴黎公约》的缔约国，对内加强团结共赴国难，会议作出了如下决定：

①外交方面，加设特种外交委员会，为对日决策研议机关；

②军事方面，抽调部队北上助防，并将讨粤及剿共计划，悉予停缓；

③政治方面，将蔡元培、张继、陈铭枢三人派往广东，呼吁统一团结，抵御外侮；

④民众方面，由国民政府和中央党本部分别发布告全国同胞书，要求国人镇静忍耐，努力团结，准备自卫，并信赖国联公理处断。③

从对内来讲，蒋介石和南京政府在"攘外必先安内"的方针下，试想对广东政府谋求统一，对共产党继续进行"围剿"，并弹

---

① 秦孝仪主编：《中华民国重要史料初编——对日抗战时期》绪编（一），第278页。
② 上海《民国日报》，1931年9月21日。
③ 秦孝仪主编：《中华民国重要史料初编——对日抗战时期》绪编（一），第280～281页。

压民众的爱国抗日运动，以期强化自身的统治。

从对外来讲，蒋介石和南京政府则是想依赖国联、《巴黎公约》和《九国公约》等，使关东军撤回原地，解决事变问题。9 月 19日，南京政府外交部向施肇基（驻英公使、国联代表）发出训令，让其向国联陈述"我方毫无挑衅举动，日军公然向我攻击，我方虽拒未抗拒，而彼仍继续向我开火，炮轰我营房及兵工厂，星期六晨 6 时半，占据奉天全城及其附近"，要求国联"立即并有效地依照《盟约》条款，取适当之措施，使日军退出占领区域，保持东亚和平，中国政府决定服从国际联合会关于此事所作之任何决定"。[①]20 日，南京外交部再次训令施肇基，告知其日军正在扩大军事行动，以及日军炸毁满铁的事实真相，要他针对日方的反宣传进行抗争。基于这个训令，施肇基要求国联秘书长德拉蒙德"根据《国联盟约》第十一条……立即召集行政院会议，以便采取明敏而有效之方法"。

22 日，国联根据中国的要求召开行政院会议。日本代表芳泽谦吉按照币原外相的训令，在会上极力陈述外部的干涉已不必要地刺激了日本舆论，并妨碍了事件的和平解决，声称日中两国的直接谈判可以解决问题云云。施肇基反对中日直接谈判，并表明了中国准备接纳国联调查团的态度。由此可见，南京政府针对日本想避免国联干涉的币原外交，所采取的是依靠国联的对策。有关情况，本书第三章已作了叙述，这里不再赘言。

与此同时，南京政府于 9 月 21 日照会美国政府，要求以《巴黎公约》的原则采取步骤，维护远东和平。[②]并把向国联提出的各项呼吁，均以书面形式照知美国政府。

那么，汪兆铭的广东政府对九一八事变作了何种反应呢？事变爆发前的 14 日，广东政府的 5 万军队正在衡阳与蒋介石的国民

---

① 罗家伦编：《革命文献》，第 39 辑，第 2345 页。
②《美国对外关系文件》（日本，1931～1941），第 3 卷，第 24 页。

军交战。蒋、汪之间的这种对立一直持续到事变之后。因此，广东政府企图以蒋的下台作为抗日的前提条件，利用抗日来达到反蒋的目的。

19日，广东政府召开最高委员会，并发表了如下宣言：

"倘若蒋介石自发下野，广东国民政府亦将自动取消通电，可根据和平统一会议，另行组织统一政府。现今，东邻蹂躏，国难当头，自国之存亡实系于此。望全国同志齐心赞助讨蒋，为实现蒋之下野而尽力。"①

这个宣言的意思在于要以蒋的自发下野为条件，来组织统一政府，共当国难。同日，广东政府对蒋介石本人也发出通电，劝告其下野。②

此时，广东政府还想联合张学良的势力，以推进其反蒋政策。广东政府在发表上述宣言的同一天，对张学良也发出了如下电报。内称："[广东]国民政府今日已对蒋介石发出劝告下野的通电，在国家存亡之秋，希望足下亦予以赞同。"③但是，当时的张学良和汪兆铭之间也有矛盾。1930年，汪兆铭曾想联合北方的冯玉祥、阎锡山以及西山会议派，在北平建立独立的新政权，但由于张学良的不合作，这个新政权没有实现。因而汪兆铭在9月24日举行的对日第一次各界大会上，谴责张学良说："奉军现在超过20万。去年，张学良令其精锐入关，夺取了北平、天津。奉军作为边防军，职在防备日俄两国军队。然而，为何面对仅有1万余人的日军采取不抵抗主义而不敢作一次血战？实为有辱边防军之名。"④张学良由于和汪兆铭的矛盾以及不得不依附于南京蒋介石的关系，也不想与广东政府和汪兆铭采取联合行动。

当时，汪兆铭和广东政府表面上作出慷慨激昂的反日姿态，

---

① 森田正夫：《汪兆铭》，兴亚文化协会1939年版，第316～317页。
② 森田正夫：《汪兆铭》，第317页。
③ 森田正夫：《汪兆铭》，第318页。
④ 森田正夫：《汪兆铭》，第321页。

暗中却与日本进行交涉，想以日本承认其政权为条件，对日妥协，从而解决事变问题。这种状况也不是偶然的。事变前的 7 日，广东政府外交部长陈友仁访日，29 日会见币原外相时，"竭力表示广东政府愿意实行亲日方针，只要日政府予以承认[广东政府]，一切自可商量"①。事变爆发后，陈友仁依然想沿着这种方针与日方进行交涉。他向日本驻广东总领事代理须磨弥吉郎提出如下方案，即在南满设一委员会，以广东派的唐绍仪为委员长，组织地方自治政府，实施模范的地方自治，中国军队参与维持治安，但主要由日军负责警备，以实现统治"满蒙"之实。这是想利用日本侵略的机会，从"满蒙"排除张学良的势力，将"南满"作为一种特别地带，并在中央政府的外交部内设置一局，以监督该委员会。如果这一方案实现的话，东三省则被置于广东政府的势力之下。但是，币原希望与南京政府进行交涉，没有响应这个提案，因而广东政府未能达到预期的目的。

后来，广东政府改变了以蒋介石下台为前提的反日方针，这是社会舆论和民众团体对广东政府特别是陈友仁产生怀疑的结果。当时，有些舆论认为九一八事变是陈友仁访日时，与日本政府达成谅解，为打倒张学良而发生的。在这种情况下，广东政府把原来的方针改为以反日为前提的逼蒋下台的方针，试想通过和蒋介石、南京政府进行对话，以统一反日为借口，让蒋介石下台。9 月 22 日，汪兆铭通过蔡元培和张继对外表示，如果蒋介石辞去南京政府主席及海陆空军总司令的职务，那么广东政府便准备与南京政府进行谈判。对此，蒋介石于 24 日将张继等人派往南方，以进行南北统一的谈判。

从 9 月 27 日开始，这两方势力先后在香港和上海进行了南北统一谈判。10 月 7 日首先针对日本的侵略问题调整和统一了意

---

① 上海《民国日报》，1931 年 8 月 2 日。

见，并发表了双方共同的对外政策。其内容是：①诉诸国际联盟和《巴黎公约》的加盟国，要求以国际正义制裁日本；②在军事和经济上进行抵抗日本侵略的准备。

如上所述，表面统一的中国，其内部实际分为蒋、汪、张等三个军阀势力。这三方势力在对日采取不抵抗的方针上是一致的。而这种一致性是从他们对共产党和工农红军进行"围剿"的一致性以及在事变中要尽力保存自己实力的一致性中产生的。

然而，在这三方势力中推进对日、对国联外交的是蒋介石的南京政府。那么南京政府又是如何认识和判断日本挑起事变的内幕及军部、外务省的内情的呢？

如前所述，九一八事变是以特异的形态爆发的战争。南京政府对此有一定的认识，并断定这场事变是由日本军方挑起的，但是由于对日本陆军中央和关东军的具体关系缺乏了解，以至一味认为这是日本军方的协调行动。

然而，南京政府对日本在事变初期所存在的政府、币原外交和军部的不同政策以及扩大与不扩大派的对立等，又有相当的了解。事变爆发后的第二天（19日），宋子文便对重光葵说："我最为担心的，则是日本政府是否能抑制军部及与之有关的势力。"22日，宋子文针对日军占领长春、吉林等地的形势，又对重光葵说："这种状态使我不能不怀疑日本内阁是否能够控制陆军。"①这说明南京政府对日本还是有所了解的。同样，南京政府的特种外交委员会在研究对日政策时，也认为"其外交当局，最初与军事当局意见不同"②，并将它作为决定政策的依据之一。蒋介石认为"币原在外交上，是比较有些世界眼光"③的。他还引用了币原对南陆相所说的"你要把东三省整个吞下去，无异吞了一个

---

① 臼井胜美：《满洲事变——战争与外交》，第60～61页。
② 李云汉编：《九一八事变史料》，第324页。
③ 秦孝仪主编：《中华民国重要史料初编——对日抗战时期》绪编（一），第307页。

炸弹"①的说法，来叙述币原对军部的看法。当时中国的某些宣传和舆论也持同样的看法。如《民国日报》便在社论中说："在日本侵占辽宁、吉林省的初期，军部和内阁处于对抗地位。"②但也有某些舆论相反，认为"币原外相虽然不像田中义一那样强硬，但在事实上却是阴险地企图侵占'满蒙'，较诸田中义一的暴戾更为可怕"③。

　　南京政府把哪些势力看作是与日本军部相对立的呢？特种外交委员会认为，西园寺与牧野派、海军中的山本与财部派、整个金融界以及和中国南部有贸易关系的商人、和欧美有密切贸易关系的商人等都属于这种势力。④特种外交委员会会长戴季陶在10月21日的对日政策报告书中，引用驻日公使蒋作宾的报告说，现今东京的两派之争非常激烈，南陆相之外都主张和平。因此，南京政府是带着日本两派之争的念头来研究对日政策的。南京政府对日本内阁和币原外相能否抑制军部感到疑惑，但又对其抑制军部、撤退日军寄予希望。

　　关于日本内阁和币原外交的转变，本书第三章已作了分析。当时，南京政府的特种外交委员会也曾有过同样的判断。如该委员会会长戴季陶在11月30日对国民党中央政治会议所作的对日政策报告中便说："其外交当局，最初与军事当局意见不同，但在第二次行政院决议（指国联行政院10月24日的决议——笔者注）以后，外交当局便已逐渐随军部行动，现在外交完全为军事所支配，故一切观察判断，应以军事为前提。"⑤这是正确的判断、恰当的结论。这对南京政府后来决定对日政策产生什么影响不大清楚，但戴季陶说过："……至军部政策用尽时，一切反陆军政

---

① 秦孝仪主编：《中华民国重要史料初编——对日抗战时期》绪编（一），第307页。
② 上海《民国日报》，1931年12月14日。
③ 《晨报》，1931年10月5日。
④ 李云汉编：《九一八事变史料》，第326页。
⑤ 李云汉编：《九一八事变史料》，第324页。

策之势力必将继起执政，至此，中日间方入纯正外交时期……
但此时期之实现尚远，吾人须知将来对日外交必有办法，而不
能此时即有办法。"①

　　挑起九一八事变的关东军要一举占领东三省，建立伪满洲国，
使东三省成为日本的殖民地。根据币原外交的不扩大方针，则是
暂时放弃一举占领的计划，以张海鹏等军阀势力为马前卒，使之
侵占黑龙江省。这个时期，即 9 月 21 日日军占领吉林以后至 11
月 4 日进攻嫩江期间，可以说南京政府并不了解日本军部、特别
是关东军的最终目的。事变初期，南京政府认为是一时的军事挑
衅，所以称之为"奉天事件"。后来，日军占领长春、吉林、安东
等地，南京政府还是认为只是"南满"的局部军事行动，未能判
断出日军是否要发展为占领整个满洲，同时还抱有不可能发展到
那种程度的希望。南京政府认识到关东军的目的是要占领东三省
的时间，与 11 月下旬认识到币原外交追随军部的时间是一致的。
如特种外交委员会会长戴季陶在 11 月下旬向国民党中央政治会
议所作的对日政策报告中谈到，连日来特种外交委员会讨论的结
果是，"判断日本以完全占领东三省，驱逐中国固有之政治军事势
力为[其]主要目的"②。这种判断虽然与认识到币原外交的不扩
大方针已完全转变为追随军部的军事行动有关，但也可以认为是
从日军攻占齐齐哈尔及进攻锦州的事实中不得不作出的判断。这
是非常落后于形势的判断，其原因则不能不说是受了币原外交的
影响。

　　中国方面对币原外交的对策，最为重要的便是中日直接谈
判问题。从事变初期至 11 月中旬，币原一直主张与南京政府或
张学良进行直接谈判。南京政府的宋子文在 9 月 19 日也曾向重
光葵提出过个人的方案，即中日两国各自选定三名左右得力的

----

① 李云汉编：《九一八事变史料》，第 324 页。
② 李云汉编：《九一八事变史料》，第 325 页。

委员，组成一个委员会，来调查和处理有关事件。但后来宋子文又收回了这个方案。这说明从事变初期开始就存在中日是否直接谈判的问题，而这个问题也是中日两国在国联会议上论争的大问题。

可以认为，币原外交的直接谈判，由于10月9日若槻内阁所作出的应该通过谈判而缔结五项协定大纲的决定，前后在内容和目的上都有了区别和变化。10月9日以前，主要是想通过日中直接谈判，首先排除国联或第三国的干涉，其次是想通过日中直接谈判来解决两国间的"满蒙问题"。10月9日以后，币原所说的直接谈判中虽然还隐藏着这两个目的，但因为把缔结五项协定变成了日本撤兵的先决条件，所以直接谈判则成了日本是否撤兵这一问题的组成部分，而且成了关东军拒不撤兵的借口。

那么，南京政府和张学良对此采取什么样的政策呢？9月30日，根据国联行政院的决议，本应撤兵的关东军不仅没有撤兵，反而于10月8日用飞机轰炸锦州，显示了扩大战局的态势。在这种情况下，南京方面对国联及其决议到底对日本有何种作用表示怀疑，对通过国联能否使关东军撤退、能否解决事变问题也持有疑问。这使他们不得不考虑新的办法。其办法之一便是反过来利用币原外交的直接谈判，以期迫使关东军从占领区域撤退。为此，南京方面针对币原外交的"直接谈判→缔结五项协定→撤兵"的这种方针，以"撤兵→直接谈判"的方针，作出了与币原外交相对峙的姿态。在这个过程中，南京方面与张学良之间也有分歧。另外，随着战局的变化，前后多少也有变化。下面就来考察一下这个过程。

10月12日，币原通过亚洲局长谷正之，向中国驻日公使蒋作宾传达了日方有关直接谈判的意见。同日，蒋作宾便把这个消息报告给南京外交部。13日，南京政府的特种外交委员会研究币原的上述意见，但多数成员反对这种直接谈判，"外委诸公主张，如国联无办法，再请美国提出《九国条约》以制日。"①

但是，作为张学良的代表参加特种外交委员会的顾维钧，与上述意见不同，主张与日本直接谈判。他说："要日本遵守国联行政院的决议是不可能的。按照《国联盟约》组成的行政院，无权强制实行它的决议；要解决中日之间的一系列问题，如果能够解决的话，只有在国联的监督、帮助下由两国谈判才行。"②顾维钧分析，如果中国拒绝币原的建议，那将正中日本的下怀，使日本得以遂行其抗拒国联的政策。因此，他主张"关于谈判的一般性建议应该接受，同时应该以修改日本五项原则的形式提出反建议"③。顾维钧的这种主张，与其说是他个人的意见，莫如说是他在北京同张学良商谈的主张。

在上述多数成员反对直接谈判的情况下，顾维钧提出了如下方案，以作为过渡期的方法。其方案的内容是：日本既在理事会上公然提出，我方可由施代表提出要求即时撤兵为原则上赞成提案之交换条件。唯声明对于将来日本提出之大纲具体条件有关我国主权者，保留修改或反对之权，并要求芳泽将具体大纲在会上宣布。若说方法，目前即可避免直接交涉，而商订大纲且为实际，得理事会居间调处之益，使全盘问题渐入解决途径。④顾维钧的这种见解得到了特种外交委员会副会长宋子文等人的赞同和支持，但是并没有成为一致的决议。其原因中有依赖国联和美国的成分，也有顾维钧所说的"似欲俟对内实现一致之后，再定对外具体方针"⑤的因素。由于当时的广东政府把南京政府的对日政策责骂为卖国，蒋介石也不想受此牵制而进行直接谈判。但是蒋介石并没有完全否定直接谈判的可能性。

---

① 《民国档案》1985 年第 1 期，第 11 页。
② 《顾维钧回忆录》（1），第 416 页。
③ 《顾维钧回忆录》（1），第 417 页。
④ 《民国档案》1985 年第 1 期，第 12 页。
⑤ 《民国档案》1985 年第 1 期，第 12 页。

10 月 16 日，蒋介石约见顾维钧，想根据顾维钧的草案提出对日谈判大纲，并言称日军"撤兵后，如能得国联或第三国之代表加入为公证人，亦可开始交涉"[①]。表示出想同日本直接谈判的态度，但又没有确实的方针。顾维钧对蒋介石说："惟此事关系我国甚大，恐不能全恃国联，亟望政府速定方针与步骤，庶不至拖延愈久，收拾愈难。"[②]根据蒋介石的指示，南京政府特种外交委员会于 10 月 17 日决定了对日谈判预备大纲。该大纲含有如下六项内容：

①由（在）国联监视之下，日军退出占领区域。

②中日将来一切交涉必须[在]国联照拂之下进行。

③交涉地点在日内瓦或欧美各地。

④将来中日交涉，必须在国际公约原则下进行。甲、尊重中国领土行政之完整；乙、门户开放机会均等；丙、为维持东亚和平计，不惜用武力行使国策。

⑤日本必须负此次出兵责任。

⑥无论日本提出什么条件，中国皆须保留有修正及另自提案之权。[③]

这个决议案虽说是对日交涉的预备性方案，但大体上是完整的。不过，其中对如何处理谈判与撤兵的关系问题没有作出明确规定。在这个时期内，国联再次召开了有美国观察员列席的行政院会议。因此，北平的张学良等人想利用这个机会迅速对日进行直接交涉。张学良的秘书王树翰于 17 日向顾维钧强调，不能等待广东政府与南京统一之后再进行交涉，希望迅速作出决定。[④]

这时，如何处理日军撤兵与中日直接交涉的关系问题，在国联行政院会议上也是一个重要的论题。为此，国联秘书长德拉蒙

---

① 《民国档案》1985 年第 1 期，第 13 页。
② 《民国档案》1985 年第 1 期，第 13 页。
③ 《民国档案》1985 年第 1 期，第 14 页。
④ 《民国档案》1985 年第 1 期，第 14 页。

德提出了本书第三章业已叙述过的三种方案。在这种情况下，蒋介石、戴季陶、宋子文、颜惠庆和顾维钧等人共同讨论对策，并作出了如下决定：

甲、关于撤兵问题：

①日军限十日内撤尽（国联限三周——笔者注）。

②日军撤退、商讨接收办法及实行接收三事，均由中立国人员监视。

③接收办法以有关交接手续问题为限。

乙、关于我方对案大纲五款：

①两国间任何问题不得以武力解决。

②日本尊重中国在东三省实行门户开放或机会均等之原则，促进东三省经济上之发展，日本不得加[以]任何阻碍。

（原文无③——笔者注）

④中日共同考察两国之关系，并以条约实行改善之，俾与上述各原则相符合。

⑤遇有在国联翼赞之下谈判不能解决之问题，应查明《国际盟约》及其他国际公约，采用其他和平方法处理之。

丙、关于日本拟提之案，表示下列意见：

原案第一款代以对案第一大纲第二款，改为研究两国仇视行动之根本原因，以便设法消除之。

[原案]第三款代以对案第二大纲第四款，改为在东三省之日本人民，如同在中国其他地方者，中国一律加以切实保护。

第五款所有具体问题，考其历史与性质，分别依照对案第四或第五大纲办法解决之。①

10 月 22 日，南京政府外交部将上述方案通知中国驻国联代表施肇基。但国联行政院于 10 月 24 日以德拉蒙德的第三种方案

---

① 《民国档案》1985 年第 1 期，第 15 页。

为基础，起草了决议案。这个决议案规定，日本在下次理事会召开的 11 月 16 日前撤兵，撤兵后两国直接进行交涉。南京特种外交委员会研究了这个决议案，基于该委员会的宗旨，由顾维钧、宋子文和颜惠庆在 10 月 23 日向施肇基作了如下指示：

①大体认为国联新草案圆满，可声明承受之。

②于声明承受时表示：

甲：中国[相]信日本于下届理事会开会前能将日军完全撤尽。

乙：所云商订接收办法，改为以手续问题为限。

丙：希望日本政府亦邀请中立国人员随同参观日军撤退。

丁：承认撤兵后直接交涉与设立调解委员会两事，认为有连带关系。

戊：国联努力主持和平与公道，中国甚为感谢。

③如日本反对调解委员会，则提议邀中立国人员参加交涉。①

这说明中国方面全面承诺国联行政院 10 月 24 日的决议案，中国部分放弃了一直坚持的在中立国或国联监视下日军撤退后再进行直接交涉的原则，并对日本排除第三国干涉谈判的主张，表示了让步的态度。然而，国联行政院的决议案由于日本的反对而没有生效。对此，日本政府于 10 月 26 日发表了第二次政府声明。

顾维钧于 25 日便说："在此闭会期间，日军之不能撤退，可以断言。"②但对日本政府声明中最后所说的"帝国政府至今不渝，依然准备就确立两国平常关系之基础的大纲协定问题，以及军队返回满铁附属地之内的问题，开始与中国政府进行商议"③抱有希望。这也就是他向张学良和蒋介石都陈述过的所谓"细阅日政府声明书末段措辞，日方似已稍[作]让步，将基本大纲与撤兵接收事宜并为一谈，准备与吾国开议。如果日本诚意转圜，不难就

---

① 《民国档案》1985 年第 1 期，第 18 页。

② 《民国档案》1985 年第 1 期，第 19 页。

③ 日本外务省编：《日本外交年表及主要文书》，下卷，原书房 1972 年版，第 186 页。

其提议谋一无损双方体面而有利[于]吾国主张[之]途径，以避僵局"①。对此，蒋介石"亦深以速觅两全之途径为然"。②

　　但是，11 月 2 日在蒋介石的参加下，戴季陶、吴铁城、于右任、顾维钧等特种外交委员会委员作出了如下对日方针，即："日军未撤尽以前，不与日方任何接洽，即[使]将来撤兵后如何开议，手续问题亦不拟先表示"，以及"另用间接方法催促[撤]兵"等。③当天下午，顾维钧到上海与宋子文面谈，宋子文也认为此时对日以持镇静态度为宜。据《顾维钧回忆录》，这个时期对日交涉的意见占上风，特种外交委员会通过了顾维钧对日本五项协定大纲的修改意见，并对蒋介石作了报告。蒋在 10 月底召开政府官员会议并讨论了这个报告。当时，国联保健协会理事长拉西曼也参加了这次会议。他反对特种外交委员会的意见，认为"中国应该明确拒绝和日本谈判，而依赖国联行政院的决议，要求日本从占领区撤军"④。蒋介石、宋子文赞成这种意见。顾维钧上述回忆的事情，可能就是指 11 月 2 日的那次会议。如果是这样的话，可以说 11 月 2 日的决定是根据拉西曼的意见而作出的。由于拉西曼是国联卫生局长，当然被认为是想树立国联的权威。

　　几天以后，关东军侵占嫩江，战局进入一大转折时期。16 日再次召开的国联行政院会议也面临着新的考验。国联依靠《盟约》和《巴黎公约》所作的努力，对日本已没有任何效力，因而试想按照币原外交所主张的直接交涉，回避国际法上的法律问题，以经济问题特别是以铁路问题为中心，通过两国的直接交涉来促使日本撤兵。当时，出席行政院会议的英国外交大臣西蒙，向中国代表施肇基提出了如下方案：

　　①向日本郑重声明，中国尊重满洲之条约义务。

_____

①《民国档案》1985 年第 1 期，第 20 页。
②《民国档案》1985 年第 1 期，第 20 页。
③《民国档案》1985 年第 1 期，第 20 页。
④《顾维钧回忆录》(1)，第 418 页。

②照会列强及美国，重申第一点。

③中日间同意组成一铁路专门委员会，主席由国联指派，由中日相等委员人数组织之。其目的在于达成一个满洲铁路营业协定，防止不良竞争，达成如同一系统之营业的协定。

④在保证第一、第二项并签订第三项的协定后，即实行撤兵。[①]

这是所谓的经济外交，即首先对经济问题特别是铁路问题进行交涉并缔结协定，然后日本才撤兵。这个方案与10月24日的国联行政院的决议案相比，实际是倒退了一步。

11月18日，特种外交委员会收到西蒙这一方案，次日，蒋介石列席特种外交委员会会议，参与研究了这个方案，大体表示同意，特种外交委员会于是向施肇基作了如下指示：

①中日互向行政院及美国声明，尊重国际条约原则。

②关于条约之任何问题或争执，应提交行政院或中日合组之和解委员会。

③对于西蒙所提出之第三点，关于行政院派代表及国联协助之建议，主张接受，唯末段修改为"以谋共同利益"。

④对于撤兵问题，应切实规定完成日期及一定期间内之各个步骤。

⑤中立代表协助各地之撤兵及接收。

⑥中日间一切商议，最好在中立地点。[②]

南京政府特种外交委员会的上述指示，意味着从撤兵后进行交涉的方针开始转变为撤兵前进行交涉。南京政府之所以不得不作出这种转变，可以认为与当时关东军已突破马占山的嫩江防线并进攻齐齐哈尔，军事形势发生了重大变化有关。因此，这个时期所说的直接交涉，与其说是为了使关东军撤兵，莫如说是为了

①《民国档案》1985年第1期，第22页。
②《民国档案》1985年第1期，第23页。

阻止关东军的北进。

　　然而，也正是在 19 日，关东军占领了齐齐哈尔。这时，南京方面才明白日本通过占领齐齐哈尔，进而占领整个东三省并驱逐东北张学良政权的目的。而作为直接交涉对象的币原外交也在此前后从不扩大方针转向了军事扩大。因此，南京政府的对日政策也不得不发生变化。11 月 20 日，南京特种外交委员会取消了前述 19 日对施肇基的六条指示。①同日，正在进行的国民党第四次代表大会也作出了"国民政府主席蒋中正同志迅即北上保卫国土，收回失地"②的紧急决议。此外，张学良在 22 日也发表对外宣言，表示"非日本撤兵，不能议其他问题"，断然拒绝对日直接交涉。③

　　在拒绝对日直接交涉的同时，南京政府向国联要求依据《盟约》第十六条制裁日本。但是，11 月 16 日重新召开的国联行政院会议并没有根据《盟约》第十六条对日本侵占齐齐哈尔和锦州的行为加以制裁。在这种内外形势下，南京政府又想从数日前的拒绝中日直接交涉回到直接交涉上来。如锦州中立化方案，便是由顾维钧提出、经蒋介石批准的方案。④其中包含着顾维钧早就提出过的直接对日交涉的意图。当时，蒋介石并没有直接议及直接交涉的问题，但在 28 日将主张直接对日交涉的顾维钧从代理外交部长任命为外交部长，则说明了蒋介石也是同意对日直接交涉的。⑤

　　顾维钧就任外交部长，币原对此非常重视。11 月 30 日，日本公使重光葵携带币原的私人信件来到南京，在祝贺顾维钧就任外交部长的同时，与顾维钧交谈了在锦州设置中立地带的问题，

---

① 《民国档案》1985 第 1 期，第 23～24 页。
② 罗家伦编：《革命文献》，第 35 辑，第 1250 页。
③ 《晨报》，1931 年 11 月 24 日。
④ 宿梦公：《关于"九一八"事变的片断回忆》，《文史资料选编》，第 12 辑，第 21～22 页。
⑤ 《顾维钧回忆录》(1)，第 425 页。

离去时将币原的信件交给了顾维钧。币原在信件中说到，他同顾
维钧在华盛顿会议上共同解决了山东问题，而今又出现了一个难
题，言称"决心求得对中日双方都公允的解决办法"云云。①对
此，顾维钧一方面对币原的好意表示感谢，一方面又为币原的"真
挚"所感动。②因此，当时《民国日报》就顾维钧与重光葵的会
见所发表的评论——"此项讨论可启中日直接谈判满洲全部问题
之途径"③，并不为过。12 月 2 日，顾维钧从南京前往上海；12
月 3 日，重光葵从上海来到南京，双方继续会谈。其具体内容不
详，但当时的宣传媒介传播了中日直接交涉的消息，于是学生和
民众团体强烈反对这种直接交涉。顾维钧在回忆录中谈到，民众
团体的反对运动表面上好像是反对政府直接对日谈判，而实际上
是由反蒋势力促成的。这可以说是顾维钧的自我辩解，但也不能
忽视国民党内部反蒋势力的存在和他们所起的作用。

　　九一八事变以来的中日直接交涉，就如梦幻一般，从日本或
中国的现实来看，都没有实现的可能性。而且，即使进行直接交
涉也不能解决九一八事变和所谓的"满蒙问题"。从币原外交来看，
所谓的直接交涉对排除国联和美国的干预，对缓和日本与列强间
日益激化的矛盾是有利的。而这对于中国的外交来说则是完全不
利的。这时期南京政府虽然在外交上作了种种努力，但未取得多
大的效果。因而，在反对直接交涉的高潮中，蒋介石于 12 月 15
日辞去南京国民政府主席的职务，顾维钧也在数日后辞去了外交
部长职务。

　　币原外交为了阻止美国对事变的直接干涉，进行了种种外交
努力。那么南京政府又是如何呢？当时南京政府在依赖国联的同
时，对美国也抱有很大希望。对美国的这种希望，与当初对国联

---

　　①《顾维钧回忆录》（1），第 421 页。
　　②《顾维钧回忆录》（1），第 421 页。
　　③ 上海《民国日报》，1931 年 12 月 1 日。

的希望相比是第二位的，但因日军拒不撤退，南京政府对国联的希望遂逐渐淡薄，而对美国的希望则逐渐增大。南京政府对美国希望什么呢？那就是希望美国对事变进行直接干涉并根据《九国公约》举行国际会议。《盟约》和《巴黎公约》是第一次世界大战后规定国际关系的国际公法，但并没有特别对中国问题作出规定。而《九国公约》是针对中国问题的国际条约，在缔结这个条约中起核心作用的美国是当时国际上最大的强国。因此，南京政府在国联不能解决问题的情况下，想依赖美国政府，通过召开《九国公约》缔约国的国际会议来制裁日本。在 10 月 14 日举行的特种外交委员会上，由于多数委员持这种主张①，所以南京政府的外交元老颜惠庆与美国公使进行交涉，以期召开《九国公约》缔约国的国际会议。②可以认为，由于币原和掌握九一八事变主动权的关东军，在扩大事变和建立伪满洲国的问题上，担心美国运用《九国公约》来制裁日本，所以南京政府对《九国公约》寄予希望也不是没有道理的。而问题在于美国如何对待南京的希望。10 月16 日，美国观察员出席了国联行政院会议。顾维钧在给张学良的电报中说："现美国加入国联，声势愈觉良好。"③中国各家报纸也以头条新闻进行报道。但是，与中国的希望相反，美国只是基于《巴黎公约》的第二条，不问事变的起因和性质，仅仅是劝告中日两国用和平办法解决。这清楚地表明了美国对事变的态度。

　　然而，南京政府依然对美国寄予希望。特种外交委员会会长戴季陶在国民党中央政治会议上所作的对日政策报告就说："[美国]至今虽极力避免表示意见，但将来必要时，有运用《九国公约》，进而对日本作有力抵制之可能。现在其态度愈趋和平，劝中国让

---

①《民国档案》1985 年第 1 期，第 11 页。
② 秦孝仪主编：《中华民国重要史料初编——对日抗战时期》绪编（一），第 296 页。
③《民国档案》1985 年第 1 期，第 13 页。

步等意思表示，皆为保留其将来活动之预备。"①虽然这种说法的依据尚不清楚，但可以认为这只是一种自我安慰。

11 月 23 日就任代理外交部长的顾维钧也对外表示："如国联不能有圆满解决之方案，我国固可依靠华会《九国公约》签字国，宣布中日纠纷之一切文件，并请召开国际会议。"②

然而，美国不想根据《九国公约》来召开国际会议，也不想制裁日本。南京政府对美国的希望变成了幻想，而币原外交的对美政策却达到了预期的目的。

那么，民众和舆论怎样看待美国呢？站在南京政府一边的宣传媒介，与南京政府的看法相同。但其他宣传媒介和民众反对南京政府对美国寄予希望。比如《晨报》在当年 10 月 12 日的社论中，便以《美国对中日事件之态度与趋势》为题，从美国对"满蒙"地区贸易及投资量的角度来分析美国的态度。其中谈到，1930 年美国对"满蒙"出口 699 万海关两，从"满蒙"进口 2072 万海关两，投资 3959 万元。这些数字从美国对外贸易和对外投资的总额来看是很小的。因此这篇社论说："美国在现在普遍的经济危机之下，又在其'金元外交'和'商人政府'之立场上，绝无对满洲事变过问之理，就算过问，亦属一种空洞表示，绝无何种力量。"③署名陈启修的《日本在东三省暴行的意义和我国应有的对付方法》一文，也从美国对德、对日投资的角度分析说，美国对欧美的关心胜过对亚洲的关心，它"决不会牺牲很大的眼前利益来干涉日本，保护这点利益"④。事实证明，这种结论是正确的。但是，南京政府听不进去。

最后，再考查一下南京政府和张学良对天津事件和日军侵占锦州的对策。

① 李云汉编：《九一八事变史料》，第 325 页。
②《晨报》，1931 年 11 月 24 日。
③《晨报》，1931 年 10 月 12 日。
④《晨报》，1931 年 10 月 5 日。

　　11 月 8 日，发生了所谓天津事件。这是日本在天津的驻屯军和土肥原贤二等人阴谋挑起的。挑起这次事件的目的有三个：（一）瓦解张学良政权；（二）为对锦州作战进行军事和舆论上的准备；（三）使溥仪逃出天津。[①]南京政府和张学良对第一、二项目的有所察觉，但不知道尚有第三个目的。实际上，土肥原等人正是在这次事件中，首先使得溥仪逃离天津，并开始着手建立伪满洲国的。然而，南京政府和张学良注重避免中日冲突，只是研究了天津事件的对策。11 月 13 日，蒋介石、宋子文、戴季陶和顾维钧等共同研究对策，并决定利用日本的阴谋危及了欧美列强在中国沿海、沿江的殖民权益这件事，促使列强采取阻止日本行动的对策。同日，外交部长顾维钧向英、美、法三国公使讲述了有关事宜。三国公使表示答应顾维钧的要求。[②]此时，顾维钧提出在日本租界地以外 300 米的缓冲地带由国际巡警队进行巡逻的方案，以作为避免中日冲突的方法。但三国公使表示异议。[③]他们认为这会刺激日本，要慎重对待。从这里也可以看出欧美列强在中国政策上的二重性。

　　在关东军企图进攻锦州的情况下，南京政府采取从背后牵制日本天津驻屯军的措施，计划在天津组织临时性的团体，让各国代表参加，共同维持治安，并给该团体配备得力的军队，以进一步发挥该团体的作用。[④]12 月 2 日，南京国民党中央政治会议基于天津设有日本租界区，认为天津市区与日本租界相连，若能得到中立国家的确实保证，在中间设置缓冲地带，则可以避免中日双方的冲突。顾维钧将这一意见通知张学良。[⑤]与此同时，南京

　　① 参阅日本国际政治学会太平洋战争研究部编：《走向太平洋战争之路》，第 2 卷，第 174～175 页；臼井胜美：《满洲事变——战争与外交》，第 102～108 页。
　　②《民国档案》1985 年第 1 期，第 21 页。
　　③《民国档案》1985 年第 1 期，第 21 页。
　　④《民国档案》1985 年第 2 期，第 9 页。
　　⑤《民国档案》1985 年第 2 期，第 9 页。

政府又以警备天津地区的盐田为借口，将南京政府财政部所属的"税警团"的3个团五六千人，调归张学良指挥，配置在天津，以作为军事上的措施。①这一措施是针对天津事件的对策，也是针对锦州问题的对策。

关东军占领齐齐哈尔之后，将矛头指向辽西，准备进攻锦州。为此，南京政府采取了与九一八事变爆发时不同的对策。11月25日，特种外交委员会决定：（一）在各国的援助下，以和平手段维持锦州；（二）如果上述努力无效，则以自己的实力保卫锦州。②南京政府在锦州问题上，始终想执行这一方针。

作为和平方法，蒋介石和宋子文、戴季陶、颜惠庆、顾维钧等人于24日首先作了依赖英、美、法三国解决锦州问题的决定。基于这一决定，顾维钧在同日会见上述三国公使时，提出了如下方案："倘日本坚持要求我军撤退，我军可自锦州退至山海关，但日本须向英、美、法各国声明，保证不向锦州至山海关一段区域进兵并不干涉该区域内中国之行政机关及警察，此项保证须经各国认为满意。"③这是所谓中国撤兵的两个先决条件。三国公使对于这个建议表示赞成，并同意向本国政府转达。

但是，英、美、法三国政府并不想保障这两个条件。26日，美国公使詹森向中国转达了国务卿史汀生的意见：中国首先自动将军队撤至山海关以避免冲突，将来再根据事实和条约来全面解决"满洲问题"；在现今的形势下，阻止战争是一件大事，所以不能作出什么保障等等。④同日下午，英国公使蓝普森也向南京政府转达了英国政府的紧急训令，劝告中国不要采取恶化局势的行动。⑤这实际是要求中国不要采取自卫的军事行动，所以对日本

---

① 《民国档案》1985年第2期，第9～10页。
② 《民国档案》1985年第2期，第4页。
③ 《民国档案》1985年第2期，第4页。
④ 《民国档案》1985年第2期，第5页。
⑤ 《民国档案》1985年第2期，第5页。

是有利的。

11 月 26 日、27 日，顾维钧在致张学良的密电中谈道，"现在中央意旨：决定如日方相逼太甚，我方应以实力防卫"；"万一彼仍步步进逼，则自不能不取正当防卫手段"。①但是，张学良想和日本达成协议后将军队撤至山海关。11 月底，北平日本领事馆参事官矢野访问张学良，对张表示日本原则上同意英、美、法和中国提出的在锦州设置中立地带及中国军队撤至山海关的方案。并说如果张学良同意的话，日本就准备派出代表前来协商。②矢野的提议是想排除顾维钧前述方案中的先决条件，以期通过中日直接交涉，兵不血刃地占领锦州。张学良本人对矢野的提议表示赞成，但附加了两条意见："第一，希望日军最大限度不越过原遣地点即巨流河车站。第二，须留少数军队在锦州一带即中立区域内，以足防匪患，维持治安为度。至将来日方如派代表时，才宜舍军事人员而用外交人员。"③对于其中的第二条矢野依然坚持中国军队全数撤退。为此，张学良于 11 月 29 日向蒋介石报告了他与矢野的会谈情况，并请求指示。

这时，南京的日本领事也向南京政府外交部提出了同样的意见，但顾维钧没有响应。29 日顾维钧致电张学良，劝他不要同日方直接交涉。顾维钧的理由是：①方并没有接受国联的办法，显然是要撇开中立国家所派遣的观察员（26 日国联决定派遣观察员），然后在与我方协商时提出种种苛刻条件，我方"从则难堪，不从即破裂"；②方可以借口其已经撤兵，迫使我方撤至山海关，"我若不撤，彼即责我违反，进兵攻我"。④顾维钧对日方企图的分析是正确的。他劝告张学良说："如日方欲商洽办法，可请其由

---

① 《民国档案》1985 年第 2 期，第 5 页。
② 《民国档案》1985 年第 2 期，第 6 页。
③ 《民国档案》1985 年第 2 期，第 6 页。
④ 《民国档案》1985 年第 2 期，第 7 页。

中立国观察员转达我方……勿与讨论。"①

　　但是，日方强硬要求南京政府通过直接交涉迫使中国撤兵。
12 月 3 日，重光葵访问顾维钧，声称日本军队已撤至满铁附属地
之内，再次要求中国军队撤至山海关。顾维钧说："如日军怀疑中
国驻锦军队之用意，可由中国向国联保证不往前进，并可由观察
员建议办法，使此项保证发生效力。如此办理，日军既已撤至铁
路区域，吾军可不前进，则冲突之危险可完全消除。"②但重光葵
表示异议，因为日本企图在中国撤兵之后无血占领锦州。

　　当时，南京政府依然是采取要求第三国干预，在其保障之下
方可撤兵的方针。12 月 2 日，国民党中央政治会议作出了如下处
理时局的方针：

　　①东三省事件应积极努力，于国联切实保证之下解决。

　　②锦州问题，如无中立国团体切实保证，不设缓冲地带，那
么如日军进攻，应积极抵抗。

　　③天津与日租界毗连之处，如有中立国切实保证，得划缓冲
地带，以避免冲突。③

　　与此同时，施肇基在国联要求设置中立地带，由第三国派遣军
队守卫中立地带，日军不能进入中国撤兵地区。但是，作为第三国
的欧美列强对上述要求不予赞成，只同意派遣观察员。④于是，第
三国的外交官和武官在这一时期陆续前往山海关和锦州视察情况。
南京政府坚持了没有第三国保证，绝不撤兵的方针。

　　但是，如前所述，张学良的方针和对策与南京政府有所不同。
他在这个时期想自动从锦州撤退部分军队，避免与日军进行决战，
以保持自己的军事实力，在华北维持其军阀地位。南京政府的要
人中也有主张从锦州撤兵的。如政府军参谋长朱培德在 12 月 8 日

①《民国档案》1985 年第 2 期，第 7 页。
②《民国档案》1985 年第 2 期，第 10 页。
③《民国档案》1985 年第 2 期，第 9 页。
④《民国档案》1985 年第 2 期，第 8 页。

的特种外交委员会上便说，军队不从锦州撤退这是当然的事情，但是如果双方进入战斗状态，我方连一周也不能支持，而且后援无望；在明知对日作战将要失败的情况下，是与日本对抗还是采用与之协商的办法呢？两者中间必择其一。①他主张撤兵进行交涉。对此戴季陶也有同样的倾向。这种意见与张学良的主张大体相同。

时任外交部长的顾维钧反对张学良的撤兵行动。12月3日，他希望"请暂从缓"撤兵。②12月5日，顾维钧再次致电张学良，内称："……日人如进兵锦州，兄为国家计，为兄个人前途计，自当力排困难，期能抵御。"③顾维钧认为，国联行政院已经回绝了日方在锦州设置中立地带的要求，"吾若抽调一部后退，仍不能阻其进攻，不如坚守原防"，既贯彻国联的主张，又可避免引起国内纠纷。④同样，12月8日蒋介石也致电张学良："锦州军队此时切勿撤退，近情如何？盼复。"⑤在这种劝阻和指示之下，张学良一度拒绝了与矢野的交涉。

在这种情况下，日军决定占领锦州。12月7日，日本陆军大臣南次郎命令关东军司令官本庄繁进击辽河以西。12月12日，日本关东军确定进攻锦州，24日向第二师团下达了于28日开始进攻的命令。此时，南京政府并不了解日军的内幕，驻日公使蒋作宾依然向南京政府报告说，由于各国的劝告，日本对锦州的态度有所缓和。顾维钧在12月中旬也没有格外给张学良发电，对锦州问题的关心似较以前淡薄。但12月20日以后，南京政府再次认识到锦州问题的危险性。22日，给施肇基发出训令，让其请求

①　罗家伦编：《革命文献》，第35辑，第1276页。
②　《民国档案》1985年第2期，第10页。
③　《民国档案》1985年第2期，第10～11页。
④　《民国档案》1985年第2期，第12页。
⑤　秦孝仪主编：《中华民国重要史料初编——对日抗战时期》绪编（一），第312页。

国联采取措施阻止日军的活动。[①]与此同时，顾维钧会见英、美、法三国公使，要求他们向本国政府通电，阻止日军的行动。

但是张学良对日军进攻锦州缺乏警戒，12 月 29 日致电顾维钧，说："日政府因美国态度强硬，已奏准停止进攻锦州。今晨，令由本庄以飞机传达在北宁路各军全部撤退。又，关东军鉴于四围情势，决定令满铁线外各部队于数日内撤回原驻地。又，币原声明倘陆军再攻锦州，即决定辞职。"[②]12 月 30 日，南京政府命令张学良积极抵抗日军进攻锦州。[③]1932 年元旦就任外交部长的陈友仁发表宣言，表示抵抗。[④]但是，张学良没有抵抗，东北军从锦州撤退。1 月 3 日，关东军兵不血刃占领了锦州。

二、南京政府与"一·二八"事变

"一·二八"事变前，南京政府出现了重大的人事变动。12 月 15 日，蒋介石辞去国民政府主席、行政院院长、陆海空军总司令等职务，返回奉化故里。蒋介石的这次下野，从外部来讲是由于以北平、南京和上海的学生为中心的反蒋、反政府运动造成的；从内部来讲则是由于蒋介石的靠山江浙财阀与汪兆铭的广东派对立。江浙与广东两派从 10 月 27 日开始至 11 月 4 日，举行了有关调整、统一的预备会议，蒋介石表示对九一八事变以来的事态负责，并辞去职务。蒋辞职后，经过两周的时间，1932 年元旦，广东、江浙两派成立统一政府，林森就任统一政府主席，孙科任行政院长，陈友仁就任外交部长，汪兆铭、胡汉民、蒋介石就任国民党中央政治会议的常务委员。广东派在统一的南京政府中明显

① 《民国档案》1985 年第 2 期，第 16 页。
② 《北京档案史料》1991 年第 4 期，第 31 页。
③ 秦孝仪主编：《中华民国重要史料初编——对日抗战时期》绪编（一），第 313～314 页。
④ 秦孝仪主编：《中华民国重要史料初编——对日抗战时期》绪编（一），第 314 页。

地扩大了势力。但是，财政、军事大权依然掌握在蒋介石一派的手里。浙江、江西、江苏、安徽、河南、湖北省的实际权力也在蒋派手中。在这种情况下，孙科等人仍旧无法对付内外危机，不得不于1月25日辞去职务。外交部长陈友仁也辞去职务。1月28日，汪兆铭、罗文干分别就任行政院长和外交部长。研究和制定对日政策的特种外交委员会一度于12月解散，1月27日重新设立外交委员会，作为国民党中央政治会议管辖下的机构。顾孟余、顾维钧、王正廷、罗文干等就任外交委员会常务委员。国民党中央委员会在事变的第一线上海设置上海办事处，直接处理上海问题。办事处内设外交组，审议、决定对外问题。由陈友仁任主任，顾维钧、张群、黄郛等任委员。

　　"一·二八"事变是在南京政府上述的混乱和改组中发生的。事变的爆发促使蒋介石返回政界。1月29日蒋就任军事委员会委员，3月6日就任该委员会委员长，重新掌握了南京政府的军事大权。这样，南京政府便形成了汪兆铭在政治上和蒋介石在军事上的二头统治。这种情况，对南京政府在"一·二八"事变时期的外交产生了一定影响，因而在研究南京政府对"一·二八"事变的外交时，应考虑到这种变化。

　　"一·二八"事变和九一八事变一样，既是日本对中国的侵略战争，又具有它的特异性。这是研究南京政府对"一·二八"事变的外交的前提，也是分析南京政府对日政策的根据。那么，南京政府如何理解和判断"一·二八"事变呢？

　　从日本侵略的角度来说，"一·二八"事变不仅是九一八事变的继续，而且是九一八事变的扩大，也是日本侵略中国的新阶段。当时，南京政府是从两个事变的连续、扩大和阶段性的角度来判断"一·二八"事变的。但从现有的史料来看，南京政府对上海事变的特异性，即日本要转移中国和列强对伪满洲国成立的注意，牵制它们对伪满洲国成立的干涉这一方面，却没有认识到。这可以从南京政府对以下问题的对策中得到证实。

"一·二八"事变的特异性，虽然直接表现在 1 月 18 日板垣征四郎和田中隆吉共同策划的"日本僧侣事件"上，但在当时连日本人也不知道内幕的情况下，南京政府是无法了解其实质的。因此，南京政府承担了应由日方负责的袭击责任，1 月 28 日上海市政府秘书长代表市政府向日本驻上海总领事馆表示遗憾。[①]1 月 20 日，日本青年同志会 30 余人又以"复仇"的名义袭击了三友实业公司。日本上海总领事村井就此向中国方面提出四项要求。对此，上海市长吴铁城于 1 月 28 日全面接受日方要求，再次承担了应由日方负责的责任。中国驻上海十九路军对取缔抗日团体表示反对，但还是对事件表示了要负责任的态度。[②]南京政府由于不了解诱发这次事件的内幕，所以对之后的一系列问题，都没有明确的认识和正确的判断。

其次，板垣等人之所以选择上海挑起事变，是想利用上海的特殊性。上海是列强侵略中国的据点，是外国殖民权益集中的地方。对此，南京政府是清楚的，外交部长罗文干在 2 月 8 日的谈话中也谈到过这一点。[③]但是，他没有认识到这是日本要使列强卷入事变，而只是从上海与南京在通商、金融和交通关系的重要性上，来分析事变发生的原因。

南京政府从九一八事变的连续和扩大的角度，认为"一·二八"事变是日军要占领上海、南京及长江流域的军事行动，并强烈地感到日本对首都南京的威胁。2 月 4 日，日本陆海军在《上海方面军事行动指导纲要》中，决定把上海附近作为占领区，而且声称："假使中国军队从其驻地和禁止侵入地区撤退后再次攻击我军，并继续进行各方面的抗日行动，那么我方为了自卫将再次

---

① 《国民政府军事机关档案》(25)，181，南京中国第二历史档案馆藏。
② 《国民政府军事机关档案》(25)，3007，南京中国第二历史档案馆藏。
③ 罗家伦编：《革命文献》，第 36 辑，第 1510 页。

打击中国军队，并对南京作暂时的保障占领";"我帝国的方针是，在没有决定日中全面交战的范围内，陆军的军事行动不向南京以西方面扩大。"这里所说的占领南京是一种条件，在"一·二八"事变的初期并没有把它列入日军占领的计划范围之内。[①]但是，南京政府反而特别重视日本对南京的威胁。1月29日，南京政府针对"一·二八"事变所发表的宣言中写道："上海为中国经济商业中心，而且地接首都，攻上海即系对于首都加以直接危害与威胁。"[②]1月30日，南京政府决定把中央机关转移至洛阳。[③]蒋介石预计日军占领南京后将占领武汉，1月29日对湖北省主席何成睿和第四师师长徐庭瑶下达了命令："昨夜倭寇向我上海闸北第十九路[军]防线急[击]……其在汉浔海军必有军事行动，务望严密戒备自卫，万勿为其所屈。"[④]

"一·二八"事变后期，蒋介石依然强调日军将占领南京和长江一带。他在3月10日作成的《第二期抵抗作战方案》中分析："其军事目的，不外占领南京，控制长江流域。"[⑤]

以上事实在提高对日本侵略的警戒上，是有重要意义的，但在判断日军挑起"一·二八"事变的目的上，却不能说是正确的。

那么，南京政府对战局扩大的原因又是如何认识的呢？行政院长汪兆铭在数次讲话中都认为是中国不屈服的缘故。他说："一言以蔽之：是我们不肯签字于丧权辱国之条件……所以日本更进一步以陆海空军兵力来攻上海，用以威胁。"[⑥]这只是对"一·二八"事变的片面说明，对其特异性的原因缺乏分析。

基于上述的分析与判断，事变爆发的第二天，蒋介石制定了

---

① 稻叶正夫等编：《走向太平洋战争之路》，别卷资料编，第190～191页。
② 秦孝仪主编：《中华民国重要史料初编——对日抗战时期》绪编（一），第433页。
③ 秦孝仪主编：《中华民国重要史料初编——对日抗战时期》绪编（一），第435～436页。
④ 秦孝仪主编：《中华民国重要史料初编——对日抗战时期》绪编（一），第432页。
⑤ 秦孝仪主编：《中华民国重要史料初编——对日抗战时期》绪编（一），第517页。
⑥ 罗家伦编：《革命文献》，第36辑，第1556页。

"边交涉，边抵抗"的方针。汪兆铭也持同样的意见，他说这种方针"是与日本不能战的抵抗，又是不能和的交涉。国民政府对待困难的态度，不是不和不战，而是抵抗与交涉并行"。①由于汪、蒋的二头指示，在南京负责政务、军事总指挥的军政部长何应钦，于 1 月 29 日以中央方针的名义，向各省下达通知："一面从事正当防卫，不以尺土寸地授人，一面仍遵用外交方式，要求各国履行其条约上之责任。"②这一方针与九一八事变时的不抵抗、不交涉方针相对照，其特异性在于强调抵抗。

当时，十九路军在上海处于对日第一线。该军是由第六十、六十一和七十八师组成，战斗力较强。1 月 23 日，该军召开紧急军事会议，针对日本的侵略作了相应的动员和作战准备，军长蔡廷锴还发表了《告上海、吴淞民众书》，表示对日抵抗的决心，并呼吁市民给予支援。③由于这种准备，所以十九路军在 1 月 28 日至 31 日间击退了日军第一次进攻，2 月 2 日至 5 日间又击退了日军第二次进攻。2 月 2 日，日本政府决定派遣第九师团和混成第二十四旅团增援，6 日至 16 日间陆续到达上海登陆。对此，南京政府于 24 日将驻在杭州的第五军调至上海，使之承担十九路军的左翼防卫。2 月 20 日以后，十九路军又击败了日军第三次大规模的进攻。

那么，南京政府为什么在上海进行抵抗呢？其一是因为蒋介石是以江浙为基础的军阀，上海是蒋介石集团的政治、经济基地。日军进攻上海，对蒋介石集团来说是生死存亡的大问题。因此，蒋介石集团不能不进行抵抗。而九一八事变发生在张学良的统治区域，相对地讲，和蒋介石集团没有直接关系。

其二是上海的经济和民众的基础有力。上海是中国民族资本

---

① 松山悦三：《汪精卫》，东京人生社 1940 年版，第 100 页。
②《历史档案》，1984 年第 4 期，第 64 页。
③《国民政府军事机关档案》（25），3007，南京中国第二历史档案馆藏。

最发达的地区，也是近代中国资产阶级集中的地方。同时，上海又是中国工人阶级集中的地方，是五四运动以来反日反帝斗争的中心。各个阶层广泛地参加了1931年7月朝鲜发生排斥华侨事件以后国内所掀起的抵制日货运动，并且一直持续到九一八事变以后，因而上海民众性的反日基础雄厚。从这一点来讲，东三省和上海相比有一定的差距。可以认为，正是这种民族的、民众的因素构成了南京政府抵抗方针的基础和背景，并促进和支持了在上海的抵抗。

其三是九一八事变中的不抵抗给南京政府所造成的教训，以青年学生为中心的反蒋、反政府运动也促进了南京政府的抵抗。

但是，南京政府的抵抗是不彻底的。2月20日以后在第三次进攻中失败的日本，于23日决定紧急增派第十一和第十四师团，并从3月1日开始进行第四次大规模的进攻。南京政府事前知道这一情况，但没有采取对策。因此，在这次进攻中，日军突破了中国军队坚持了一个月之久的防线，并推进了20公里。如果南京政府事先在第五军的左翼配备二三个师，加强第五军背后的杨林口、七丫口附近的防线，并对坚持抵抗的十九路军和第五军给予适当的补给，则有可能击败日军第四次进攻。然而，南京政府没有采取上述增援措施。

南京政府对十九路军和第五军没有采取增援措施并不是偶然的，其中的一个主要原因便是对共产党和工农红军的"围剿"。这个时期正是南京政府对工农红军进行第三次"围剿"的高潮时期。为了进行"围剿"而动员的兵力达到30个师。①相反地在上海却只配备了5个师的兵力，只有"围剿"兵力的1/6。这种情况表明，国民党更加重视对共产党和工农红军的"围剿"。例如，何应钦在2月初曾想从江西省向上海调遣一个师的兵力，但江西省主

---

① 《历史档案》，1984年第4期，第68页。

席熊式辉反对。熊式辉对何应钦说，江西省的军队在对共产党的作战中并无余力，从江西抽调一个师的兵力也不能对日军取得胜利，反而有败给共产党的危险。如果江西防线出现动摇，其影响所及将是不堪设想的。[①]这实际是强调"围剿"工农红军比对日作战更为重要。

当时，对于南京政府来讲，有一个如何取得对日、对共产党的平衡问题。2月14日，何应钦向上海市长吴铁城说明"边抵抗、边交涉"的方针时，便就这个问题发表过意见。他说，从南京政府的实力来看，同时进行对日作战和"围剿"红军是困难的，如果彻底抗战，则必须与共产党妥协，并调动"围剿"红军的兵力，与日军对抗；如果继续进行"围剿"，则没有彻底抵抗日军的余力，因此两者中间必择其一。[②]何应钦所说的，是指南京政府存在着两种选择。南京政府理应立即停止对工农红军的"围剿"，与共产党结成抗日统一战线，以共同的力量对抗日本侵略。但是，南京政府没有做出这种选择。

南京政府之所以没有采取增援上海抗日的措施，与它对日本战略的错误判断也有关系。如前所述，由于南京政府对日本在上海挑起事变的目的没有正确认识，所以在上海、南京和武汉等长江流域构筑了全面防卫屏障，而日军却是将兵力集中在上海，20日以后日军集中进攻第五军，27日突破了江湾镇防线，3月1日从防卫薄弱的杨林口、七丫口（驻一个中队）登陆，从背后对第五军进行包围作战。如果南京政府明确判断出"一·二八"事变的目的，将长江流域军队集中到上海地区，则有可能再次击败日军进攻。

南京政府为什么进行这种消极抵抗呢？这是因为当时存在着即使抵抗也要失败的"失败论"。2月13日蒋介石通过何应钦向

---

① 《历史档案》，1984年第4期，第65～66页。
② 《历史档案》，1984年第4期，第71页。

上海总指挥蒋光鼐指示："我军进攻，无论如何牺牲，亦不能达到任何目的。在全盘计划未定以前，仍取攻势防御为要。"[①]这实际上便是战也要败的"失败论"。这种论调并非仅限于对待"一·二八"事变，而是自九一八事变以来的一贯的指导思想。因此，在南京政府看来，进行积极抵抗是没有意义的，而是想通过外交手段来达到目的。

那么，这种消极抵抗与对外交涉是什么关系呢？两者不是平行的，消极抵抗是从属于交涉的，是为了造成交涉的前提条件。南京政府想利用初期抵抗的暂时胜利，与日本进行交涉，以迅速结束事变。

由此可见，南京政府所说的"边抵抗、边交涉"的方针，交涉是主导的一面。南京政府对"一·二八"事变的对策，从本质上说，不是抵抗而是交涉。

那么，通过什么渠道进行交涉呢？一是在国联进行间接交涉，二是在第三国斡旋和参与下直接交涉，三是对日直接交涉。关于在国联的间接交涉，以及在第三国斡旋、参与下的交涉过程，本书第四章已经作了说明，因此这里想就中日双方对欧美列强的外交进行比较一下。

在"一·二八"事变的停战交涉问题上，中日两国同样积极主动地希望欧美列强进行斡旋参与。但是，两者目的和希望的内容不同。日本主张与列强协调，以便使欧美列强卷入事变，转移它们对伪满洲国成立的注意；而中国则是依靠列强，想依赖它们解决事变问题。这两种不同的外交形态，可以说是由于两者对事变的目的不同和中日双方在上海的军事力量的差距造成的。这两种不同的外交形态，在欧美列强斡旋的停战交涉中巧妙地联结在一起。其原因在于列强对"一·二八"事变的双重政策。这里所

---

① 《历史档案》，1984年第4期，第69页。

说的双重政策，是指欧美列强为了维护它们在上海的殖民权益，一方面对南京政府的抵抗表示"同情"和"支持"，但又限制南京政府的抵抗；另一方面对日本的军事行动表示抗议，但又予以支持。欧美列强在"一·二八"事变中巧妙地利用了这种政策，达到了自己的目的。

在与欧美列强的交涉中，引人注目的是南京政府对《九国公约》缔约国的重视程度。九一八事变时，南京政府首先诉诸国联，然后诉诸《九国公约》缔约国。但在"一·二八"事变时，则是于 30 日同时向两者致照会，并要求后者基于"在该公约上之神圣责任，速采有效之手段，严正制止日本在中国领土内之一切军事行动，以及违反该公约之一切其他行为"[①]。这是九一八事变以来南京政府对国联失望的表现。

但是，如前所述，国联对"一·二八"事变的反应比九一八事变更为积极。作为《九国公约》缔约国核心的美国，也比九一八事变时态度强硬[②]，并与英国一道，在交涉中不分是不是国联成员而采取一致行动。这是为了维护其侵略中国的据点——上海的殖民权益，同时也是想要阻止日本在上海地区的权益扩大。假使欧美列强的殖民权益也像集中在上海那样集中在中国东北，那么欧美列强在九一八事变时可能就会采取积极态度，使九一八事变像"一·二八"事变那样结束。

南京政府对"一·二八"事变所作出的特殊反应是，在没有列强斡旋与参与的情况下，便与日本进行直接交涉。九一八事变时，币原外相主张排除列强，与南京政府直接交涉，而南京政府却主张在列强参与下，以日军撤退为先决条件的直接交涉。九一

---

① 秦孝仪主编：《中华民国重要史料初编——对日抗战时期》绪编（一），第 434 页。
② 史汀生 2 月 25 日对英国驻美大使林德赛指出：在目前的中日冲突中，总的来看日本的立场是错误的；国联行政院或国联大会完全可在其报告中指出制裁日本，例如禁运，这对日本这样的国家十分有效（见《美国对外关系文件》（日本，1931～1941），第 3 卷，第 440～442 页）。但英国对此持消极态度。

八事变时没有实现双方的直接交涉。而这次事变后则是南京政府
主动要进行直接交涉的。

　　"一·二八"事变的第二天，蒋介石便制定了对日交涉的原则
和方法。其方法之二便是所谓"对日本先用非正式名义与之接洽，
必须得悉其最大限度[之要求]"①，而对国联和《九国公约》缔
约国则只是通知而已。但是，这种先行接洽的背后，也有列强的
默认和建议。

　　南京政府向日本直接交涉的目的,在于了解日本的最大要求,
并想迅速与日本缔结停战协定。而日本的目的，似乎是在连续受
挫的情况下，通过直接交涉来阻止中方的反击。这从援兵第九师
团在上海登陆后，日方对直接交涉的态度急剧强硬的变化上可以
推测出来。

　　那么，中日间的直接交涉是怎样进行的呢？这一交涉是南京
方面主动提出的，而且是由陆军步兵学校校长王达夫（王俊）遵
照蒋介石的方针开始的。2 月 9 日，王达夫向军政部长何应钦报
告了所谓此时与日本直接交涉的必要性。王达夫认为，英国海军
司令官克莱所斡旋的停战交涉已经失败，而日方的援兵即将陆续
到达，那时必将攻占吴淞、闸北，到那时再与日交涉，势必日方
占优势，并会提出苛刻条件，莫如"乘此小战之利之机"，对日直
接交涉为宜。②何应钦赞成王达夫的意见，于是王达夫在 12 月与
日军第九师团参谋长田代皖一郎少将进行了 3 个小时的会谈。在
这次会谈中，田代对双方同时撤退，由中国警察维持双方撤退地
区的治安没有异议，但声称执行困难。③大体在同一时期，南京
军政部政务次长陈公侠也和日本公使馆的武官代理原田熊吉进行
交涉，并达成了双方停止射击的协定，至于停止射击的日期、撤

---

　　① 秦孝仪主编：《中华民国重要史料初编——对日抗战时期》绪编（一），第 431 页。
　　②《历史档案》，1984 年第 4 期，第 67 页。
　　③《历史档案》，1984 年第 4 期，第 68 页。

退的步骤、撤退地区的治安等问题由上海市长吴铁城与田代少将进行协商。

何应钦、罗文干和南京上海警备司令陈铭枢等人研究了有关王达夫与田代会谈的报告后，作出了如下决定：[①]

①双方自动撤退，即日军撤至租界内，我军撤至相当地点。

②两军撤退之中间设一和平区，由双方共同请中立国酌派小部队暂时驻扎。

③所有和平区域内之行政、警察，仍由中国照常办理。[②]

何应钦将上述决定报告吴铁城、王达夫，令其继续与田代少将进行交涉。

但是，这种直接交涉随着日军增援部队的登陆，日方的态度变得强硬而陷入僵局。日方要求中国军队首先撤退，而对日方是否撤退以及日军是否侵占撤退区域等拒不明确态度。[③]在这种情况下，吴铁城向外交部长罗文干报告说，通过直接交涉而停战的可能性极小，请求给予新的指示。对此，2月15日何应钦指示吴铁城等，让其以"私人资格，继续与田代等商定和平方案，并采取其真意，以供外交当局之研讨"[④]。以后这种直接交涉的情况不清楚。但这时的停战交涉主要是通过列强的交涉进行，中日间的直接交涉似乎没有产生特别的作用。

在交涉过程中值得注意的是，南京政府使用了"和平区"和"第三国"的术语。这不是简单的用语问题，其中包含着深刻含义。因为上海的公共租界根本是中立地带，而今新设"中立区"，则有借助停战来扩大公共租界的危险，所以将原来使用过的"中立区"改为"和平区"。而所以将"中立国"改称"第三国"，则是因为在"一·二八"事变时，欧美列强没有阻止日军把公共租界用于

①《历史档案》，1984年第4期，第68页。
②《历史档案》，1984年第4期，第70页。
③ 罗家伦编：《革命文献》，第36辑，第1451～1452页。
④《历史档案》，1984年第4期，第71页。

军事行动，所以不能把列强称为纯粹的中立国。这种意见是上海市商会在2月4日向国民党中央提出来的，南京政府接受了这种意见。①这说明南京政府既依赖欧美列强又对它们有所警惕。关于日军使用公共租界地之事，南京政府在1月31日和2月5日、6日、14日及25日，曾连续几次向英美公使提出抗议，强烈要求他们禁止日军利用租界进行军事行动。这可以说是南京政府对列强为了维护自身的殖民权益而支持日军的那一侧面的反对。

2月26日，芳泽外相提出了举行圆桌会议的方案。圆桌会议与直接交涉有关，但又是性质不同的一种交涉。直接交涉主要是停战交涉，而圆桌会议则是就停战后为保护外国人而设置中立区等政治性问题进行协商的会议。这种会议应在停战协定缔结后举行，但芳泽试想在交战的情况下便举行这种会议，以便使列强卷入"一·二八"事变。3月3日，日方代表松平在国联临时大会上提出"为了采取措施保障今后列强的权益"②，要求在上海举行圆桌会议。

对于日方的这一提案，南京政府采取了慎重态度。3月5日，外交委员会进行讨论，但作出了不能予以赞成的决议。③3月7日，外交委员会常务委员蒋作宾明确表示："在日军未撤离侵占区以前，不能接受所谓圆桌会议之讨论。"④南京政府对日本或列强借助这种会议来扩大殖民权益的企图怀有警戒，要求明确区分停战交涉与圆桌会议的界限。如根据3月4日国联临时大会的决议，在上海开始停战交涉时，南京政府外交部长罗文干便明确表示，停战交涉是中止敌对行动和商议日军撤退问题的会议，它不是圆桌会议，而且也不涉及政治性问题。⑤5月5日缔结上海停战协定

①　罗家伦编：《革命文献》，第36辑，第1440～1441页。
②　罗家伦编：《革命文献》，第39辑，第2481页。
③　《晨报》，1932年3月6日。
④　《晨报》，1932年3月8日。
⑤　罗家伦编：《革命文献》，第36辑，第1551～1552页。

后，行政院长汪兆铭在 5 月 9 日强调：“所谓以政治的条件来交换日本撤兵，那必定生出丧权辱国的危险来……协定内容没有政治意味在内。”①英美列强也警惕日本利用事变在上海形成日本租界，对圆桌会议不感兴趣，并且不赞成举行这种会议。由于南京政府和列强的上述反应，中日缔结停战协定之后始终没有举行所谓的圆桌会议。

南京政府在处理上海事变中最为重要的事情是，如何处理其与九一八事变的关系。如前所述，“一·二八”事变是九一八事变的重要组成部分，是日本军部要转移欧美列强对伪满洲国成立的视线，牵制它们对伪满洲国成立的干涉，为了镇压以上海为中心的中国人民的反日斗争而挑起的。而且日本想通过“一·二八”事变，从背后制约中国人民和南京政府对建立伪满洲国的抵抗，以达到它的预期目的。而南京政府对此有什么反应呢？当时，南京政府对“一·二八”事变的特异性缺乏了解和认识，只是把“一·二八”事变视为九一八事变的继续和扩大，并想借助初期抵抗的胜利，同时解决两次事变中的问题。为此，在国联根据《盟约》第十一条已经受理九一八事变问题的情况下，中国代表颜惠庆于 11 月 29 日向国联秘书长德拉蒙德提出了根据《国联盟约》第十条②和第十五条，解决中日之间的一切问题的方案。这一方案的提出，显然是南京政府针对日本建立伪满洲国的一种对策。

当时，欧美列强也采取了与南京政府一样的对策。2 月 2 日，英美在向南京政府和日本外务省提出的停战照会中要求中日双方在中立国观察员或参与者协助下，迅速进行商议，以解决一切悬案之争议。③南京政府于 2 月 2 日、3 日两次照会美国政府，表示

---

① 罗家伦编：《革命文献》，第 36 辑，第 1601 页。

②《国联盟约》第十条规定：“联盟会员国尊重并保持所有联盟会员国之领土完整及现有之政治上独立，以防御外来之侵犯。如遇此种侵犯或有此种侵犯之任何威胁或危险之虞时，行政院应筹履行此项义务之方法。”

③ 罗家伦编：《革命文献》，第 36 辑，第 1504 页。

接受停战谈判的建议[1]，并认为，英美的这种要求与我方的一贯主张是一致的，主张利用英美积极出面调停的机会，解决中日间的各种问题，如果只是首先解决上海问题，则东北问题愈发难以解决。

日本外相芳泽和驻国联代表认为，12月20日国联行政院决议已经决定了解决九一八事变的方针，因而反对南京政府和列强的提案与要求。日本军方也作出了"上海事件坚决和满洲问题分别处理"[2]的决定。日本之所以采取这样的对策，是因为中国和欧美列强的提案或要求得以通过的话，"一·二八"事变的结果则将与日方的目的相反，成为建立伪满洲国的障碍。

在日方坚决反对的情况下，英国想首先解决上海问题。[3]2月7日，英国舰队司令官克莱对宋子文、顾维钧和吴铁城表示，希望先解决上海的局部问题，因为他"注重上海租界安全"[4]。但外交部次长郭泰祺则强调，"上海问题为中日间整个问题之一部分，须照四国提案办理"[5]。同日下午，外交委员会讨论克莱的意见，对其所提办法原则上表示赞成，但认为须由"中日与其各关系国代表开会，商议九一八以来中日间所有争端，以谋解决之途径"[6]。次日，克莱将这一决议报告重光葵，重光葵表示拒绝。

但是，当时滞留在上海的国民党中央委员会的委员们不顾重光葵反对，依然主张同时解决中日间的所有问题。2月12日，他们向国民党中央和南京政府要求"上海问题与东三省问题同时解决"，并希望"即令北方各军乘机向关外反攻，恢复失地"。[7]这

---

[1]《美国对外关系文件》（日本，1931～1941），第3卷，第168页。
[2] 稻叶正夫等编：《走向太平洋战争之路》，别卷资料编，第190页。
[3] 2月15日英国政府召开远东委员会，制定了放弃满洲，以保上海的政策，并说服美国也这样做。
[4] 罗家伦编：《革命文献》，第36辑，第1535页。
[5] 罗家伦编：《革命文献》，第36辑，第1535页。
[6]《民国档案》，1985年第2期，第18页。
[7] 罗家伦编：《革命文献》，第36辑，第1568页。

种要求是上海地区民族爱国主义高涨的反映。他们主张坚决抵抗，要求给十九路军以充分的援助，希望坚决保卫上海。

然而，国民党中央和南京政府没有采纳他们的意见。2月8日何应钦致电吴铁城等，内称："……此次淞沪事件，弟曾迭电商酌适可而止，盖期早得收束，为国家多留一分元气也。昨英海军司令在沪会商调解，闻诸同志中多主张须依据各国通牒第五条，连同东省问题整个解决，以致毫无结果，失此斡旋良机，深为可惜……请兄等与沪诸外委协商，从速设法先求停止战争。至于整个问题，则待外交正式之解决，庶不至益加扩大糜烂而不可收拾也。"①何应钦的这一指示与南京政府对事变的指导思想有关。南京政府表面上高唱"积极抵抗"，实际上主张消极抵抗。2月9日，何应钦再次指示吴铁城："乘我军在优越地位时设法转圜停战，万勿犹豫，致逸良机。"②其理由则是他在2月8日所说的"如诸同志坚持强硬……势必纡缓迁延，牺牲我十九路军净尽而后已，不但丧师，抑且失地，吴淞、真茹、南翔各地亦必相继断送，而陷我十九路军于无谓之牺牲"。③按照这种逻辑，则是愈抵抗牺牲就愈大，因而只有不抵抗才是最好的办法。何应钦所说的"为国家多留一分元气"，是为保存自身的势力，而保存的目的则是想用来对工农红军进行"围剿"。事实上，在上海停战协定签字后的7月，蒋介石的南京政府就开始了对工农红军的第四次"围剿"。

根据上述指示，国民党外交委员会在上海的委员也改变了他们的主张。2月13日，外交委员顾维钧向美国公使表示，希望首先解决上海问题。对此，外交部长罗文干表示赞成。他致电顾维钧说："现在仍以拉住三使（指英、美、法公使——笔者注）最为要紧，以备将来解决全局问题……至一切问题，自应循外交途径，

---

①《历史档案》，1984年第4期，第66页。
②《历史档案》，1984年第4期，第67页。
③《历史档案》，1984年第4期，第67页。

用最适当方法解决之。"①这样一来，与"一·二八"事变有密切关系的九一八事变，便与"一·二八"事变切开了。

然而，这是南京政府的内部方针，在表面上，它依然同样提及两个事变的问题。例如，根据国联行政院 2 月 19 日的决议，南京政府在 22 日向国联秘书长德拉蒙德提交的说明书中，依然并提两次事变。但是，这并不是由于南京政府知道两者的内在关系而提出的，也不是想要同时解决两次事变问题，而是想要强调两次事变的连续性，并唤起欧美列强对东北问题的注意。

日本把"一·二八"事变作为建立伪满洲国的烟幕，在"一·二八"事变的硝烟中建立了伪满洲国。2 月 21 日，南京政府外交部针对所谓东三省的独立运动发表宣言。2 月 24 日和 3 月 10 日，针对日本在东三省成立傀儡组织，对重光葵公使提出抗议。3 月 12 日，南京政府宣布东三省成立的伪政府为叛乱机关。然而，这些都是孤立的宣言和抗议，并没有触及与"一·二八"事变的关系。从这一点来看，可以说日本实现了挑起"一·二八"事变的目的。

在这里，试想对本章作一个小结。

日本关东军挑起九一八事变的目的，是想占领中国的东三省，使之成为日本的殖民地。然而，南京政府对这一目的的认识或判断非常迟钝。可以认为，这是事变初期的币原外交和日本军部对"满蒙政策"的二重性，特别是币原外交的影响造成的。南京政府在事变初期便对日本的二重外交政策有明确的认识，并对币原外交抱有希望。这种希望由于日军占领齐齐哈尔而破灭，同时对币原外交的转变以及对日军挑起九一八事变是想占领东三省的目的有了判断。

---

① 罗家伦编：《革命文献》，第 36 辑，第 1538~1539 页。

南京政府对于"一·二八"事变的特异性缺乏认识，只重视它是九一八事变的继续，并认为日军要侵略首都南京和长江流域。这种判断是错误的，它在一定程度上影响了南京政府对"一·二八"事变所采取的外交政策。

由于东三省与上海的地区差异，南京政府对九一八事变的方针是不抵抗、不交涉，而对"一·二八"事变的方针则是一面抵抗、一面交涉，其所采取的方法是不同的。而由于发动事变的目的不同，日本对"一·二八"事变的外交政策，在直接交涉方面与九一八事变时也是不同的。

南京政府在九一八事变中的不抵抗，与在"一·二八"事变中的抵抗，既有一定的不同点，又有某种程度的共同点。表面上看，上海的抵抗好像是积极抵抗，但实际上是为了交涉而进行的抵抗，并不是为了击败日本军事侵略而进行的抵抗。这种消极抵抗中依然含有不抵抗的因素。

南京政府不抵抗和消极抵抗的思想根源在于即使对日作战胜利但最终也要失败的"失败论"，以及想保存自己军事力量以对共产党、工农红军进行"围剿"的目的。南京政府要避免对日、对共产党的两面作战，其方法则是不抵抗日本的侵略，保存军事力量，用以积极"围剿"共产党。这就是蒋介石所说的"攘外必先安内"。蒋介石和南京政府认为，国共两党和两个阶级的矛盾超过了日本侵略中国的民族矛盾。他们认为日本侵略，只是部分地区被占领，丧失部分国土，但是共产党的革命扩大并获得成功的话，他们的整个统治将被推翻，所以他们要拼命地"围剿"共产党。

在直接交涉问题上，币原外交以不扩大方针和排除第三国介入与干涉为手段；而南京政府与之相反，积极要求国联或第三国介入。1931 年 10 月 9 日以后，南京政府针对币原外交把直接交涉作为撤兵的先决条件，针锋相对地要求把撤兵作为直接交涉的先决条件。11 月中旬，南京政府在先决条件上作了让步，表示了首先以铁路问题为中心进行直接交涉的态度，但因日军占领齐齐哈尔而没有成为现实。不过，这一点使人感到南京政府与币原外交似乎有了接近点。

在"一·二八"事变的对策上，双方自始便主张在第三国介入下进行直接交涉，并且不附加先决条件。从现象上说，这是一致的，但背后各自有不同的目的。日本军方和芳泽外交是为了转移列强对伪满洲国成立的视线而希望他们介入，而南京方面则是想依靠第三国解决事变问题而要求第三国介入。为了达到各自不同的目的，双方采取了相同的手段，都想利用这一手段来达到各自的目的。

在"一·二八"事变中，引人注目的是列强的反应。由于上海是欧美列强殖民权益集中的地方，所以它们积极介入，并在上海问题恢复到事变以前的状态中起了决定性作用。但是，在九一八事变中，列强不赞成恢复到事变以前的状态。这是上海地区及"一·二八"事变的特异性和欧美列强的本质造成的。可以认为，假如列强在东三省也拥有像在上海那样的殖民权益，那么，它们对九一八事变也许会采取积极介入和干涉的态度。

第六章　伪满洲国的成立与日本外务省

关东军为建立伪满洲国，使中国东北成为日本的殖民地而发动了九一八事变。以往对建立伪满洲国问题的研究，主要是从关东军和陆军中央的角度出发。本章拟着眼于外交史，分三个时期对日本外务省在建立伪满洲国过程中的作用加以论述，以分析在建立伪政权问题上日本外务省从与关东军和陆军中央对立转变为赞成、协助的过程与原因，进而阐述其试图利用"一·二八"事变来保证伪满洲国的建立，以及对李顿调查团和在国际联盟会议上为获得列强对伪满洲国的承认所进行的外交活动。

一、建立伪满政权问题与币原外交

事变初期，日本外务省与关东军和陆军中央对建立伪满洲国的意见是对立的，但在事变的过程中逐渐趋向一致，最后相互合作建立了傀儡政权。本节旨在阐述此三者从对立到合作的过程，同时分析日本外务省和陆军中央几乎变成一体的内在关系。

如前所述，九一八事变初期，关东军在一举占领中国东北的计划因外务省和陆军中央的牵制而暂时中止后，立即开始了建立伪政权的工作。9 月 22 日，关东军参谋部制定了《解决满蒙问题方案》，决定"建立以宣统帝为首脑的中国政权，该政权受我国支持，其领域为东北四省与蒙古"。①根据这一决定，关东军以板垣参谋为中心，利用各地的特务机关和部分大陆浪人，开展了所谓谋略性的策划。是时，关东军以亲日的地方军阀为爪牙，在吉林有熙洽，在洮南有张海鹏，在热河有汤玉麟，在东边道有于芷山，在哈尔滨则有张景惠等，首先建立了各地的傀儡政权。

日本陆军中央的参谋次长、参谋本部第一部长代理、第二部部长、军务局长等虽然赞成建立伪政权，并主张付诸实施，但由于金谷参谋总长反对，而中止了起草关于建立伪政权的方案。

此时，日本政府也反对关东军的这一计划。若槻首相在26日的内阁会议上表示："不得参与有关建立满洲政权的一切行动。"②而币原外相的意见是："先与南京政府进行有关此次事变的谈判，如不接受则与张学良谈判。张学良如不接受再与满蒙新政权进行谈判。"③陆相南次郎向金谷参谋总长转达了内阁会议的这个意见，参谋总长召集各部长，指示对此项工作一概不予参与。

虽然日本政府、外务省和陆军中央对建立伪政权工作采取了上述态度，但关东军仍在推进这一工作。关东军参谋部审议了由石原草拟的《解决满蒙问题方案》。该方案明确提出"将满蒙作为独立国置于我方保护之下"；并将"维护既得权益"的旧口号改为"建设新满蒙"；将9月22日方案中的"中国政权"改为"独立国家"，公然要建立脱离中国本土的独立的傀儡政权。④关东军表示："万一政府不采纳我之方针时，在满军人的有志者则要暂时脱离日

---

①《现代史资料（7）·满洲事变》，三铃书房1965年版，第189页。
② 稻叶正夫等编：《走向太平洋战争之路》，别卷资料编，第130页。
③ 稻叶正夫等编：《走向太平洋战争之路》，别卷资料编，第130页。
④《现代史资料（7）·满洲事变》，第198～199页。

本国籍，为实现目的而勇进。"①

　　然而，10 月 6 日的日本内阁会议又作出了如下决定："对建立满蒙新政权，日本人概不干预，而且不过问所建立之新政权的性质。"对此，南陆相虽然表示赞成，但其"本心是想设法促进新政权的建立"，并主张"满蒙问题须在满蒙解决"。②币原对此予以反对，极力主张"与中国的中央政府进行谈判"③。

　　以上事实说明，日本政府、外务省与关东军、陆军中央在建立伪政权问题上有过意见分歧，它表明当时的日本政府和外务省不想通过建立伪政权来解决"满蒙问题"，而是打算通过与南京政府的谈判来解决"满蒙问题"。当时，外务省欲与南京政府就如下问题进行谈判：

　　　　①改善排日气氛；

　　　　②确保满蒙的特殊权益；

　　　　③铁路问题；

　　　　④保全中国领土事宜；

　　　　⑤共同防止赤化事宜；

　　　　⑥保证上述各条款事宜。

　　然而，日本内阁、外务省与关东军在建立傀儡政权问题上虽有意见分歧，但不是针锋相对的。日本内阁和外务省主要是反对"干预"此事。当时，若槻首相说："在满洲建立独立政府这样的事，陆军出面干预不大好。"④阁僚们都有同感。若槻首相还对南陆相说："不管什么人独立，谈判都要以中央政府为对象进行。"⑤这表明若槻首相是把与南京政府谈判和建立伪政权问题区别相待的。但是，即使他们主张与南京政府谈判，也不能说日本内阁和

　　①《现代史资料（7）·满洲事变》，第 199 页。
　　② 稻叶正夫等编：《走向太平洋战争之路》，别卷资料编，第 137 页。
　　③ 稻叶正夫等编：《走向太平洋战争之路》，别卷资料编，第 137 页。
　　④ 原田熊雄口述：《西原寺公望与政局》，第 2 卷，第 89 页。
　　⑤ 原田熊雄口述：《西原寺公望与政局》，第 2 卷，第 89 页。

外务省完全反对建立伪政权，同时，也不能说外务省完全赞同关东军的主张。

那么，日本内阁和外务省的这种态度究竟说明什么呢？若槻首相主张："今日是静观之秋。"①所谓"静观"是静观欧美列强对事变的动向。若槻首相和币原外相在事变前就强调与欧美列强协调，欲在华盛顿体制的范围内扩大日本在中国东北的权益，也就是说，在企图扩大权益这一点上，日本政府与关东军和陆军中央的意见是一致的，日本政府之所以主张不干预，主要是考虑与欧美列强的关系。当时若槻首相主张不干预的理由是：（一）"在满洲建立独立政府，违背政府以前曾向中国和外国发表的丝毫没有领土野心的声明"；（二）"不仅违反《九国公约》，而且这样做将与世界为敌，即使从今天的经济状况来看，也将无法避免陷入孤立"。②

然而，关东军于10月24日制定了《解决满蒙问题的根本方策》，并决定："此时要以建立与中国本土相脱离的、表面上依靠中国人统一而实权在我掌中的、领域包括东北四省以及内蒙古的新的满蒙国家为目的，来促进［当地］政权的神速变化。"③为实施这一决议，关东军在准备向嫩江、齐齐哈尔方面北进的同时，策划诱出居住在天津的溥仪，拥立他充当伪政权的首脑。为此，奉天特务机关的土肥原贤二大佐于10月25日专程前往天津。

但是，日本外务省反对溥仪的出走和拥立溥仪。币原外相11月1日接连四次给驻天津的田尻代理总领事发电报，指示他"对宣统帝的动静要常加严密监视，竭力阻止其走出我租界之外。"④11月2日田尻派后藤向溥仪转达了币原外相的意见。然而土肥原于10月29日抵达天津后，便与日本驻天津总领事桑岛商洽诱出溥仪之事。桑岛在向币原外相报告中说："至少是在张学良

---

① 原田熊雄口述：《西园寺公望与政局》，第2卷，第89页。
② 原田熊雄口述：《西园寺公望与政局》，第2卷，第89页。
③ 《现代史资料（7）•满洲事变》，第232页。
④ 日本外务省编：《日本外交文书•满洲事变》，第1卷第2册，第1页。

确实与满洲断绝关系，或者至少在满洲的地方政权具备形态并出现希望宣统帝来满洲的舆论之前，拒绝上述请求。"①对此，币原外相于 11 月 1 日指示桑岛总领事："如拥立宣统帝，只能说是完全不合乎时代的错误计划，我认为上述计划恐怕对帝国将来在满蒙的经营酿成严重祸根。"②并指令桑岛停止进行拥立活动，其理由是：（一）"如此时在满洲成立独立国家，会立即产生对华盛顿《九国公约》第一条第一项的抵触问题，必将在美国等《九国公约》签字国之间产生争议"；（二）"鉴于现今满洲居民几乎全是汉族人，因而在满洲拥立宣统帝是不受欢迎的，而且可以想象，这种行动将被中国和全世界视为反革命、反民主主义的阴谋"。③这说明币原害怕欧美列强和世界舆论。

11 月 8 日，土肥原挑起天津事件，乘机诱使溥仪于 10 日从天津出走。日本外务省对诱走溥仪虽持反对态度，但诱走后反而为关东军的这个阴谋进行辩解，从外交方面协助关东军的行动。当时驻天津的各国领事向日本领事馆询问溥仪之事，桑岛总领事通过与天津驻屯军司令官磋商，明知其具体内幕，却回答说："经内查的结果判明，溥仪是在本月 6 日至 10 日之间逃出其住宅的，既不知其去向，也不知其所在地点。"④而币原于 14 日则给桑岛领事发出了关于"宣统帝出逃事件"的急电，指示其发表如下声明：

"溥仪先生自发生满洲事件以来便遇到种种威胁，似乎感到身边危险。11 月 6 日夜晚，不知何人送来的水果礼品中藏有两颗炸弹（民国十六年制）。另外还有以'中国共产党天津支部铁血团本部'的名义或匿名送来恐吓信者，接着，8 日夜晚在当地的华人街发生暴动，因而似乎更感到危害已迫在眉睫。最近，中国报纸

---

① 日本外务省编：《日本外交文书·满洲事变》，第 1 卷第 2 册，第 17 页。
② 日本外务省编：《日本外交文书·满洲事变》，第 1 卷第 2 册，第 19 页。
③ 日本外务省编：《日本外交文书·满洲事变》，第 1 卷第 2 册，第 18～19 页。
④ 日本外务省编：《日本外交文书·满洲事变》，第 1 卷第 2 册，第 68 页。

传出其出逃消息，经向其亲近者打听，得知是在突然发生暴动之
际秘密出逃。至于其去向，当地尚未知悉。"①

币原将关东军的阴谋活动歪曲为中国共产党等方面恐吓了溥
仪。然而，这样的歪曲是骗不过世界舆论的。于是，币原在20日
又修改上述声明的内容，言称："溥仪日前于天津发生暴动之际，
恐怕危害及于其身，于10日逃出该地，13日突然在营口登陆，
请求我方予以保护。如拒绝其请求，则实际如同不保证该人的人
身不受危害。因此我方基于人道主义，接受其请求，将其收容在
安全地点加以保护。"②试图掩盖关东军的阴谋，在国际上为溥仪
的出逃进行辩护。

币原外相从反对拥立溥仪转变为协助其出逃，并非偶然。这
个时期正是日军侵占齐齐哈尔前后，币原外交已开始从事变初期
的所谓不扩大方针向扩大转变，从不参与建立伪政权向参与、赞
成的方向转变。因此，在溥仪的问题上必然出现新的变化。

当时，关东军是想在11月16日国联再次召开行政院会议之
前，占领齐齐哈尔，同时诱出溥仪，以便将建立伪政权的计划变
成既成事实。在齐齐哈尔方面，有黑龙江省的马占山军抵抗关东
军的北进，因此，关东军以洮南地区的军阀张海鹏的边防保安军
对抗马占山军，夺取黑龙江省的政权。然而，张军的北进并不那
么顺利，于是关东军主张以武力占领嫩江和齐齐哈尔。对此，
币原主张"避免使用兵力"，"最好是用不大引人注目的方式，
巩固我在南满既得的地位，并将这种努力逐渐和平地渗透到北
满"。③其具体办法是："强化[张海鹏]军队的实力，以使马占山
军感到抵抗没有意义，同时，对马占山以收买等方法予以怀柔，

---

① 日本外务省编：《日本外交文书·满洲事变》，第1卷第2册，第74页。
② 日本外务省编：《日本外交文书·满洲事变》，第1卷第2册，第86页。
③ 日本外务省编：《日本外交文书·满洲事变》，第1卷第3册，第533页。

使之和平地交接政权。"①这个事实说明，币原外交从所谓的不扩大已变为向北满的"和平"扩大，主张由张海鹏在黑龙江省"和平"地建立伪政权。当时哈尔滨的大桥总领事，为张海鹏"和平"夺取黑龙江省的政权，也直接与关东军合作。币原外相11月10日指示大桥总领事说："关于和平交接贵地政权之事，你做了很大努力，此时希你与军方密切联系，要尽量达到目的。"②他支持大桥的行动，但又恐怕暴露其阴谋，因而又指示说："被看成是我方干涉内政的文件留到日后不大好，所以希望尽量用口头处理。"③此外，币原与陆军协商后，还通过满铁提供300万日元，以作为这次阴谋活动的经费。④

币原对这个时期各地成立的治安维持会也予以赞成和支持。11月12日，币原在"传达关于处理九一八事变的政府方针"的电报中说："在此期间我方应使中方的地方治安维持机关充实内容，待其实际势力波及内地时，必须逐渐自发地将我军集结在满铁附属地之内。"⑤他在11月15日"关于再次召开国联行政院会议之对策"的指示中又说："在地方治安维持会等逐渐发挥其机能之时，要尽可能地自动撤兵。"⑥这两项指示说明币原实际上支持关东军以维持治安的名义所建立的地方性的伪政权，并对其持有希望。这是币原外相对建立伪政权态度的一大转变。

币原外相的这个转变，又带来了他从军事不扩大向扩大方向的转变。11月上旬他赞成向北满"和平"扩大，并在11月中旬日军攻占齐齐哈尔时表示支持。若槻首相和币原外相、南次郎陆相于17日决定："越过中东铁路开赴齐齐哈尔是出于不得已，一

---

① 日本外务省编：《日本外交文书·满洲事变》，第1卷第1册，第459页。
② 日本外务省编：《日本外交文书·满洲事变》，第1卷第1册，第519页。
③ 日本外务省编：《日本外交文书·满洲事变》，第1卷第1册，第519页。
④ 日本外务省编：《日本外交文书·满洲事变》，第1卷第1册，第474页。
⑤ 日本外务省编：《日本外交文书·满洲事变》，第1卷第1册，第519页。
⑥ 日本外务省编：《日本外交文书·满洲事变》，第1卷第3册，第559页。

旦那里的敌军屈服，则不占据齐齐哈尔，立即撤回至日军据点。"①
这意味着币原外相同意在北满使用兵力。而所说的"不占据"则
意味着用武力推翻原黑龙江省政府，达到建立张景惠、张海鹏等
人的伪政权的目的之后再行撤回。这意味着币原外相认为，在用
谋略方法不能建立傀儡政权时，动用武力也是不得已的。

攻占锦州对建立伪政权具有重要意义。关东军占领奉天城后，
设在该城的东北政务委员会、东北边防军司令长官公署、辽宁省
政府行署等迁到锦州。关东军占领齐齐哈尔后，将其主力移到辽
西，开始向锦州方面行动。这时，南京政府提出将锦州地区作为
中立地带的意见。日本外务省和币原外相为了不流血地占领锦州，
对南京政府和国际联盟积极进行外交谈判。最后，通过与张学良
谈判，使东北地区的张学良军队撤到山海关以西，不流血地占领
了锦州，从而奠定了建立伪满洲国的基础。

日军占领锦州后，日本外务省和陆军中央与关东军几乎结成
一体，致力于建立伪满洲国的中央政权。1932 年 1 月 6 日，外务
省与陆、海军省共同制定了《处理中国问题的方针纲要》草案，
并把它交给了关东军参谋板垣大佐。该纲要中写道：

"当前，要使满蒙成为一个由脱离了中国中央政权的独立政权
所统治的区域，并逐步诱导其具备一个国家的形态。

"为实现上述目的，应迅速确立和稳定满蒙各省政权，要比以
往更加积极地予以援助。

"要使已成立的各省政权逐渐实现省际联合，并俟时机成熟，
宣布建立新的统一政权。"②

这个事实表明，币原外交初期的不干预政策到此时已变成了
赞成和协助建立伪满洲国的政策。

---

① 原田熊雄口述：《西园寺公望与政局》，第 2 卷，第 134～135 页。
② 稻叶正夫等编：《走向太平洋战争之路》，别卷资料编，第 171～172 页。

二、"一·二八"事变与建立伪满政权的关系

从 1932 年 1 月开始，日本外务省与关东军、陆军中央结成一体，积极推进建立伪满洲国的政策，并于 3 月 1 日建立了伪满洲国。在建立伪满洲国前后，日本外务省利用"一·二八"事变和李顿调查团对满蒙地区的调查，为建立伪政权和争得国际社会对它的承认而积极地开展了外交活动。

日本外务省首先把日本一手建立的伪政权说成是东北人独立运动的产物，为建立伪政权制造国际舆论。1 月 25 日，国际联盟召开第四次行政院会议。作为对这次行政院会议的对策，芳泽在会前指示日本理事要对满蒙独立运动作如下辩解：满蒙独立运动是"以所谓东北人的东北为目的的政治运动，并利用这次事变后的时局而表面化……但所谓的独立运动在中国是常见的事情。总之，此次运动纯属中国内部问题，我方无理由加以干预"①。据此，日本驻国联理事佐藤尚武在 25 日召开的国联行政院会议上辩解说："日本军队出兵满洲以来，中国官民依然在同一地方居住，只是见到更换了地方政府而已。"②

关东军和陆军中央为了转移列强和中国对在"满蒙"建立伪政权的视线，1 月 28 日以阴谋手段在上海发动了"一·二八"事变。虽然日本外务省没有参与这个阴谋，但在事变爆发后，推行了与军方目的相呼应的外交政策。

中国理事在 29 日的国联行政院会议上，根据《国联盟约》第十条和第十五条规定，强烈要求处理九一八事变和"一·二八"事变问题。《国联盟约》第十五条第四项规定："倘争议不能解决之时，行政院经全体或多数之表决，应缮发报告书，说明争议之

---

① 日本外务省编：《日本外交文书·满洲事变》，第 2 卷第 2 册，第 23 页。
② 日本外务省编：《日本外交文书·满洲事变》，第 2 卷第 2 册，第 34 页。

事实及行政院所认为公允适当之建议。"①日本唯恐国联根据这条规定，对事变和正在建立的伪政权作出不利的干涉，因而强硬反对援引第十五条。然而，发动"一·二八"事变的目的是为了转移列强和中国对满蒙方面的视线，以保证日本在东北建立伪政权。日本外务省为了与军方的这个目的相配合，不得不默认国际联盟就"一·二八"事变援引第十五条，而反对把这一条运用于"满洲问题"，这是在上海问题上作出让步，以确保建立伪满洲国的对策。2月1日，国联事务局长泽田节藏向芳泽外相建议，如援用第十五条时，当事国要提出陈述书，此时我方应取的办法是，"以12月10日行政院会议决议后，满洲问题未发生新事实为理由，提出只限于上海事变适用第十五条的陈述书"。②3日，芳泽外相指示泽田："如国联方面只想对上海事件援用第十五条，我方应在保留法律问题的同时，对国联方面的做法尽量表示好意，以待静观。"③与此同时，芳泽外相又威吓说，倘若国联行政院"根据第十五条强制审议满洲问题并出现强迫态度时，我方将对帝国与国联的关系作根本性的考虑"。④

随着上海战事的激烈化，中国和列强都将注意力集中到上海，所以上海问题便成了国联讨论的焦点。中国理事根据《盟约》第十五条第九项规定，要求在一周内召开全体大会。行政院于19日审议召开全体大会问题，决定于3月3日召开全体大会。

日本外务省对于3月3日召开全体大会的对策，是以派遣李顿调查团为理由，反对大会审议伪满洲国问题。泽田于2月26日对芳泽汇报了"满洲问题"，他说："关于满洲问题，我方应首先阐明立场。同时，以根据12月10日行政院的决议，国联调查委员会目前即将到达现场为理由，将满洲问题的善后处理，留在该

---

① 《国际条约集》（1917~1923），世界知识出版社1961年版，第272页。
② 日本外务省编：《日本外交文书·满洲事变》，第2卷第2册，第61页。
③ 日本外务省编：《日本外交文书·满洲事变》，第2卷第1册，第96页。
④ 日本外务省编：《日本外交文书·满洲事变》，第2卷第2册，第63页。

委员会提出报告后再行付议，这乃是理所当然的措施。以此为理由，提出应停止讨论满洲问题的要求，事实上，让大会将解决上海事件作为重点来审议。"[1]他还说调查团是根据《盟约》第十一条派遣的，所以，再援引第十五条在法律上也有问题。芳泽外相同意泽田的意见，指示说："关于上述问题，应充分注意，该调查委员会是根据《盟约》第十一条，并非依据第十五条，而且满洲问题应由日中双方解决，调查委员应为日中双方解决问题作出贡献。"[2]

3月3日，国联召开全体大会。此时，日本在上海撕毁了2月28日签订的停战协议，3月1日派增援部队在上海登陆，开始新的进攻。于是全会的焦点便转移到上海问题上，由于列强压制小国，于3月11日通过由三部分构成的全体大会决议案。这一决议再次确认《国联盟约》和《巴黎公约》，决定设置十九国委员会，并规定了它的任务。十九国委员会的任务即于5月1日前提出有关上海问题的报告，并规定"在必要时准备《盟约》第十五条第四项所规定的报告书草案"[3]。该决议案还规定"满洲问题"不适用于第十五条，其审议延期到李顿调查团提出报告书之后。日本虽对此决议弃权，但芳泽在某种程度上感到满意，他认为"该决议的程度没有超出我方以往承担的各项条约和行政院会议的决议，术使我方承担任何新的具体义务"。[4]

国联大会后，芳泽就这次大会情况声称："国联方面似乎有一种倾向，即因为我方对上海事件表示了妥协的态度，所以，我方对满洲问题也许会改变以往的强硬方针……本来我方为使满洲问题的前途顺利，在中国本土采取了尽可能避免发生争议的方针（军方也持相同意见），我方对上海事件的妥协态度也是出于上述考虑

① 日本外务省编：《日本外交文书·满洲事变》，第2卷第2册，第147页。
② 日本外务省编：《日本外交文书·满洲事变》，第2卷第2册，第165页。
③ 日本外务省编：《日本外交文书·满洲事变》，第3卷，第467页。
④ 日本外务省编：《日本外交文书·满洲事变》，第2卷第2册，第279页。

的。所以，上述妥协态度只是暗示我方对满洲问题的坚定决心，绝不意味着我方改变了对该问题的既定方针。"①这说明，芳泽本人也承认上海问题是用来确保建立伪满政权的。

伪满洲国在"一·二八"事变的硝烟掩盖中，未经列强的抵制，于3月1日宣告成立。但是，如何获得国际承认则成了最大的外交课题。伪政权的外交部长谢介石于3月12日向英、美、法、德、苏等16个国家通告成立伪满政权，希望"贵国政府与'满洲国'政府建立正式外交关系"②。满铁调查课讽刺地说："这个通告至少于目前只是'满洲国'方面的单方行为，等于不具实质的一纸空文。"③

为使伪政权获得国际承认，日本外务省向列强辩解说，伪政权是"独立国家"，其成立与日本毫无关系。3月14日，芳泽对英国大使林德利强调，"满洲国"是经过治安维持会→民治运动→建立新国家运动发展而成的，并极力辩解说：这一"独立国家是中国人建立的，东京政府与之毫无关系"④。日本外务省的上述说法表明，日本不急于单独承认伪政权，而是在创造条件，以期首先获得国际列强的承认。为此，芳泽于3月15日对驻美大使出渊和国联事务局长泽田训示："当前，帝国对新国家不是给予国际公法上的承认，而是在可能范围内，用适当方法给予各种援助，从而引导其逐渐具备独立国家的实质性条件，努力促进其将来获得国际承认的机会。"⑤当时日本没有立即承认伪满政权的理由，主要是由于顾虑国际影响。泽田声称："此时如果单独给予承认，将使舆论沸腾，不待上述派往中国的调查委员会提出最后报告，十九国委员会就将进行讨论，在大国

① 日本外务省编：《日本外交文书·满洲事变》，第2卷第2册，第279~280页。
② 日本外务省编：《日本外交文书·满洲事变》，第2卷第2册，第252页。
③ 日本外务省编：《日本外交文书·满洲事变》，第2卷第1册，第866页。
④ 日本外务省编：《日本外交文书·满洲事变》，第2卷第2册，第253页。
⑤ 日本外务省编：《日本外交文书·满洲事变》，第2卷第2册，第257页。

方面也可能对我方改变态度。其结果恐提出对我方不利的报告，或导致再次召开大会。"①

通过日本外务省的上述外交活动，列强对成立伪满洲国没有采取特别措施，英国反而表示了一定的理解。3 月 22 日，英国外交大臣在回答下院议员的质问时说："关于'满洲国'问题，在国联调查员的报告提出并弄清事实真相之前，对日本的措施是不能评论的……满洲政权或许是日本设立的，而且在其援助之下，但任何人都没有做过调查，尽管当事者予以否定，但还是不能作出肯定的判断。我想特别提出的是，现今日本和其他国家一样，没有承认新政权，并声明新政府不是日本所扶植的"，"像中国这样的国家，出现像新满洲政府这样的独立政府，并非罕见之事，这一点不能不承认"。②对成立伪政权表明了有所理解的态度。

是时，日本外务省认为，通过使列强认识到伪满洲国存在的事实，用以证明其所谓的独立性，乃是伪政权取得国际承认的条件。于是便想利用李顿调查团的调查达到此种目的。③

当李顿调查团在中国东北地区进行调查之际，日本国内发生了"五一五"事件，犬养内阁垮台，16 日成立了斋藤内阁。"五一五"事件促进了日本对伪满洲国的承认。兼任外务大臣的斋藤首相于 6 月 3 日在众议院答辩时表示，"考虑尽快承认'满洲国'"④。6 月 7 日，伪满洲国的外交部次长兼总务长大桥也向斋藤请求："'满洲国'因未得到日本承认，地位很不稳定……希望日本迅速给予承认。"结果，6 月 14 日，众议院全体会议通过决议："政府应迅速承认'满洲国'。"⑤

根据这个决议，日本外务省于 18 日召开干部会议，讨论了承

---

① 日本外务省编：《日本外交文书·满洲事变》，第 2 卷第 2 册，第 255 页。
② 日本外务省编：《日本外交文书·满洲事变》，第 2 卷第 2 册，273 页。
③ 有关详情，参见本书第七章第二节。
④ 日本外务省编：《日本外交文书·满洲事变》，第 2 卷第 1 册，第 516 页。
⑤ 日本外务省编：《日本外交文书·满洲事变》，第 2 卷第 1 册，第 531 页。

认"满洲国"的时间、方法和日满基本条约的内容等。关于承认的时机，与会者在考虑了"日满关系的调整""充实'满洲国'作为独立国家的内容"以及"过早承认对国际关系的影响""国内的承认促进论""推迟承认给'满洲国'方面造成的不安及关东军等在满日人的焦躁"等问题之后，一致认为应在适当的时机承认"满洲国"。

日本众议院承认伪政权的决议，引起了中国和列强的反响。中国理事于 6 月 23 日向十九国委员会委员长海曼斯提交了备忘录，要求根据《国联盟约》第十条处理这一事件。25 日，南京政府外交部向《九国公约》关系国提出："'满洲国'是日本人一手包办的，日本政府终于予以承认，这是破坏中国的领土完整。"①以唤起列强的注意。日本外务省唯恐国联根据中国的请求采取对策，阻止日本承认伪政权，因此，外务次长有田于 6 月 25 日威吓英国驻日大使说："这次中方就承认问题向国联发出呼吁，国联如果予以受理并作出任何意味着禁止日本承认的决议，都将刺激日本的国内舆论，或许将使我国政府不得不加速承认的时间。"②事后，英国政府转告斋藤外相（从 1932 年 5 月 26 日至 7 月 6 日兼任首相——笔者注）《九国公约》并非禁止满洲宣布独立，该条约也没有赋予签字国家不采取任何鼓励此种行为的义务"③，对伪政权表示了两面性的态度。于是斋藤外相便利用英国等欧美列强讨好日本的一面，以威吓态度抑制其阻止承认的另一面。由于日本外务省的这种努力，十九国委员会和国联行政院没有受理中国方面的请求，未对承认伪政权采取特别措施。

当时，日本外务省内部也有反对过早承认的意见。如驻国联的代表长冈认为："李顿委员会是根据我方提案设置的，而今正在

① 日本外务省编：《日本外交文书·满洲事变》，第 2 卷第 2 册，第 359 页。
② 日本外务省编：《日本外交文书·满洲事变》，第 2 卷第 2 册，第 360 页。
③ 日本外务省编：《日本外交文书·满洲事变》，第 2 卷第 1 册，第 544 页。

接触问题的核心，如在其报告提出之前便过早地承认，其结果实际上是剥夺了他的部分建议的自由，这必然给世界造成误解，认为日本的行动是不公正的。"①为此，他向新到任的内田外相建议，在李顿提出报告书之前暂不承认"满洲国"。

然而，日本外务省的考虑是尽早承认"满洲国"，以牵制调查团起草报告书，因为当时外务省得知，在起草的报告书中有许多对日本不利之处。7月6日，内田对调查团起草的解决"满蒙问题"的方案作了如下猜测：

①中国承诺尊重日本既得权益，恢复满蒙统治权方案；

②在中国的宗主权下承认满蒙自治权方案；

③国联负有责任的满蒙国际行政管理方案；

④《九国公约》和《巴黎公约》有关各国会议决定满蒙问题方案；

⑤将决定推迟到日后，暂时设立常设满蒙委员会，以观察"满洲国"的事态变化方案。②

这五种方案对日本来说，都是不能接受的。因此，在承认伪满洲国的问题上，要对调查团显示日本的强硬态度，以牵制其起草工作。然而，在得到确实的方案之前，需留一定的余地。根据这个方针，内阁于7月12日通过了《有关承认"满洲国"问题的文件》。该文件规定："国际联盟的中国调查委员如提出承认"满洲国"问题时，则表示帝国打算尽快承认，但难以明言其时间"，"如对方更进一步询问在调查委员提出最后报告之前，或在调查委员离开东洋之前，能否暂不予以承认，则表示承认乃帝国政府自身确定之问题，不能约定与上述事宜有牵连之事"。③这个决定一方面是牵制报告书的起草工作，另一方面是想根据调查报告的内

---

① 日本外务省编：《日本外交文书·满洲事变》，第2卷第1册，第581页。
② 日本外务省编：《日本外交文书·满洲事变》，第2卷第1册，第946页。
③ 日本外务省编：《日本外交文书·满洲事变》，第2卷第1册，第584页。

容如何来决定承认的时间。

7月中旬，日本政府决定了正式承认伪满洲国的时间，并于7月15日向英、意大使表示了这种意向，28日将此意转告中国公使。8月8日任命关东军司令官武藤信义为驻"满洲国"大使，19日通过了《日满议定书》，9月15日在此议定书上签字，正式承认伪政权。

日本政府之所以在此时决定承认伪满政权的日期，与李顿调查团的来日有关。因为调查团结束在中国的调查之后，于7月4日至15日间在东京逗留，开始准备调查报告书的起草工作。日本政府通过与调查团的会谈，得知了调查团不承认伪政权的意向，所以要在调查团提出报告书之前，造成既成事实，以牵制调查报告书的起草工作，并进一步对付国联。

三、伪满政权的承认问题

九一八事变虽然是关东军以爆炸柳条湖附近铁路为导火线而发动的，但在收拾事变时，日本外务省则以争取列强对伪满政权的承认来实现事变的最终目的，从而结束事变。

是否承认伪满洲国问题，也表现了日本与欧美列强对中国东北的争夺。19世纪末期以来，日本在与列强的争夺中获得了在南满的殖民权益，而现在则是争夺整个"满蒙"的霸权。欧美列强虽然承认日本在南满的权益，但反对日本在整个"满蒙"确立霸权，并与日本争夺"满蒙"。

是时，日本与欧美列强保持着双重性关系。所谓的双重性，一是互相争夺，二是互相妥协和协调。9月30日，李顿调查团向国联提出的报告书可谓集中体现了欧美列强与日本的这种双重性关系。

报告书对伪满洲国问题是这样说的："单纯地恢复原状，任何问题也得不到解决……保留和承认满洲现政权，也同样不能令人满意。"①可见，该报告一方面拒绝承认伪政权，另一方面又反对中国完全恢复事变前的主权。拒绝承认，表示列强与日本的争夺；而反对中国完全恢复主权，又是列强与日本的妥协与协调。欧美列强企图用这种妥协和协调的方法，解决事变和伪政权问题，并从中与日本争夺满蒙。因此，在报告书第九章《解决的原则及条件》的第七、八项中就"满洲的自治"提议："满洲的政府要在保全中国主权和行政一致的前提下，按照适应东三省地方状况和特征的、确保广泛自治的方法进行改组"；就"对内部秩序和外部侵略的安全保障"提议："满洲的内部秩序要由有效的地方宪兵队加以确保；对外部侵略的安全保障，要依靠撤退宪兵队以外的一切武装部队和利害关系各国缔结的不侵犯条约加以保障。"②这种满洲自治方案实际是否定傀儡政权和原有的"满蒙"政权，使自治政府采用"可以行使广泛权能"③的外国顾问和官员，"在外国教官的协助下组织"宪兵队，并任命国际结算银行理事会为东三省中央银行总顾问。④这种自治政府是在列强顾问和教官支配下，由国际管理的政权。列强力图通过这种自治政府，将自己的势力扩大到满蒙。但日本反对这种提案，只赞成"单纯地恢复原状，任何问题也得不到解决"的意见。

这样，围绕着是否承认伪满洲国问题，日本和列强从1932年9月至1933年3月在国联大会和行政院会议上展开了攻防战。在这种攻防战中，日本外务省试图通过外交手段，使关东军以军事和阴谋手段所建立的傀儡政权获得国际承认，以保证其存在。日本外务省为对付李顿调查报告书及审议报告书的国联行政院和国

---

① 日本外务省编：《日本外交文书·满洲事变》，别卷，第245页。
② 日本外务省编：《日本外交文书·满洲事变》，别卷，第250～251页。
③ 日本外务省编：《日本外交文书·满洲事变》，别卷，第259页。
④ 日本外务省编：《日本外交文书·满洲事变》，别卷，第258～259页。

联大会，采取了下列措施：

第一，准备了为日本侵略满蒙辩解的文件。例如，草拟了《旧东北政权的弊政》《成立"满洲国"的情况》《新国家的生存能力》《二十一条及日清会议记录的效力问题》《驳斥中国向国联调查团提出的主要报告》和《有关承认"满洲国"的法律问题》等 12 份报告。

第二，要求行政院主席延长审议调查报告书的日期。9 月 8 日，内田向行政院议长提出下列要求：

①帝国政府需对此报告书写成《观察报告》，并将此《观察报告》带往日内瓦，因此，至少需给予 6 周的时间。

②行政院在接到帝国政府的《观察报告》之前不可审查报告书。

③向行政院提出的报告书不附上帝国的《观察报告》，不可通报成员国。

④报告书不附上帝国政府的《观察报告》，不可在报纸上发表，以免在报纸上进行不适当的争论。①

内田的这些要求证明，日本是如何害怕发表报告书，同时说明日本企图使《观察报告》成为与报告书具有同等效力的文件。对于此种要求，长冈春一代表认为"如果我方提出此件，则好似我方认为李顿调查报告书对日本不利才如此提出要求，或日本想拖延审议以巩固满洲的事态"，②因为担心这样会使人产生怀疑，于是便削掉了上述③④项，只提出了①②项。

9 月 24 日，行政院讨论了公布报告书和审议的日期问题，日本理事主张于 11 月中旬以后进行审议，而中国理事则认为应该"最迟在 11 月 1 日以前开始审议"③，驳斥了日本的拖延对策，行政院决定 11 月 14 日进行审议，并补充说，根据情况也可能延期

---

① 日本外务省编：《日本外交文书·满洲事变》，第 2 卷第 2 册，第 394 页。
② 日本外务省编：《日本外交文书·满洲事变》，第 2 卷第 2 册，第 397 页。
③ 日本外务省编：《日本外交文书·满洲事变》，第 2 卷第 2 册，第 423 页。

一周。该决定是行政院议长讨好日本的结果。

第三，写成了《帝国政府对国联中国调查委员会报告书的意见书》，对李顿报告书中对日本不利的部分加以强硬的反驳。同时，意见书对日本侵略满蒙和建立伪满洲国进行狡辩，强调伪政权存在的所谓理由。

第四，以伪满洲国的"门户开放"来促进列强的承认。伪政府的外交部次长大桥会见《纽约时报》记者时说："满洲的门户只能对承认长春政府独立的国家开放。"伪满外交部长谢介石发表宣言："对在4～6个月内实行上述承认和开始谈判承认的国家，承认该国在'满洲国'内所有的权益，并可给予无条约国待遇。"①

第五，10月10日在长春、奉天、哈尔滨、吉林等地举行庆祝日本承认伪满洲国的庆祝大会，向国联秘书长和英、美、德、苏、意等国的外长发了请求承认的电报，开始制造承认伪满洲国的舆论。

第六，10月11日任命强调"满蒙是我国生命线"的松冈洋右为出席国联行政院会议和国联大会的首席代表，驻法国大使长冈春一和驻比利时大使佐藤尚武分别为代表。

与此同时，伪满洲国派丁士源去日内瓦。伪政权雇用外国人普伦松·理在日内瓦举办美化伪政权的演讲会，为承认伪政权制造舆论。

第七，将对日本代表的训令于10月21日交给松冈洋右。该训令的要点是"帝国对满洲问题的方针是按照《日满协定书》的条款和精神，以及9月15日帝国政府声明的宗旨加以解决"，并在其中规定，当列强作出制约此种原则的决议时，"要极力加以抗争，同时要努力使国联方面改变主意"。②这一训令实际是强烈要求国联承认日本在中国东北所造成的一切既成事实，如果不被采

---

① 日本外务省编：《日本外交文书·满洲事变》，第2卷第2册，第431～432页。
② 日本外务省编：《日本外交文书·满洲事变》，第3卷，第16～17页。

纳，则要采取与国联抗争的姿态。

第八，日本外务省分析了召开行政院会议前后的国际关系，为创造有利于日本的形势进行了积极活动。外相与陆、海军大臣于8月24日共同拟定了《从国际关系上处理时局之方针》，并对各国采取了外交措施。

（1）对英国。英国对国联具有控制权，此外，李顿是英国推荐的调查团团长，所以英国对调查团的报告具有强烈的影响。当时，驻英国大使松平分析："在即将到来的国联临时大会上审议李顿报告书之际，如我方与国联发生正面冲突，我想英国政府只要有余力则会尽调停之劳的。倘若国联的威信扫地或我方伤害了国联，使英国在两者中间必取其一时，那么英国对欧方针的重点将放在国联上，而且英国的国联协会在推动英国的舆论上具有很大努力，所以英国政府的态度决不容乐观。"[1]这种分析是正确的，当时塞西尔等强调："政府对李顿报告书要尽可能给予大力支持，同时，殷切希望倾注全力使上述报告在国联能得到通过。"[2]日本外务省担心与英国的关系，在《从国际关系上处理时局之方针》中规定："要努力恢复日英的协调（鉴于英国方面的重点在中国本土特别是上海、广东和其他长江沿岸以及华南方面，在该地方要适当尊重英国的立场，以促进协调的步伐）。"[3]

（2）对法国。日本外务省估计与英国的关系将趋于紧张，而重视与法国的关系。上述《从国际关系上处理时局之方针》中分析："在此次日华纠纷中，法国政府对我方一直表示比较有利的态度，另一方面，法国为了推行其在欧洲的霸权政策，似乎有在远东寻求日法两国政治接近的气氛。因此要在近期抓住机会，促进

---

① 日本外务省编：《日本外交文书·满洲事变》，第2卷第2册，第410页。
② 日本外务省编：《日本外交文书·满洲事变》，第3卷，第118页。
③ 日本外务省编：《日本外交文书·满洲事变》，第2卷第2册，第385～386页。

有关日法间在远东一般谅解的会谈。"①据此，驻法大使长冈于 9
月 12 日访问赫里奥特总理时言称："如同对德条约问题对法国是
生死攸关的问题一样，满洲问题对日本也是生死攸关的问题，所
以希望法国也对照前述日本的态度，对满洲问题，尤其是在日内
瓦要支持我方。"②赫里奥特总理答道："日本如在日内瓦处于困
境，我们一定尽力为之缓解，决不负日本的期待。"③11 月 21 日
行政院会议结束后，松冈洋右对法国代表邦库尔说："日本相信法
国是最好的朋友。"④希望得到法国的支持。另外在巴黎，日本大
使馆武官笠井平十郎也对赫里奥特总理表示希望得到赫里奥特的
帮助。赫里奥特总理保证："我想在会议期间日本所应采取的对策
是巧妙地引导会议，不可莽撞地急于解决，要尽可能将会议拉长，
这时法国将适当支援日本，努力使日本的主张，得到贯彻"，"（法
国）相信日本，并将极力援助日本贯彻其主张"。⑤

　　（3）对美国。《从国际关系上处理时局之方针》中分析："对
我经营满蒙最强有力的障碍，来自美国方面"，我们要"运用门户
开放、机会均等主义，采取使美国适当均沾'满洲国'经济利益
等方法，来牵制乃至缓和美国的态度"。⑥为此，日本外务省企图
利用日美对外侵略的共同性，来促使美国转变态度。9 月 22 日，
日本代表佐藤尚武在日内瓦裁军会议干部会上，对美国代表威尔
逊说："日本在满洲所采取的措施，并非模仿英美等在埃及或在中
美洲各国所采取的措施，而是为了自己的生存不得已而为之，这
一点自不待言。然而美国本身在必要时也曾屡次在中南美实行了
如日本这次在满洲所采取的措施，对这个事实日本人今日尚记忆

　　① 日本外务省编：《日本外交文书·满洲事变》，第 2 卷第 2 册，第 386 页。
　　② 日本外务省编：《日本外交文书·满洲事变》，第 2 卷第 2 册，第 401 页。
　　③ 日本外务省编：《日本外交文书·满洲事变》，第 2 卷第 2 册，第 401～402 页。
　　④ 日本外务省编：《日本外交文书·满洲事变》，第 3 卷，第 82 页。
　　⑤ 日本外务省编：《日本外交文书·满洲事变》，第 3 卷，第 104～105 页。
　　⑥ 日本外务省编：《日本外交文书·满洲事变》，第 3 卷第 2 册，第 386 页。

犹新……（我们）彼此非难攻击是得不到日本国民理解的，所以希望阁下予以谅解。"①力图说服美方。日本外务省还要求美方从西海岸撤退美国的大西洋舰队，以便解除美国的军事威胁。"一·二八"事变时，美国大西洋舰队的一部分驶至西海岸，并停泊在那里，对日本构成了无言的压力。对此，驻美临时代办斋藤博于11月14日对美国副国务卿卡斯尔说："美国大西洋舰队长期留在太平洋沿岸，只会刺激日方的舆论，因此请阁下此时英明决断，努力恢复到平时状态。"②然而，卡斯尔拒绝了这个要求。进而，斋藤博还对美国向国联行政院会议和国联大会派遣观察员以及美国在行政院会议之后，由《巴黎公约》《九国公约》的签字国组成委员会等持有戒心，恐怕美国干涉伪满洲国问题。但卡斯尔否定了这种可能性。

（4）对苏联。《从国际关系上处理时局之方针》分析："关于近期北满方面的形势，日苏关系蕴藏着相当大的危机。"因此，该方针决定："鉴于目前的国际关系，至少此时避免与苏联冲突乃至关重要，所以，我方应注意不要采取刺激苏联的措施……但倘若苏联进而采取积极态度，阻止或妨害帝国对满蒙的经营，则要断然予以排除。"③

根据这一方针，日本外务省开始采取对苏政策。李顿报告书的第九章第二款中写道："考虑到苏维埃联邦的利益，在邻近各国中的两国之间，谋求不尊重第三国利益的和平，是不公正或不贤明的，也将无助于和平。"④日本力图盗用这一点。10月25日，驻法大使长冈春一向内田报告说："苏联如果正式承认'满洲国'，则是该报告中所认为的日苏两个最大利害关系国都承认了'满洲

---

① 日本外务省编：《日本外交文书·满洲事变》，第2卷第2册，第416页。
② 日本外务省编：《日本外交文书·满洲事变》，第3卷，第40页。
③ 日本外务省编：《日本外交文书·满洲事变》，第2卷第2册，第386~387页。
④ 日本外务省编：《日本外交文书·满洲事变》，别卷，第250页。

国'的存在。因此，对'满洲国'无任何利害关系的小国方面的拘泥于理论的主张，也将在事实面前成为空论。这样，同情我方的大国则将便于采取行动，有利于我方以'满洲国'的存在为基调而谋求解决问题的主张。"①日本还想利用欧美列强反共的共同点，为此，长冈向内田建议："对日本在满洲的行动多少持有同情或理解态度的，归根结底是认为日本站在东洋防止赤化的第一线，因此，要以我方所说的有必要承认'满洲国'的主张来呼吁他们，使他们知道，如果放任现今中国本土赤化运动的扩大和渗透，各国则将失掉在中国本土的市场……而防止此种事态，只有使'满洲国'介在其间，此种论法最为有效。"②

长冈认为与苏联缔结互不侵犯条约是对付列强的有效政策。1931年12月31日苏联外交人民委员李维诺夫曾向途经莫斯科的芳泽谦吉探询日方关于缔结日苏互不侵犯条约的想法。芳泽回避这一问题，只答应把这一意见报告本国政府。③日本内部对这一问题看法不一，长冈向内田建议，通过缔结日苏条约将给列强以日苏合作的畏惧感，使列强不致背弃日本。另外，通过缔结这一条约，"还可以禁止（苏联在日本和满洲）宣传共产运动，使苏联承认'满洲国'，而且不会失掉英法等国家的同情"④。对长冈的上述建议，内田于10月28日表示："实现苏联承认'满洲国'，不仅有助于'满洲国'的稳定，同时也有利于我方对国联的对策，我们正按照你的意见进行考虑。"他还说："对缔结互不侵犯条约的方式，政府目前正对各种利害慎重加以考虑，尚未能决定。"⑤以上事实暴露了这个时期日本外务省对苏政策的内幕。

（5）对中国。《从国际关系上处理时局之方针》规定："帝国

① 日本外务省编：《日本外交文书·满洲事变》，别卷，第250页。
② 日本外务省编：《日本外交文书·满洲事变》，第3卷，第22～23页。
③《苏联对外政策文件集》，第14卷，第746～768页。
④ 日本外务省编：《日本外交文书·满洲事变》，第3卷，第23页。
⑤ 日本外务省编：《日本外交文书·满洲事变》，第3卷，第24页。

对中国本土的政策应与帝国对满蒙政策相区别，主要宗旨是发挥其贸易和企业市场的功能，因此，只要不妨碍我方的满蒙经略，将与列国合作保持中国本土，尤其是在经济上与列国有重要关系的地区的和平，并致力于中国本土上的门户开放"；"关于确保上海方面的平静和安全，将主要靠外交手段谋求解决"；"至于山东地方和华北……要尽可能努力保持平静……在绝对必要时可派兵"。①

　　日本贯彻上述方针的同时，对中国显示了强硬态度。驻法国大使长冈在巴黎对预定出席下次行政院会议和国联大会的中国代表顾维钧说："'满洲国'的存在和日本承认该国乃是事实，对此两点日本断有决心，不能作任何让步。不管国联或其他方面表示什么态度，日本绝不改变既定态度，因此要在此种前提之下寻求某些解决方案。"他还警告说："休得插手满洲问题。"②同时，还利用中国内部的北平、广东和南京政府间的内讧，以协助南京政府建立巩固的中央政府为条件，要求南京政府承认伪政权。

　　那么，国联方面是怎么对待日本的呢？国联坚持李顿报告书中的解决原则，并从其两面性的政策出发，谋求相互妥协。国联全体大会代理代表科策向日方劝说："日本政府若完全排斥李顿报告书，便会与国联形成正面冲突，所以最好是以其为基础进行讨论，强调对自己有利的部分，暂时拖延问题的解决，以观时局的变化为上策。"③国联秘书长德拉蒙德也说："政治解决的方法是断然实行延期解决问题，明年夏季再研究解决方案。然而，也不能只是单纯的延期，以至于明年夏季仍无所作为地度过，至少要让当事国开展某些谈判。"④这种态度表明国联希望以拖延时日和日中谈判的方法来达到妥协的目的，因为对于国联来说，这样是

---

① 日本外务省编：《日本外交文书·满洲事变》，第 2 卷第 2 册，第 383～385 页。
② 日本外务省编：《日本外交文书·满洲事变》，第 3 卷，第 23～24 页。
③ 日本外务省编：《日本外交文书·满洲事变》，第 3 卷，第 8 页。
④ 日本外务省编：《日本外交文书·满洲事变》，第 3 卷，第 28 页。

于自己有利的。然而日方提议："日中间的协定以对满洲问题的根本谅解为前提条件，先开始中满间的对话如何？"对此提案，不承认伪政权的南京政府当然不会赞成。

11 月 21 日，国联召开审议李顿报告书的行政院会议，这次会议有三个中心问题：

其一，日本代表松冈和中国代表顾维钧展开激烈辩论。松冈首先发言，他强调"满洲在军事上和经济上对日本本身都是重要的生命线"；不能同意报告书所说的"'满洲国'是中国领土一部分"的论点；"支持和承认现制度同样是不妥当的"，"我们完全不赞成"，他反驳了报告书，并对成立伪政权作了全面辩解。①中国代表顾维钧于次日批驳了松冈的发言，揭露了日本策划建立伪政权的事实，希望行政院迅速采取有效措施。松冈和顾维钧还围绕田中奏折和中国抵制日货问题进行了激烈辩论。

其二，关于调查团的权限问题。松冈认为报告书中有对日本不利的内容，故应尽量限制调查团的权限，调查团只有调查的义务，没有解决事变的发言权，强调"提出报告之后，委员会的任务已经结束，因此，对日本政府于上述报告提出之后发表的《观察报告》《陈述》《声明》无权发表任何意见"②。但是，行政院议长白里安认为，调查团在解散之前，有权根据各国代表的意见补充、修改报告书的内容。松冈则反对白里安的意见，认为"委员会已不复存在，只能就报告范围内和现场调查的情况对行政的询问予以说明"③。

其三，关于《盟约》第十五条问题。行政院会议经过数日激烈辩论，日方除了认为单纯恢复原状不能解决问题之外，还表示不接受李顿报告书的解决原则。中方也只对解决纷争十原则的第

---

① 松冈洋右传记刊行会编：《松冈洋右——其人和生平》，讲谈社 1974 年版，第 444～445 页。
② 日本外务省编：《日本外交文书·满洲事变》，第 3 卷，第 85 页。
③ 日本外务省编：《日本外交文书·满洲事变》，第 3 卷，第 92 页。

三项（"任何解决方法都要符合《国联盟约》《巴黎公约》《华盛顿九国公约》的规定"）表示承认，并在断定两国之间无任何一致之点的情况下，被迫提出由大会根据《盟约》第十五条进行审议的要求。

内田已估计到这一点，于11月18日发出"关于保留《国联盟约》第十五条问题的追加训令"，以作为对行政院会议的对策。其中指示说："对将报告书向大会移牒之事，要在阐明保留第十五条的关系后弃权，表示实际上阻止上述移牒的态度也无妨。"①根据这个指示，松冈反对将报告书交由大会审议。但是，关于委托大会审议的主席提案被一致通过，伪满洲国问题便成为大会审议的问题。

大会于12月6日召开。日方的首席代表是松冈和长冈、佐藤两位大使，吉田、堀田、泽田等大使和公使予以协助，还有追川中将、石原大佐等数十人出席。大会根据《国联盟约》第十五条审议伪满洲国问题。

中国代表颜惠庆提出如下要求："宣布日本是三个条约的侵犯者"；"日本从满洲完全撤兵之前，要首先撤至铁路附属区内，且解散'满洲国'政府"；"尽快决定日期，制定和公布大会根据《盟约》第十五条第四项的解决纠纷的报告"。②对此，松冈为日本侵略满蒙进行全面辩解，认为出动日军与英国出兵上海是一样的，试图从帝国主义的共同性上说明其侵略的合理性。

在大会上，日本的侵略行径受到一些小国的强烈指责。爱尔兰代表孔诺利指出："日本根据帝国主义的扩张政策，不顾是否侵略他国领土，一味地采取行动，日本官员参与建立'满洲国'之事实是任何狡辩也抹杀不掉的……国联应拒绝承认'满洲国'。"③

---

① 日本外务省编：《日本外交文书·满洲事变》，第3卷，第46页。
② 日本外务省编：《日本外交文书·满洲事变》，第3卷，第129页。
③ 日本外务省编：《日本外交文书·满洲事变》，第3卷，第145页。

挪威代表郎格赞成爱尔兰代表的意见。西班牙代表马达利亚格批评了大国的调停立场，他强调："国联的任务不只限定于调停，重建国联的威信和主义是吾人之责任。"①

然而，大国力图用调解和妥协的方法来解决伪政权问题。法国代表邦库尔说："吾人之任务首先在于调解。"②英国代表西蒙也说，"须使之妥协"，倘若当事国的直接谈判得不到任何成果，则召开十九国委员会，"如能让美、苏两国派代表参加则会更加有效，要鼓励妥协"③。为达到妥协的目的，西蒙还强调，"认识到问题的复杂性是绝对必要的"，"必须立足于事实讲求实际"。④

在大会上，日方代表还鼓吹一种例外论。10 月 21 日，日本政府给日本代表发出训令："中国问题，尤其是满洲问题，是世界上最为特殊、复杂而困难的问题。处理上述特殊性极强的问题，不能成为处理世界其他任何问题的先例。"⑤指示代表就此在大会上加以说明，而一些小国反对这种例外论。

西班牙、瑞典、爱尔兰、捷克斯洛伐克等四国在大会上提出决议案。该决议案提出五个基本观点，要求"给予十九国委员会以邀请美利坚合众国政府和苏维埃联邦政府协助的权利，以保证与当事国的接触"⑥。这五个基本观点如下：

①"吾等认为，报告书应明确宣布：日军未经宣战便以武力侵占分明是中国领土的重要部分，造成该部分宣布与中国其他部分相分离并独立。"

②"吾等认为，报告书应宣布：'满洲国'的现行制度并非出自自发的、真实的独立运动。"

---

① 日本外务省编：《日本外交文书·满洲事变》，第 3 卷，第 153 页。
② 日本外务省编：《日本外交文书·满洲事变》，第 3 卷，第 157 页。
③ 日本外务省编：《日本外交文书·满洲事变》，第 3 卷，第 159 页。
④ 日本外务省编：《日本外交文书·满洲事变》，第 3 卷，第 158～159 页。
⑤ 日本外务省编：《日本外交文书·满洲事变》，第 3 卷，第 17 页。
⑥ 日本外务省编：《日本外交文书·满洲事变》，第 3 卷，第 151 页。

③"吾等认为，1931 年 9 月 18 日事件之后广泛的行动和军事占领不是正当防卫的手段。"

④"吾等认为，在满洲建立的制度和无日本军队的存在是不可能实现的。"

⑤"吾等认为，对'满洲国'现行制度的承认与国际义务不能两立。"

这五个基本观点将日本规定为侵略者。该提案旨在不承认伪满洲国的前提下，促进两个当事国的接触。这个提案虽代表了小国反对大国妥协方针的正确意见，却招致大国的反对，日本代表松冈公然要求撤回这一提案，态度强硬。

瑞士和捷克斯洛伐克两国也提出了决议案，其中提议将下列事项委托给十九国委员会：

①研究在讨论中所发表的意见和所作的暗示以及向大会提交的决议案。

②根据 1932 年 2 月 19 日行政院会议的决议，起草向大会提交的解决纠纷的提案。

③尽可能在短期间内向大会提交上述提案。①

这一提案是在接受 1931 年 12 月 10 日的国联决议、李顿调查报告书、日中两国意见书的前提下，根据 1932 年 11 月 21 日至28 日召开的行政院会议记录起草的，因此受到大国的赞成，并且在此基础上起草了大会的决议案。

9 日，大会干部会议审议了这个决议案，并在大会上通过。决议案的内容与上述两国提案大体相同。于是大会便将审议事变和伪政权以及草拟解决案的工作委托给十九国委员会，只求调解、妥协而拖延了问题的解决。在大会上，伪政权虽未获得承认，但日本代表对会议比较满意，他们评价会议说："四国的决议案受到

---

① 日本外务省编；《日本外交文书·满洲事变》，第 3 卷，第 152 页。

漠视，已达到日方紧急动议的目的。"①

根据大会的决议，十九国委员会于 12 月 12 日召开。委员会决定由英、法、西班牙、瑞士等九国组成起草委员会，着手准备向下次大会提交的最终报告书和宣言。

在起草委员会中，大国与小国的态度依然对立，英国代表西蒙压制小国的意见，强调要调解、妥协。由他们起草的决议草案承袭了 3 月 11 日大会决议案原则，只宣布原则上的决定，至于具体问题则力图通过设置调解委员会，让美、苏也出席，在日本与中国之间进行调解。

12 月 15 日，十九国委员会提出类似中间决议的第一、第二决议草案和理由书，其中第一决议草案和理由书是以李顿报告书为基础起草的，以报告书的第一章到第八章为事实，以第九章的"解决原则和条件"为基础拟定解决方针，提出对维持"满洲国"和恢复原状的主张均予否定，成立调解日中两国关系的调解委员会，邀请美、苏两国也参加。

十九国委员会将这一决议草案和理由书交予日方，日本代表和内田不予接受。17 日，日方提出修改意见，主张调解委员会只能致力于开辟中日两国间直接谈判的途径；在李顿报告书第九章作为解决问题方针的十原则中，除第七、第八两原则外，其他原则可以考虑；美、苏两国不参加调解委员会；删除理由书中不可恢复原状和不承认"满洲国"的宣言。

对日本的上述修改方案，德拉蒙德表示反对，他说："所谓以第九章中的十原则为基础，是指十原则为一整体而言，故不能同意除去七、八两原则的说法"，"不能完全排除对美、苏的邀请"。②对此，内田也明白，即国联"未有表示任何妥协的余地"③。十

---

① 日本外务省编：《日本外交文书·满洲事变》，第 3 卷，第 177 页。
② 日本外务省编：《日本外交文书·满洲事变》，第 3 卷，第 217 页。
③ 日本外务省编：《日本外交文书·满洲事变》，第 3 卷，第 219 页。

九国委员会认为，"事实上，现在有很大的意见分歧，然而，分歧可通过诚意加以消除。为避免谈判失败和失败带来的后果，调解和磋商至关重要，这便须有充分的时间，以便委员会与当事国继续谈判，且使各国政府有时间协助达成解决"①。据此，十九国委员会从12月20日开始休会。

十九国委员会休会后，日本外务省指示驻外大使，要分别向各驻在国当局进行说服工作。驻瑞士公使向外长贝纳施，驻法大使长冈向彭古代表，驻英大使松平向外长西蒙，驻德代表藤井向德国副外长、驻意的松岛大使和松冈向阿罗基分别说明日本修改方案的理由，恳切希望承认伪政权。然而收效甚微，仅取得法国的支持。

此时，国联首脑部依然想通过调解和妥协的方法解决问题。1933年1月11日将国联事务局的决议试行案交给日方的杉村阳太郎。德拉蒙德与杉村基于此试行案于12、13两日进行私下会晤，草拟了《德拉蒙德与杉村试行案》。在此试行案中，双方对部分问题达成妥协，例如：不采用李顿报告书的全部；不涉及报告书的第十章（有关考察及向行政院的提议）；改变第九章的原则，以作为解决问题的有益基础，并适用于远东的新事态；不涉及不可恢复原状及否认"满洲国"等问题；国联全体大会根据《国联盟约》第十五条第三项的精神寻求处理事变的方法，等等。在这一妥协性方案中，杉村作了部分让步，德拉蒙德也作出让步，而且是相当显著的。

1933年1月16日，十九国委员会再次举行会议。中国方面对《德拉蒙德与杉村试行案》表示抗议，一些小国也表示不满。同时，日本外务省坚持日本的修改方案，因而导致这个试行案搁浅。

此时，内田强烈反对美国、苏联尤其是美国参加调解委员会，

---

① 日本外务省编：《日本外交文书·满洲事变》，第3卷，第220页。

其理由是：

①"万一美国参加，其结果，将有使在远东有较深利害关系的英、美结成共同战线，不仅在当前的满洲问题，而且在其他问题上对抗我方的危险。"

②"美国已相当明确并强硬地表示了不承认'满洲国'的立场，我方则确信承认和帮助'满洲国'乃是解决满洲问题的唯一方法，两者将形成正面冲突。"

③"国联的理由是让美国参加有助于问题的解决，归根结底是想通过美国的帮助压迫我方。"

④"一旦邀请了美国，则没有理由拒绝苏联参加。"

⑤"美、苏尤其是美国参加，会助长中国的坐享其成主义，愈发逞其以夷制夷的阴谋活动，其结果将使问题更难解决。"①

由此可见，是否邀请美、苏参加的问题，便成为争论的第一个焦点。十九国委员会曾就"如果删去邀请美、苏参加的内容，日方是否同意 12 月 15 日的试行案"这一问题向日方探询，实际是委员会向日方表示了妥协之意。因此，内田认为，只要耐心坚持下去，委员会方面还会让步。于是日方要求删去理由书中第九项的不承认"满洲国"现状的条款，等于再次要求承认伪满洲国。

日方的这种强硬态度，使委员会感到难以与日方达成一致，遂于 21 日发表公报，指出："向大会提议解决纠纷的尝试已经失败……根据 1932 年 3 月 11 日的决议之第三部（第五项）所赋予的任务，开始草拟《盟约》第十五条第四项所规定的报告草案。"②据此，由议长和法、德、意、西班牙、瑞典、瑞士、捷克斯洛伐克、英国组成的九国起草委员会，根据《盟约》第十五条第四项，于 23 日开始起草提交大会的报告书。

---

① 日本外务省编：《日本外交文书·满洲事变》，第 3 卷，第 278～279 页。
② 日本外务省编：《日本外交文书·满洲事变》，第 3 卷，第 309 页。

然而，英国依然谋求与日本妥协，一面通过驻日大使与内田谈判，一面在国联通过德拉蒙德同杉村就理由书第九项的伪满洲国问题继续谈判。此时，为与日本争夺"满蒙"，英国外交大臣西蒙坚持第九项中不可恢复原状和不承认现状的立场；而内田认为，"理由书第九项与12月15日的原案一样，直接阐明不承认'满洲国'的宗旨，这是从正面诋毁帝国的对满政策，会伤害日本国民的自尊心，这种表述实难接受。"①他还说，如果像1932年3月11日的大会决议和德拉蒙德与杉村试行案那样"采取含混表述的方式，则可以考虑予以接受"②。内田还声称，这是日本最终的、起码的要求，希望国联和英国让步。

德拉蒙德与杉村在国联继续谈判。2月4日，对伪政权问题达成如下妥协：将第一决议第四项规定改为"十九国委员会具有将调查委员会报告书第九章所表述的各项原则和结论与其后各事件的进展情况相互协调的任务，并以解决纠纷为目的，具有为确保协调而努力与两个当事国相互合作的义务"③；又将原理由书的第九项改为"十九国委员会了解到日本承认在满洲所建立的现行制度，并了解到其他国联成员国没有采取同样的措施"④。在这里，虽然没有承认伪满洲国，但写了十九国委员会了解到日本承认伪满洲国的事实，以及所谓解决问题的十项原则与日本所承认伪政权的事实相协调等内容，与原方案相比较，是进一步妥协。而内田却于2月6日表示，此种方案"我方难以满足"⑤。为使国联首脑谅解日方的主张，日本代表继续进行说服工作，但除法国之外，其他国家几乎都无赞成之意。

2月8、9两日，十九国委员会就上述方案交换意见，因与调

<hr>

① 日本外务省编：《日本外交文书·满洲事变》，第3卷，第328页。
② 日本外务省编：《日本外交文书·满洲事变》，第3卷，第328页。
③ 日本外务省编：《日本外交文书·满洲事变》，第3卷，第347页。
④ 日本外务省编：《日本外交文书·满洲事变》，第3卷，第349页。
⑤ 日本外务省编：《日本外交文书·满洲事变》，第3卷，第359页。

查委员会不承认伪政权的方案仍有很大距离，所以，为再次确认日本的态度，2 月 9 日，就李顿报告书第九章的第七项原则——满洲自治问题，向日方提出如下咨询意见书：

"由于日本政府接受上述原则（第九章的第七项原则——笔者注），故不能认为日本政府将之作为独立国家而承认的'满洲国'的继续存在是解决此次纠纷的方法。估计日本政府在与协调委员会协商之际，将同意两者不要纠缠于'满洲国'继续存在或恢复事件前的原状，而是寻求与保全中国主权及行政相并立、在满洲（拥有）良好秩序及适当保护日本在满权利与合法利益的解决方法。"

实际上，这个咨询意见书又完全回到了李顿报告书的解决问题的立场上来，并明确表示了不承认伪政权的态度。对此，内田于 2 月 13 日复文，声称"维持和承认'满洲国'的独立"[①]是解决一切问题的基础，对十九国委员会表示了强硬的态度。针对此种答复，委员会又于 14 日指出："对贵函提及各点，虽已经充分考虑，但我们认为在现有事态之下开始讨论贵函所提及之诸意见，不会取得任何成果。"[②]以此看来，日本与列强已难以妥协，于是，日本外务省开始研究撤回驻国联代表及退出国联问题。

当时，日本外务省内部在退出国联问题上有两种意见，一种是撤回代表，退出国联；一种是先撤回代表，然后观察形势，再作决定。驻苏联大使大田为吉向内田建议："此时当断然退出国联，而后再回到三国干涉的卧薪尝胆时代，官民一致，全力经营满洲。"[③]驻伪满洲国大使武藤在报告中劝说："切望有立即退出国联的决心。"[④]对此，内田决定在大会上"投反对票之后立即撤回代表"，而退出国联问题因需要履行宪法上的必要手续，所以没有

① 日本外务省编：《日本外交文书·满洲事变》，第 3 卷，第 372～373 页。
② 日本外务省编：《日本外交文书·满洲事变》，第 3 卷，第 379 页。
③ 日本外务省编：《日本外交文书·满洲事变》，第 3 卷，第 506 页。
④ 日本外务省编：《日本外交文书·满洲事变》，第 3 卷，第 506 页。

赞成立即采取行动。①

2月15日，国联将《根据〈国际联盟盟约〉第十五条第四项的国际联盟大会报告书》即最终报告书递交日本代表。这个报告书内容庞大，约15000字。其主要内容为：第一部分，"发生在远东的各种事件""采纳调查委员会报告书的前八章"；第二部分，"国联争议的经过"；第三部分，"争议的主要原因"；第四部分，"对日本的劝告"。其中第四部分的内容全面采用了李顿报告书中第九章的十项原则，劝告日军向满铁附属地内撤退，建立满洲自治政府，同时决定设立包括美、苏委员在内的委员会，以促进两个当事国之间的谈判。②

日本政府断然反对该报告书，于2月20日作出退出国联的决定，指出："此次国联方面送来的报告书草案，对我帝国的对满方针作了不能相容的陈述与劝告，因此，帝国政府已决定在大会通过这一报告书时，退出国联。但因需要履行宪法上的手续，故在通过这一报告书时，帝国代表要投反对票，并在适当阐明我方的严正立场之后，立即退出大会。"③

根据这一决定，日本外务省对退出国联以及退出国联之后与欧美和国联的关系等问题，作了具体的对策研究，做好了退出国联的准备。

2月24日，国联大会通过了十九国委员会提出的上述报告书。在会议上，议长首先代表十九国委员会宣布："十九国委员会在讨论中细致地研究了日本代表所阐述的各种意见，但本委员会不想对报告书草案作任何改变。鉴于本草案代表了本委员会的一致意见，故决定不进行各委员的大会讨论、发言。"④也就是说不经讨论、审议而直接投票通过。是时，日本代表松冈宣读了冗长的《日

① 日本外务省编：《日本外交文书·满洲事变》，第3卷，第505页。
② 日本外务省编：《日本外交文书·满洲事变》，第3卷，第482～487页。
③ 日本外务省编：《日本外交文书·满洲事变》，第3卷，第511页。
④ 日本外务省编：《日本外交文书·满洲事变》，第3卷，第528～529页。

本政府根据〈国联盟约〉第十五章第五项之陈述书》，与国联的报告书对抗。

随后，大会对国联报告进行表决，记名投票的结果是：42 票赞成，1 票反对（日本），1 票弃权（暹罗）。该报告书获得通过。报告书的通过意味着国联与列强对伪满洲的否定，说明日本使伪满洲国获得国际承认的努力未能成功。3 月 27 日，日本宣布退出国际联盟，但其为使伪满洲国获得国际承认的外交活动并未停止。

在建立伪满洲国的过程中，日本军部与外务省为了共同的目的发挥了不同的作用。军部的作用主要是推进军事行动和施展阴谋手段，外务省则主要是在国联与中国对抗，发挥与列强争夺"满蒙"的作用，以期为伪政权的建立寻求国际上的保证。可以说，日本外务省在通过外交手段保证伪政权的建立方面获得了成功，而为获得国际承认的外交努力却归于失败。失败的原因，归根结底在于列强间对"满蒙"的争夺。这一事实证明，列强间争夺"满蒙"的矛盾，仅仅通过外交手段是不能解决的。

第七章　李顿调查团与日本外务省

　　李顿调查团及其报告书在九一八事变中占有重要地位。日本外务省对调查团及其报告书采取什么对策，这是研究事变期间日本外交史的重要课题。

　　李顿调查团是国联中大国利益的代表。因此，其与日本的关系，既反映了列强与日本的关系，又反映了帝国主义国家之间争夺"满蒙"的关系。

　　从甲午战争开始，日本正式侵略"满蒙"，也就开始了与列强争夺对"满蒙"统治权的斗争。在这场争夺战中，在英国的怂恿下，日本确立了在"南满"的垄断地位。然而，日俄战争之后，随着日本在"满蒙"势力的扩大，列强便开始对其加以限制。第一次世界大战后形成的华盛顿体制，就是列强联合牵制日本，阻止其向"满蒙"和中国内地扩张的体制。正是为了打破这种牵制，日本发动了九一八事变，开始了向这个体制的挑战。从这个意义上讲，九一八事变又是日本与列强围绕"满蒙"霸权的争夺战。李顿调查团的调查活动和日本外务省的对策是这一争夺的集中反映。

　　本章拟将李顿调查团与日本外务省的关系分三个时期加以论述，并分析列强对事变的两面性政策和日本外务省的对策，从而阐明事变中帝国主义之间的抗争与妥协的关系。

一、调查团的派遣问题

事变初期，围绕着派遣国联观察员问题，日本与列强展开了抗争。作为干涉九一八事变的第一步，国联向"满蒙"派遣观察员，并在确认业已发生的事实的基础上，采取相应的对策，以限制日本的军事扩张。相反，日本外务省则是对外极力掩盖关东军挑起事变的事实，排除国联和第三国对事变的插手。不仅如此，为使事变在国际上合法化，日本外务省拒绝了国联派遣观察员的要求，与国联直接对抗。

事变发生后，在国联五人委员会向日本代表芳泽谦吉和杉村阳太郎探问国联派遣观察员问题时，芳泽表示反对。他说："目前[日本]国民感情甚为激动，对派遣观察员之合适与否颇有疑问，向日方提出带有受他干涉之印象的方案，会刺激日本人的感情，如此将对事变之解决造成困难。因此，日本是否甘愿接受此种要求也是一大疑问，不过，可询问政府之意向。"①但未及日本政府作出回答，国联行政院便于9月23日作出决定，"要尽速向现场派遣观察员，其人选由驻北平的五国公使担任，根据情况另行增派一名（预计为美国）"②，并要求日本代表予以同意。然而，日本代表强调："在昨日的五人委员会上，芳泽已表示反对，目前正在转告本国政府。在这种情况下，次日便立即要求我方同意，是对我方的强迫，绝对不能同意。"③由于日本代表的反对，国联行政院召开了秘密会议，讨论派遣观察员的问题。会上，中国代表施肇基提议，任命由中方选出的第三国代表为调查委员。但芳泽仍然表示反对。行政院会议在协调了双方的意见之后，提出如下

---

① 日本外务省编：《日本外交文书·满洲事变》，第1卷第3册，第168页。
② 日本外务省编：《日本外交文书·满洲事变》，第1卷第3册，第173～174页。
③ 日本外务省编：《日本外交文书·满洲事变》，第1卷第3册，第174页

方案，即"任命由日本政府和中国政府各自选定的第三国人两名、行政院任命第三国人三名，共计七名，第三国人为委员，赴现场调查，并向行政院提出报告"①。施肇基以调查委员须为行政院的调查委员为条件，同意了这一方案。但日方依旧反对。币原亦反对派遣观察员，他于 25 日指示芳泽："在目前事态之下，帝国政府难以认为派遣观察员之举有何等必要，认为国联行政院此时信赖日本政府之诚意，并静观事态之变化乃是贤明之举。"②

当时，在反对派遣观察员的问题上，日本外务省还利用了美国的态度。美国虽非国联成员国，但由于其强大的经济实力和军事力量，对国联和国际政治具有强烈的影响。国联虽然提出希望美国派遣观察员，但美国务卿史汀生"以此时主张派遣观察员不甚妥当为由"，③拒绝了国联的请求。9 月 25 日，日本驻美大使出渊访问了美国副国务卿卡斯尔，陈述了日本政府反对派遣观察员的立场，希望得到美国的同情和支持。对此，卡斯尔表示同情。他说："派遣观察员不会收到任何实效，只能刺激[日本]舆论。我十分谅解日本对满洲问题的心情。"④美国的这种态度，是导致此时国联未能实现派遣观察员的原因之一。

日本外务省反对国联派遣观察员的原因有二：首先，想要极力掩盖事变的真相。通过奉天总领事林久治郎的电报，币原业已知道了关东军发动事变的事实。因此，他担心国联观察员赴中国东北调查，并向世界揭露日本挑起侵略战争的事实，使日本在国际上处于被动的地位。

其次，币原担心一旦国联派遣的观察员直接干预事变，则对日本侵略"满蒙"非常不利。事变爆发后，日本外务省的首要任务就是排除国际干涉，在外交上确保实现事变的目的。在 20 世纪

① 日本外务省编：《日本外交文书·满洲事变》，第 1 卷第 3 册，第 174 页。
② 日本外务省编：《日本外交文书·满洲事变》，第 1 卷第 3 册，第 185 页。
③ 日本外务省编：《日本外交文书·满洲事变》，第 1 卷第 3 册，第 9 页。
④ 日本外务省编：《日本外交文书·满洲事变》，第 1 卷第 3 册，第 13 页。

二三十年代，日本只是个二流的帝国主义国家，如果一流的欧美帝国主义国家直接干涉事变，那么，日本即使在军事上暂时取胜，外交上也难保这一果实。甲午战争之后日本不得不退出辽东半岛，第一次世界大战后归还山东，都是日本屈服于第三国的干涉，外交上无力确保军事上的胜利的实例。由此而观之，我们便不难理解日本外务省极力排除第三国和国联干涉的态度了。

在排除国际势力干涉的问题上，军部的态度与外务省是一致的。陆军大臣南次郎在内阁会议上曾说："这次事件是处理与帝国有特殊关系的满蒙问题，绝不容许第三国从旁干涉……万一第三国以实力干涉，不论其干涉来自何方，帝国都要有坚持拒绝之决心。"[1]这说明尽管在事变初期日本外务省曾反对军方的扩大方针，但在反对第三国干涉的问题上，与军方是一致的。不仅如此，甚至可以说，日本外务省正是按照军方的意见，在外交上给军方以支持。

然而，至11月中旬关东军进攻齐齐哈尔，11月15日，币原在"关于再次召开行政院会议的对策"中写道："让行政院往现场派遣观察员的做法也是一种对策，必要时由我方主动要求派遣上述观察员，可能反而对事态有利。"[2]16日在巴黎召开第三次国联行政院会议，币原外相又一反常态，转而赞成国联派遣调查团了。币原为什么会有如此转变呢？

其一，当时，由于关东军的北进，国联要求日本撤兵的呼声日高，在再次召开的行政会议上，撤兵问题乃成为最集中的焦点。因此，币原的做法实际上是企图以同意派遣调查团为由，拖延时间。日本驻国联事务局长泽田在关于下次国联行政院会议对策的请示中写道："在现今国联向现场派遣观察员的情况下，是否应该努力使之感到迅速撤兵终究是件难事，并使行政院在上述调

---

① 日本参谋本部：《满洲事变作战指导关系绫》，别册二，日本防卫研究所藏。
② 日本外务省编：《日本外交文书·满洲事变》，第1卷第3册，第561页。

查委员提出报告之前，将此事作为悬案，使之延期审议？"①币原赞成这种意见，并给泽田发出了上述指示。因此，所谓币原同意接受调查团，不过是以此为条件，来拖延撤兵，以确保关东军的军事占领。

其二，就列强的立场来说，一方面，他们为了与日本争夺"满蒙"，要求关东军撤至满铁附属地以内，但另一方面，为了压制中国人民对列强的抵抗，他们又同情关东军对中国东北的军事占领。因此，币原正是利用了列强的这一心理。10月29日，币原在给奉天总领事的电报中写道："鉴于观察当地实情之外国人多数能理解在满洲的现实状态下日军不可能迅速撤退之事，因而我方此时放弃以往的做法，进而让国联派遣调查员，不仅利于国联了解满洲的实际情况，而且可以给因处理这次事变而陷入进退维谷之境的国联一条出路，以便妥善加以引导。此外，本庄司令官也认为让国联调查员了解当地的实际情况是有利的。"②这表明日本深知帝国主义列强为了维护各自在中国的利益，是完全有可能承认日军所造成的事实的，因此，转而同意国联派遣调查团。

据此，币原认为："观察员的任务……应该是实地了解中国的整个形势，详而言之……包括必须了解中国各地对日的不法行为，乃至是否有能力完全确保生命财产的安全和重新研究中国是否在确保上述的安全，以及中国是否有能力履行与日本及其他各国［缔结的］条约和是否在继续履行这些条约，等等。"他进一步指出："不能只是把观察满洲作为目的，特别是不能只调查与我军能否撤军直接相关的问题。"③这一指示道明了币原赞成国联派遣调查团的起初原因。

根据币原的指示，国联行政院的日本代表处草拟了一个试行

---

① 日本外务省编：《日本外交文书·满洲事变》，第1卷第3册，第511～512页。
② 日本外务省编：《日本外交文书·满洲事变》，第1卷第3册，第427～428页。
③ 日本外务省编：《日本外交文书·满洲事变》，第1卷第3册，第561页。

方案。该方案提出，如果行政院同意由日方提出的五项大纲，由中日两国缔结协定，则可考虑国联派遣观察员之事。①也就是说，日本是把中日直接谈判作为交换条件，才同意国联派遣观察员的。

国联行政院首脑赞成币原和日本代表处的提案。英国外交大臣西蒙说："我认为，把中国的一切真相，比如，由于中国抵制日货而使日本在贸易上蒙受重大打击的状况以及其他有关满洲的情况，都包括在调查报告中，这对日本也是最为适宜的。"②

11月9日，日本代表草拟了关于派遣观察员的决议案，并提交币原和德拉蒙德。在"绝对不可包含干涉日中两国关于这次事件的直接谈判和监视日军行动的宗旨"③前提下，币原没有对该决议案表示异议，并训令其在决议案中应明确记入："任命有权威[调查]委员会，以研究下列问题：（甲）从调查中国各地的排外和排斥外货运动的状况着手；（乙）调查中国有无确保外国人生命安全的能力和在华外国人的生命财产安全是否得到了确保；（丙）调查中国有无履行与外国之条约的能力和现存条约是否在完全履行，等等。"④

然而，与币原的主观愿望相反，列强所关心的依旧是九一八事变。国联秘书长德拉蒙德认为，"日方过于重视调查中国的全面情况，而相对忽视了调查有关这次在满洲发生的事件的情况"，中国的想法则是"以调查满洲事件为中心"。⑤双方的差距甚远，难以妥协。因此，德拉蒙德提出了自己的方案。对该方案，币原声称，这"恰如根据《盟约》第十五条⑥所成立的委员会"⑦，并要

---

① 日本外务省编：《日本外交文书·满洲事变》，第1卷第3册，第570页。
② 日本外务省编：《日本外交文书·满洲事变》，第1卷第3册，第591页。
③ 日本外务省编：《日本外交文书·满洲事变》，第1卷第3册，第609页。
④ 日本外务省编：《日本外交文书·满洲事变》，第1卷第3册，第609页。
⑤ 日本外务省编：《日本外交文书·满洲事变》，第1卷第3期，第614页。
⑥ 第十五条第四项规定："倘争议不能如此解决，则行政院经全体或多数之表决，应缮发报告书，说明争议之事实，及行政院所认为公允适当之建议。"
⑦ 日本外务省编：《日本外交文书·满洲事变》，第1卷第3期，第634页。

求予以修改。

当时，由于关东军北进，中国希望国联根据《盟约》第十五条处理事变，调查团也是根据第十五条进行调查。然而，日方坚决反对，始终主张应根据《盟约》第十一条进行处理。①因此，在日本同意派遣调查团之后，日本、国联与中国之间又就派遣调查团的目的、根据和调查的范围等问题，展开了争议，其争论的中心是此次行政院决议案和起草议长的宣言案。在争论中，国联对日本和中间采取了双重政策。其结果，行政院于12月10日通过了派遣调查团的决议和宣言。

关于调查委员会的调查目的和调查范围，决议的第五项规定："要对影响国际关系和扰乱中日两国间和平的，或对两国在和平基础上达成良好谅解有扰乱之虞的一切情况，进行实地调查，并向行政院报告"；"两当事国开始进行某种谈判时，该谈判不属于本委员会所规定的任务范围，对任何当事国的军事措施进行干涉，也不属于本委员会的权限范围"。②显然，这一规定满足了日本想要进行广泛调查的要求，而没有采纳中国关于对九一八事变进行特定调查的意见。实施调查的依据，日本的要求是《国联盟约》第十一条，而中国的要求则是《国联盟约》第十五条。上述决议还规定："本委员会的任命和审议，对于9月30日在关于日军撤退至铁路附属地的决议中所给予日本政府的约束，无任何影响。"③由此可见，此次决议明显有利于日方。

不过，在议长宣言中，又对决议的第五项加注了议长说明，其中有若干不利于日本之处。例如，该说明明确写道：在调查委员会到达之前，不能实施9月30日决议时，"委员会要迅速向行

①《国联盟约》第十一条规定："兹特声明，凡任何战争或战争之危险，不论其直接影响联盟任何一会员国与否，皆为有关联盟全体之事。联盟应采取适当有效之措施，以保持各国间之和平。如遇此等事情，秘书长应依联盟任何会员之请求，立即召集行政院会议。"
② 日本外务省编：《日本外交年表及主要文书》，下卷，原书房1966年版，第192页。
③ 日本外务省编：《日本外交年表及主要文书》，下卷，原书房1966年版，第192页。

政院报告情况"①。也就是说，如果关东军不撤军，该委员会有向国联报告的权利。又比如，上述决议中虽然规定了委员会不干涉两国的直接谈判和当事国的军事措施，但在宣言中对这一规定是这样说明的：此规定"对委员会的调查职能丝毫不加限制，同时，委员会为了在起草报告时得到必要的情报，应有充分的行动自由"②。这些又反映了列强与日本在"满蒙"的争夺。

在派遣调查团的问题上，日本与列强之间的矛盾曾一度激化，但由于日本最终接受了调查团，致使由于日军侵占嫩江和齐齐哈尔而与列强日趋紧张的关系缓和了。日本外务省通过在派遣调查团问题上的活动，使国联对齐齐哈尔问题和撤兵问题没有采取特别措施，为关东军占领齐齐哈尔创造了有利的国际条件。关于撤兵问题，不过是"再次确认了9月30日行政院会议一致通过的决议"，③并没有像10月24日的决议草案那样规定撤兵的期限。从这个意义上来说，12月10日的决议比10月24日的决议草案后退了。其后退的原因之一便是日本接受国联的调查团。泽田在向币原建议接受国联的决议案时写道：国联首脑"是以观察员案充当门面，以此来结束此次行政院会议。因此，国联不可能强制规定日本的撤兵期限"④。这就是日本外务省因接受调查团而获得的外交"回报"。

如上所述，在币原外相时期，先是反对接受调查团，旋即表示愿意接受，其反复无常的做法，盖缘于与列强争夺与斗争的需要，其目的乃是为关东军的军事行动提供外交掩护。这就是币原外交对调查团政策的特征。

通过接受调查团，日本在外交上暂时保持了有利的局面，然而，另一方面，列强并未就此善罢甘休，他们是要将调查团的现

---

① 日本外务省编：《日本外交年表及主要文书》，下卷，原书房1966年版，第193页。
② 日本外务省编：《日本外交年表及主要文书》，下卷，原书房1966年版，第193页。
③ 日本外务省编：《日本外交年表及主要文书》，下卷，原书房1966年版，第193页。
④ 日本外务省编：《日本外交文书·满洲事变》，第1卷第3册，第649页。

场报告先作"武器"，重新摆开与日本争夺"满蒙"的架势。

二、对调查团活动的对策

李顿调查团的成立及其在日本和中国进行的调查，是日本外务省和李顿调查团之间关系的第二个时期。此时日本的外相为犬养内阁的芳泽谦吉，其外交活动颇为活跃。前期的主要活动集中于努力使调查团的调查活动有利于日本；后期则侧重于通过顾维钧赴东北调查问题，向调查团炫耀伪政权的所谓自主独立性，以博得调查团对伪政权的好感乃至承认。在此一时期，伪满政权成立，日本与列强争斗的焦点也就转移至此。在如何解决"满蒙"的问题上，日本步步紧逼，调查团则开始妥协。

根据 12 月 10 日的决议，国联行政院着手组建调查团。日本外务省首先要做的，就是使亲日人士参加调查团。当时，行政院决议规定，调查团的成员，由英、美、意、德、法五国各出一名委员，共由五名委员组成。14 日，行政院起草委员会成员阿卜诺尔向泽田非正式地透露了成员名单，听取日方的意见。泽田反对德国的希尼出任委员，而希望由亲日人士佐尔夫担任。泽田说："日本是在佐尔夫出马的条件下同意德国参加的，如今改变人选，日本颇感不悦。"①对此，阿卜诺尔拒绝道："中方强烈反对，如果当事国的一方拒绝，则很难通过。"②于是，日本外务省通过驻德大使积极活动，希望佐尔夫参加。德国外交部推荐了包括佐尔夫在内的三名候选人，但最后经国联事务局和中日两国代表共同决定，拒绝了日本的要求，选择了希尼。尽管如此，当时兼任外相的犬养毅仍然要求佐尔夫参加，并再次被行政院拒绝。20 日，行政院正式确定的五名委员为：英国的李顿、法国的克劳特、美

① 日本外务省编：《日本外交文书·满洲事变》，第 2 卷第 1 册，第 661 页。
② 日本外务省编：《日本外交文书·满洲事变》，第 3 卷第 1 册，第 667 页。

国的麦考益、德国的希尼、意大利的马柯迪。李顿被推举为团长。

还应该指出的是：鉴于调查团均由大国代表组成，因此，一些非常任理事国中的小国，曾向议长提出希望增派一名小国的成员。然而，由于小国的代表有可能同情中国，遂被行政院和日本代表拒绝。

调查团的费用，理应由国联负担，可是，为了博得调查团的好感，犬养提出如果中方可以负担一半，日本也愿意负担一半。

日本外务省对调查团的调查范围格外关注。按照外相的指示，泽田于12月14日向阿卜诺尔提出，应把调查范围确定为包括满洲在内的整个中国。23日，他再次向白里安议长表示了上述意向。对此，白里安明确表示："此乃当然之事，决议的文字很明确，不管中方如何解释，绝不改动。"①

翌年1月21日，调查团召开第一次预备会议。2月3日从欧洲出发，2月29日抵达横滨。日本外务省向调查团出示了18种阐述日方立场的资料报告，为诱导调查团做好了一切准备。

29日，即调查团一行抵达日本的当天，新任外相芳泽谦吉就事变的爆发声称："过去数年间，中国国民政府打着所谓革命外交的旗号，对外诉诸暴力，单方变更条约。这种态度乃是最近［爆发事变］的原因所在。"他还进一步歪曲正在发生的"一·二八"事变的真相，声称："驻在南京、上海的十九路军于1月28日向我军开枪挑衅，以至于造成了日中之间的军事冲突。"②采用了"恶人先告状"的手法，以使调查团形成成见。

其后，犬养首相和芳泽外相与调查团进行了五次会谈（3月3日、4日、5日、7日、8日）。在会谈中，芳泽外相甚至拿出"二十一条"的样本，反复强调日本在"满蒙"的特殊地位和殖民权益，并提出了满铁的复线问题，硬说这条铁路威胁了日本的权益。

---

① 日本外务省编：《日本外交文书·满洲事变》，第3卷第1册，第667页。
② 日本外务省编：《日本外交文书·满洲事变》，第2卷第1册，第694～695页。

李顿则顺水推舟，反问道：如果严格执行中日现行条约中的义务，日本可以满足吗？这一反问的含义是，既然以条约为凭，就应该排除"满洲国"来解决事变。芳泽无言以对，因为，此时日本外务省亦已参与了建立"满洲国"的活动。

李顿还质问芳泽道：军队已经组织了治安维持会等组织直接"维持治安"，那么，为什么还不撤军呢？芳泽答曰，这是为了自卫。这简直是不顾事实的狡辩。

关于解决事变的方法，李顿曾向芳泽探询是否可以接受"满洲的国际共管"。芳泽则以这种方法不适合日本人的感情为由，断然表示了拒绝。无奈，李顿表示，那么只有建立地方自治政府了。这实际是表明了李顿解决九一八事变的初步方针。

如上所述，双方会谈的焦点是伪满洲国问题。李顿是想排除伪满洲国来解决事变，相反，芳泽是想通过建立和承认伪满洲国来解决事变。数次会谈之后，日方了解了李顿调查团解决事变的初步意向。3月12日，亦即调查团离开东京的次日，犬养内阁作出决定，扶植已于3月1日成立的伪满洲国，公开与李顿调查团对抗。

3月14日，调查团经神户到达上海。日本驻中国公使重光葵迎接了调查团一行，向其强调列强反共反苏的共同政策，为日本侵略"满蒙"辩解，并企图得到调查团的谅解。22日，重光葵公使对调查团说：苏联"志在乘中国混乱之机，先使中国彻底赤化，然后再将其魔掌伸向印度，待亚洲完成赤化之际，则将进行世界革命"。此时，"倘若日本像中国所希望的那样怯懦地退出满蒙，其间俄国必然立即侵入南满。吾人不单为了日本之存立，从保全东亚全局的责任感出发，也不能不采取防止此种事态之手段。满蒙乃稳定东亚全局之关键，倘若满蒙混乱，东亚全局更将加速崩溃。由此观之，则可以明了日本对满蒙所采取的行动"①。日俄战争时，日本曾与英国结盟，以对抗俄国，并以此为后盾，夺取辽东半岛。重光葵的此段论调，实际是想重温日俄战争的旧梦。

李顿调查团在结束了九江、汉口、南京、北平的调查之后，到达中国东北地区，开始了所谓"满洲地区调查"。此时，伪满洲国已经建立，因此，日本外务省的最大外交课题乃是使之得到国际上的承认。日本外务省和伪满政权企图利用此次调查，来达到这一目的。

为此，伪满政权首先制造了拒绝顾维钧随同调查团入境事件。12月10日行政院会议决议规定："为协助〔调查〕委员会工作，中日两国政府有权各指派一名参与委员。"②根据此项决议，日方指派驻土耳其大使吉田伊三郎、中方指派前外交部长顾维钧参加。因此，顾维钧完全有权进入东北，然而，伪满政权却无理拒绝。当时，在伪满外交部中掌握实权并左右其外交政策的，是担任外交次长兼总务长的原日本驻哈尔滨总领事大桥忠一。表面上看，大桥拒绝顾维钧进入东北的理由是："顾对国联委员的公正调查设置种种阻碍，恐其给新国家带来不利的结果。"③然而，另据满铁调查课所编《拒绝顾维钧进入"满洲国"问题的经过报告》，其中对此事原因的分析是："当局认为，阻止中国政府任命的顾维钧作为该调查团的参与委员入满，是想在事实上使调查团亲自体验到'满洲国'已完全脱离了中国政府的束缚，具备了独立国的形态，这在让全世界也知道这一事态的基础上，贯彻'满洲国'的上述〔拒绝顾入满的〕主张是很有意义的。"④这个分析指出了大桥拒绝顾维钧进入东北的真实原因。4月20日，大桥也坦率地对芳泽说："'满洲国'抓住这个机会来强调并使世界认识其独立性，一是在

---

① 日本外务省编：《日本外交文书·满洲事变》，第2卷第1册，第705～706页。
② 日本外务省编：《日本外交年表及主要文书》，下卷，第192页。
③ 日本外务省编：《日本外交文书·满洲事变》，第2卷第1册，第731页。
④ 日本外务省编：《日本外交文书·满洲事变》，第2卷第1册，第866～867页。

将来有关满洲问题的国际讨论中有利于日本，而这种讨论迟早会进行，二是作为新的殖民地统治形式，促使其发挥独立国家主义的特征。"①

　　那么，日本外务省对顾维钧进入东北又是持什么态度呢？4月12日，芳泽给长春的田代重德领事发过一封电报，内称："我们认为，'满洲国'政府拒绝顾维钧入国，这在该政府的立场上来看，是理所当然的。但是，根据去年12月10日国联行政院的决议，帝国有义务为调查委员提供执行任务上的方便，而且，为了使调查委员可以公正地查明满洲的情况，[日本]的立场是希望中方委员进入'满洲国'。因此，现在我方正在积极采取措施，通过外交途径的努力，在'满洲国'政府和中国政府之间进行斡旋，以使中方的参与委员可以进入'满洲国'。此一立场当通报调查委员。"②芳泽此举的目的在于证明伪满政权不是傀儡，而完全是根据自由意志建立的，而且，其决定政策是独立的，以便为伪满政权取得国际承认创造有利条件。

　　本来，伪满政权外交部对于顾维钧进入东北之所以采取强硬政策，是因为背后有关东军的支持。然而，关东军参谋长桥木虎之助却说："阻止顾维钧进入东北，是'满洲国'的自由意志。"③驻北平的矢野参事官也对调查团说："长春政府不一定听从日本政府的意旨。该政府既已声明反对顾维钧入满，则很难劝阻。"④凡此种种，都是日本想要证明伪满政权的独立性。

　　关于顾维钧进入东北的问题，调查团的主张是："根据行政院的决议，不与中日两国政府以外的第三者谈判。在满洲，应由日本政府负保护顾维钧之责"，"如无中国的参与委员[同往东北，调

　　① 日本外务省编：《日本外交文书·满洲事变》，第2卷第1册，第772页。
　　② 日本外务省编：《日本外交文书·满洲事变》，第2卷第1册，第737页。
　　③ 日本外务省编：《日本外交文书·满洲事变》，第2卷第1册，第741页。
　　④ 日本外务省编：《日本外交文书·满洲事变》，第2卷第1册，第743页。

查团]则不去满洲。"①调查团将此意通报给了日本驻北平的矢野参事官。然而，伪满政权仍然拒绝顾维钧进入东北，并警告说，如果顾维钧随调查团进入东北，则立即强迫其下车。正当双方僵持不下之际，芳泽以短期内不可能取得长春政权的谅解为借口，提议调查团的部分委员和顾维钧经由大连进入满洲。对此，李顿和南京政府先是反对，终而妥协。于是，调查团的部分委员与顾维钧经由大连，其余委员经由秦皇岛、山海关，于4月21日同时到达奉天。在日本和伪满政权的压力下，调查团在伪满政权的问题上，迈出了妥协的第一步。

调查团和顾维钧进入东北之后，伪满政权和关东军以保障国家安全为借口，限制调查团去长春以北，并限制顾维钧在满铁附属地之外的活动。当时，芳泽希望为调查团提供方便，但日本驻奉天的代理总领事森岛守人拒不执行。森岛认为："如因日本的压力而改变当初的立场，让顾维钧和调查团一起自由活动的话，不仅证明'满洲国'是日本的傀儡，而且会使'满洲国'要人丧失在一般民众心中的威信，为日本也带来不利影响。"②他向芳泽建议道，即使暂时伤害调查团的感情，也不要从中进行调解。森岛的这种做法，同样是想通过限制调查范围，迫使调查团承认伪满政权的存在和独立性。

调查团进入东北前后，无视伪满政权的存在，与其未作任何接触。对此，"'满洲国'政府方面极感不快"③。于是，为了报复，伪满政权对调查团百般刁难。对此，森岛守人向芳泽建议道："本领事坚信，应该让吉田大使认识到，他有责任使调查团适当理解，即对'满洲国'表示相当的礼让，这对于调查团和日本都是必要的。调查的结果将作出何种报告虽难预料，但要使其承认这

① 日本外务省编：《日本外交文书·满洲事变》，第2卷第1册，第739页。
② 日本外务省编：《日本外交文书·满洲事变》，第2卷第1册，第780页。
③ 日本外务省编：《日本外交文书·满洲事变》，第2卷第1册，第780页。

样一个事实，即满洲是一个单独的政权，其存在与中国本土无关，并以此作为公正报告的基本条件。窃以为，调查团恐怕会找到某种办法。"①

此后，调查团对伪满政权逐渐开始妥协，从完全无视改变为正视其存在，并与其要人开始了接触。4 月 23 日，李顿在拜访关东军司令官本庄繁时说："由于司令官阁下的斡旋，得以与新政权取得联系，至感幸甚。"②25 日，李顿又给伪满外交总长谢介石发了电报。伪满政权接到这个电报后，态度有所缓和，并允许顾维钧到满铁附属地之外活动。以此为契机，森岛代理总领事努力促使调查团与伪满要人进一步接触。

5 月 3 日，调查团拜访了伪满外交总长谢介石。谢介石说："（甲）由于'满洲国'已经成立，所以，从委员们日内瓦出发时满洲的情况已与现在不同，应明确加以区别；（乙）三百年前，满洲兴起，建立清朝，征服了中国，中国不过是满洲的殖民地，因此，将满洲看作是中国的一部分是错误的。"关于对外关系，谢介石说："如同新国家成立时所声明的那样，对于外国人的利益和外债，将予以尊重。"③伪满政权此举的目的是要博得调查团的好感，为赢得列强的承认打下基础。4 日，调查团与伪满国务总理郑孝胥举行会谈；5 日，伪满执政溥仪接见了调查团。当时，李顿在致辞中说："在时局艰难之际，有劳阁下，特表敬意。"④在贵宾室里，他们频频举杯，互祝健康，并摄影留念。对此，日本陆军中央认为："调查团首脑拜访［伪满政权］各个机关，这是承认新国家的前提。"⑤通过与伪满政权的接触，李顿调查团已不再无视伪满政权的存在了，事后，调查团在报告书中强调："满蒙"已不可能

①　日本外务省编：《日本外交文书·满洲事变》，第 2 卷第 1 册，第 780～781 页。
②　日本外务省编：《日本外交文书·满洲事变》，第 2 卷第 1 册，第 784～785 页。
③　日本外务省编：《日本外交文书·满洲事变》，第 2 卷第 1 册，第 811 页。
④　日本外务省编：《日本外交文书·满洲事变》，第 2 卷第 1 册，第 819 页。
⑤　日本宪兵队司令部：《九一八事变中宪兵队的行动》第 10 号，日本国会图书馆藏。

恢复原状。

此外，调查团还与关东军司令官本庄繁、参谋长桥本以及参谋板垣征四郎、石原莞尔、土肥原贤二等人进行了会谈。关东军首脑就万宝山事件、中村事件以及柳条湖事件向调查团作了说明，为日本的侵略行为进行辩解，并把一切责任全部推给中国。5月5日，桥本向调查团说明了苏联在远东增兵的情况，其目的在于使调查团理解关东军对苏战略的意义，通过利用列强共同的反苏心理，取得调查团的好感。

李顿调查团在哈尔滨的调查活动，还遇到了是否会见马占山的问题。5月14日，调查团提出要会见马占山。作为黑龙江省代理主席兼驻江副司令，马占山在嫩江、齐齐哈尔曾与关东军交过锋，但后来又参与伪满政权的建立，旋而又退出伪满政权，在海伦的武市开展抗日运动。调查团认为，"委员会在执行任务时有必要听取双方的意见"①，希望大桥为此提供方便。然而，大桥拒绝道："马占山利用委员来满之际开展反抗运动。此时委员如与叛军马占山会见，则关系到'满洲国'的治安，并对'满洲国'将产生不利影响。因此，难以满足委员会的要求。"②

对于调查团要与马占山会见一事，日本外务省也持反对态度。奉天代理总领事森岛向芳泽报告说："国联委员会与马占山会见，对今后帝国在满蒙的处境极为不利。鉴于马占山以往的态度，此乃显而易见之事。如今，只有利用中东铁路东线或呼海线，方可进入武市，因此，应让'满洲国'拒绝[调查团]利用上述铁路，以阻止委员通过俄领与马占山会见。"③

遭到日方和伪满政权的阻止之后，调查团曾想从苏联的赤塔绕过布拉戈维申斯克，与马占山会见。于是，日本驻长春的田代

---

① 日本外务省编：《日本外交文书·满洲事变》，第2卷第1册，第861页。
② 日本外务省编：《日本外交文书·满洲事变》，第2卷第1册，第860页。
③ 日本外务省编：《日本外交文书·满洲事变》，第2卷第1册，第862～863页。

领事向苏联驻哈尔滨领事发出警告，要苏方不要为此提供方便。芳泽也以安全为借口，发出指示："务必予以制止。"并说，"如果苏方在签证时要我方讲明情况，则应不予说明，并表示我方不同意此事"。①后因苏联拒绝签证，调查团终于未能实现与马占山的会见。

调查团在结束了对奉天、长春、哈尔滨、齐齐哈尔、鞍山、抚顺、锦州、大连等地的调查之后，开始草拟报告书。于是，又出现了草拟报告书的地点问题。李顿希望在北戴河草拟报告书，遭到芳泽的反对。其理由是："〔在北戴河〕张学良的影响甚深，选择这里作为报告书的起草地点，会使人们产生顾虑，即该委员会是否有何不纯的动机？甚至对报告书的价值产生怀疑。"②日本要求在对其有利的青岛草拟报告书，李顿则不肯让步。日本在青岛的势力强大，因此，张学良亦表示反对。最后，调查团决定在东京和北平两地进行起草。③

6月28日，调查团由北平出发，经由朝鲜，于7月4日到达东京。7月20日，调查团又返回北平。9月20日向国联提出了调查报告书。

三、调查报告与日本的反应

第三个时期是调查报告书从起草到审议的时期。此时，日本由斋藤内阁内田康哉任外相，外交政策的焦点是使列强承认伪满洲国。李顿报告书主张满洲自治，可伪满洲国是关东军使用武力而创建的。因此，为了使其获得国际承认，日本外务省在国际联盟会议上与列强进行了一场"拼死搏斗"。

---

① 日本外务省编：《日本外交文书·满洲事变》，第2卷第1册，第865页。
② 日本外务省编：《日本外交文书·满洲事变》，第2卷第1册，第882页。
③ 日本外务省编：《日本外交文书·满洲事变》，第2卷第1册，第906页。

　　李顿报告书是国联对九一八事变和伪满政权作出定论的重要文件，是决定伪满政权能否得到国际承认的依据。因此，日本外务省十分关心报告书的起草工作，并在事先采取了种种措施。

　　在此之前，日本外务省通过与调查团随行的外务省官员、吉田参与委员和在中国各地的领事，业已探知了调查团的动向、内部意见和解决问题的腹案。5月23日调查结束时，芳泽向驻奉天、北平和南京的总领事及公使发出指示："此时要更加频繁地接触委员，探知其腹稿。同时，对涉及我方的重点问题，要抓住时机，彻底查清，并随时电告结果。"[①]

　　在综合分析了各方面的多次报告和电报之后，芳泽对李顿调查团将要提出的解决方案，作出了如下估计：

　　（甲）通过日中直接谈判，使中方尊重日本的既得权益，然后恢复中国对满蒙的统治；

　　（乙）在中国的原主权之下，承认满蒙自治；

　　（丙）由国际机关管理满蒙；

　　（丁）召开《九国公约》有关各国会议，决定满蒙问题。[②]

　　正当此时，犬养内阁因"五一五"事件而倒台，芳泽辞职，满铁总裁内田康哉于7月26日接任外相。

　　对于调查团解决"满蒙"问题的方案，内田的估计与芳泽一样，只是增加了第五种可能，即"拖延至日后决定，而为了观察'满洲国'的情况变化，常设满蒙委员会"[③]。

　　为了对付各种可能发生的情况，内田确定了两条解决"满蒙问题"的原则，即"（1）要坚持永久性；（2）要根除将来的祸根……不能无视'满洲国'已经成立这一事实"[④]。也就是说，日本要永远承认伪满洲国。他坚定地说："帝国政府只能坚持承

① 日本外务省编：《日本外交文书·满洲事变》，第2卷第1册，第878页。
② 日本外务省编：《日本外交文书·满洲事变》，第2卷第1册，第877页。
③ 日本外务省编：《日本外交文书·满洲事变》，第2卷第1册，第946页。
④ 日本外务省编：《日本外交文书·满洲事变》，第2卷第1册，第946～947页。

认'满洲国'。"①

7月4日，李顿调查团一行到达东京。此时，调查团与日本外务省争论的焦点是承认伪满洲国的问题。7月12日和14日，内田与调查团进行了两天会谈，日本对于承认伪满政权表示了强硬的态度。李顿询问日本政府，是否已经决定承认伪满洲国？是否在考虑其他解决方案？内田坚定地回答说："这个问题唯一的解决办法就是承认'满洲国'"；"'满洲国'的存在已是现实，整个事态发生了变化，我们不能无视这一事实"。②李顿又问，这种承认与《九国公约》是何关系？是否有必要与有关国家进行商议？内田答曰："'满洲国'是满洲人自发创建的国家，我不认为《九国公约》应适用于这个国家。因此，承认该国与《九国公约》并无矛盾，无须与有关国家讨论。"③内田对李顿上述问题的回答表明，日本的决心已定，即使单独承认，也在所不惜，并企图以此对调查团起草报告书施加影响。

7月20日，调查团回到北平，并继续起草报告书。日本外务省得知起草的报告书有多处对日本相当不利时，便采取了如下措施，以牵制调查团的起草工作：

第一，想要限制调查团的任务和权限。8月20日，内田提出：调查团的任务只是对中国的事态进行全面调查，无权就解决事变的方法提出建议。④并威胁说，如果调查团越权，则将"追究委员会的越权行为"⑤。

第二，公开承认伪满洲国，以既成事实牵制李顿报告书的起草工作。8月8日，日本政府正式任命武藤信义为日本国驻伪满洲国特命全权大使。8月24日，日本外务省通知调查团的日本参

① 日本外务省编：《日本外交文书·满洲事变》，第2卷第1册，第947页。
② 日本外务省编：《日本外交文书·满洲事变》，第2卷第1册，第956页。
③ 日本外务省编：《日本外交文书·满洲事变》，第2卷第1册，第957页。
④ 日本外务省编：《日本外交文书·满洲事变》，第2卷第1册，第977页。
⑤ 日本外务省编：《日本外交文书·满洲事变》，第2卷第2册，第379页。

与委员吉田:武藤大使已于 8 月 20 日前往伪满谈判缔结基本条约之事。并指出:"[日本]将以缔结基本条约的形式,正式承认'满洲国'。为使调查团能作出符合实际情况的报告,帝国政府认为,在密令中通报上述指示是有益的。"①8 月 25 日,内田在议会上就承认伪满政权一事发表演说。内田指出:"我认为,这个演说的宗旨,就是调查团草拟报告的重要资料。"②而且,他还将此意转达给调查团,以影响和牵制报告书的起草工作。

26 日,内田对调查团强调说:"热河是满洲的一部分。"③当时他所表达的对热河的领土野心,直到 1933 年日军攻占热河后才得以实现。

9 月 4 日,李顿调查团在北平草拟调查报告书完毕,5 个委员先后在调查书上签字。这个报告书不管是对于国联行政院,还是对国联大会审议与处理九一八事变,都是具有强烈影响的重要文件。那么,这个报告书对九一八事变是怎样分析的呢?又是怎样向国联提出解决原则的呢?

如前所述,调查团是由欧美列强的代表所组成的。因此,在论述报告书之前,首先应分析列强与中国、日本的关系,弄清他们之间的关系,有助于我们认清报告书的实质。列强和日本都是帝国主义国家,他们在侵略中国、保护和扩大各自在华殖民权益上,具有共性,因此,他们可以互相帮助和同情,具有联合起来、共同对付中国的一面。另一方面,日本和列强又都希望从中国攫取更大的权益和势力范围,因此,又互相排斥和争夺,以削弱对手,扩张自己。这种既联合又争夺的关系是列强和日本的基本关系。而列强(包括日本)和中国则是侵略与被侵略的关系,为了维护和扩大在中国的权益,列强们时而支持其他列强的侵略,以

①　日本外务省编:《日本外交文书·满洲事变》,第 2 卷第 1 册,第 983 页。
②　日本外务省编:《日本外交文书·满洲事变》,第 2 卷第 1 册,第 985 页。
③　日本外务省编:《日本外交文书·满洲事变》,第 2 卷第 1 册,第 985 页。

便自己从中渔利；时而又利用中国，牵制其他列强的扩张，以免自己的利益受到损害。因此，可以说，列强对于中国是保持着既打击又利用的双重关系。而何时打击、何时利用，则完全取决于他们的自身利益是否得以扩张和是否受到损害。有关这一问题，列强在处理九一八事变时表现得淋漓尽致。

李顿报告书是列强对日本和中国双重性关系的集中体现。例如，对于日军挑起九一八事变的性质，报告书模棱两可地写道："不能认为日军的军事行动是合法的自卫措施，但这并不意味着本委员会否定现场的日军将校认为是自卫措施的想法。"①又比如，在关东军攻占嫩江、齐齐哈尔、锦州和哈尔滨等问题上，报告书为日军进行了辩护。报告书写道：张学良的军队"有3500人，大约为当时在满日军兵力的两倍，这自然会引起日本军事当局的极大不安"②。此外，报告书先是肯定了日本在满蒙成立的治安维持会，然后笔锋一转，又认为在此基础上成立的"现政权，并不是由于单纯且又自发的独立运动而出现的"③。对于日本认为满洲是日本的生命线的观点，该报告书也采取了同样的态度。它一方面"承认日本将满洲作为其根据地，以防止在满洲出现针对日本的敌对行动，并允许在外国军队越过'满洲国'界时，日本可采取适当的军事手段"④，在另一方面，又不同意日本的军事占领，认为"与如今所采取的以高昂代价所获得安全保障相比，可能会有更加切实的办法获得安全保障"⑤。

关于中国与伪满政权的关系，该报告书虽然承认伪满"在法律上是中国的一个组成部分"，但又认为，作为事变发生的主体，

---

① 日本外务省编：《日本外交文书·满洲事变》，别卷，第137页。
② 日本外务省编：《日本外交文书·满洲事变》，别卷，第145页。
③ 日本外务省编：《日本外交文书·满洲事变》，别卷，第184页。
④ 日本外务省编：《日本外交文书·满洲事变》，别卷，第247页。
⑤ 日本外务省编：《日本外交文书·满洲事变》，别卷，第248页。

特别是在与日本的直接交涉方面，伪满"具有充分的自治性质"①。对于伪满政权，该报告书也同样是既认为"承认满洲的现政权及现政权的存在……是不能令人满意的"，又认为，"恢复[到9月以前的状态]只会招致无休止的纠纷"②。不难看出，李顿调查报告书中既有对中国有利的主张，又有反对中国的立场。

由于列强的上述双重性立场，调查团在报告书的第九章"解决的原则及条件"中，提出了解决事变的十大原则。其中，最为重要的是第四、第七和第八项：

第四项："承认日本在满洲的利益　日本在满洲的权利和利益是不能忽视的事实，不承认和不考虑满洲和日本的历史关系，就不能得到令人满意的解决。"

第七项："满洲的自治　满洲的政府应进行改组，其改组的原则是：既要保证与中国的主权和行政相一致，又要与东三省的地方状况和特点相适应，以确保广泛自治。"

第八项："对内部秩序和外部侵略的安全保障　满洲的内部秩序要由有效的地方宪兵队予以确保；对外部侵略要通过撤退宪兵队以外的一切武装部队和与利害相关各国缔结不侵犯条约来保障。"③

既承认日本在满蒙的权益，又承认中国对满蒙的主权，在这一前提之下，建立满蒙自治政府，其内部秩序由宪兵队维持，日军和中国军队均须从满蒙撤退。这就是李顿调查团报告书解决事变的基本立场。承认日本的权益，却又要求日本撤兵、否认伪满政权；承认中国的主权，却又将自治政府强加给中国，侵犯中国的主权，并要求撤退中国军队，这一立场恰恰反映了列强的两面性。列强正是想利用这种对双方妥协的方法，解决九一八事变。

---

① 日本外务省编：《日本外交文书·满洲事变》，别卷，第243页。
② 日本外务省编：《日本外交文书·满洲事变》，别卷，第245页。
③ 日本外务省编：《日本外交文书·满洲事变》，别卷，第250～251页。

在这个妥协方案的背后，暗藏着列强欲借此机会向满蒙扩张的野心。该报告书提议："东三省内唯一的武装部队，即特别宪兵队应在外国教官的协助下组织"，①由外国教官控制宪兵队；行政机关应采用外国顾问，由外国顾问行使广泛职权；此外，在东三省的中央银行，要任命由国际结算银行理事会推荐的外国人担任总顾问，等等。调查团是要通过这些军事教官和顾问来控制"满洲自治政府"的军事、政治和经济大权，以维持和扩大列强在满洲的权益。

该报告书于9月20日提交国联事务局，21日付梓，30日分发给行政院和各加盟国。在国际联盟审议李顿报告书期间，日本外务省采取了种种对策。其中，11月21日和12月6日，国联分别召开了行政院会议和全体大会，有关在这两次会议期间日本所采取的对策，在本书第六章第三节已有详述，兹不重复。现将此后的情况阐述如下。

1933年2月20日，日本政府明确表示："我方不能接受大会通过的报告书。帝国政府认为，日本与国联就日中纠纷事件的合作将尽，同时亦体会到帝国和国联……信念的不同。"②表示了日本决定将要退出国联意向。24日，国联全体大会通过了十九国委员会根据李顿报告书所草拟的报告案。同日，国联全体大会还以李顿报告书为基础，根据《国联盟约》第十五条第四项的规定，通过了全体大会的最终报告书。

在大会通过最终报告书之际，以松冈洋右为首的日本代表退出会场。3月27日，日本政府向国联事务局送交了关于退出国联的通告，正式退出国联。这表明，日本与列强之间虽有妥协的一面，但因矛盾难以调和，争夺也是绝对的，这是日本与国联决裂的根本原因。但是，我们也不能忽视以下几点导致日本与国联最

---

① 日本外务省编：《日本外交文书•满洲事变》，别卷，第258页。
② 日本外务省编：《日本外交文书•满洲事变》，第3卷，第510页。

终未能妥协的具体原因：

①九一八事变是1929年至1932年资本主义世界经济危机的产物。在经济危机的冲击下，日本国内大资产阶级和代表企图通过对外侵略和殖民扩张，挽回损失，摆脱困境。因此，他们不允许政府与列强妥协。

②在李顿调查团去日本之前，日本军方和外务省联手炮制了伪满洲国，其目的在于给调查团制造成一个既成事实，使其不得不予以承认。然而，调查团拒不承认。在这种情况下，日本已无路可退，妥协则意味着自我否认。

③从当时日本的国内舆论来看，民族主义情绪异常高涨，对外侵略的意识相当强烈，整个日本处于一种极度的亢奋之中。在这种情况下，日本政府是不可能与列强妥协的。甚至可以说，政府的强硬政策正是这种国内气氛的产物。

综上所述，日本外务省对李顿调查团的对策，是根据事变的发展和演变过程，不断变化的。但万变不离其宗。币原、芳泽、内田三人在事变过程中所采取的相应政策，都是为关东军和日本陆军中央的军事行动以及为建立伪满洲国积极地争取国际保障。

关东军挑起九一八事变之后，日本外务省的主要任务就是使伪满洲国获得国际承认，并以此来为九一八事变画上一个句号。这一点，我们已经在李顿调查团的调查和国联对报告书的审议过程中，日本外务省的所作所为上清楚地看到。可以说，日本军方的立场与外务省的立场始终是一致的，而且是紧密合作的。

目前，学者们对李顿调查团及其报告书的分析和评价众说纷纭。在以往的研究中，中国学者更强调调查团及其报告书对日本侵略中国东北表示同情和支持的一面，从而相对忽略了列强与日本争夺东北的另一面。相反，日本学者虽然重视了李顿调查团及其报告书对日本限制和争夺的一面，但又在一定程度上忽略了对日本表示同情和支持的一面。正因为如此，本章既指出了调查团袒护日本的一面，同时也强调了列强与日本争夺的另一面，以分析调查团及其报告书的双重性。通过以上分析，我们可以认为，日本退出国联是列强与日本争夺的必然结果。

第八章　南京政府与李顿调查团

李顿调查团既是国际联盟的调查团，同时又是代表列强特别是五大国的调查团。

国际联盟是由英国等大国控制的国际组织，而调查团又是由五大国组成的团体，所以，从实质上讲，调查团所代表的是列强，调查团与中国的关系就是列强与中国的关系。在九一八事变中，列强对中国采取的是双重性政策，这种双重性贯穿于调查团在中国的全部调查活动和调查报告书之中。

南京政府对列强和调查团的政策也具有双重性。一方面，南京政府利用列强与日本相互争夺和对抗的一面，企图依靠列强和调查团解决九一八事变。另一方面，对于列强和调查团侵略中国的本质，以及由此而产生的对日本姑息、妥协的一面，则用温和的方式加以反对。在南京政府的这种两面性政策中，前者是主要的，而后者是次要的，后者从属于前者。

本章拟从这种观点出发，将南京政府对李顿调查团及其报告书的对策，分四个问题加以说明。

一、对调查团的对策

事变发生后，南京政府为了向国际联盟申诉日军挑起事变的原因和事实，曾要求与国联一起派观察员赴东三省调查。但由于日本的反对和美国提出异议，这一要求未能实现。

9月30日，国联行政院会议通过决议，要求日军及早撤退。由于日军是否撤退是当时解决事变的关键，南京政府遂根据这个决议，于10月3日要求国联和美国驻华公使馆，派遣私人代表赴东三省收集有关日军撤退的情况，并向国联报告。[①]其后，各国驻中国使馆武官、外交官和新闻记者陆续前往东三省视察。

11月中旬，日军侵占齐齐哈尔之后，一改拒绝国联派遣调查团的方针，转而同意派遣。其原因，本书第七章已有论述，兹不重复。

然而，曾经要求派遣调查团的中国，却在这时对接受调查团表示了难色。其原因，一是南京政府认为，在日军尚未确定撤军日期的情况下，日本同意接受调查团，显然是不想撤军。因此，南京政府提出，以日本撤军作为接受调查团的先决条件。[②]二是关东军占领了齐齐哈尔之后，战局进一步扩大，撤军的问题更加迫切，而调查团既没有监视撤军的使命，也解决不了撤军问题。[③]三是南京政府担心，国联有可能以派遣调查团和提出报告为借口，拖延解决事变的时间。[④]四是南京政府认识到，与其要求国联派调查团，不如直接请国联对日本实行制裁。11月21日，顾维钧就曾向张学良进言：在紧急情况下，与其派遣调查团，莫如根据《国联盟约》第十、十二、十三条规定，以日本违反《国联盟约》及其精神为由，按第十六条规定要求制裁日本。[⑤]

然而，关东军在占领齐齐哈尔之后，并未继续北进，而是又回头南下，进攻锦州。在这种情况下，南京政府便无法拒绝而只得同意派遣调查团了。然而，南京政府希望以《国联盟约》第十

---

① 罗家伦编：《革命文献》，第39辑，第2351～2352页。
② 《民国档案》1985年第1期，第24页。
③ 《晨报》1931年11月26日。
④ 《晨报》1931年11月26日。
⑤ 《民国档案》1985年第1期，第24页。

五条为依据派遣调查团，而日本和国联主张以第十一条为依据。
南京政府及其驻国联代表主张调查团应限于对九一八事变和东三
省问题进行调查。相反，日本强调要对全中国进行广泛调查，其
中包括涉及日本和列强殖民权益的所谓排外问题、抵制外货问
题、保障外国人的生命财产安全问题、中国履行与列强缔结的条
约问题，等等。国联对中国和对日本采取的是双重政策，一方面
姑息日本的侵略，另一方面又要与日本争夺，因而，强调调查团
行动自由。这一主张在客观上对中国是有利的，因此南京政府赞
成12月10日国联行政院有关派遣调查团的决议。然而，中国要
求根据第十五条派遣调查团的意见未被采纳，国联的决议是一个
折中方案。

　　国联的决议表现了列强对中国政策的双重性，所以，南京政
府要以自己的双重政策，去对付列强的双重政策。具体地讲，就
是尽可能抑制其对中国不利的一面，而发挥和利用对中国有利的
一面。

　　调查团的中方参与委员顾维钧认为：国联指派世界上著名的
政治、军事、外交官员，参与调查中日纠纷，"可谓人选确当"，
应予以欢迎。①由此看来，南京政府对调查团的五名成员是满意
的。然而，如前所述，这五名成员均为大国的代表，无一名小国
的代表。南京政府对小国在国联中的地位和作用尚认识不足。

　　此外，调查团行动迟缓，为日本扩大在中国的侵略活动制造
了良机。如前所述，李顿调查团从欧洲出发后，经美国横渡太平
洋，于2月29日才迟迟到达东京。3月1日，即调查团到达东京
的第二天，伪满洲国宣告成立。而如果调查团走陆路，利用西伯
利亚铁路，便可于1月末到达中国或日本。倘能如此，便可大大
赢得时间，或许得以牵制伪满洲国的建立，调查活动也可争取主

---

① 罗家伦编：《革命文献》，第40辑，第2651页。

动。然而，伪满洲国的成立，使调查团的调查活动处于非常被动的局面，调查团不得不将伪满洲国问题作为其调查活动和报告书中的重要问题。

3月14日，调查团到达上海。为了接待调查团，南京政府做了较为充分的准备，组成了由调查团中方参与委员顾维钧为首的、由政府各部的代表和专家参加的专门委员会。顾维钧草拟了向调查团提出的综合备忘，专门委员会草拟了各专题的备忘录，以向调查团介绍南京政府的立场和意见。①

调查团在上海调查了"一·二八"事变的现状之后，开始对南京、济南、天津、北平进行调查。南京政府对于调查团的调查活动，抱有极大的希望。一位政府要员在欢迎酒会上致辞时表示，希望通过调查团的调查，使远东问题得到永久性的解决。外交部长罗文干甚至说："我们对于诸君调查的结果和诸君对国联的建议很为信赖，我们深知诸君具有大公无我的精神。"②张学良在北平欢迎调查团时也说："吾人所盼望者，只在诸君以明哲之意见，公正之精神，得一公平解决。"③这表明，南京政府从上到下，均希望李顿调查团以第三者的身份，站在公允的立场上，公正地解决事变。

对中国，李顿调查团从一开始就站在双重政策的立场上。在3月28日南京政府行政院院长汪兆铭举行的欢迎酒会上，李顿在讲话中说："国联帮助某一会员国者又必以不损害其他任何会员国为条件，国联决不能帮助一会员国而损害其他一会员国。"④此后，李顿又对顾维钧说，不是要公正解决事变，而是要中日双方妥协。⑤如此来看，调查团对中国的双重政策立场，是始终如一的。

① 《顾维钧回忆录》（1），中华书局1983年版，第426页。
② 罗家伦编：《革命文献》，第40辑，第2657页。
③ 罗家伦编：《革命文献》，第40辑，第2662页。
④ 罗家伦编：《革命文献》，第40辑，第2655页。
⑤ 《顾维钧回忆录》（2），中华书局1985年版，第149页。

　　李顿调查团在结束了对关内的调查之后，准备赴东三省。然而，日本和伪满政权节外生枝，为证明伪满政权的独立性，无理挑起所谓顾维钧"入满问题"。在此关系到是否承认伪满洲国的重要问题上，南京政府坚持顾维钧应随调查团一同前往东三省，并强调日本应对此事负责。4 月 10 日，南京政府照会日本政府："将来国际联盟调查团或中国代表如在东北不能行使其职权，或发生意外，其责任应完全由日本政府负责之。至中国代表顾维钧仍当遵照国联决议，随同国联调查团前往东北各省视察。"[①]然而，关东军和伪满政权不顾南京政府的照会，甚至扬言：如果顾维钧越过山海关，进入东北，则立即强制其下车，并秘密策划谋害顾维钧的活动。当时，法国和比利时驻中国公使在得到这一情报后，曾专门会见顾维钧的夫人，向其说明顾维钧"入满"的危险性。然而，顾维钧依然不改初衷，他在 4 月 12 日的记者招待会上说，如果国联不采取适当措施，中方则"周密派员护送"[②]。次日，北平《晨报》发表社论，对顾维钧的举动表示支持，并认为中国派军队护送顾维钧，是正当而合理的举动。[③]然而，南京政府于 4 月 17 日发表声明，否认了派军队护送顾维钧之说，指出应由日本政府对顾维钧的安全负责。

　　4 月 20 日，顾维钧与李顿同时从秦皇岛港出发，由海路经大连，于 21 日到达奉天。作为调查团参与委员，顾维钧随调查团前往东北，乃是根据国联 1931 年 12 月 10 日的决议进行的。根据该决议，日本也指派了驻土耳其大使吉田伊三郎为参与委员，随调查团调查，因此，中日双方是平等的。顾维钧到达奉天后，伪满政权以允许顾维钧"入满"活动为交换条件，提出由原哈尔滨总领事、伪满政权的外交部次长兼总务长大桥忠一与调查团同行，

---

①《晨报》，1932 年 4 月 11 日。
②《晨报》，1932 年 4 月 13 日。
③《晨报》，1932 年 4 月 13 日。

以显示伪满政权对中国的"独立"与"平等"。李顿调查团竟同意了这个要求，允许其同行。

李顿调查团进入东北后，无视伪满政权的存在，并未与伪满政权直接联系。然而，由于伪满政权采取种种报复性措施，干扰调查团工作，调查团乃采取了妥协态度，于4月25日给伪满政权外交部长发出了致敬电。调查团希望以此为契机，与伪满要人接触，并希望得到顾维钧的首肯。对此，顾维钧于当日即向李顿提交了备忘录，并严正指出：国联的12月10日决议丝毫未曾提及与第三者（指"满洲国"）的接触，所以，中方不能参加与伪满政权的任何接触。此外，对调查团直接或间接与伪满要人的其他接触，顾维钧也相当慎重，以牵制李顿调查团与伪满要人的接触。[①]例如，每当调查团要与某伪满要人接触时，顾维钧便事先向调查团提供此人的履历书等材料，揭露此人背叛民族、投靠日本、变成卖国贼的劣迹。

在与调查团的随行调查中，顾维钧还编写了调查团在东北应调查和接触的人物资料，提供给调查团，以帮助调查团查明满洲情况。在李顿调查团到达哈尔滨之后，顾维钧于5月12日向李顿提议会见黑龙江省主席马占山。马占山是自关东军进攻嫩江以后，与日军和伪满政权对抗的主要抗日势力。李顿对此表示同意。5月14日，顾维钧在英国驻哈尔滨领事馆与李顿调查团一同讨论了会见马占山的具体办法。[②]顾维钧提议不通过伪满政权，直接发电报约见马占山。美国代表麦考益表示同意，但法国代表克劳特则主张，既然马占山还在与伪满继续战斗，那么，就应先与伪满交涉。最后，调查团秘书长阿斯提出折中方案，即一边与伪满交涉一边由顾维钧等人试探与马占山会见的可能性。然而，这个方案尽管被调查团决定采纳，但由于伪满政权的反对和苏联不予配

---

①　罗家伦编：《革命文献》，第40辑，第2730～2731页、2743～2744页。

②　罗家伦编：《革命文献》，第40辑，第2732～2733页。

合而夭折。不过，通过此事，清楚地向调查团表明：满洲依然存
在着抵抗日本和伪满政权的势力，伪满政权并未完全统治满洲。
不仅如此，调查团决定会见马占山这一事件本身，就意味着对伪
满洲国的直接或间接否定，难怪大桥总务长气急败坏，立即返长，
以示对调查团的"抗议"。①

顾维钧在东北的调查活动受到伪满政权的种种限制和干扰，
如随员人数、活动范围、待遇等。对此，顾维钧一方面在原则问
题上与之抗争，另一方面，为使调查团完成调查任务，又不得不
在局部和具体问题上采取灵活政策，包括一些让步和妥协。因为，
倘不如此，则有可能使调查工作半途而废。

李顿调查团在结束了对东三省的调查之后，于6月5日回到
北平。此后，南京政府行政院长汪兆铭和副院长宋子文亦来到
北平，并于19日和20日与调查团进行了两次会谈。会谈的具
体内容虽然尚不清楚，但据称，汪兆铭竟提出了"满洲国"自
治方案。

9月4日，李顿调查团最后完成调查报告书，五名代表在报
告书上签名。4日和5日，分别离开中国。由于顾维钧将出任驻
巴黎公使，故于9月5日与李顿团长、美国代表麦考益、意大利
代表马柯迪同船由上海赴欧洲，并于9月30日抵达意大利的威尼
斯。在这三周多的航行中，顾维钧与李顿、麦考益、马柯迪就日
本将会如何对待调查报告书和国联，以及国联又将会采取什么对
策等问题交换了意见。9月13日，顾维钧与李顿进行了长时间的
谈话，其内容如下：

李顿的估计是，日本对报告书和国联有可能采取两项对策。
其一是要求与中国直接谈判，但谈判有一定的条件。对于这种可
能，南京政府也作了同样的推测。②顾维钧从上海出发的前一天，

---

① 罗家伦编：《革命文献》，第40辑，第2732页。
② 《顾维钧回忆录》(2)，第19页。

即9月4日，日本新任驻中国公使有吉明到达南京。据此，南京政府推测：在此调查报告书即将发表和国联即将对报告书进行审议之际，日本派遣新任公使，肯定是意识到报告书及国联的审议有可能对日本不利，因此，新任公使可能会带来新的直接谈判方案，并通过与中国的直接谈判，抛开报告书和国联。为此，在顾维钧从上海出发之前，南京政府首脑已指示顾维钧："纵使日本新任公使提出建议，亦不在李顿报告书发表前与日本谈判。"①李顿认为，报告书是要使双方妥协，以解决冲突，所以不反对中国与日本直接谈判。国联所要做的，是确定一定的范围，并使中日问题在这个范围内解决。②对此，顾维钧答曰：除非是以调查团报告书的建议为谈判基础，否则，中国不会答应这种直接谈判。③事后，顾维钧将与李顿的谈话内容报告给了南京，南京政府外交部长罗文干在给顾维钧的回电中写道：目前新任日本公使尚未提出要与我国直接谈判，即使想诱使我国直接谈判，我等亦将根据调查报告书予以拒绝。

　　李顿估计日本将采取的另外一项对策是：以伪满洲国的成立为借口，拒绝出席国联行政院会议和全体大会。李顿指出，"满洲国"成立以后，如果日本坚持"满洲国问题"是"满洲国"与国联的问题，"满洲国"的代表应出席国联会议，并坚持日本不能代表"满洲国"发表意见的话，则国联毫无办法，只能陈述自身的意见，并将这个问题搁置起来。④对此，顾维钧答曰：如果日本采取这种立场，国联应该对日本实行经济制裁。⑤李顿又指出：小国的代表可能会要求实行这种经济制裁，但大国的代表未必同

① 《顾维钧回忆录》(2)，第27页。
② 《顾维钧回忆录》(2)，第19页。
③ 《顾维钧回忆录》(2)，第19页。
④ 《顾维钧回忆录》(2)，第17~18页。
⑤ 《顾维钧回忆录》(2)，第18页。

意，因为这样会使他们受到损失。①顾维钧问李顿道：如果日本在日内瓦公然对抗《国联盟约》和世界舆论，国联是否可以考虑让日本立即退出或将其驱逐出国联呢？②李顿回答道：这不是解决问题的方法，不可取。③

顾维钧与李顿这次会见的两天以后，日本正式承认了伪满洲国。

9月22日，顾维钧与美国代表麦考益举行会谈。顾维钧问麦考益道：如果日本主张让"满洲国"的代表参加国联会议，是否会妨碍会议的顺利进行？麦考益预言道：由于日本承认了"满洲国"，所以国联又将面临一个既成事实，调查团的报告书也因此而复杂化了。因为中日双方对"满洲国"各执己见，所以这个问题不可能立即解决。日本现在虽然不愿意讨论这个问题，但"满洲国"终将归还给中国，而且这一天的到来不会花费三五十年。④对此，顾维钧又问道：如果日本拒绝国联审议，美国是否会根据《九国公约》提出召开一次国际会议来讨论"满洲国"问题呢？麦考益未置可否。⑤

后来，顾维钧又向意大利代表马柯迪提出过这个问题，但马柯迪也没有正面回答，只是强调说，如果日本拒不讨论，也不能排除根据《九国公约》进行讨论的可能，并主张应像1921年华盛顿会议那样，迫使日本接受一项决定。⑥

通过上述谈话，顾维钧明确认识到，在今后审议调查报告书和对日本进行的制裁中，美国将起到重要的作用。他甚至认为，没有美国的协助和率先行动，就不可能解决中日纠纷。于是，顾维钧将这一看法电告南京，建议加强对美外交。

---

① 《顾维钧回忆录》（2），第18页。
② 《顾维钧回忆录》（2），第18页。
③ 《顾维钧回忆录》（2），第18页。
④ 《顾维钧回忆录》（2），第18页。
⑤ 《顾维钧回忆录》（2），第24页。
⑥ 《顾维钧回忆录》（2），第25～26页。

二、对调查报告的评论

10 月 2 日，国联在日内瓦正式公布了李顿调查团的报告书。在此之前的 9 月 30 日，南京政府已接到英国公使馆送交的该报告书英文本。

如前所述，这个报告书是根据《国联盟约》第十一条拟就的，它集中表现了国联和列强对九一八事变的双重政策。一般地讲，南京政府和中国舆论对该报告书的前八章是肯定的，认为较为公正。10 月 3 日，南京政府外交部长罗文干就报告书发表声明，声明指出：该报告书非常明确地表明了以下两点，一是认为九一八及其此后日军的一切军事行动，均无正当理由，而且不是自卫手段；二是认为所谓的"满洲国"不是出于自然的独立运动所产生的国家，而是日军及文武官员操纵的产物。[①]当时，中国方面表示不满和谴责的，主要集中在报告书第九章《解决的原则及条件》和第十章《考察及对行政院的建议》两章上。孙科对报告书提出不能恢复到九一八以前的状态表示不满，他谴责道：广泛的自治和顾问会议的统治形式，其实质就是国际共管，无异于日本代管。[②]在外交部举行的司长会议上，也有人谴责道：报告书的最大缺憾是设立顾问委员会和东三省的自治，这将为中国造成难以言状的损失。[③]除此之外，国民党西南委员会对报告书的抨击最为激烈，认为这个报告书与 1915 年的"二十一条"如出一辙。

那么，南京政府对该报告书和国联应采取什么态度呢？10 月 5 日，国民党中央政治会议作出决定，恢复了曾一度停止工作的外交委员会，并指示该委员会就报告书的内容研讨对策。外交委

---

① 《上海新闻报》，1932 年 10 月 4 日。
② 《上海新闻报》，1932 年 10 月 5 日。
③ 《上海新闻报》，1932 年 10 月 10 日。

员会是国民党的党务机关,属国民党最高机关中央政治会议管辖,因此,是外交政策的决策机关;而外交部是政府机关,属南京政府管辖,因此,是政策执行机关。外交委员会的常务委员有汪兆铭、罗文干、宋子文、朱培德、顾孟余。该委员会从 6 日下午开始审议报告书。费时半月,于 10 月 20 日给日内瓦的中国代表发出指示。电文如下:

（甲）第九章十项条件:

第一条　不必表示异议,但可声明尤其应注意为中国国家生存及主权应保持之利益。

第二条　不必表示异议。

第三条　应积极赞成。

第四条　我方承认日本在东三省正当之利益。

第五条　须在不损害中国主权及领土行政完整原则之下。

第六条　在和解等项下说明。

第七条　中国可向国际联合会声明当积极厉行东三省行政之改善,此项计划当包含逐渐设立人民代表机关,实行中央地方均权制度,并予地方政府以宽大之自治范围 Self Government。

第八条　此项计划之实行,在中国虽不免有重大牺牲,但使确能保障永久和平,中国仍愿以诚意考虑之。惟为辅助此项计划贯彻目的起见,如仅由中日两国订立互不侵犯条约,而无其他多数友邦参加保障,亦终无补于事。故此项计划之实行,必须附以切实有效之保障公约。

第九条　不必表示异议,但办法及程度须视东三省问题有无完满解决而定。

第十条　须不违背第三条。

（乙）中日直接讨论　中国可与日本讨论,但自始至终须有国联行政院或其他有关系方面之协助。

（丙）顾问会议　此项办法同人反对者最多,可声明中国政府自行推行东三省自治制度时，当尽量容纳或参酌地方人民以适当方法表示之真正意思。

（丁）保留于中央政府之权限　　中国自动设定东三省自治制度时，以外交、国税、电政、交通、国籍法、司法制度及重要官吏任免权等保留于中央政府：此系内部计划，非必要时不必对外声明。

（戊）宪警　　中国政府准备派遣最有训练之宪警维持东三省治安。

（己）外交顾问　　中国为改善东三省政治起见，可聘用外国专家为辅助，但欧美专家之任免，必须依照中国法令，而不受任何条约之拘束。

（庚）中日经济条约之目的：

第一目的　参阅十项原则第五条。

第二目的　我方希望任何解决办法或新条约，只限于东三省。

第三目的　东三省内地杂居及商租，如须实行，以完全取消领事裁判权及撤退日本军队及警察散去为条件。关于撤销领事裁判权后法院组织之办法，由中国政府另行规定，或包括自动酌用外国咨议。

第四目的　铁路问题　应根据门户开放政策，欢迎国际投资，谋东三省铁路之完整及发达。

（辛）中日和解、公断、不侵犯及互助条约

如东三省问题告一结束，办法并能见诸实行，此项建议当然有利无害。至和解、公断均应由第三国人参加。

（壬）在中日商约中规定中国遏止抵货运动

此项建议，应视东三省问题有无完满解决而定。

（癸）其他　　我方应主张之重要原则：

（1）日本因违约侵略，所得结果当然不能加以承认，更不能使被侵略者受其损害。

（2）国际联合会行政院及大会关于日本撤兵决议案，继续有效，并不因报告书而变更。故日本撤兵之义务及不能在武力压迫下谈判之原则继续存在。所有日本撤兵之期限，应提前详确规定。①

从上述长达一千三四百字的电文中，我们可以明了南京政府对报告书特别是对其中第九章和第十章的态度，可以明了南京政府解决东北问题的立场。

此时，军事委员会委员长蒋介石正在武汉指挥对共产党和工农红军的第四次"围剿"。10月14日，外交部长罗文干向蒋介石报告了外交委员会对报告书的意见及对策。②据此，蒋介石向日内瓦的中国代表就在国联全体大会上的具体对策作了指示。③

蒋介石在指示中说，为了获得国联和国际舆论的同情，对报告书要采取温和态度，不要表现出过激的反抗，但在十九国委员会和国联全体大会审议、决定之前，要尽最大的努力，以期改正。蒋介石认为："除非列强对日有执行经济或武力制裁之决意，或日本国内有不利于军阀之重大变化，日本决不接受报告。但以上两种假定事情，现时均无实现希望。因此中国纵表示愿意让步，仍无补于纠纷之解决，徒为将来交涉或行动上增加拘束，且或引起国内重大攻击。"

蒋介石还表示："前八章陈述事实，虽属公允，九、十两章建议几完全注重日本希望与其在东三省之实力，而将九月十八日责任弃置不顾。吾国不能不要求国联为必要之修正。"④

基于上述分析和判断，蒋介石认为中国代表所应持的态度是：接受前八章，要求修改第九、十两章，对调查团提议的召集顾问委员会、强制任用外国顾问、合并中日铁路、永远禁止排货等项

①《顾维钧回忆录》（2），第716～718页。
②《上海新闻报》，1932年10月15日。
③ 罗家伦编：《革命文献》，第40辑，第2756～2758页；《顾维钧回忆录》（2），第68～69页。
④《顾维钧回忆录》（2），第68页。

措施，则要求废除或作根本修改。

关于解决东三省问题的方案，蒋介石指示：中国应坚持必须以恢复九一八以前的状态为原则。其具体对策，与 10 月 20 日外交委员会的决定大体相同。

外交委员会的决定和蒋介石的指示，成为中国代表团在国联会议上阐述南京政府关于九一八事变立场的原则和行动指导方针。

当时，为了解决九一八事变，以及为了改善和加强与列强的外交关系，南京政府还调整人事，将得力的外交官员派往主要国家。比如，将原驻日内瓦的国联代表、前任外交部长施肇基改派为驻美公使，将外交部次长郭泰祺改派为驻英公使，将顾维钧派为驻法公使，将颜惠庆派为驻苏公使。此外，对驻欧洲其他小国的公使，也作了适当调整，以期改善与这些国家的外交关系。

11 月，国联行政院会议和全体大会即将再次举行。南京政府对此十分重视，任命颜惠庆、顾维钧、郭泰祺为全权代表。据记载，当时驻国联的中国办事处，经常有 25～30 人在工作，最多时达到 120 人之多。南京政府对于国联这次行政院会议和全体大会之重视程度，由此可见一斑。

在不相信日本会承认报告书中的原则及建议这一点上，国联的中国代表们与蒋介石的看法是一致的。[①]为了争取国际舆论的同情和支持，中国代表欲通过审议报告书，来阐明中国公正而合理的立场与主张，并达到如下三个目的：（1）使国联认定，九一八事变不是日军的自卫行动，而是侵略；（2）使国联认定，伪满政权不是独立国家，而是日本一手操纵的傀儡政权；（三）使国联根据《盟约》第十五条第四项对九一八事变进行裁决，并根据第十六条对日本实行经济制裁。

为此，中国代表采取了如下措施：

---

① 《顾维钧回忆录》（2），第 71 页。

第一，中国代表在日内瓦印刷并散发了 4 万份（中、英、法文）中国代表处关于九一八事变的备忘录。中国驻美公使在美国散发了英文的有关备忘录，使九一八事变的真相大白于天下，并陈述中国的迫切希望。

第二，将中国国内报刊上有关东北义勇军的抵抗、民众团体的抗议以及抵制日货等报道，立即呈递国联秘书处，以作为国联的正式记录，并宣传中国抗日的事迹。

第三，建议南京政府整顿国内体制，以适应再次召开的国联行政院会议。1932 年 9 月以来，中国国内连年内战、军阀混战。刘湘和刘文辉在四川，韩复榘和刘珍年在山东①，西藏军和四川军在西藏等地不断发生冲突。以往，日本曾以此为口实，污蔑中国不是统一的国家，没有资格加入国联。甚至以中国国内的战乱影响了列强对华贸易的局面为理由，煽动列强反对中国。国联的中国代表们认为，在这次国联行政院会议上，日本有可能再次以此来攻击中国。因此，他们致电南京政府，要求迅速停止内战。南京政府在采取了一些具体的停战措施的同时，指示国联的中国代表直接给四川和山东发电，以向他们讲明利害、停止内战。10 月 30 日，中国代表直接向上述两省军阀发出了停止内战的呼吁。②此事当时曾是中国报界的热点，形成了促使军阀停战的强大舆论。尽管如此，国联的中国代表们却没有呼吁停止对中国工农红军的第四次"围剿"。

第四，摸清国联行政院、特别是大国代表的态度，以采取相应对策。在审议李顿报告书时，大国代表的意见是关键。因此，中国代表在到达日内瓦以后，便主动与这些国家的代表接触，在说明中国的立场同时，探听对方的态度。通过接触，中国代表所掌握和分析的各大国的态度如下。

---

①《上海新闻报》，1932 年 9 月 21 日。
②《上海新闻报》，1932 年 11 月 11 日。

英国　颜惠庆和顾维钧认为，英国"仍取模棱两可态度"，"非常担心触怒日本，态度不明"。①

美国　美国虽非国联成员国，但是中国代表很重视其在解决九一八事变中的重要作用。顾维钧甚至认为美国是解决问题的关键，因而分析了美国在背后可能采取的措施。②驻美公使施肇基曾告诉顾维钧说，美国和苏联打算在日内瓦召开一次国际会议，并向来年3月召开的国联全体大会提出报告。然而，美国并没有像中国代表所希望的那样对付日本，中国代表的希望全部落空。11月1日，颜惠庆曾与出席日内瓦裁军会议的美国代表诺曼·戴维斯进行了会谈。戴维斯说，史汀生不希望使中日争端变成美日的争端，美国正在等待着国联的行动。言外之意，美国否定了在国联之外采取其他行动的说法。③

法国　当时，根据南京政府得到的情报，说法国和日本达成过秘密谅解。日本从法国购买了155厘米大炮，而李顿调查团中的法国代表克劳特在调查中明显表现出同情日本的倾向。因此，中国对法国存有戒心。然而，经过顾维钧等人在日内瓦和巴黎的调查，确认此事纯系虚构。最后，颜惠庆认为，日法关系渐趋恶化，法国更倾向美国的立场。④顾维钧也认为，法国与美国是协调一致的。⑤

意大利　顾维钧认为，意大利也追随美国。⑥

德国　顾维钧认为，当时德国虽暂时保持沉默，但有可能会出现变化。⑦

其他小国　中国代表认为，小国都是同情中国的。

①《顾维钧回忆录》(2)，第66页；罗家伦编：《革命文献》，第39辑，第2511页。

②《顾维钧回忆录》(2)，第66页。

③《顾维钧回忆录》(2)，第76～77页。

④ 罗家伦编：《革命文献》，第39辑，第2511页。

⑤《顾维钧回忆录》(2)，第66页。

⑥《顾维钧回忆录》(2)，第66页。

⑦《顾维钧回忆录》(2)，第66页。

从以上分析来看，中国代表对列强将要采取的行动并不十分乐观。在顾维钧看来，国联希望美国协助国联率先采取行动，而美国则期待着与国联一致行动，这明显是一种互相推诿、不肯首先行动的观望态度。

第五，针对日本的态度采取对策。李顿调查报告书发表以后，南京方面汇集整理了日本政府和军部要人对此发表的言论，[①]并于12月4日和21日《上海新闻报》全文刊载了日本政府对调查报告书的意见概要和意见书。因此，可以说，南京方面对日本的态度了如指掌。在此基础上，顾维钧以中国驻巴黎公使的身份，于10月25日拜访了日本驻巴黎的长冈大使。当时，长冈告诉顾维钧说：除了对"满洲国"的存在及其是否承认问题之外，其他问题都可以讨论。对此，顾维钧反驳道：这个问题正是中日之间的核心问题。[②]行政院会议尚未召开，中日双方已经开始了外交战。

第六，敦促早日召开行政院会议。根据7月1日国联全体大会的决议，应在11月1日之前开始审议调查报告。然而，日本要求在11月17日，即报告书发表6周后，再开始审议。对此，颜惠庆代表反对，要求立即审议。争论的结果，最后决定从11月14日开始审议，但根据情况还可以再延长一周，这显然对日本有利。

第七，关于审议李顿报告书的程序问题。国联秘书处对审议的期限未作明确规定，只是决定按照行政院会议、全体大会、十九国委员会、再次召开全体大会的先后次序进行审议。这种漫无期限、层层审议的做法，无疑是在拖延时间，旨在使双方妥协，然后根据《国联盟约》第十五条第三项解决，以避免根据第四项裁决。这种做法反映了国联对日本的袒护。国联秘书长德拉蒙德曾对颜惠庆说，中日双方在"满洲国"的问题上针锋相对、各持己见，现在别无他法。所以，想在美苏的协助下逐渐施加压力，

① 罗家伦编：《革命文献》，第40辑，第2766～2775页。
② 《顾维钧回忆录》（2），第74～75页。

以期能最终求得解决。如果现在就把一切能采取的措施全都用尽，而问题仍得不到解决的话，这是不明智的做法。[①]其实，这不过是个借口。列强拖延审议的本意在于：尽量避免使用《国联盟约》第十五条第四项或第十六条，以回避制裁日本。

中国代表坚决反对这种拖延政策，并将其理由于11月25日向南京政府外交部作了说明：第一，这种审议程序将会推迟决议的产生，从而使日本得以巩固其在东北的地位。事实上，拖延正中日本下怀。第二，此举将会减轻国联的责任，而且，如果国联愿意，还可将责任推向美、苏两个非会员国。倘若如此，苏联可能会增加一些要求，致使局势更加复杂。更有甚者，中国将失去要国联作出决议的条件。因此，中国对国联的政策会落空，国联的谈判地位亦将削弱。第三，随着时间的推迟，将会削弱全世界对东北问题的关心程度，东北问题今后亦难以再次成为注意的焦点。[②]因此，中国代表主张，国联应迅速根据《国联盟约》第十五条进行裁决，并提出解决办法。11月17日，南京政府外交部同意上述意见，并指示中国代表：要求国联迅速召开国联大会，根据第十五条立即提出最终报告。如果全体大会决定将此事提交十九国委员会，则我方应要求大会通过一项临时决议，对十九国委员会作出具体指示，以限定委员会在短期内完成规定的工作。[③]

倘若是由十九国委员会审议李顿报告书，并提出解决方案，然后再交由国联全体大会通过，那么，十九国委员会的作用就变得十分重要。为此，中国代表对十九国委员会审议李顿报告书的程序，做了如下四种估计：

①由十九国委员会自己进行审议。

②由十九国委员会和美国、苏联共同审议。

---

① 《顾维钧回忆录》(2)，第76页。
② 《顾维钧回忆录》(2)，第82页。
③ 《顾维钧回忆录》(2)，第82页。

③十九国委员会建议由华盛顿条约的九个签字国加上苏联进行磋商。

④十九国委员会建议非战公约（亦称《巴黎公约》——笔者注）签字国进行磋商。①

中国代表认为，其中的第二种程序对中国比较有利。

在南京政府和中国代表进行了上述准备之后，国联行政院会议和全体大会正式开场。

三、在国联的外交活动

由于日本的阻挠，本应在 11 月 14 日召开的国联行政院会议再次推迟一周，于 11 月 21 日开幕。行政院会议的任务是讨论向全体大会提出审议李顿调查报告书的程序。根据外交部的指示，中国代表让日本代表松冈洋右首先发言，然后中国代表顾维钧以反驳的形式表明中国的立场。顾维钧在发言中驳斥了松冈的所谓"自卫论"，揭露了日本侵略中国的实质，讲述了日本大陆政策的发展过程，并强调"满洲国"是日本的傀儡。②不出所料，中日两国在行政院会议上针锋相对，毫无妥协之余地。顾维钧提出，应对李顿调查报告书第九章的原则增补三点，即①不得鼓励侵略；②必须赔偿中国的损失；③日本撤军仍然是先决条件，在军事占领或既成事实的压力下不能进行谈判。③经过中日之间的一番争论之后，行政院会议于 11 月 28 日决定将李顿调查报告书提交全体大会。日本代表对第十五条表示了保留，并以此为条件表示了同意。

全体大会预定于 12 月 6 日复会。南京政府和在日内瓦的中国

---

① 《顾维钧回忆录》（2），第 80 页。
② 罗家伦编：《革命文献》，第 39 辑，第 2542～2565 页。
③ 《顾维钧回忆录》（2），第 84 页。

代表开始进行准备。

南京政府此时所采取的策略是拖延。12 月 1 日，行政院代理院长宋子文和外交部长罗文干向驻日内瓦的中国代表发出指示：鉴于日本顽固地坚持以"满洲国"独立为先决条件的态度，在短期内不可能获得对我有利的解决，故而应推迟解决的时间，争取对我有利的解决方案。其理由是：①当前不可能解决问题；②推迟解决，有利于争取美国的支持；③推迟解决，可增加日本经济崩溃的可能性；（四）推迟解决，能使我有更多的机会改善自身的处境。①总而言之，南京政府认为，日本如不崩溃，"满洲国"问题则不能解决。正是基于这种判断，南京政府才使出了拖延策略。在上述指示中，南京政府还指出："我们最多只能希望一旦日本崩溃，能够恢复原状，归还一切被掠财物，赔偿政府和个人损失。"②也正是基于这种判断，南京政府对问题的解决还抱有一线希望，因此，在指示中还提出了所能接受的最低条件：

①自愿而不是被迫建立东北自治政府。

②有国际保证的非军事化，包括撤走全部日军，但要避免使用"永久非军事化"一词。

③自愿雇用外国技术专家为顾问。

④经济领域的国际合作。

⑤根据 1932 年 3 月汪精卫在南京会晤李顿调查团时提出的十项基本原则谈判新条约。

⑥废除"满洲国"。

⑦承认赔偿原则。③

然而，驻日内瓦的中国代表对拖延策略提出了异议，他们希望朝着尽快解决的方向推进。经过讨论，中国代表们确定了将在

---

① 《顾维钧回忆录》（2），第 88～89 页。
② 《顾维钧回忆录》（2），第 89 页。
③ 《顾维钧回忆录》（2），第 89 页。

12 月 6 日的全体大会上提出的要求，并就以下内容请示南京政府
外交部：

①全体大会应限期尽快提出并公布有关争端的报告和公正而
适当的建议。

②全体大会于公布该项报告前，宣告日本业已违反《国联盟
约》《巴黎公约》及《华盛顿条约》。

③公布该报告前，全体大会应责成日本履行下列各项：

甲、解散"满洲国"。

乙、先将军队撤至铁路沿线，以便进一步撤离。

丙、将东三省及其行政机构移交中国政府。①

外交部同意了上述请示。但指出："进一步撤离"等用词可能
被认为超出了国联以前决议的要求，或被误认为是指非军事化计
划，因此应改为"撤走日军"。当时，为使日军撤退，南京政府是
赞成"非军事化"的，但又担心被误认为中国军队也从东北撤出，
所以尽量不用"非军事化"一词，外交部的指示还说：如果第三
条要求之（甲）项未获采纳，则必须坚决要求强烈谴责日本，坚
决不承认"满洲国"。②

12 月 6 日，国联全体大会开幕。中国代表颜惠庆提出了上述
要求，希望大会根据《国联盟约》第十五条第四项进行裁决。③小
国的代表们同情中国，支持中国的要求。相反，大国代表们却强
调满洲的特殊性和复杂性，力主按现状和李顿报告书第九、十两
章的内容加以解决，英国外交大臣西蒙在发言中指责中国的排货
运动和排外教育，并表示：对日本的谴责和制裁解决不了问题，
与其按《盟约》第十五条第四项裁决，莫如在此之前使双方妥协，
再加以解决。中国代表对西蒙的发言极为反感，遂将会议情况及

---

① 《顾维钧回忆录》（2），第 89～90 页。
② 《顾维钧回忆录》（2），第 90 页。
③ 罗家伦编：《革命文献》，第 39 辑，第 2599～2608 页。

西蒙发言的内容报告南京政府，以请求对策。南京政府动用宣传工具，大力开展反英、反西蒙的宣传活动，同时向英国驻华公使蓝普森提出抗议，以此向英国施加压力。这一举动反映了南京政府在对国联和列强双重态度中斗争的一面。

12月19日，根据瑞士和捷克斯洛伐克两国的提议，全体大会决定由十九国委员会起草提交下次全体大会的最终报告书。

十九国委员会成立于1932年2月21日，当时，"一·二八"事变发生不久，中国代表要求国联援用《国联盟约》第十五条，对日本侵略中国的事实进行裁决，国联全体大会接受了这个要求，并根据《国联盟约》第十五条第九项规定，设立了这个委员会，责成其起草有关中日纠纷的报告书，提交给全体大会。十九国委员会的成员包括：除国联主席和中国、日本两国的委员之外，尚有12个国家的国联行政院委员，以及国联在3月11日全体大会上选出的瑞士、捷克斯洛伐克、哥伦比亚、葡萄牙、匈牙利、瑞典6国委员。

十九国委员会下设起草委员会，受委托起草应由十九国委员会起草的最终报告书。因此，对于解决九一八事变和伪满洲国问题，十九国委员会的最终报告书将起到至关重要的作用。这个报告书一旦通过，将意味着自1931年9月18日以来，国联对九一八事变和"满洲国问题"的处理告一段落。对此，南京政府和驻日内瓦的中国代表非常明白，为使十九国委员会起草的最终报告书有利于中国，他们提出了如下8项要求，并设法尽一切可能将其反映在报告书内：

①根据《国联盟约》第十五条第四项起草最终报告书，迅速提交大会，不采取拖延策略。

②美苏两国参加十九国委员会。

③追究日本违反《国联盟约》《巴黎公约》和《华盛顿条约》的责任。

④不承认满洲国，将来也不与其建立合作关系，不给予承认后的保障。

⑤明申撤退日本军队。

⑥不指责中国的抵制外货运动。

⑦最终报告书不止于事实的记载，还要提出解决问题的具体办法。

⑧拒绝日本对最终报告的保留权。

除此之外，中国代表的最高要求是根据《国联盟约》第十六条对日本进行经济制裁，力图通过经济制裁废除伪"满洲国"，使日本撤军，然后在中日两国间进行有关东北问题的具体谈判。总之，对中国方面来说，首要问题是在最终报告书中解决"满洲国"和撤兵问题。

为实现上述目的，南京政府外交部对各国驻华公使，国联的中国代表对在日内瓦的各国代表，分别开展了积极的外交活动。

对美国。12月10日，罗文干外交部长对美国公使詹森表示，若不取消"满洲国"和撤退日本军队，则绝不与日本和解，并希望他将此意转告美国政府。①12月11日，中国代表顾维钧在日内瓦对美国出席裁军会议的代表戴维斯强调，中国要求对包括不承认"满洲国"以及不与"满洲国"合作的声明作出裁决。但戴维斯认为，由于大国对谴责日本不感兴趣，这样做反而会造成他们回避责任与同情日本，甚至引起反感，因而不赞成裁决。②

对英国。12月12日，颜惠庆、郭泰祺和顾维钧对西蒙说，国联全体大会至少应该做到：第一，采纳李顿报告书中的调查结果；第二，发表一项不承认"满洲国"和不同"满洲国"合作的声明；第三，确定调解的基础。③西蒙只赞成其中的第一条，认

---

① 《顾维钧回忆录》(2)，第96页。
② 《顾维钧回忆录》(2)，第95~96页。
③ 《顾维钧回忆录》(2)，第97页。

为其他两点是不明智的。西蒙还认为，强硬的裁决方式，会导致丧失解决问题的可能性，与其根据《国联盟约》第十五条第四项进行裁决，莫如事前用妥协的方法求得问题的解决。他还推荐李顿斡旋日中关系的调解。西蒙的意见表明当时国联是相当偏袒日本的。

此时南京政府的外交活动最引人注目的是对苏外交。1929 年 7 月，由于中东铁路问题，南京政府与苏联断交。九一八事变后，为了利用苏联的力量对抗日本的侵略，南京政府的全权代表莫德惠于 9 月 26 日向苏联副外交人民委员加拉罕提出两国复交问题。①1932 年 12 月 12 日，南京政府与苏联恢复了外交关系。颜惠庆于 12 日、13 日连续会晤出席日内瓦裁军会议的苏联外交人民委员李维诺夫，探询苏联有无与美国一起参加十九国委员会，调解、解决纠纷的可能性。②李维诺夫顾虑美国的态度，未明确表态。因此，颜惠庆感到，要求苏联参加，必须首先促使美国参加，故提出希望罗文干外交部长通过美国驻华公使加强对美工作。

国联审议李顿报告书和解决九一八事变的会议，按照事前所规定的程序进行。12 月 5 日，十九国委员会就中日争端发表了决议草案第一号、第二号及决议草案理由书。决议草案第二号的内容是对李顿调查团表示感谢，第一号和理由书阐述了此时期十九国委员会的立场及解决问题的方法。其主要内容如下：

①全体大会将尽力根据《国联盟约》第十五条第三项对双方进行调解，以求解决纷争，现在不拟首先起草报告书。

②若调解失败，则根据第十五条第四项陈述事实，提出对争议的意见。

③十九国委员会设立特别调解委员会，希望美国和苏联参加。

④关于法律事项，特别调解委员会会员应以国联大会 1932 年

---

①《苏联对外政策文件集》，第 14 卷，第 544～548 页。
②《顾维钧回忆录》（2），第 98 页。

3月11日决议案之①、②两节所指出的《巴黎公约》《国联盟约》及国联理事会1931年9月30日和12月10日决议、1932年3月4日全体大会的决议为依据；有关事实经过，应依据李顿调查报告书前八章之所述；至于商定解决办法，则应以调查报告书第九章阐述之原则为依据，并对该报告书第十章的建议予以重视。

⑤十九国委员会认为，鉴于纷争的特殊性，恢复1931年9月之前之状况不能使问题彻底解决，而维持与承认"满洲国"的现状亦不是解决问题的方法。

⑥特别调解委员会于1933年3月1日前报告该会工作情况。①

这个决议草案和理由书表明了十九国委员会中的大国不想制裁日本，而是力图用拖延、妥协的办法解决纠纷的立场，明确反映出列强对中国和日本的双重政策。

中国代表当然不满意十九国委员会的上述态度和解决问题的方针。颜惠庆向国联秘书长德拉蒙德表示，十九国委员会没有首先明确规定向全体大会提出最终报告的期限，中国对这种草案和理由书表示失望。此时，中国代表对此草案和理由书保留了修改权，并观察日本代表的动静。日本代表根据内田外相12月16日的指令，对不承认"满洲国"和美苏介入之事提出了反对意见。这种局面再次使十九国委员会认识到双方妥协与和解的困难性。

十九国委员会从12月16日开始休会。根据中国代表的要求，于20日发表了休会声明，其宗旨依然是和解，鉴于双方意见颇有分歧，进行调整需要时间，故休会至次年1月15日。

在日本代表和十九国委员会表示上述态度之后，中国代表于12月27日向德拉蒙德提出中方修改意见，主要内容是：

①设一委员会与中日双方进行磋商，以解决纠纷。

---

① 罗家伦编：《革命文献》，第40辑，第2825～2828页。

②解决纠纷的办法应以李顿调查报告书的前八章为依据，以1932年3月11日全体大会决议和调查报告书的第九章为基础。

③委员会与中日双方的磋商在1933年3月1日以前不能达成一致时，要在向全体大会提交有关协议的同时，根据《盟约》第十五条第四项提出最终报告书，期限不得超过一个月。①

十九国委员会认为，鉴于争端情况特殊，在充分尊重中国主权、领土和行政完整的同时，仅仅恢复到1931年9月以前事实上的状况，还不能保证争端的彻底解决，而且，维持和承认满洲现政权并非解决办法。

在这个修正案中，中国方面为了达到主要目的，一方面坚持不承认"满洲国"和限期早日解决的原则，另一方面则在部分问题上对十九国委员会作出了让步。

1933年1月7日，中国代表颜惠庆与国联秘书长德拉蒙德就中国的修改意见和调解、妥协的可能性进行会谈。②由于中国态度坚决及日本的强硬反对，德拉蒙德的态度也发生了新的变化。德拉蒙德对颜惠庆说，由于双方不能调解、妥协，只得放弃根据《盟约》第十五条第三项起草裁决报告书的意见，不得不根据该条第四项来起草裁决报告书。不过，德拉蒙德并未完全放弃调解和妥协的主张，他询问中国代表：如果日本承认李顿报告中第九章的原则，成立一个小委员会，像解决山东问题那样直接进行谈判的话，中国将持什么态度呢？颜惠庆表示，不论怎样谈判，先决条件都是放弃"满洲国"。德拉蒙德说，成立一个有美、苏参加的小委员会，与中日双方共同谈判，或许有解决纠纷的可能性。这说明德拉蒙德确实偏袒日本，避免根据第十五条第四项加以裁决。

这个时期，德拉蒙德与日本代表也频繁接触，以探讨调解、妥协的办法。中国代表对此早有戒备。1月15日，对十九国委员

----

① 即对12月15日决议草案的修改意见。见《顾维钧回忆录》（2），第102～103页。
② 《顾维钧回忆录》（2），第125～126页。

会委员海曼斯提出警告说，委员会应根据第十五条第四项起草裁决报告书，若与日本妥协并提出态度软弱的草案，中国将对此保留拒绝权。①南京政府外交部也于 1 月 17 日发出训令，要求一旦提出这种方案，便拒绝出席国联会议，以示抗议②。这反映了南京政府对国联和列强所持的双重对应态度。

1 月 16 日，十九国委员会复会。日本代表于 18 日向委员会提出日方的决议草案，主要内容是：设小委员会对中日双方进行调解，调解的基础是承认伪满洲国，并强调在此问题上无让步的余地；反对非会员国的美、苏参加十九国委员会的特别调解委员会；没有必要根据第十五条第四项起草和提出最终报告书。③

中国代表于 1 月 20 日就日方的决议草案发表宣言，与该草案针锋相对，提出不承认"满洲国"，请美、苏参加，通过调解委员会同中日两国的谈判解决争端等要求。④

鉴于中日双方如此对立，十九国委员会认为已无使双方妥协的可能，遂于 1 月 23 日决定成立起草委员会，并草拟最终报告书。至此，国联避免对日本进行裁决的企图宣告失败。

事已至此，中国代表提出了更高的要求，即援引《国联盟约》第十六条，对日本实行经济制裁。1 月 21 日，顾维钧向李顿提出这个希望，但是代表列强利益的李顿表示，尽管大国认为制裁合乎道理，但不同意这样做。与此同时，顾维钧也向英国提出了这个要求，英方则借口双方没有断交，故不能"诉诸战争"，反对根据第十六条进行经济制裁。

十九国委员会在起草最终报告书时也就是否实行经济制裁问题进行了讨论。结果，小国赞成，大国反对，未能取得一致意见。大国列强不愿制裁侵略者日本，这是由他们在对外侵略问题上有

① 《顾维钧回忆录》（2），第 129～130 页。
② 《顾维钧回忆录》（2），第 132 页。
③ 罗家伦编：《革命文献》，第 40 辑，第 2831～2832 页
④ 罗家伦编：《革命文献》，第 40 辑，第 2833～2835 页。

一致之处所决定的。

十九国委员会在起草最终报告书的同时，保留了与日本妥协的余地。2月4日的《国联公报》，既强调日本要对12月15日的决议草案和理由书作出承诺，又允许日方可以对理由书提出保留意见，并决定按照日本的意见不邀请美、苏参加十九国委员会。德拉蒙德也同一天与日本的杉村阳太郎拟定一份妥协案，并提交给十九国委员会，十九国委员会未予受理。2月14日，十九国委员会通过了最终报告书。17日，报告书公开发表。中国将其译成中文，于19日发表在国内的报纸上。

上述的最终报告书，以《国联盟约》《巴黎公约》和国联有关九一八事变的决议为法律依据，根据李顿调查报告书的前八章陈述事实，以李顿调查报告书的第九章为基础提出了解决争端的方法。该报告书表现了国联与列强对中国和日本的双重政策。中国对这个最终报告书的评价和反应也是两方面的，驻日内瓦的中国代表于2月17日就对该报告书的评价电告南京政府，他们认为该报告有三方面对中国有利，这就是：

①中国对东三省的主权获得确认。

②国联会员国承诺，无论在法律上，还是在实际上，都不承认"满洲国"，并继续保持一致行动，避免单独采取行动。

③日本在满铁附属区以外的一切军事行动以及扶持和承认"满洲国"等行动均遭到明确的谴责。①

同时，他们还指出该报告中对中国的不利之处：

①撤军与日本是否同意谈判和是否准备撤退及是否赞成撤退的具体方法这些问题相关，谈判的性质及范围与1931年10月24日的决定相比更为广泛，甚至有就组织武装警察及解除东北三省武装等问题进行谈判的可能性。

---

① 《顾维钧回忆录》（2），第178页。

②对万一日本拒绝接受建议书一点未能规定对付办法，虽在最后一章略有补充，但仍嫌不够。

③倘我方在日本尚未接受报告书之前即宣布东北三省自治，无异于使中国受处罚。因此，在日本尚未明确表示愿意接受全部报告书之前，决不能宣布东三省自治。①

南京政府外交部有关人士于2月18日也就上述最终报告发表谈话，认为"报告书大体上于我方有利"，并称"基本上表示满意"。②对中国有利和可以满意的根据在于：①认定了九一八事变不是日本的自卫行动，要由日本负责任，这是我方在道义上的胜利；②东北的傀儡政权是日本一手炮制，并依靠日本的势力而存在的，非根据民意所建，故不予承认且不与之合作这一点至关重要，这无异于对叛逆者判处死刑；③决定日本军队撤退至南满铁路区域内；④谈判委员会邀请美、苏参加；⑤将谈判委员会的谈判日期规定为三个月，三个月后必须将谈判经过向国联报告，无须得到当事国的同意。南京政府外交部有关人士进一步指出，在最终报告起草过程中，英国外交大臣西蒙和国联秘书长德拉蒙德偏袒日本③，并对东三省不能完全恢复到九一八事变前的状态及不能在东三省设立自治政府等表示遗憾。

南京的外交委员会审议了上述最终报告书，于2月22日训令驻日内瓦的中国代表：同意包括建议在内的报告书的主要部分。这说明中国虽然同意这个报告书，但对其中的具体措施并非都赞成。④

1933年2月下旬，日军进攻热河，意在为通过报告书创造有利的客观条件。国际联盟于2月21日再次召开全体大会，以通过最终报告书。中国代表颜惠庆在24日的全体大会上，对最终报告

---

① 《顾维钧回忆录》（2），第177页。
② 罗家伦编：《革命文献》，第40辑，第2853页。
③ 罗家伦编：《革命文献》，第40辑，第2850～2855页。
④ 《上海新闻报》，1933年2月25日。

书阐述了中国的既表示满意又不能完全赞成的态度。[①]最后，大会以42票赞成、1票反对的投票结果通过了最终报告。日本代表在投了反对票之后退出会场。3月27日，日本政府宣布退出国际联盟。对此，南京政府外交部长罗文干3月28日发表声明，指出：根据《国联盟约》第一条第三项规定[②]，国联行政院和全体大会自中日纠纷以来所通过的决议对日本依然有效，日本有服从决议的义务。[③]

由于通过最终报告书，国联对九一八事变的处理告一段落，但是"满洲国"问题依然没有得到解决。

四、热河作战时期的外交活动

1933年初，日军挑起了山海关事件，2月下旬开始进攻热河。[④]山海关事件和日军进攻热河时值十九国委员会起草关于九一八事变和"满洲国"问题的最终报告，并将由大会审议、通过之际，是日军挑起"一·二八"事变的故伎重演，即企图使国联、列强和南京政府的目光集中到山海关和热河方面，转移国联对最终报告书的注意力，并通过对平津的军事威胁来牵制列强和中国的活动。然而，由于山海关事件、日军进攻热河与"一·二八"事变是在不同时期、不同地点发生的，尽管在一定程度上起到了牵制的作用，但结局是促进了最终报告书的通过。

那么，南京政府和驻日内瓦的中国代表对上述事件是如何采取对策的呢？山海关事件发生后，英国像在"一·二八"事变时

---

① 罗家伦编：《革命文献》，第40辑，第2680～2863页。
②《国联盟约》第一条第三项规定："联盟会员经两年前预先通告可退出联盟，但要履行时至退出之前的一切国际义务及本《盟约》规定的义务"。
③ 罗家伦编：《革命文献》，第40辑，第2927～2929页。
④ 参见日本政治学会太平洋战争原因研究部编：《走向太平洋战争之路》，第3卷，第3～50页。

期一样，欲立即就双方的冲突进行调解。英国之所以如此，是为了维护本身的在华利益，英国当时拥有山海关以南的开滦煤矿，在秦皇岛也拥有一定权益。然而，南京政府与"一·二八"事变时期不同，即不想将两个事件作为局部的、地方性问题处理，而是要将其作为中日间全局问题的一部分，因而指示张学良抵抗日本的侵略。①南京政府认为，在国联起草和通过最终报告书之际，对日本的侵略进行军事抵抗，对解决东北问题和在国联与列强谈判都是有利的。南京政府分析，如按照英国的意见立即缔结停战协定，则对日本有利，等于中国为日本解决困难。在缔结"一·二八"事变的停战协定后，英国在上海地区的权益得到了保护，对东北问题则没有采取任何措施，通过总结"一·二八"事变的教训，南京政府认为，英国政府斡旋立即停战的目的，无非是为保护它在这个地区的自身利益。②

南京政府看穿了日本进攻热河的企图。2月18日，南京外交当局明确指出，在十九国委员会即将通过最终报告之时，日本开始进攻热河，是其"外交绝望，无法转圜"的表现，"以期打破现状，转移国际视线"。③驻日内瓦的中国代表也给国内发电，要求全力进行抵抗，不要缔结停战协定。其理由是：若日军在通过最终报告书以前占领了热河，那么这种占领也将随着报告书的通过而不了了之。④日内瓦的一般舆论也认为，如果中国军队在热河抵抗，使战局扩大，列强对援引《国联盟约》第十六条制裁日本也就无话可说了。

在这种情况下，驻日内瓦的中国代表采取了最大限度地利用热河问题，以造成在国联有利的外交态势的方针。如前所述，最终报告书中没有规定在日本拒绝报告书时采取什么样的对应政

①《顾维钧回忆录》（2），第121～122页。
②《顾维钧回忆录》（2），第122页。
③罗家伦编：《革命文献》，第40辑，第2854页。
④《顾维钧回忆录》（2），第127页。

策，国联对通过这一报告后如何解决东北问题亦无具体计划，这样，全体大会通过最终报告书，则可能是国联处理东北问题的最后机会。因此，中国代表认为，此时是向全体大会提出热河问题的最好时机。其理由有三：①日本在日内瓦散发备忘录，为进犯热河作辩护，企图把日内瓦的视线转移到热河方面；②国际联盟在 2 月 6 日、9 日和 13 日发表的公报中，对日本在热河的军事行动发出了警告，表示出国联对此事件非常关心；③国联全体大会在通过最终报告书之后，有可能对东北问题撒手不管，所以要及时提出热河问题，以敦促国联继续处理东北问题。此外，根据日本进犯热河的"诉诸战争"的行为，要求国联根据《盟约》第十六条对日本实行经济制裁，于我方是有利的。①于是，中国代表决定向国联大会提出解决热河问题的要求，并获得南京政府外交部的赞同。2 月 23 日，南京的日本总领事馆向外交部长罗文干提出了进攻热河的最后通牒。24 日，中国代表顾维钧在国联全体大会上发言，谴责日本公然无视国联的三次警告进犯热河，采取诉诸战争的行动，强调国联应对日本实施制裁②，实际上是要求根据《盟约》第十六条③对日本进行最重的制裁。

　　然而，国联和列强并没有根据《盟约》第十六条对日本进行制裁的意图，他们借口中国与日本并没有断绝外交关系，所以日本的行动并非"诉诸战争"。

　　对这种情况早有预料的中国代表从 1 月份开始就向南京外交部强调与日本断交的必要性，在 24 日国联全体大会通过最终报告书之后，又数次致电南京政府，阐述这种意见。当时，南京外交

---

　　①《顾维钧回忆录》（2），第 179～180 页。
　　②《上海新闻报》，1933 年 2 月 26 日；《顾维钧回忆录》（2），第 182 页。
　　③《盟约》第十六条第一项规定："无视第十二条、第三条及第十五条的约束而诉诸战争的联盟国，将被视为对其他一切联盟国家进行战争行为的国家。其他一切联盟国家对之要立即断绝一切通商和金融关系，禁止本国国民与违约国国民的一切往来，并且不问是否为联盟国家，都要防止其他一切国民与违约国国民的金融、通商或个人的一切往来。"

部为了实现制裁日本，也曾讨论过这种意见，并于2月2日电告驻日内瓦的代表说有与日本断绝外交关系的可能性。与此同时，南京外交部还向1933年初成立的国防委员会提出这种意见。国防委员会是对外问题的最高决策机关，本应批准与日本绝交，但为慎重起见，未能决断。[①]2月17日，南京外交部将此结果电告驻日内瓦的中国代表，代表们大失所望。

中国代表一直对中国军队在热河的抵抗抱有很大希望，欲将战况公诸世界，以期使国联将注意力集中在东北问题上，并得到他们的同情和支持，按照《盟约》第十六条对日本进行制裁，使中国在国联获得外交上的胜利。然而，中国军队在热河未能进行有力的抵抗，接连败北，使中国的外交处于不利地位。驻日内瓦的中国代表深感在国联的外交责任，于是向南京政府提出辞呈。[②]南京政府回电对他们表示挽留，同时表示，若日本封锁中国沿海或进攻平津地区，则与其断绝外交关系。[③]南京政府之所以采取如此慎重的态度，有以下几方面原因：

①顾及中国与日本绝交后，列强是否会随之按照《盟约》第十六条制裁日本的问题。3月2日，南京政府外交部给中国代表发出训令，指示中国代表了解法国对此事的态度。3月10日，顾维钧走访法国代表保罗·彭古，探听他对此事的意见。彭古说，虽然中国和日本在事实上已经处于战争状态，但是断绝外交关系就等于宣战，造成法律上的战争状态，果然如此，日本将封锁中国沿海，因此，请中国对断交问题慎重考虑。关于制裁问题，彭古说，如无美国参加，法国将不予考虑此问题，法国不会采取使局势恶化的任何措施，也不想把目前尚未卷入中日两国战争的国

①《顾维钧回忆录》(2)，第183页。
②《顾维钧回忆录》(2)，第192~193页。
③《顾维钧回忆录》(2)，第211页。

家推向战争。①法国无意制裁日本，从一个侧面反映出列强对中国政策的两重性。

②南京政府首先是想保障平津和河北地区的安全，担心若采取绝交、制裁措施，日本则以占领平津为报复，因而，不想刺激日本。

③在对内方面，南京政府正忙于对共产党领导的工农红军进行第四次"围剿"，蒋介石也正在江西和湖北指挥作战。南京政府历来重视反共，因此，避免对日作战，是为了集中力量对付共产党。1933年秋天，南京政府又动用100万军队对共产党发动了第五次"围剿"。

国联为了远东的和平，在国联大会闭幕后，于2月24日成立了顾问委员会。该委员会下设"满洲国"问题组和武器禁运问题组，在不承认伪"满洲国"和不与之合作问题上是一致的。但对中国代表倡导的通过武器禁运来制裁日本这一点有分歧。此外，中国代表还建议各国撤退驻日本公使，使日本在国际上陷于孤立，然而未能得到列强的响应，列强并不想为了中国而恶化与日本的关系。这表明在列强对中国的双重政策中，"支持"和"同情"是有限度的，与其说是为了中国，莫如说是为了他们自身。

3月下旬，汪兆铭从欧洲回国，并担任了国防委员会委员长，掌握了决定对外政策的主导权。汪兆铭反对制裁日本，4月1日，电训驻日内瓦的中国代表说，若对日方进行制裁，日方必将对我方急速反击，在我方对策尚未完备的情况下，恐有全盘动摇之虞，因此，不要坚持这样的对策。②4月7日，汪兆铭又指示代表说，撤回中国驻东京公使，有伤日本的体面，对我方也无实际利益，所以不要采取这种措施。③上述电训和指示，反映出汪兆铭的根

① 《顾维钧回忆录》（2），第198页。
② 《顾维钧回忆录》（2），第214页。
③ 《顾维钧回忆录》（2），第216页。

本思想就是：即使对日本进行反击或制裁，也不可能收回被占领的土地。这样，驻日内瓦的中国代表利用日本进攻热河的事实，争取国际社会制裁日本的努力，由于南京政府不予支持和列强的反对而未能成功，国联也从此放弃了"满洲国"问题。

日军占领热河后，对平津构成威胁，南京政府这才对如何对付日本问题予以重视；同时，为对工农红军进行第五次"围剿"，希望得到列强在经济和军事上的援助。从1933年5月开始，日军越过山海关西部的滦河，向关内进犯。南京政府放弃了热河抗战期间的不谈判政策，提出"一面抵抗，一面谈判"的方针，开始与日方进行停战谈判。在日军进犯关内、事态严重的情况下，南京政府仍然不思要求国联和列强对日本进行经济和军事上的制裁，反而于5月25日电告中国代表：国防委员会已决定与日本缔结停战协定。①紧接着，中日双方于5月31日在《塘沽协定》上签字。《塘沽协定》的签订为"九一八事变"打上了一个休止符。这个协定的缔结表明，表面上不承认伪满洲国的南京政府不得不在事实上默认了"满洲国"的存在。此后，"满洲国"问题，成了中日外交中的焦点，直到1945年8月结束战争，伪政权解体，中国才恢复了在东三省的主权。

综上所述，南京政府对李顿调查团及其报告书采取了双重对应态度，一重是对国联和列强，一重是通过国联和列强对日本，其中，前者为主，后者次之。南京政府对国联和列强外交的目的在于与日本对中国尤其是对东三省的侵略相对抗，最终否定"满洲国"，将日本的势力驱逐出东三省。因此，南京政府力图依靠国联和列强对中国的双重政策中"同情""支持"的一面，解决九一八事变和事变的产物"满洲国"问题。然而，国联和列强并不是真正同情和支持中国，而是为了与日本争夺东三省。试图利用这

---

① 《顾维钧回忆录》（2），第237～238页。

种"同情"和"支持"的南京政府，在李顿调查报告及国联起草和通过最终报告书问题上，始终是一边依赖国联和列强，一边又对之进行指责与对抗，这是针对国联和列强对中国的两重性政策所采取的两重性对应政策。在这种两重性政策中，前者是目的，后者是达到目的的手段，前者是主体性的，后者是辅助性的。因此，即使对国联与列强进行谴责与对抗，也是温和的、非刺激性的，或是妥协的。

南京政府对国联和列强的外交是错综复杂的，而且，对外政策与对内政策交织在一起。当时国内的政治、军事形势，尤其是对共产党领导的工农红军的"围剿"方针，都在制约着南京政府对国联、列强和对日本的政策。此外，由于国联和列强与日本的关系也颇为复杂，中国对国联和列强的外交也不得不在一定程度上受制于日本。

围绕李顿调查团及其报告书和国联的最终报告书，中日两国针对九一八事变及事变产物"满洲国"问题进行了针锋相对的斗争。国联和列强采取对日、中两国的双重政策，力图通过调停使双方和解，但此项政策终遭挫折。最后，国联根据《国联盟约》第十五条第四项对中日争端进行了裁决。根据这个裁决，南京政府获得了谴责日军在九一八事变中的侵略行动，以及不承认伪满洲国等道义上的胜利，但是，未能达到恢复事变前的状态和废除"满洲国"的目的。这种双重性结果，是国联和列强的两重性政策的直接产物。如果国联和列强对日本进行坚决制裁，中国也进行积极抵抗，则有可能使日军撤退，并解散伪满洲国，使东北恢复到事变前的状态。遗憾的是，这种积极有利的局面并未出现，其原因归根结底在于帝国主义列强的侵略本质和南京政府的反动与软弱无能。

第九章　伪满的殖民体制与日本外务省

伪满洲国成立后，日本对满洲的政策是：在满洲确立殖民体制，并加以统治。"满洲国"实际上是殖民地的傀儡政权，但又打出了所谓"独立国"的旗号。这种内在的殖民地的傀儡性与表面上的"独立"形式的矛盾现象，在帝国主义殖民史中也是罕见的。如何处理这种矛盾，是日本对满政策的课题之一。日本外务省和关东军一方面努力确立露骨的殖民体制和殖民统治，另一方面在表面上又极力掩盖和粉饰其傀儡性。本章拟阐述日本外务省在承认伪满洲国，确立殖民体制，以及"满洲国"的傀儡外交等三个问题上所起的两面性作用。

一、日本承认伪满政权

对"满洲国"的承认，有列强的承认和日本的承认。虽说同是"承认"，但实际上性质不同。

列强承认"满洲国"等于列强承认日本对满蒙的侵略，其结果是使日本殖民地伪满洲国得到国际性认可。如得不到其他列强的承认，日本就不能在国际上确保其殖民地。这是帝国主义时代列强间争夺殖民地而发生的现象。

然而自己承认自己的殖民地，是日本承认"满洲国"所表现的特殊现象。殖民地附属于宗主国，而不是独立国家。将非独立的殖民地以"独立国家"的形式建立起来，从而产生了承认问题。这是从伪满洲国的表里不一性所产生的现象。要研究日本承认伪满洲国问题，首先要考察其建立具有"独立国家"形式的殖民体制的过程。

关东军从九一八事变初期就主张"建立以日本人为盟主的满蒙五族共和国"①。1931 年 10 月 21 日制定了《满蒙共和国统治大纲草案》，企图建立与中国本土分离的具有"独立国家"形式的"立宪共和制"政权，并采用总统制。②12 月下旬，关东军攻占锦州，军事作战又升了一级，于是确立殖民体制便成了紧急的课题。荒木陆相深感事急，希望板垣参谋去东京研究这一问题。1932 年 1 月 4 日板垣参谋去东京之前，关东军司令官本庄繁和三宅参谋长、松本顾问以及板垣、石原参谋等人讨论了殖民体制的政体问题，指示板垣参谋说："此际应明确脱离中国本土，成为名副其实的独立国家。"③日本在其殖民地朝鲜、台湾、辽东半岛没有建立具有"独立国家"形式的殖民统治体制，为何要在满蒙采取"独立国家"的形式呢？这并不是偶然的，而是当时的国际形势和满蒙的特殊性所致。关东军司令官本庄繁在分析这种做法的理由时认为：

①"如作为独立政权，因系在中国中央政府主权下建立的，所以满蒙政权有动辄回归中国中央政府之虞。"

②不建立"独立国家"，"现在各省的新执政者……因被看作是叛徒，所以常有不安之心理，不能积极地与日本合作并执行其执政者的职务"。

③"《九国公约》和《国联盟约》都不允许日本使之与中国本土分离。若中国人自己内部分离，则既不违背上述条约的精神，

①《现代史资料（7）·满洲事变》，第 189 页。
②《现代史资料（7）·满洲事变》，第 228 页。
③《现代史资料（7）·满洲事变》，第 333 页。

又不受这些条约的限制……只要使中国人自己独立分离即可，日本和列强承认与否没有关系。"①

因此"中国人自己分离独立"的最好方法是建立"独立"的傀儡国家。

板垣参谋 1 月 5 日去东京，日本外务省和陆、海军省利用这个机会，拟订了《中国问题处理方针纲要》，其中决定：当前应该使"满蒙与中国本土分离，独立成为一个政权的统治地区，逐渐具有一个国家的形态"；"由于《九国公约》等关系，应尽可能采取好似基于中国自发的形式"。②

驻奉天的总领事代理森岛守人也同意关东军建立"独立"的傀儡政权的意见。1 月 2 日他对犬养外务大臣建议："形势至此，只有把新国家的建立作为既成事实，在对外关系上迅速决定有关善后措施的方针，努力防止外国干预，以资确立帝国在满蒙的地位。"③进而，作为针对违反《九国公约》的对应措施，森岛又说："现今新国家成立之际，在对外说明上，应根据民族自治主义，使之具备形式，并迅速解决与第三国有关的各种事项。我国暗中参与的事实虽然已不能全然隐蔽，但至少在形式上要采取否认上述事实的方法，以防止给第三国提供借口。"④森岛的上述说法，可谓明确地说明了日本在东北采取"独立国"形式的殖民地体制的国际原因。

然而犬养首相对采用"独立国家"形式犹豫不决。2 月 15 日他在致上原勇作元帅的书信中写道："以现今的趋势按独立国家的形式进行，必引起与《九国公约》的正面冲突，故在形式上只限于政权分立，在事实上要想尽办法达到我之目的。"⑤这说明犬养

---

① 《现代史资料（7）·满洲事变》，第 333 页。
② 《现代史资料（7）·满洲事变》，第 343 页。
③ 《日本外务省档案（1868～1945）》，S563 卷，S1620-25，第 576 页。
④ 《日本外务省档案（1868～1945）》，S563 卷，S1620-25，第 577 页。
⑤ 筱原一、三谷太一郎编：《近代日本的政治指导·政治家研究Ⅱ》，第 248～249 页。

首相虽然在"独立国家"的形式上有所踌躇，但赞成满蒙的完全殖民地化。

芳泽与犬养首相采取同样立场。2月20日关东军的石原参谋携带《新政府组织准备纲要》去东京时，芳泽对石原说："满洲问题现在世界上耸人听闻，所以立即实行独立，在国际上对日本不利，最好延期独立。"①

犬养的"踌躇"和芳泽的"延期"，正如其后的日本内阁和外务省的行动所证明的那样，并非是始终一贯的政策，而是政策决定过程中的暂时考虑。

在即将建立伪满洲国之际，犬养内阁于2月17日经首相裁决，成立以内阁书记官长森恪为委员长的"对满蒙决策案审议委员会"，讨论、审议有关满蒙的维持治安、国防、金融、税制、商租权，充实满蒙的行政机关等事项，协助建立伪满洲国。

3月1日伪满洲国发表了所谓"建国宣言"，9日溥仪就任执政。犬养内阁为对应这个形势，于3月12日通过了《满蒙问题处理方针纲要》，该纲要规定："鉴于现在满蒙已与中国内地分离，独立成为一个政权的统治地区，要诱导使之逐渐具有一个国家的实质"；"关于满蒙政权问题的措施，由于《九国公约》关系，要尽量采取基于新国家自主发起的形式。"②因为采取傀儡国家的形式，在对应《九国公约》方面，是很有利和方便的，所以采取作为傀儡国家加以扶植的方针。

根据这一决定，3月15日芳泽电告驻日内瓦的泽田和驻各国的日本公使："关于满蒙新国家的出现，要尽可能不使帝国和新国家的对外关系产生障碍。新国家首先是充实其内部，在有了稳定的发展之后，再逐步谋求开展对外关系，特别是条约问题乃至承认问题。要以此态度加以诱导。因此，帝国当前对新国家不给予

① 芳泽谦吉：《外交六十年》，下卷，第142页。
② 日本外务省编：《日本外交年表及主要文书》，下卷，第204～205页。

国际公法上的承认，在可能范围内以适当方法给予各种援助，以诱导其逐渐具有独立国家的实质性条件，努力促使将来得到国际承认"①，并指示要为将来获得国际承认作好准备。

日本外务省在采取这种行动的同时，对南京政府抗议建立伪政权加以反驳，为其"独立"进行辩护。南京政府外交部于2月24日和3月10日，向重光葵公使提出备忘录，其中警告说："日本军队非法侵占东北各地，分明是破坏中国领土的行政完整，所以只要日本军队不撤退，中国政府绝对不承认该地成立的所谓独立政府是自主政府，绝对不能承认让中国人民参加这种傀儡组织。对此，贵政府应负完全责任。"②这里谴责了日本一手包办建立傀儡政权。然而重光葵公使不但没有接受这个严正抗议，反而于3月21日反驳说："最近在该地方看到变更行政组织之事，帝国对上述事情毫无所知。然而贵部长因上述事情发出了诽谤帝国政府的态度并追究责任的通知，对此本公使难以理解。总之上述通知各点全然违反事实，不过是臆测，我方完全不能接受。"③

伪满洲国成立后，伪满外交部长谢介石于3月12日向日本和英、美、德、法、意、苏等在我国东北有领事馆的16个国家发出通知："我们迫切希望贵政府与满洲国之间建立正式外交关系。"④这个通知是事前与日本商量并取得认可后发表的。对此，芳泽于3月18日通过驻长春领事田代回答说："此事关系新政府之前途，是值得欢迎之事。"⑤法、意于18日，爱沙尼亚于20日分别对上述声明送来答复。伪外交部说："这是承认新国家的前提，值得高兴。"⑥但是日本不想立即给予承认。

① 日本外务省编：《日本外交文书·满洲事变》，第2卷第2册，第257页。
② 南京《中央日报》，1932年3月12日。
③《日本外务省档案（1868～1945）》，S563卷，S1620-22，第709页。
④ 天津《大公报》，1932年3月23日。
⑤《日本外务省档案（1868～1945）》，S563卷，S1620-22，第28页。
⑥《日本外务省档案（1868～1945）》，S563卷，S1620-22，第31页。

　　其原因正如芳泽发给泽田和驻各国公使的电文所述。另外，与国联派出的李顿调查团到达日本和中国东北也有很大关系。

　　日本外务省着手承认"满洲国"是在6月以后。6月30日斋藤首相在众议院表示："有尽速承认满洲国之考虑。"①众议院也在14日通过了"政府应迅速承认满洲国"②的决议。根据这一决议，日本外务省于6月8日在省干部会上作出了"承认满洲国的决定"。

　　日本外务省不是将承认"满洲国"问题单纯作为外交上的形式承认，而是企图通过承认，在粉饰伪政权的同时，缔结各种条约，确立日本在满蒙殖民地的法律体制，在法律上使满蒙成为完全的殖民地。因此，其承认的准备过程是在法律上确定殖民地体制的过程。在这个过程中，日本外务省比日本军部更具主导作用。

　　日本外务省在《承认满洲国之文件》中规定："关于解决满洲国问题的根本方针"是"既维持满洲国是个独立国，又要确保和扩张我国的权益。"③既要确保和扩张日本的殖民权益，又要使"满洲国"成为"独立国家"，这实际上是不可能的。随着日本确保和扩张其权益，伪满洲国也就完全变成了日本的殖民地。因此，所谓"独立国"乃是殖民地的代名词，不过是块招牌而已。

　　在日本外务省的记录中，有原外务省通商局局长和满铁理事斋藤良卫向外务省提出的建议，即《承认满洲国问题》《在承认满洲国之同时须缔结两国间的协定事项案》等。通过这些建议，可以看出当时日本外务省通过承认"满洲国"所要达到的目的。斋藤在《承认满洲国问题》中，作为"解决满蒙问题的根本方针"，而提出了如下主张：

　　①处理过剩人口。

---

①《日本外务省档案（1868～1945）》，S75卷，S16201，第14页。
②　日本外务省编：《日本外交文书·满洲事变》，第2卷第1册，第531页。
③《日本外务省档案（1868～1945）》，S75卷，S16201，第668页。

"利用满蒙的物资振兴国内工业并从满蒙取得衣食住的原料。"

②充实国防。

③缓和中日将来的纠纷。

④排除列强对满蒙的干涉。

"满蒙问题是有关我国生存的重大问题,我国不能不对该地的军事和产业等保留广泛的自由行动。然而列强的介入必然限制我等的自由,不能不给日本之命运投下一大阴影。"

⑤对满蒙的自主外交。

"排除有关对满蒙的妥协政策,推行自主外交。"

⑥抛弃假面具。

"抛弃我国以往的假面具,最强烈和最大胆地向世界表明我等对满蒙的主张。"①

这个方针的宗旨是,采取对策使满洲成为供应资源的殖民地,同时从"满蒙"驱逐中国和列强的势力及其干涉。斋藤在必须承认"满洲国"的理由中,首先分析了中国和列强干涉、牵制日本满蒙政策的原因:

①中国利用第三国牵制日本。

②关系到有关中国的一般国际协定。

③妥协的外交方针。②

对于我国与满蒙的特殊关系,列强缺乏认识。

斋藤认为"满洲国的出现对我国来说是消除上述原因的最好机会"③,对消除上述原因也是有利的。他对此作了下列分析:

从第一个原因来说,"解决满蒙问题的方案,最终将使中国断绝对满蒙统治的念头"。

从第二个原因来说,"此次满洲国的出现,急速地改变了事态。

---

① 《日本外务省档案（1868~1945）》,S75 卷,S16201,第 607~612 页。
② 《日本外务省档案（1868~1945）》,S75 卷,S16201,第 649 页。
③ 《日本外务省档案（1868~1945）》,S75 卷,S16201,第 649 页。

有关中国的各种协定，在理论上已不适用于这个新兴的国家。在满洲国建国时，曾宣布尊重中国和各国间的现存条约，但这是该国单方面的宣言，不属于任何法律上的义务。因此新国家将来可以根据国策任意取消，或者至少有根据新条约改变上述宣言的自由。同时在满洲国问题上，我国也有根据需要在新的基础上制定新协定的自由。满洲国的出现，为[我国]采取排除各国干涉的方针措施，提供了极好的机会"。

同时"用日满间的条约明确规定我国对满蒙的设施，是我国公开涉足各种设施，确立地位的最直接而有效的方法。为此我国也需要尽速承认满洲国，与之缔结各种条约"。

从第四个原因来说，"使列强明确认识满蒙是决定我国国防、政治和经济生存的事实，阻止我国进入满蒙，则意味着我国的灭亡，使之痛感日本为生存所做的努力是非常认真的。若从外部加以抑制则可能饿鼠噬人，最终难保世界之和平。这样，国联或英、美、德、法各国的态度则自然不得不予以缓和"。①

上述分析是想通过承认"满洲国"将其他列强排斥出满蒙。这似乎与通过日本的率先承认而获得其他列强承认的动机相矛盾，而实际却是一致的。列强承认伪满洲国，就是承认它完全是日本的殖民地。完全的殖民地与半殖民地不同，前者是不允许其他列强的殖民权益存在的。因此，列强承认"满洲国"就意味着从满洲撤出自己的权益，所以列强当然不会承认"满洲国"。

6月14日，日本众议院决定承认伪满洲国之后，何时承认、以何种形式承认则成了主要问题。日本外务省在《承认"满洲国"之文件》中提出"考虑以下各点，在适当时机承认"：

①日满关系的完善。

"在日满间各种关系没有充分完善之前，过早地给予承认，有

---

① 《日本外务省档案（1868～1945）》，S75 卷，S16201，第 649～653 页。

难以驾驭承认后的满洲国之虞。"

②满洲作为独立国，其内在的充实程度。

③过早承认对国际关系的影响。

"在［国联］调查委员提出报告之前，我方无重大理由而承认满洲国，会招致对我国抢在国联之前的非难。"

"对《九国公约》国，特别是以该条约的维护者而自任的美国刺激匪浅。"

④我国内部的促进承认论。

⑤推迟承认会使"满洲国"方面感到不安和使关东军及其他在满侨民焦急。

总之，要在对日本有利的时机承认，并要做好承认的准备。①

斋藤主张："我方要做好承认的准备，同时要迅速予以承认。"②他强调，所说的准备就是"有关日满间可能制定而且非制定不可的原则事项的准备"③，不做好准备就不能承认。斋藤反对无准备的立即承认。他说："是否承认'满洲国'，要根据我国推行对满政策是否有效来决定。离开这一观点承认，至少对确立和维护我国权益是没有意义的。"他主张："我国对满蒙的进展不可单纯靠形式的承认，要对满洲确立我国之根本方针。据此方针，作为国家行动，为奠定其基础而进行有组织的满蒙经营，只有这样才有承认的利益。"④

斋藤也反对"延期承认说"。"延期说"主要是考虑对于列强的影响。他认为："我国将承认问题拖延数年，就能使各国对我国的反感云消雾散吗？……此时决定我国的对策，以预想到列强对日反感的持续性才是最安全的。"⑤

---

① 《日本外务省档案（1868～1945）》，S75 卷，S16201，第 669～672 页。

② 《日本外务省档案（1868～1945）》，S75 卷，S16201，第 710 页。

③ 《日本外务省档案（1868～1945）》，S75 卷，S16201，第 711 页。

④ 《日本外务省档案（1868～1945）》，S75 卷，S16201，第 711～715 页。

⑤ 《日本外务省档案（1868～1945）》，S75 卷，S16201，第 741～742 页。

　　为了通过承认伪满洲国，在法律上确立日本的殖民体制，斋藤建议在日满之间就如下问题缔结协定，诸如"我国国防与满洲国的维持治安问题""防止赤化宣传问题""保护我国侨民和日满共同利益问题""掌握交通的实权问题"以及"统治日满经济问题"，等等。在外交问题上，他还建议缔结"日满两国"间有关"外交事项"的决定、"日本代行'满洲国'外交官领事职务问题"协定和"外交部聘用日本人顾问和助理问题"协定。这些协定在承认伪满洲国前后大体都缔结了。顾问协定在形式上虽未缔结，但日本在伪满洲国实行了次官政治，表面上由满洲人执政，而在背后担任次官或总务长的日本人却掌握着实权。因此顾问和次官是一样的。

　　为了控制伪满洲国政府，斋藤向外务省提出《满洲国内外政务指导方法》。该方案建议："有关指导'满洲国'政府及各省政府政务的根本方针，在征得驻满洲特派总监的意见后由帝国政府决定。有关实施细则，委托特派总监决定"；"建议之传达、督促及监督，由帝国政府推荐的'满洲国'中央政府及省政府顾问担任"；"'满洲国'政府或省政府不采纳上述建议，或不忠实执行时，特派总监请示帝国指示后，得采取必要措施"。①这个特派总监制，后来成为驻满大使制，由大使执行总监的职务。这个建议集中地表现了日本统治"满洲国"政务的内幕。

　　日本外务省还起草了日满间的基本条约及附属协定，为承认"满洲国"和确立殖民体制采取了积极的态度。

　　承认伪满洲国的最大障碍是《九国公约》的存在。成立伪满洲国违反《九国公约》，日本予以承认当然也是违反此公约的。南京政府于1932年3月12日发表宣言，谴责这个伪政权是"叛乱机关"，强烈抗议其违反《九国公约》。列强也以其违反《九国公

① 《日本外务省档案（1868～1945）》，S75卷，S16201，第697～702页。

约》为由，不打算承认"满洲国"。①

怎样对待中国和列强的这种态度，是日本外务省的一个重要的外交课题。日本外务省指示立作太郎博士寻求承认"满洲国"不违反《九国公约》的论据。立作博士写了一份题为《承认"满洲国"与〈九国公约〉的法律关系》的报告书。他从民族自决与民族自卫的角度分析了承认伪满洲国所产生的问题及其不违反《九国公约》的理由，为外务省提供了所谓法律根据。

日本外务省以这个所谓的民族自决为理由对中国进行反驳，并以同样的理由对付列强。6月23日，当英国驻日大使林德利（Lindley）询问日方承认"满洲国"问题时，日本外务省言称："有如阁下所见，帝国政府认为《九国公约》并不禁止中国某一地方的人民自行从中国独立并建立新国家。作为《九国公约》的缔约国之一，对上述新国家的成立给予承认亦不与该条约抵触。"②

此外，日本外务省还让立作博士等人研究殖民地的宗主权问题。立作博士从世界殖民史上查阅了国际法中的宗主权等问题，于8月写成一本《关于宗主权的意见集》③，准备对满洲殖民地行使宗主权。这种表面上把伪满政权作为"独立国家"来承认，而背后又要对其行使殖民宗主权的做法，是自相矛盾的。

日本外务省进行承认"满洲国"的准备时，内田外相于8月25日在第六十三次国会上就承认"满洲国"问题，发表了焦土外交的讲演，在国际上引起很大反响。内田说："政府决心迅速承认'满洲国'，目前正在稳步进行准备。待做好准备，不日即将承认"，"我认为帝国对中国的态度，特别是发生九一八事件以来，我方所采取的措施是极为正当而合法的；'满洲国'是其居民根据自发的意图成立的，应看作是中国分裂运动的结果。对如此成立的新国

---

① 罗家伦编：《革命文献》，第37辑，第1892～1893页。
② 《日本外务省档案（1868～1945）》，S75卷，S16201，第79～80页。
③ 《日本外务省档案（1868～1945）》，S75卷，S16201，第827页。

家，帝国给予承认与《九国公约》的规定毫不抵触。"他又说："帝国政府认为承认'满洲国'是解决满蒙问题的唯一方法。"他表示："[帝国政府]为了这个问题，可以说是有所谓举国一致，即使举国化为焦土，在贯彻这一主张上也寸步不让的决心。"①内田的上述演说，可谓集中地反映了日本外务省在承认伪满政权上的强硬立场，及其在准备承认时所起的作用。

为了应和内田的上述演说，森恪说："我国外交毅然站起来，对新'满洲国'单独承认的行为，犹如向世界宣布我国的外交自主独立了。谓之借助承认'满洲国'的机会，我国在外交上宣战也不过分。"②

针对内田的宣战性外交，8月29日南京政府外交部长罗文干反驳说："这次演说完全暴露了日本政府的野心，今后无须掩饰其对中国的侵略计划，确实是日本政府向全世界正义舆论的挑战行为。"③表示了对抗日本以"满洲国问题"为中心的对华政策的态度。

二、伪满殖民体制的确立

日本在其殖民地朝鲜和我国台湾地区设置总督府，在关东州设置都督府（1919年后改为关东厅——笔者注），实行殖民统治。这是日本对完全殖民地的一贯统治方式。伪满洲国也是日本的完全殖民地，本应建立与之相应的统治体制，但是在满洲采取了所谓"独立国家"的形式。在这一采取"独立国家"形式的殖民地，究竟应建立什么形态的殖民统治体系呢？这是日本在殖民地统治中的新问题。

---

① 内田康哉传记编纂委员会：《内田康哉》，鹿岛研究所出版会1969年版，第351、359页。

② 内田康哉传记编纂委员会：《内田康哉》，第357页。

③ 罗家伦编：《革命文献》，第37辑，第1928页。

伪满洲国成立前，满蒙是日本和列强的半殖民地。南满主要是日本的半殖民地，满铁附属地和关东州是日本的殖民地。日本通过驻东北的领事馆、关东厅、关东军和满铁这四根触角，对满蒙进行侵略和统治。这个统治体系十分复杂，例如满铁附属地的土木工程、教育、卫生等由满铁管理，裁判、外事由领事馆掌握，军事则属关东军，警察权属关东厅管辖。在关东州，行政、警察归关东厅，铁路归满铁管辖。其上级机构也很复杂，内阁总理大臣、外务省、拓殖省和陆、海军省各自指挥其在满的官厅，无统一的在满机构。

在这种情况下，奉天总领事林久治郎于 1929 年 12 月拟定并向日本外务省提交了《关于统一满洲行政机关之文件》，试图通过这个文件提出的方案，限制关东厅长官在满铁附属地的权限，扩大奉天总领事馆和在满领事馆的权限。这虽说是统治殖民地的职权范围问题，但其中也有在满各官厅间的权力之争。这种以在满机构的统一问题为中心的权限调整和权力之争，在九一八事变之后，特别是在对伪满洲国确立殖民统治期间，逐渐成了最为重要的问题。

以下本章准备研究日本外务省在对伪满洲国确立殖民统治体制中的作用问题。

伪满洲国是日本军部,特别是以关东军为主导而建立起来的，所以在确立其殖民统治体制中，事实上是军方掌握着主导权。关东军首先想设置满洲都督府，以作为统一的统治机构。关东军司令官让关东军顾问松木侠起草了《满洲都督府官制参考案》。其中第一条规定:"满洲都督府设满洲都督，都督统率在满洲的陆军各部队；管辖关东州和南满铁附属地的民政；并统管铁路矿山及其他属于帝国权益的事业。"① 这是将日俄战争后所采用的关东州的

---

① 《现代史资料（7）·满洲事变》，第 287 页。

都督制运用于满洲，从而确立关东军的军事统治体制。

日本外务省的派出机关也十分关心完善在满的统治体制。奉天代理总领事森岛于 1932 年 1 月 12 日对犬养外相建议："完善我国在满机构，于我方对新国家进行内部干预和掌握实权，以及实行门户开放和机会均等，均有密切关系，在我方尽可能排除外部障碍，实现建设新国家的方案上，具有重大影响。因此，政府在关于新国家问题作出决议时，须将之作为不可分割的问题。"[①]森岛认为，使用都督的名称与建设新国家的形式不能两立，否则会在对外关系或执行新国家的计划上造成障碍。因此森岛反对实施都督府制，建议采用诸如高级委员或其他外国易于接受的形式。森岛的建议是鉴于露骨的殖民统治体制将给列强造成影响，因而想设置与独立形式的殖民体制相适应的机构。然而日本外务省派出机关的意见并不一致。哈尔滨总领事大桥忠一原来与关东军关系密切，是积极协助关东军的总领事，所以赞成关东军的都督制。他向芳泽外相建议："此时帝国政府无须看外国眼色（对外国应注意的是实质而非形式），应该进一步表示我方对满蒙的坚定决心，在此意义上断然实现满洲总督或都督制，统一所谓四头政府，合理地促进在国际关系上日益显得微妙和具重要性的满蒙建设。"[②]这说明大桥和森岛相反，强调其背后的实质，而不是殖民统治体制的表面形式，想以强硬的态度对待列强。

3 月 1 日伪满洲国的成立，使日本深切感到迅速统一日本的在满机构和确立殖民统治体制的必要。3 月 12 日犬养内阁在《满蒙问题处理方针纲要》中决定："为执行帝国对满蒙的政策，须迅速设置统治机关，但在当前暂时维持现状。"[③]当时的现状是关东军的特务部在背后支配和控制伪政权。因在这个时期日本政府没

---

①《日本外务省档案（1868～1945）》，S563 卷，S1620-2，第 579 页。
② 日本外务省编：《日本外交文书·满洲事变》，第 2 卷第 1 册，第 348 页。
③ 日本外务省编：《日本外交年表及主要文书》，下卷，第 205 页。

有下定决心承认伪政权，作为暂时的过渡措施，不得不由关东军的特务部掌握统治权。

6 月，日本众议院和政府决定承认伪满洲国后，外务省为获得其统治权而采取了积极的态度。外务省次官有田八郎向内阁书记官长提出了外务省的《关于统一帝国在满机关的文件》，其主要内容如下：

①在满洲设置统一机关。

统一机关的首长（名称另作研究）监督和统一帝国官宪在满洲所施行的各种政务。统一机关的首长掌管南满铁路附属地的警务事宜。统一机关的首长监督南满铁路株式会社的业务。（关于满铁在铁路附属地内所实施的土木工程、教育、卫生事务，目前仍维持现状。）

②统一机关的首长，可由现役陆军大将或中将担任，亦可由关东军司令官兼任。

③统一机关的首长直属内阁总理大臣，有关涉外事项受外务大臣的指挥监督，有关拓殖事项受拓殖大臣的指挥监督。[①]

外务省对首长问题虽根据满洲的现状与关东军妥协，但对首长的监督指挥则强调首相、外相和拓殖相的作用，意在加强政府的统治。此外，日本外务省还主张："让奉天总领事兼任统一机构的政务部长"，"让驻南满的领事兼任统一机关的事务官，领事兼任的事务官受上级之命，掌管铁路附属地内的警务和监督南满铁路的事务。"[②]以图确保和扩大外务省对伪政权的控制权。

有田的这个方案于 6 月 16 日在外务、陆军、拓殖三省的次官会议上进行审议，但是陆军和拓殖次官提出种种异议，结果未被采纳。其后经过三省次官会议和加上大藏省在内的四省次官会议，

---

① 日本外务省东亚局第三课编：《昭和七年度"满洲国"关系诸问题摘要》，第386～412页。
② 日本外务省东亚局第三课编：《昭和七年度"满洲国"关系诸问题摘要》，第386～412页。

制定了《驻满特派总监府官制案》，其主要内容如下：

第一条　在驻满特派总监府内设置驻满特派总监。

第二条　特派总监管辖关东州，掌管南满铁路附属地的行政，统辖帝国在满领事，监督南满铁路株式会社业务。

第三条　特派总监受内阁总理大臣之监督，统理各种政务；对属外务大臣主管的事项，受外务大臣指挥和监督；对属拓殖大臣主管之事项，受拓殖大臣监督。①

这一方案加强了作为特派总监的关东军司令官的权限，但其结果是需要对外务省官制和领事馆职务规则，也作如下的修改。诸如："外务大臣对涉外事项和有关领事职务的事项，指挥和监督驻满特派总监"；"在满工作的领事要受满洲特派总监的指挥和监督；外务大臣指挥和监督在满工作的领事，须经过满洲特派总监"，等等。②倘若如此，则外务省对"满洲国"的统治权就显著削弱了，另外这个特派总监府将和日本正式并吞朝鲜以前所设置的统监府一样。这与表面上采取"独立"形式的"满洲国"的体面是不相称的。因此，外务省对上述方案表示不满。

那么，在采取"独立国"形式的殖民地，设置什么样的统一机构为好呢？日本外务省亚洲局局长谷正之提出了《临时特命全权大使案》。这是仿照1918年日本出兵西伯利亚时承认哥尔察克自卫军在鄂尔斯克建立的政权，并派遣特命全权大使的先例而提出的。全权大使由现役的陆军大将担当，兼任关东军司令官和关东厅长官；在有关涉外事项和领事职务事项上，受外务相的指挥和监督；在有关关东州的事务上，受拓殖相的指挥和监督。这种方案无论从掩盖"满洲国"的傀儡性和殖民地的本质上，还是在对付国际压力上，都是非常合适的。7月15日，外务、陆军、拓殖三省大臣原则上同意了这一方案。7月22日，有关各省的次官

---

① 马场明：《日中关系和外政机构的研究》，第252～253页。
② 马场明：《日中关系和外政机构的研究》，第253～254页。

会议又以此为基础进行了具体讨论。但是，在关于大使的随员和关东军特务部的处理问题上，陆军和外务省未能取得一致意见。外务省希望其领事兼任随员，但结果是关东军特务部的人兼任了全部的随员。7月26日，日本内阁会议通过了《在满机构统一纲要》，其中规定："关东军司令官、关东厅长官及满洲特派临时全权大使，事实上由一人担任"，"特命全权大使受外务大臣的指挥和监督，掌管外交事项，并指挥和监督帝国驻满领事"。①

在设置统一的满洲统治机关的过程中，日本外务省虽然为确保和扩大自己的权限而做了种种努力，但是统治权的大部分还是在关东军手中。然而，在粉饰殖民地傀儡政权的所谓"独立性"方面，日本外务省比军方起了更为重要的作用。

8月8日，日本军部决定任命陆军大将武藤信义担任关东军司令官，同时兼任临时特命全权大使和关东厅长官，对伪满洲国开始实施三位一体制的统治。

9月15日，日本和伪满洲国签订《日满议定书》，武藤就任临时特命全权大使，全权大使办事处设在长春，这是临时性的措施。10月30日，临时特命全权大使改为正式的特命全权大使，全权大使办事处于12月1日升格为大使馆，武藤大使于12月23日向伪满洲国执政溥仪递交了所谓的国书。该国书采取了对待共和国的形式，日木天皇称溥仪为"朕之良友"。如此设立的驻满日本大使馆，在形式上虽然与设置在独立国家的大使馆一样，但其实质是以关东军为中心，与外务、拓殖等有关各省共同统治满蒙的机构。

在设立日本驻伪满大使馆的同时，设立了五个总领事馆、十

---

① 马场明：《日中关系和外政机构的研究》，第256页。

个领事馆、十个分领事馆和一个办事处。①日本外务省的派出机关原来从属于北平公使馆，但在设立驻满大使馆之后，则被纳入关东军司令官兼驻满大使的指挥之下，变成了统治伪满洲国的机构。

对伪满的统治机构虽然以三位一体的形式而暂时统一下来，但它只是把伪满的首脑部门一体化了，下层和东京中央的指挥系统，由于其内部的权限斗争，依然是处于分散状态。然而，随着满洲殖民政策的进展，也产生了统一下层统治体制和中央指挥系统的必要性。在这个调整统一的过程中，日本外务省与关东军虽然协同合作，但在统治权方面仍然不断发生争执。

这个问题到 1934 年下半年成了必须解决的紧要问题。因为这个时期伪满的殖民统治已大体上纳入了轨道，需要对其统治支配体制进行重新调整，以适应殖民统治的现状。当时驻满大使馆的参赞谷正之于 7 月中旬向重光葵外务次长提出建议，希望将关东厅长官在关东州外行使的权限（通信事务除外）移交给驻满大使，以缩小关东厅而扩大驻满大使馆的权限。关东军也赞成这个意见，并向军部提出了与之大同小异的方案。这两个方案是想在关东州设立知事，将在满的三位一体制，改为关东军司令官和驻满大使的二位一体制。这是随着满洲殖民政策的进展，满洲地区已经和关东州及满铁附属地一样，变成了完全的殖民地。与此同时，这两个方案的提出，还意味着这个时期的关东军与日本外务省，在伪满推行殖民统治的方式已大体趋于一致了。

然而，当时日本军部为了进一步加强关东军的统治体制，拟定了《驻满全权府官制》，要在伪满设置统监府或督统府式的机构，企图将包括关东州在内的满洲所有的军事、外交、经济和行政权都纳入军部手中。这是日本军部想把外务、拓殖两省完全排斥在

---

① 总领事馆设在哈尔滨、新京（长春）、吉林、奉天、间岛。领事馆设在满洲里、海拉尔、齐齐哈尔、郑家屯、安东、营口、锦州、赤峰、承德、绥芬河。分领事馆设在敦化、浑春、百草沟、延吉、头道沟、图门、掏鹿、海龙、新民府，办事处设在黑河。

外，确立名副其实的军事殖民统治体制。事实上，日本外务省在完全变成日本殖民地的朝鲜和我国台湾地区，是没有任何统治权限的，那里也不需要外务省发挥什么作用。这是随着殖民体制的完备而产生的必然结果。

日本外务省为了对付陆军当局的这个方针，派东亚局局长桑田主计、条约局局长栗山茂等前往满洲，视察当地的情况，并召开驻满领事会议进行磋商。日本外务省在伪满对外问题上的重要作用是争取列强对"满洲国"的承认，也即争取列强对日本侵略满洲的承认，谋求将伪满作为日本殖民地而存在的"合法性"。为此，日本外务省想避开对伪满实行的赤裸裸的殖民统治，以掩盖伪满的傀儡性，进而证明其所谓的"独立性"。外务省的这个主张意在一举两得，既可提高外务省在伪满的统治地位，同时又可扩大其权限。日本外务省鉴于关东军事实上的统治满洲的现状，于8月17日制定了《暂行调整方案》。其要点如下：①

①内阁新设在满产业监督局，接管拓殖省有关监督满铁和满洲电信电话公司业务。

②为将现在的三位一体制改为二位一体制，将关东厅权限局限在关东州内；将关东厅对南满铁路附属地的权限移交给管辖该地的帝国领事馆，对满铁和满洲电信电话公司的权限移交给驻满大使。

③驻满特命全权大使受外务大臣的指挥和监督，但其对满铁及满洲电信电话公司的业务监督，受内阁总理大臣的指挥和监督。

④设关东州知事。

关东州知事受拓殖大臣的指挥和监督，但在涉外事务上，受外务大臣的指挥和监督。

⑤根据日满间的条约，在新京常设日满经济共同委员会。

---

① 见日本外务省：《关于调整与"满洲国"有关的帝国机关方案》其二，《暂行调整方案》。

这个方案的特征，有如②和③项中所说的那样，首先是要扩大驻满大使馆的权限，其次是要采取外务大臣指挥和监督驻满大使的体制。这是符合上述外务省的目的的。但拓殖省尖锐地讽刺外务省的这个方案是"挂羊头卖狗肉，改革的宗旨和内容是相反的"。

专门管辖殖民地的拓殖省，在指责外务省方案的同时，也反对陆军方面的方案，以确保拓殖省对满洲的统治权限。事实上拓殖省将满洲作为殖民地这一点和军部是一致的，但双方在统治权力方面的争夺是激烈的，从而形成了矛盾和对立。

在陆军、外务、拓殖三省方案鼎立的情况下，冈田内阁在官制等形式上采纳了外务省方案，在内容和事实上充分采纳了陆军方案之后，拟定了政府方案。并经过与各省的协调和谅解，于9月14日在内阁会议上通过了《关于调整对满有关机构的文件》。其主要宗旨如下：

①在内阁中新设特别机构对满事务局，接管大部分拓殖省管辖的对满事项。对满事务局特设总裁。

②将现今在满机关的三位一体制改为关东军司令官和驻满特命全权大使的二位一体制。

③在关东州设知事。

④为使南满铁路株式会社和南满电信电话株式会社的业务监督和关东州知事的其他监督，以及对铁路附属地行使的行政权限归于驻满特命全权大使，在大使馆内设一事务局，其权限受内阁总理大臣的监督。

⑤根据条约在新京（长春）常设日满经济会议。①

此外，这个文件中还规定，通过天皇命令的形式，确认"驻满全权大使及其属下的外交官依如现制"，在驻满大使馆内设置行

---

① 马场明：《日中关系和外政机构的研究》，第285～286页。

政事务局，大使馆的参事官除了专任外，可由任事务局长者兼任之，关东军参谋长可兼任事务局长等等。日本陆军方面试想让关东军参谋长兼任驻满大使馆的参事官，以期实际控制外交系统，但因外务省的反对而没有实现。在关于参事官与行政事务局长的问题上，总理大臣、外务大臣和陆军大臣在同日的内阁会议上，达成了如下的谅解：

①由行政事务局长兼任大使馆参事官时，有关涉外事项和监督领事职务事项，应由专职的大使馆参赞主管，对外仪式也应以专职的大使馆参事官为主。

②对行政事务局长之任命，应事先由内阁总理大臣和外务大臣磋商。①

同月26日日本敕命公布了《对满事务局官制》，其总裁由陆军大臣担任。同日还公布了《关东局官制》，在驻满大使馆内设关东局。关东局掌管关东州的行政事务，管理南满铁路附属地的行政，监督满铁和满洲电信电话株式会社的业务。这是把关东州和"满洲国"划属于一个机构的行政调整，实际上"满洲国"已转化成与关东州一样的完全殖民地。所以也可以说是满洲的关东州化。这是随着伪满洲国的殖民地化而产生的必然结果。

通过这次对伪满洲国统治体制的调整，扩大和加强了军事当局的权限，关东军掌握了满洲的统治权，日本外务省未能达到扩大权限的目的。但外务省还是派其代表担任驻满大使馆的专职参事官，对统治伪满洲国保持了一定的地位和权限，并在形式上为保持伪满洲国的所谓"独立"，排斥了军方的驻满全权府、统监府、都督府等统治形式，继续保持了驻满大使馆的形式。这不能不说是外务省的"功绩"。当时陆军方面虽然主张统监府的官制，但对"如何伪装保持独立国的面目"很伤脑筋，而外务省恰恰解决了这

---

① 马场明：《日中关系和外政机构的研究》，第287页。

个问题。

　　随着对伪满洲国殖民化政策的进展,其统治体制也日益完善,日本外务省参与其统治的必要性逐渐减少。驻满大使馆虽作为统治满洲的最高机构依然存在,但驻满领事馆已失去其存在的意义,日本外务省便自主地采取了关闭措施。1939 年 1 月 12 日,外务省以情报部长谈话的形式,将在执行满蒙政策上曾起过重要作用的奉天、吉林等 19 个领事馆关闭。至 1941 年只剩下新京、哈尔滨总领事馆和在牡丹江、黑河、满洲里的领事馆。至此,总领事馆、领事馆与其说是统治满洲的机关,莫如说是处理对苏关系的机构了。

　　1934 年调整过的对伪满的统治机构和体制,在太平洋战争爆发、大东亚省成立之后,发生了新的变化。由于太平洋战争的爆发,日本占领了东南亚和西太平洋的广大地区,确立了所谓大东亚共荣圈。为加强对这些地区的统治,1942 年 11 月 1 日设立了大东亚省。该省设立后,撤销了拓殖省和对满事务局,在大东亚省内设满洲事务局,由它统治伪满洲国。

　　新设的满洲事务局管理下列事务:

　　①有关关东局之事项。

　　②有关"满洲国"的外政事项。

　　③有关对在满洲的以经营事业为目的、根据法令所设立的法人业务进行监督的事项。

　　④有关对满洲移民和满洲拓殖事业的事项。

　　⑤有关对满文化事业的事项。

　　⑥其他有关关东州和满洲国事项。[①]

　　以往标榜为独立国家的"满洲国"这时已全然成了日本殖民帝国的一个组成部分。这样,除纯"外交"之外,大东亚省的满

[①] 马场明:《日中关系和外政机构的研究》,第 435 页。

洲事务局指挥和管理"满洲国"的一切，外务省则只管理所谓的纯"外交"了。所谓的纯"外交"是为了粉饰"满洲国"的"独立性"而进行的外交礼仪或缔结条约的手续等，这仅是一种形式，与对伪满的直接统治无关。

在大东亚省的成立过程中，日本外务省和东乡外相谋求以日本外务省的东亚局为中心，支配、管理"大东亚共荣圈"内的占领地、殖民地，扩大外务省的权限，结果失败。东乡不得不于9月1日辞职。东条英机公然声称："大东亚共荣圈内无外交。"这露骨地表明了包括"满洲国"在内，整个所谓的"大东亚共荣圈"都是日本的殖民地，因此当然没有外交可言。日本外务省在殖民统治机构问题上，企图多少掩盖一下殖民地的傀儡性，这当然是不会如愿以偿的。

大东亚省成立后，在满大使馆成了大东亚省所管辖的派出官厅。外交省被排出对伪满的直接统治之外。这是伪满洲国殖民地化达到顶点的必然结果。对此，当时的重庆广播评论说："以往在我东北地方即在满洲国及沦陷地区，是由速成的傀儡政府统治，今后则正式成了日本的殖民地，变成由日本政府直接统治的地区了。"①

三、傀儡外交与日本外务省

殖民地国家因其主权已被宗主国剥夺，不可能有独立的外交。然而伪满洲国虽是日本的殖民地，却又采取了所谓"独立国家"的形式。伪满国务院设置了外交部，开展所谓"外交"活动，以图向世界表明其"独立性"。结果却适得其反，更加暴露了它的傀儡性。

---

① 马场明：《日中关系和外政机构的研究》，第441页。

　　关东军在伪满政权建立的初期就认为"满洲国"的"外交，虽然形式上……设立外交部，但其全部最高职员应录用日本人，应在军部秘密指令下行动。"①当时，谢介石被任命为外交部长，但任命的次长却是与关东军密切合作的驻哈尔滨总领事大桥忠一，并着其兼任伪外交部的总务长。大桥虽只是次长，但一手把持该部，控制伪满的所谓外交。这足可以从一个侧面证明"满洲国"的傀儡性。

　　日本在伪满设置大使馆，伪满在东京设置公使馆（1935 年 6 月升格为大使馆——笔者注）。伪满公使为丁士源，但参赞为原武兵卫，并由他掌握着公使馆的实权。

　　伪满洲国在苏联的赤塔和布拉戈维申斯克也设有领事馆，但其副领事都为日本人。伪满洲国对外访问团的副团长也都是日本人。1938 年 7 月，伪满洲国派遣了"访欧友好使节团"，其团长是"满洲国"经济部大臣韩云阶，副团长是甘粕正彦和大连海关关长福本顺三郎。该团 7 月 15 日从长春出发，先到日本接受日本外务省等有关指示，时间长达 20 余天。12 月 21 日从欧洲回到长崎，又在日本逗留一个月，向日本外务省等作访欧汇报。伪满洲国的这种"外交活动"本身就暴露了它的傀儡性。

　　日本外务省以所谓尊重"满洲国"的完全"独立"和"领土、主权的完整"为名，于 1934 年至 1937 年间撤销了在伪满的治外法权，移交了满铁附属地的行政权。在殖民地内，展开这样的"外交"，实际上是一场闹剧。

　　治外法权是日本和列强在半殖民地中国所强取的特权。这种治外权的存在象征着中国的半殖民地性。在完全的殖民地，由于在法律上确立了宗主国的统治，因而其自然地拥有了这种法权，无须再在法律上特别规定治外法权了。因此，随着日本对伪满洲

---

① 《日本外务省档案（1868～1945）》，S563 卷，S1620-2，第 571～572 页。

国殖民地化政策的进展，整个满洲已被置于日本的"法定"统治之下，以前的治外法权反而妨碍了完全殖民地化政策的实施，因而撤销日本在伪满的治外法权，也便成了殖民地化政策进展的必然结果。

1934年7月，伪满洲国组成撤销治外法权筹备委员会；1935年2月，日本外务省也设立了调查审议这一问题的委员会，并于同年8月公布了撤销治外法权和逐渐撤销满铁附属地行政权的方针。这和1934年7月冈田内阁成立后，日本将对"满洲国"的统治体制从三位一体改为二位一体是同时并进的。这意味着随着日本对伪满殖民地化政策的进展，"满洲国"和关东州、满铁附属地一样，完全变成了日本的殖民地。

日本在所谓撤销对伪满洲国的治外法权的过程中，首先要缔结规定日本人在满洲的法律、经济和政治特权的条约。为此，日本外务省在1936年6月10日，与伪满政权缔结了《日本国臣民在满洲国居住及有关满洲国课税等问题的日满条约》，从而在法律上获得了"日本国臣民在满洲国领域内有自由居住往来，从事农业、工商业和其他公私各种业务及职务，以及享有有关土地的一切权利"[①]。过去日本人仅在关东州和南满铁路附属地内拥有这种权利，而这个条约则在法律上将其扩大到整个满洲地区。

1937年11月5日，日本与伪政权又缔结了《有关撤销在满洲国的治外法权和移交南满铁路附属地行政权的日满条约》，同时还缔结了有关司法管辖、南满铁路附属地行政、警察和其他行政、神社、教育及有关兵役行政、设施和交接职员等方面的具体的附属协定。上述条约的第一条规定："根据本条约附属协定的规定，日本国政府撤销现日本国在满洲所享有的治外法权。"并规定："日本国臣民应服从满洲国的警察和其他行政。"[②]这好像是日本确实

---

① 日本外务省编：《日本外交年表及主要文书》，下卷，第341页。
② 《日本外务省档案（1868～1945）》，WT44卷，IMT181，第3～14页。

放弃了在伪满的治外法权，但实际上伪满的司法权、警察权仍旧掌握在日本人手里。如司法部次长是日本司法省出身的吉田正武，司法部刑事司长是日本司法省出身的前野茂，治安部次长是日本内务省出身的薄田美朝，警务司长是涩谷三郎，其下属的司法、警察机关也都是日本人掌握着实权。另外，法律也是日本人制定的殖民地法律。所以住在满洲的日本人与其说是服从伪满洲国的司法裁判和警察管辖，不如说是这里的中国人必须服从日本的裁判和警察管辖。这说明"满洲国"的完全殖民地化已被"法律化"了。因此，治外法权的继续存在，不仅在扩大日本的殖民权益上不起作用，而且妨碍了日本的权益。1936年6月3日，日本枢密院在审议《日本国臣民在满洲国居住及有关满洲国课税等问题的日满条约》时，荒井谈道："帝国现在满洲国条约上所享有的治外法权，随着我国对满国策的进展……逐渐失去了它的重要性……为使在满洲国的帝国臣民确有全面发展之可能，进而永远巩固两国的特殊关系，莫如见机予以撤销为宜。"[①]这所谓的"全面发展"，是指伪满洲国的全面殖民地化。

　　日本撤销治外法权也是企图限制和排除其他列强在满洲的殖民特权。伪满洲国成立后，为求得列强的承认，日本对尚未承认伪满政权的列强，也曾承认其驻满领事馆及治外法权。[②]这对粉饰伪满洲国的"独立性"是有利的，但对日本在满洲确立殖民体制、扩大权益却是一种障碍。在半殖民地的情况下，列强可以在一个国家或一个地区内并存，然而在殖民地情况下，则只有一个宗主国。因此，6月3日日本枢密院审议上述条约时，荒井说："英

---

　　① 《日本外务省档案（1868～1945）》，WT30卷，IMT181，第13～14页。
　　② 1934年1月在伪满洲国设置的外国总领事馆和领事馆为：奉天：美、英、苏总领事馆，德、法领事馆；哈尔滨：美、英、苏总领事馆，法、德、意、波、捷、葡、丹麦、荷兰领事馆；齐齐哈尔：苏领事馆；满洲里：苏领事馆；营口：英、挪威领事馆；绥芬河：苏领事馆；黑河：苏领事馆；大连：英、美、德、苏领事馆；其他有领事资格的爱沙尼亚、拉托维亚、立陶宛代表驻哈尔滨，芬兰、荷兰、瑞典、法国、比利时的名誉领事驻在大连。

美和其他各国现今在满洲国事实上保持着与治外法权相同的地位，这对该国的健康发展是明显的障碍。因此帝国有必要率先撤销治外法权，使上述各国按照这一事实，放弃事实上享有治外法权的地位。"[①]11 月 5 日在缔结上述条约的同时，伪外交部外务局长就日本以外享有治外法权的国家的待遇问题发表声明，声称："与日本国间缔结了有关最终撤销治外法权的条约，其结果日本臣民得服从我国一切法令的限制。因此帝国政府在实施上述条约的同时，对上述的一部分外国人亦废除现在恩许的治外法权待遇"[②]，并以 12 月 1 日为期予以施行。

日本对列强采取这种强硬的措施与中日战争有直接关系。日本通过中日战争占领了华北，将满洲与华北先后置于其统治之下，接着又将战局扩大到上海、杭州、南京。这种情况加深了日本与列强的矛盾和对立。因此，在此时期日本采取了限制列强在满洲的殖民特权的措施。

日本外务省在国联争取列强承认伪满洲国的活动失败后，仍然继续这种活动。但这与其说是争取列强承认"满洲国"的所谓"独立性"，莫如说是争取列强对日本在满洲的殖民统治的承认。

伪满政权成立后，萨尔瓦多于 1933 年 3 月 3 日首先承认了这个"满洲国"。萨尔瓦多是在国联会议上没有对关于九一八事变和"满洲国"的最终报告书投票的国家，其为何率先承认伪满政权，至今还是一个没有弄清的问题。

其次是罗马教廷。罗马教廷主要是由于传教的原因承认了"满洲国"。其红衣大主教弗·维奥蒂和教皇卡·沙罗蒂，于 1934 年 2 月 25 日向驻吉林的主教卡斯佩颁发的委任状中言称："对吉林兼新京主教卡斯佩特授予临时代理权，让该主教代表本教会在满洲国境内各教区，与满洲国政府关于天主教会诸问题进行交

---

① 《日本外务省档案（1868～1945）》，WT30 卷，IMT181，第 14 页。
② "满洲国政府"编：《满洲建国十年史》，原书房 1969 年版，第 90 页。

涉。"①卡斯佩与伪外交部交涉的结果是罗马教廷于 4 月 13 日承认了伪满洲国。

　　日本为侵略满蒙和成立伪满洲国而退出了国联，在国际上陷入了孤立。到 1936 年以后，以争取承认"满洲国"为桥梁，与法西斯国家结成了新的同盟关系。伪满洲国也通过参加法西斯阵营而获得了法西斯国家的承认。这是日本法西斯外交的副产品。

　　这里先探讨一下日本与德国的关系。日本和德国自甲午战争以来，因为辽东半岛与山东等问题而处于相互对立的状态。然而时至 20 世纪 30 年代，由于凡尔赛—华盛顿体制的破裂，在新的力量关系的基础上，日本与德国又以"满洲国"问题为桥梁而相互开始接近。1933 年 10 月 18 日，即德国退出国联的前一周，希特勒指示驻日大使迪克森说："如果日本为了改善日德关系而要求承认满洲国的话，以解决某些经济问题为前提，不妨予以承认。"其后在日本外务省的斡旋下建立了德满经济关系。1934 年 3 月，德国政府的通商代表海埃来"满"，讨论了用满洲的大豆交换德国飞机问题。12 月以基普为团长的德国经济调查团来"满"，1936 年 4 月 30 日签订了《满德贸易协定》（有效期延长至 1937 年）。1939 年 9 月又缔结了《满德有关贸易和支付协定》。其中规定：德国从满洲进口 1 亿日元物资，"其中四分之三即 7500 万日元用外汇支付，其余的四分之一即 2500 万日元用德国马克支付，上述德国马克汇入'满洲国政府'所指定银行的特别账户，用以支付'满洲国'进口的德国产品。"②然而，其中的 3／4 也即 7500 万日元的外汇为什么没有明确记载呢？原来是为了调整日德贸易的失衡，这笔外汇汇入了日本指定的银行，由日本使用了。这明确地表示出"满洲国"的对德贸易是傀儡性的殖民地贸易。

　　由于这种贸易关系以及德国对莱茵地区、日本对满蒙和华北

---

① 《日本外务省档案（1868～1945）》，WT58 卷，IMT449，第 165～166 页。
② 《日本外务省档案（1868～1945）》，WT58 卷，IMT449，第 19 页。

地区侵略的行动，双方愈发接近。1936 年 11 月 25 日，日德两国缔结了防共协定，两国关系更加密切了。因此，1938 年 2 月，德国禁止向中国出口武器，撤回了派遣到中国的军事顾问团，以支持日本侵略中国。与此同时，希特勒在 2 月 20 日的国会上表示要承认伪满洲国，并于 5 月 12 日在柏林缔结了《满洲国和德意志共和国友好条约》，其中决定"满洲国政府和德国政府，在两国间立即开始建立外交及领事关系"[①]。1939 年 3 月 24 日又缔结了友好条约的追加条约，对在满德国人的通商活动，追加了"原则上给予同最惠国国民一样的待遇"[②]。这里没有称德国是最惠国，即没有给予德国和日本完全一样的待遇。这说明在日本的殖民地内，德国不可能得到与日本同样的待遇。满洲只是日本的殖民地。

伪满洲国与意大利也通过防共协定建立了相互关系。1935 年 12 月意大利侵略埃塞俄比亚，翌年 5 月将其吞并。这是意大利在欧洲打破凡尔赛体制的第一步。同年 7 月西班牙的佛朗哥发动叛乱，向人民战线进攻时，意大利和德国都予以支援。由于这种协作行动，德、意两国于同年 10 月结成了"柏林—罗马轴心"的同盟关系。1936 年 11 月日本和德国缔结防共协定时，意大利外相齐亚诺对日本驻意大使杉村阳太郎建议：日、意间也应缔结同样的协定。作为缔结这种协定的桥梁，意大利于同年 12 月又重新启用一度封闭的奉天总领事馆，并表示了承认"满洲国"的态度。这时，日本也在埃塞俄比亚设立总领事馆，表示承认意大利吞并埃塞俄比亚。然而日本外务省并没有立即与意大利缔结协定。这是由于当时意大利的对外侵略，激化了意、英在地中海的矛盾，日本外务省考虑到缔结日意同盟必然会影响日英关系。但卢沟桥事变爆发后，意大利支持日本侵略中国，禁止向南京政府出口武器。墨索里尼说："为了支援日本军队，必要时意大利派遣兵力也

---

① 《日本外务省档案（1868～1945）》，WT58 卷，IMT449，第 11～12 页。
② 《日本外务省档案（1868～1945）》，WT58 卷，IMT449，第 19 页。

在所不辞。"①此外，意大利在布鲁塞尔召开的《九国公约》会议上，也支持日本侵略中国。受到意大利如此支持的日本，于1937年10月20日表示同意意大利参加防共协定。同年11月6日，意大利正式签字参加日德防共协定。由于这种法西斯阵营的形成，意大利于11月29日正式承认"满洲国"，次日奉天总领事馆升格为大使馆。

1938年7月5日，伪满洲国与意大利缔结《通商航海条约》，在满洲的通商等方面，原则上给予意大利人与最惠国国民同样的待遇。与此同时还缔结了"以满洲国和日本国为一方，以意大利国为另一方，为规定有关贸易和支付手段的满、日、意政府协定"。这个贸易协定也和满德贸易协定一样，证明了"满洲国"的傀儡性。1938年5月10日在日本枢密院审议这个协定时，原嘉道解释说："帝国政府鉴于在以往的日意贸易中，我方略有出超，而此次事变爆发以来，由于我方购入军火而转为大量入超，因而认为通过签订这种协定，将有利于均衡地扩大今后日满两国与意国的贸易。"②这实际上是自己表明了这种贸易的目的。这样的贸易协定是由于殖民地的满洲采取了"独立国家"的形式的特异性而产生的，在国际法上并无先例。因而当枢密院审议时，金子提出质问说："此条约的一方是意大利国，另一方是日满两国，这样的条约在国际上有先例吗？"对此，宇垣外相只好回答说："似乎有此先例，但现在记不清了。"③

如上所述，伪满洲国通过日本外务省的斡旋，与德、意密切了政治、经济关系。由于这两国的支持和承认，1939年2月24日伪满洲国参加了防共协定，借此又得到了其他参加防共协定的法西斯国家的承认。据统计，到1941年有17个国家承认"满洲国"，

---

① 鹿岛守之助：《鹿岛守之助外交论文选集》，第9卷，鹿岛研究所出版会1970年版，第211页。

②《日本外务省档案（1868～1945）》，WT30卷，IMT183-2，第3～4页。

③《日本外务省档案（1868～1945）》，WT30卷，IMT183-2，第16～17页。

其中参加防共协定的，有西班牙、匈牙利、保加利亚、丹麦、罗马尼亚、芬兰、克罗地亚、斯洛伐克等国，还有在二三十年代由法西斯势力掌握政权的立陶宛、波兰等国。日本在中日战争中建立的汪兆铭政权和太平洋战争中在东南亚建立的缅甸、泰国等伪政权也承认了"满洲国"。这种承认是傀儡国间的相互承认。

未承认伪满洲国的英、美各国，一面暂时维持在满的领事馆，一面探索与满洲保持经济贸易关系的可能性。1934 年 10 月英国派出以前产业联合会会长巴奈（Barnney）为首的英国产业视察团到达满洲，"视察有充分扩大市场希望的满洲国，并探索建立通商关系的可能性"[①]。英国的部分报纸也从经济目的出发，表示希望承认伪满洲国。

法国于1934 年3 月派出海外投资团体——法兰西经济发展协会的代表德·索威，经日本外务省同意后，在满洲设立了日法对满事业公司（资本 10 万日元），对伪满进行投资。

美国在 1934 年 10 月派以《华盛顿新闻报》主编罗维尔·麦列特为团长的由 26 名记者组成的记者团来满洲，该记者团作为伪满成立以来抵达的最大的外国记者团，曾受到世界的注目。《纽约时报》等报纸强调："美国不能永远不承认满洲国。"

1934 年比利时也派遣该国最大银行的董事倍伦·黑恩来满洲，探讨对伪满投资问题。

日本外务省允许上述各国在伪满活动，是想利用满蒙的资源和市场，获得列强对日本侵略满蒙和伪满殖民地现实的承认。因此，在不能获得承认时，日本便开始限制列强的活动，列强也开始逐次关闭在满领事馆，并从满洲撤兵。

综上所述，日本承认伪满洲国，确立殖民统治体制，日本外

---

① 满洲日报社编：《满日年鉴》1935 年，第 115 页。

务省在伪满洲国傀儡外交中的一贯政策，正如拓殖省对日本外务省所讽刺的那样，是"挂羊头卖狗肉"，是表里矛盾的两面性政策。这种两面性政策，是由"满洲国"的实质是殖民地傀儡，表面是所谓"独立国家"的两面性所造成的。因此，日本外务省的这种两面性政策，反过来更加证明了伪满的傀儡性。

　　日本外务省在执行对伪满殖民政策的过程中，作为担当对外问题的一个省，发挥了关东军和军事当局所起不到的特殊作用。然而，随着对满殖民地化政策的进展，外务省的作用逐渐缩小。最后由于大东亚省的设立，日本外务省几乎完全被排斥在对伪满的统治之外了。这可以说：日本对满殖民地化的程度与日本外务省在伪满的统治地位是成反比例的。这种反比例关系的实质在于：随着日本对满殖民地化政策的进展，"满洲国"的傀儡本质逐渐暴露，它的表面的"独立"形式反而妨碍了日本在满的殖民地政策，所以日本也就逐渐地失去了粉饰伪满所谓"独立性"的必要，以致充当粉饰这种"独立性"的日本外务省，在完成这种任务之后，便逐渐被排斥在对满洲的统治之外。这种情况随着太平洋战争的爆发，特别是由于1942年庆祝伪满"建国"十周年以及大东亚省的成立而更加明显了。

第十章　战争与伪满问题

用战争手段建立的伪满洲国，同样需要通过战争来维持。九一八事变后，伪满问题一直持续到而后的中日战争和太平洋战争，最后以日本在战争中败北、将"满洲国"归还中国而告解决。

战争与伪满洲国问题，牵涉到政治、经济、外交等各方面的关系，本章拟重点阐述伪满问题与日本战时外交的关系。

日本战时外交中的伪满问题，首先是争取国际对伪满洲国的承认；其次是利用伪满洲国开展对华、对美、对苏外交。在此过程中，争取国际对伪满洲国承认的具体方针以及伪满洲国在日本战时外交中的地位，是随着国际形势与战局的变化而变化的。同样，美国在对日、对苏外交中，也利用了伪满问题。因此，九一八事变后的伪满问题，在日本的战时外交和国际关系中，便显得更加复杂化了。

一、中日战争与伪满问题

九一八事变后期，伪满问题的焦点是如何获得国际承认。日本的如意算盘是，首先由自己将"满洲国"作为独立国家予以承认，然后争得国际尤其是欧美列强的承认，最后迫使中国政府就范。但是这一阴谋受挫，日本旋即退出国联，在国际上空前孤立。

　　为摆脱窘境，日本在进一步加强对满洲的殖民统治的同时，又幻想先诱使中国承认，再压迫欧美列强承认"满洲国"。这是因为日本清楚地意识到，满洲本来是中国的一部分，中国不率先承认，就很难让列强承认。

　　日本外务省和军部诱迫中国承认伪满洲国的过程大体可分为三个阶段。

　　第一阶段是从 1933 年 9 月至 1935 年春。其时外务省试图先改善不断恶化的中日关系，以诱使中国对伪满的承认。1933 年 9 月，广田弘毅就任外相后，与次长重光葵一起，开始推行这一方针。10 月 3 日，广田在五大臣会议上亮出这一方针，结果会议决定："为使满洲国得到健全发展，须控制该国经济并使其与我国经济相协调，在帝国的指导下，实现日满华三国合作。"①就这种调整对华关系的方针，重光葵在回忆录中曾有如下记述：

　　"在对华问题上，日本坚持援助中国政府，用事实表明是中国人的朋友。同时，满洲将按既定方针建立满洲国。如其能向中国展示国家建设的楷模，则'满洲国问题'不仅可在与中国之间解决，亦会创造机会使业已发生的与国联及列强间的纠纷逐渐消除。"②

　　显然，日本政府的企图是，首先调整与中国的关系，进而改善与列强的关系，并迫使其承认"满洲国"。为贯彻这一方针，日本外务省具体制定了如下三项政策：

　　"第一，满洲国的建设按既定方针进行，但不要求中国立即承认，此问题的解决尚需时间。第二，尽可能开展日华间经济合作，推行日华融洽合作方针。第三，极力排除可能助长日华纠纷的第三国或第三种势力的介入，即以反共政策来对抗欲使满洲国与中国本土关系混乱的共产党势力，并采取外交手段，防止第三国或

---

① 日本外务省编：《日本外交年表及主要文书》，下卷，第 275 页。
② 重光葵：《外交回忆录》，第 149～150 页。

第三国人为对抗日本而向中国提供武器或经济援助。"

1934 年 10 月，日本将伪满统治机构由三位一体调整为二位一体，是为了落实上述第一项政策。1935 年将中日两国的公使馆升格为大使馆，则是贯彻第二项政策的行动。1934 年 4 月天羽情报部长的声明，表明第三项政策开始付诸实施。

这个时期，关东军也与外务省的上述方针相协调，与华北政务整理委员会进行谈判。其结果是，1934 年 7 月开通了北平—奉天间的列车；12 月开设海关；1935 年两地开始通邮，关系曾暂时保持平稳状态。然而 1935 年夏天关东军侵入华北，缔结了《梅津、何应钦协定》和《土肥原、秦德纯协定》，扩大了对华北的侵略。

在这种形势下，从 1935 年夏天开始，承认伪满问题进入了第二个阶段。日本外务省利用日军入侵华北的有利时机，提出了以默认或承认伪满作为"改善"中日关系前提的问题。当时，经过 9 月 27 日、28 日的四大臣会议，广田于 10 月 4 日发表了对华三原则。这三原则实际上是与日军侵略华北相适应的外交政策。其中的第三项言称："虽然最后必须使中国正式承认满洲国，但在目前不仅要使中国在事实上默认满洲国的独立，停止反满政策，而且要使中国至少与满洲接壤的北部，与满洲国之间进行经济和文化上的融通与合作。"[1]他强调说："为了彻底调整日满华三国关系，中国首先要承认满洲国的存在，并与之建立邦交，如果不进一步协调双方的利害关系，则是不能根本解决的。"[2]这说明日本外务省已从"与中国先改善关系，然后迫使其承认伪满政权"的方针，转变为"先承认后改善"的方针。这种方针的转变，是伴随着日本军事当局分离华北工作进行的。

广田为了贯彻这种方针，10 月 7 日对中国驻日大使蒋作宾说："为调整日满华三国关系，中方最好现在就断然承认满洲国。若中

---

① 广田弘毅传记刊行会编：《广田弘毅》，中央公论社 1966 年版，第 159 页。
② 广田弘毅传记刊行会编：《广田弘毅》，第 162 页。

国因对内和其他关系上正式承认还有困难，当前就不要漠视满洲国独立的这个既成事实，在事实上予以默认。"①对此，南京政府答复说："今后中华民国虽不能与满洲进行政府间的谈判，但对该地区的现状绝不以非和平的方法惹起事端，并采取措施保持关内外人民的经济联系。"②也就是说，原则上虽不承认伪满，但在经济上采取部分妥协的态度。因为当时南京政府正面临着其管辖区内日益加深的经济危机，又正在专心推行"围剿"中共工农红军的"攘外必先安内"的政策。

日本军部对外务省企图利用日军侵入华北之机，使南京政府默认伪满的设想，也表示同意和支持。陆军参谋本部第二部于1936年2月6日起草的与南京政府的谈判方案中记载："大体上按照外务省方案（守岛个人方案）诱导南京方面，至少使蒋政权……承认既成的事实（包括承认满洲国在内）。"③然而，这种设想由于日本扩大在华北的侵略而没有达到目的。重光葵将这一责任完全归咎于军部，他在回忆录中言称："最初欲收拾九一八事变的一大政策，由于军部的华北工作而被破坏了。"④但这并不是事实。日本外务省对关东军入侵华北，曾给予外交上的支持。1935年11月20日，驻南京的日本大使有吉明与蒋介石就广田三原则进行会谈时，对关东军侵略华北的政策加以辩解。他说："所谓的'自治运动'乃是因为中央（指南京政府——笔者注）对华北的特殊情况以及迄今为止的历史缺乏充分认识，而对按照现有的协定来解决各种案件，采取拖延政策所致。中央万一施加压力或以武力弹压，则将招致事变纠纷、破坏治安，进而对与该地拥有密切关系的日本和满洲国产生重大的影响。特别是负责保全满洲国的

---

① 日本外务省编：《日本外交年表及主要文书》，下卷，第304页。
② 日本外务省编：《日美谈判资料》，第1部，原书房1978年版，第307页。
③ 日本外务省编：《日美谈判资料》，第1部，第337～338页。
④ 重光葵：《外交回忆录》，第161页。

关东军，不会予以默认。对此不能不提醒贵方予以特别注意。"①
后来，有田八郎和川樾茂大使也和蒋介石连续会谈，以期解决华
北和伪满问题，并企图利用华北的新形势来结束伪满问题。但是，
都没有达到目的。

九一八事变是十五年战争的开端。日本关东军从九一八事变
时起就有扩大其所占版图的企图，在建立伪满政权时曾这样考虑
过："若将国号冠以'满蒙'二字，将来倘有满蒙以外之地纳入其
版图则不大合适，因此眼下还是让中国学者研究适当的国号。"②
这说明了九一八事变与中日战争的相互关系。承认伪满问题与中
日战争是联系在一起的。

这样，承认伪满问题便在中日战争爆发时进入了第三阶段。
日本外务省和军部曾企图利用事变初期的军事优势，首先解决
满洲和华北问题。事变初期，日本外务省与陆军省、海军省在所
谓不扩大和日华停战的招牌下，共同制定了《全面调整日华国交
方案纲要》，1937 年 8 月 8 日向驻南京的川樾茂大使传达了它的
内容。同时在外务省东亚局局长石射猪太郎的斡旋下，日本驻华
同业会的理事长船津辰一郎来中国，对南京政府进行所谓和平诱
降工作。在这种活动中，日本外务省和军部首先要求南京政府，
"秘密约定中国今后不把满洲国作为问题"③。这就是说，企图让
南京政府私下承认伪满政权的存在。

当时，日本军部也企图借中日战争爆发之际，解决伪满的承
认问题。参谋本部第一部部长石原莞尔主张，将南京政府承认伪
满作为解决中日战争的两个条件之一。④石原的这种主张明确地
表现在 1937 年 9 月 13 日由参谋次长起草的《指导战争（有关作

---

① 日本外务省编：《日本外交年表及主要文书》，下卷，第 310 页。
② 《日本外务省档案（1868～1945）》S563 卷，S1620-2，第 589 页。
③ 日本防卫厅防卫研究所战史室编：《战史丛书·中国事变陆军作战（1）》，朝日新闻社 1975 年版，第 249 页。
④ 日本防卫厅防卫研究所战史室编：《战史丛书·中国事变陆军作战（1）》，第 223 页。

战及军需事项除外）纲要草案》中。纲要草案提出，"要理解这次
事变是结束九一八事变的真正含义，承认满洲国是根本。"中日所
谓媾和的条件之一就是"中方承认满洲国"。①

　　其后，中日战争日益扩大，战局扩大到长江和华中地区。随
着战局的扩大，日本外务省东亚局与海军省军务课协商，共同制
定了《处理中国事变纲要》及其《具体方案》，1937 年 10 月 1 日
得到首相和陆、海军大臣的裁决。该纲要中值得注目的便是要求
"中国正式承认满洲国"②。这说明随着军事行动的扩大，承认"满
洲国"问题也从"隐秘"升级为"公开"的问题。这样，在日方
以后的所谓处理中日战争的各种纲要中，承认伪满问题便成了日
本对华政治、外交的第一条。

　　中国人民和南京政府，拒绝了日方包括承认"满洲国"在内
的各项要求，并开始抗日战争。1937 年 12 月 13 日日军攻陷南京，
企图以军事压力来达到目的。为此，日本外务省和陆、海军省的
事务当局，于 1938 年 1 月 11 日，向御前会议提交了经过大臣联
络会议、内阁会议讨论后的《中国事变处理根本方针》。对此，御
前会议予以确认，并附加了九项《日中讲和交涉条件细目》。其中
的第一项便是"中国正式承认满洲国"，而第三、第四和第五项，
则是要求华北地区的"满洲化"。③但是，南京国民党政府并没有
接受这种谈判条件。

　　在这种情况下，日本政府于 1938 年 1 月 16 日发表声明，"不
以国民政府为对手"，"希望成立和发展足以真正与帝国合作的新
兴的中国政府，与之调整两国国交，协助改建新中国"。④企图扶
植卢沟桥事变爆发后在华北、华中成立的伪政权。但是，国民

---

　　① 日本防卫厅防卫研究所战史室编：《战史丛书·中国事变陆军作战（1）》，第 343~
344 页。
　　② 日本防卫厅防卫研究所战史室编：《战史丛书·中国事变陆军作战（1）》，第 349 页。
　　③ 日本外务省编：《日本外交年表及主要文书》，下卷，第 385~386 页。
　　④ 日本外务省编：《日本外交年表及主要文书》，下卷，第 386 页。

党政府依然没有接受日本的谈判条件。为此，日本政府于同年11 月 3 日再次发表声明，言称："[谈判的对手]即使是国民政府……也不予拒绝。"①这说明日本又不能忽视国民党政府的存在，并表明仍有与国民党政府进行交涉的可能性。此种声明的背景，是战争的变化。1938 年秋，攻占武汉的战役结束后，战争转入相持阶段，日本已陷入侵华战争的泥淖之中。

在相持阶段，日本外务省和军部对国民党政府进行"和平诱降工作"，以使蒋介石屈服。在所谓"和平诱降工作"中，伪满问题仍然是谈判的问题之一。

在此期间，日本军部派影佐祯昭、今井武夫等到上海对汪精卫进行工作。影佐和今井与汪精卫的代表高宗武、梅思平谈判时，以汪"承认满洲国"②作为日本帮助汪建立伪政权的条件之一。汪精卫接受这个条件后，脱离重庆当局投入日本帝国主义的怀抱，在南京建立了伪政权。

1940 年春，日本军部进行所谓"桐工作"。从 3 月 7 日开始，今井武夫和臼井茂树等在香港向重庆方面的宋子良、陈超霖等提出劝降条件。磋商的结果，第一条是"以中国承认满洲国为原则（恢复和平后）"③。3 月 14 日，臼井向日本参谋本部报告说："承认满洲国问题将争执到最后。"④随着香港谈判的进行，闲院官参谋总长派板垣征四郎中将去重庆与蒋介石直接谈判,想诱蒋投降。其诱降的九个条件中，第二项即是要求"中国承认满洲"⑤。后来，"桐工作"成了日本军部和政府的共同谋略。7 月下旬，参谋本部第八课课长臼井茂树起草了对板垣中将的训令案，作为停战

---

① 日本外务省编：《日本外交年表及主要文书》，下卷，第 401 页。
② 日本外务省编：《日本外交年表及主要文书》，下卷，第 402 页。
③ 稻叶正夫等编：《走向太平洋战争之路》，别卷资料编，第 297 页。
④ 日本防卫厅防卫研究所战史室编：《战史丛书·大本营陆军部（2）》，朝云新闻社 1968 年版，第 31 页。
⑤ 稻叶正夫等编：《走向太平洋战争之路》，别卷资料编，第 298 页。

的基本条件。在其第二项"关于承认满洲国问题"中提出：

"承认的时间当然尽量要快，倘若不得已，可考虑在协约之外的日军完全撤兵期间内，使之承认。

关于约定承认的时间和方法，不得已时，不妨采用秘密和变通方法，但关于承认满洲国问题必须使之公开提及。"①

这种承认的实质虽同以往一样，但同意了秘密承认和变通的方法等，在形式上表示了一定的"让步"态度。然而9月12日宋子良与今井会谈时，宋子良询问："承认满洲国问题是否还有让步的余地呢？如有，其限度如何？"这说明在"桐工作"中，伪满洲国问题依然是重要的焦点。"桐工作"到9月下旬宣告失败。后来得知，所谓"宋子良"并非宋子良本人，而是蓝衣社的曾广。这样，通过"桐工作"来获得"承认满洲国"的企图遭到了失败。

日本军方的"和平诱降工作"失败后，日本外务省积极开始了新的和平诱降工作。10月1日，松冈洋右外相与陆、海军大臣共同商定了《对重庆进行和平谈判的方案》，以作为日方要求的试探案。该案首先要求"中国承认满洲国"，作为"附记"是"根据情况此事也可另行商谈"②。这个要求条件与其他四个条件，是日本企图在日、德、意三国结成同盟的情况下，想利用德国与中国的关系而提出的。

与此同时，松冈还通过中国交通银行董事长钱永铭，进行"钱永铭工作"。松冈于10月中旬派西义显、船津辰一部、田尻爱义等去香港，从11月开始与钱进行谈判。在谈判中，田尻爱义根据松冈同意的解决中日战争的方案，附加了"满洲国作现

---

① 日本防卫厅防卫研究所战史室编：《战史丛书·大本营陆军部·大东亚战争开战经纬（3）》，朝云新闻社1973年版，第7页。

② 稻叶正夫等编：《走向太平洋战争之路》，别卷资料编，第302页。

实问题处理"①的条件。这和 10 月 1 日日本三大臣会议的决定相比，后退了一步。船津同汪精卫就这一方案会谈时，汪精卫说："听说这次日方的提案中，暂且未提承认满洲国问题，待将来在适当之时由满洲国政府向中国政府请求承认。"②这句话证实了日方的退让。

如上所述，至 1940 年下半年，日本在承认伪满问题上，虽然原则上要求重庆当局承认，但在方式上采取了较以前"让步"的方针。这与日本随着欧洲战局的变化所采取的南进政策有密切关系。1940 年 7 月 27 日，日本大本营与政府联络会议通过"随着世界形势的变化，改善国内外的局势，要在促进迅速解决中国事变的同时，抓住好时机解决南方问题"③的决定。此决定是以南进为国策的正式决定，说明日本已迈出了争夺东南亚和太平洋霸权的第一步。日本统治阶层为了南进，希望及早解决从背后牵制其南进的侵华战争。因此，积极对蒋政权诱降，对承认"满洲国"问题在形式上采取了"让步"的措施，以使蒋政权早日投降。此外，这个时期，汪精卫的南京伪政权问题比伪满问题更加紧迫，伪满问题变成了第二位，这也是日本在承认伪满问题上"让步"的一个原因。

日本企图在承认汪精卫的南京伪政权之前，先使重庆的中国政府屈服，但重庆政府拒绝了日方包括伪满问题在内的要求。这样，"钱永铭工作"也告失败。日本于 11 月 30 日与汪精卫缔结了基本条约，日本正式承认汪伪政权，同时发表《日满华共同宣言》，汪伪与伪满两个伪政权也相互承认。

这样，如何使国际上承认上述两个伪政权问题，又成了日本

---

① 日本防卫厅防卫研究所战史室编：《战史丛书·大本营陆军部·大东亚战争开战经纬（3）》，第 106 页。

② 日本防卫厅防卫研究所战史室编：《战史丛书·大本营陆军部·大东亚战争开战经纬（3）》，第 104 页。

③ 日本外务省编：《日本外交年表及主要文书》，下卷，第 437 页。

外交的新课题，并成为日美交涉、太平洋战争等"开战外交"的一部分。

二、日美交涉与伪满问题

1940年春，由于纳粹德国的西部攻势，法国、荷兰等这些在东方有殖民地的宗主国相继向德国投降，法属印度支那、荷属印度尼西亚暂时成为权力空白地带。日本抓住这个大好时机，利用三国同盟，开始实施南进政策，这使日、美间的矛盾进一步激化。日、美两国都想通过外交谈判解决这个矛盾，以达到在太平洋的各自目的。于是，1940年底日、美开始谈判。

在日、美谈判中，日本以三国同盟和在太平洋的军事优势为背景，企图在外交谈判中达到南进的目的，同时以南进的态势向美国施加压力，以争取解决包括承认伪满在内的中国问题。而美国则是想在包括承认伪满的中国问题上，与日本妥协，使之脱离三国同盟，从而阻止日本南进。于是伪满问题和中国问题，便成了日美间外交攻防战中的重要问题。日本在承认伪满问题上的外交方针，也从首先让中国承认，然后再让列强承认的方针，转向了首先让美国承认，然后再让中国承认的方针。

在日美谈判中的伪满问题和中国问题具有二重性。在日本方面，既是其需要解决的问题，同时又是其实现南进的谈判手段之一。在美国方面，既是阻止日本南进的谈判手段之一，又是与日本争夺的关键所在。因此在日美谈判中伪满问题所占的地位，比中日战争前期已大为下降。在中日战争前期，日本把伪满问题作为外交要求的第一条或第一项，而在日美谈判时，则只是作为最后附加的一条或一项。这是因为日美谈判的焦点是南进问题，承认伪满问题不过是其附属问题，是达到目的的手段之一而已。尽管如此，在日美谈判中，伪满问题仍是不能忽视的问题之一。

1940年底的日美谈判，首先是从"民间"开始的，1941年4月升格为政府间谈判。4月16日，美国的赫尔国务卿和多洛特神父与岩畔豪雄大佐在华盛顿提出《日美谅解案》。这是日美政府进行谈判的第一个方案，其中有承认"满洲国"问题。该案的第三部分"两国政府对中国事变的关系"的内容如下：

"美国总统承认下述条件，同时日本国政府对此给予保障时，美国政府依此对蒋政权进行和平劝告。

A. 中国独立。

B. 根据日中间订立的协定，日本军队从中国领土撤退。

C. 不合并中国领土。

D. 不赔偿。

E. 恢复门户开放，但有关解释和适用问题，待将来适当的时期，由日美之间进行协商。

F. 蒋政权和汪政权合并。

G. 日本自己克制向中国领土大量或集团性移民。

H. 承认满洲国。

蒋政权接受美国总统劝告时，日本国政府应与统一建立的中国政府或与组成该政府的成员，立即进行和平谈判。"①

以前在4月9日的《日美谅解草案》的末项，曾有"蒋介石政权如拒绝罗斯福总统的劝告时，美国政府则断绝对中国支援"②的记载。换句话说，蒋政权如不承认伪满，美国则停止援助。参与制定此方案的日方负责人岩畔大佐，在谈到制定该方案的各种问题时也说："对承认满洲国问题，美国自始就未提出异议。"③这个事实明确说明美国曾打算牺牲"满洲国"，以阻止日本的南进。

---

① 日本外务省编：《日美谈判资料》，第1部，第13页。
② 日本防卫厅防卫研究所战史室编：《战史丛书·大本营陆军部·大东亚战争开战经纬（3）》，第515页。
③ 日本防卫厅防卫研究所战史室编：《战史丛书·大本营陆军部·大东亚战争开战经纬（3）》，第518~519页。

　　但是，对前述谅解方案松冈又作了重大修改，制定了 5 月 12 日的日本方案。其中全部取消了前述"两国政府对中国事变的关系"中的八项内容，主张以《日华基本条约》和《日满华共同宣言》为原则。其理由是"一一列项来取得日美间的谅解，感到对等问题似乎有'命令'之嫌"①。这实际是想排除美国的介入，始终贯彻日中直接谈判的原则，与此同时则是企图进攻新加坡，以强硬的态度与美英对抗。

　　针对日本的方案，美国于 6 月 21 日提出了另一种方案，试图以《日本国政府的附属追加书》的名义，提出八项"对中日间和平解决措施"。其中希望"对满洲国问题进行友好谈判"②，暗示了承认伪满的态度，以阻止日本的南进。

　　日本于 7 月 28 日侵入法属印度支那南部，暂时中断了日美谈判。这说明围绕着太平洋霸权的日美斗争，不是通过伪满问题等的妥协所能解决的。在这种形势下，日本 9 月 6 日的御前会议，最终决定"如通过外交谈判至 10 月上旬仍无希望贯彻我方要求，则决心直接对美（英、荷）开战"③。这样，日美谈判便开始转变为开战外交，伪满问题也成了开战外交的一部分。

　　在开战外交中，日本向美国提出了新的反提案。其中，在伪满和中国问题上，依然坚持以《近卫三原则》《日华基本条约》和《日满华共同宣言》为原则，并再次提出了 5 月间美国曾反对的《日华和平的基础条件》。该条件在汪精卫的南京伪政权和撤兵问题上虽有一定的"让步"，但在伪满问题上，依然要求承认"满洲国"，未表示让步态度。④这与 1940 年下半年的所谓和平诱降工作中的形式上的让步是个对照。

---

　　① 日本防卫厅防卫研究所战史室编：《战史丛书·大本营陆军部·大东亚战争开战经纬（3）》，第 570 页。
　　② 日本外务省编：《日美谈判资料》，第 1 部，第 74 页。
　　③ 日本外务省编：《日本外交年表及主要文书》，下卷，第 544 页。
　　④ 日本外务省编：《日美谈判资料》，第 1 部，第 307 页。

可是美国的态度却发生了变化。针对日方的这个提案，美国先撤回了曾提出的"对中日间和平解决措施"的八项条件。10月2日罗斯福总统提出了国家间的四项原则，来对付日本。这四项原则如下：

①保全一切国家的领土和尊重主权。

②支持不干涉他国内政的原则。

③支持包括通商上机会均等的原则。

④除以和平手段改变现状外，不打乱太平洋的现状。①

这四项原则暗示美国支持中国恢复在满洲的主权，表现了美国政府已开始改变对伪满问题的态度。对此，日本首相东条英机在10月7日的内阁会议上说："四原则是《九国公约》的翻版。满洲事变和中国事变是为了什么？自不待言，是为了摧毁《九国公约》。大东亚共荣圈的前提是破坏《九国公约》。不能把四原则当作主义……将这个原则局部性地适用于中国，乃是日本的生死存亡之问题。"②表示了强硬的反对态度。

时至11月，日美矛盾更加激化。11月2日，日本召开政府和军部联络会议，决定"把动用武力的时间确定为12月初，陆海军要做好作战准备"③。然而美国国务院远东部却于11月17日拟定了"以太平洋的若干领土交换日本舰只的提案"。其B案中提出，"以日本向美国出售舰只，从美国获得资金，然后从中国购买满洲的全部或一部分为条件，或许可以在美、中、日之间达成协议"④。这实际上是以牺牲满洲来达到与日本妥协的设想。但是，中国方面反对美国在包括伪满问题在内的中国问题上与日本妥

---

① 日本外务省编：《日美谈判资料》，第1部，第337～338页。
② 日本防卫厅防卫研究所战史室编：《战史丛书·大本营陆军部·大东亚战争开战经纬（5）》，第103页。
③ 日本外务省编：《日本外交年表及主要文书》，下卷，第554页。
④ 日本防卫厅防卫研究所战史室编：《战史丛书·大本营陆军部·大东亚战争开战经纬（5）》，第589页。

协。另外，美国在日美开战迫在眉睫的形势下，也认为利用中国从背后牵制日本南进，对美国是十分有利的。结果，美国在满洲和中国问题上没有妥协。11 月 26 日美国向日本发出了最后通牒《赫尔备忘录》。其中就中国问题向日本提出了如下要求：

①日本国政府应从中国和印度支那撤回一切陆、海、空军和警察力量。

②合众国政府和日本政府，除对临时将首都设于重庆的中华民国政府外，不对中国的任何政府或政权给予军事和经济上的支持。

③两国政府放弃外国租界和在居留地内与之有关的各种权益，以及根据 1901 年义和团事件议定书所规定的在中国的一切治外法权。①

两国政府就放弃外国租界和在居留地内与之有关的各种权利，以及根据 1901 年义和团事件议定书所规定的在中国的一切治外法权之事，要努力争取英国政府和其他各国政府的同意。

那么，《赫尔备忘录》中的"中国"是否包括满洲呢？东条英机和东乡茂德外相认为不包括"满洲国"。但实际上美国所说的"中国"是包括满洲的。11 月 19 日美国远东部长汉密尔顿向赫尔提出的关于国务院的全面协定案中写道："[日本应]从中国（包括满洲——见其他规定）和印度支那撤退所有的陆、海、空军及警察部队。"②6 月 21 日的美国方案也提到"对满洲进行友好谈判"。所以在文字逻辑上应把美国所说的"中国"理解为包括满洲。美国从主张对满洲进行友好谈判，变作要求日本从满洲撤兵。这说明两国已无妥协余地，开战已不可避免。

接到《赫尔备忘录》后，日本在 12 月 1 日的御前会议上决定：

---

① 日本外务省编：《日本外交年表及主要文书》，下卷，第 564 页。
② 日本防卫厅防卫研究所战史室编：《战史丛书·大本营陆军部·大东亚战争开战经纬（5）》，第 595 页。

"与美英荷开战。"①6 日，东乡对美发出通牒，指责《赫尔备忘录》
"在关于中国问题上迎合重庆方面的意见"，通知美国"今后继续
谈判已不能达成协议"。②这样，一年间的日美谈判便宣告结束。
是月 8 日，双方开战。

如上所述，伪满问题在日美谈判和开战外交中虽然不是最重
要的问题，但它成了日美矛盾和妥协的焦点之一。伪满问题是中
国问题的起点，在中国问题上的妥协会影响伪满问题，在伪满问
题上的妥协也会牵制到中国问题上的妥协。在满洲和中国问题
上的不妥协是爆发太平洋战争的原因之一。同时，这个原因又转
变为结束战争时的"终战"外交的组成部分。

三、终战外交与伪满问题

1944 年 7 月，美军在塞班岛登陆，东条内阁总辞职。这表明
太平洋战争已进入后期，日本的败北只是时间上的问题了。于是，
日本外交也就逐步开始转向终战外交。

以往日本的终战外交是"胜利"的外交，其任务是如何确保
和扩大战争的"胜利果实"。然而太平洋战争后期的日本终战外交
并不是"胜利"的外交，而是战败外交。战败外交的课题是以外
交手段避免一败涂地，争取体面的终战。于是，便产生了日本如
何确保或利用在"胜利"的战争中所获得的殖民地，与英美等国
进行终战外交的课题。

1943 年 9 月 15 日，日本的同盟国意大利投降。这对日本是
个很大的打击。9 月 30 日，日本御前会议通过《今后战争的指导
大纲》，决定要绝对确保千岛、小笠原、内南洋（中、西部）及西

---

① 日本外务省编：《日本外交年表及主要文书》，下卷，第 564 页。
② 日本外务省编：《日美谈判资料》，第 1 部，第 539 页。

部新几内亚、印度尼西亚、缅甸在内的环形区域的一线[1]，"满洲国"当然在内。

同年11月22日罗斯福、丘吉尔、蒋介石等在开罗讨论了结束战争后对日本殖民地的处理问题。27日发表《开罗宣言》，声明"三国之宗旨在于剥夺日本自1914年第一次世界大战开始以后在太平洋所夺得或占领之一切岛屿，在于使日本所窃取于中国之领土，例如满洲、台湾、澎湖列岛等归还中国"[2]。

这样，伪满问题作为终战外交中的一个课题又登上了国际舞台。这个时期，日本在伪满问题上已不像从前那样是争取承认，而是竭力维持其现状，最后则将"满洲国"作为"资本"，以换取有条件的投降。所以，伪满问题的地位发生了很大变化。

在此，本章试想首先探讨一下日本对中国外交，即所谓"和平诱降工作"中的伪满问题。

1940年松冈外相的"钱永铭工作"失败后，对重庆的"和平工作"，由于日军在太平洋战场的一时胜利，而暂时中断。然而，1944年7月美军登陆塞班岛后，又被当作一项重要的工作提了出来。1944年9月5日，日本最高战争指导会议决定了《关于对重庆实施政治工作的方案》，企图在与中国和美国的两面战争中，首先处理背后的中国问题，争取"中国的善意中立"[3]，以便集中全力对付正面的美军。因此，日本在对汪精卫政权和从中国撤兵等问题上，表示了相当的"让步"态度，并在伪满问题上以所谓"不改变现状"[4]为条件，放弃了"中国正式承认"的要求，企图以此"让步"求得中国的"善意中立"。为此，日本政府派出陆军次长柴山兼四郎（原汪伪政权的顾问）来到南京，向南京伪政权的周佛海、陈公博提出所谓的和平条件。其中提出"可取消南京

① 日本外务省编：《日本外交年表及主要文书》，下卷，第589页。
② 世界知识出版社编：《日本问题文件汇编》，世界知识出版社1955年版，第4页。
③ 日本外务省编：《日本外交年表及主要文书》，下卷，第605页。
④ 日本外务省编：《日本外交年表及主要文书》，下卷，第605页。

政府"，但仍企图"保持满洲的现状"。①与此同时，小矶首相派遣宇垣一成来中国，探索调整中日关系的途径。宇垣归国汇报时说："关于满洲问题，取消满洲的独立几乎已是对方的绝对意见……先前同孔祥熙谈到满洲问题时，曾是暗中解决的意见……而今已不是那种口吻，变得非常强硬了……然而要解决满洲问题的话也还是有途径的，那就是即使要取消独立，也不是日本的问题，但要发现那里的妥协点，将来通过俄国、中国和日本的三国谈判，在那里形成中立地带。"②这说明围绕伪满问题，中日双方的意见是根本对立的。

同年 12 月 13 日，日本最高战争指导会议通过《关于在现地对重庆进行政治工作的文件》，并于次年 2 月开始"缪斌工作"。缪于 3 月 16 日到达东京，与日本要人就中日关系进行了各种会谈，并提出了调整中日关系的六个条件。第一条是"关于处理满洲问题另行商定协议"③，暗示了妥协的余地。但是由于日本军部的反对，缪于 4 月末归国，没有任何结果。

其次是伪满问题被英美利用，以促使苏联的对日参战。1945 年 2 月 4 日至 11 日，在苏联克里米亚半岛的雅尔塔，举行了有斯大林、罗斯福、丘吉尔参加的三国首脑会议，除决定处理战后德国问题外，还就德投降 2～3 个月后，苏联对日参战问题达成了协议。苏联参战的条件是："大连商港须国际化，苏联在该港的优越权益须予保证，苏联之租用旅顺港为海军基地须予恢复。对作为通往大连之出路的中东铁路和南满铁路应设立一苏中合办的公司以共同经营之，苏联的优越权益须予保证，而中国须保持在满洲的全部主权。"④这是苏联对日参战的要价，其想收回在日俄战争中被日本夺走的俄国在满蒙的殖民权益。会后，罗斯福总

---

① 日本防卫厅防卫研究所战史室：《战史丛书·大本营陆军部（9）》，第 267 页。
② 日本外务省编：《终战史录》（二），北洋社 1977 年版，第 97 页。
③ 日本防卫厅防卫研究所战史室：《战史丛书·大本营陆军部（10）》，第 99 页。
④ 世界知识出版社编：《日本问题文件汇编》，第 5 页。

统将宋子良请到白宫，解释了在《雅尔塔协定》中有关伪满问题的措施。他说："斯大林只希望恢复日俄战争前俄国在满洲的权益，这对中国不是很大损失；而且斯大林表示不承认中共政府，承认国民政府为中央政府并给予赞助，所以您亲自去莫斯科，根据上述密约签订条约对中国是上策，如果苏联能早日对日宣战，对盟国也是有利的。"①这是盟国为了早日结束对日战争而利用伪满问题，但这妨害了中国对满洲主权的完全恢复。

　　伪满问题也被日本用于对美进行的媾和谈判之中。1945 年 4 月，美军在冲绳登陆，日本投降已近在眼前。这个时期，日本驻瑞士公使馆的海军武官藤村义郎等，通过伯克博士向美国的杜勒斯所辖机关探询日美媾和和谈判的途径，并提出了三项媾和条件，其第三项是"保持台湾和朝鲜的现状"②，想以在满洲实行国际共管为条件进行媾和谈判。当时驻瑞士的正金银行董事北村孝治郎和驻帕塞尔国际结算银行的汇兑部长吉村侃等，于 6 月间间接与杜勒斯机关联系时，也提出过朝鲜和台湾维持原状，对满洲实行"国际共管"的意见。③这个"国际共管案"与九一八事变时的李顿调查团的报告相似。他们当时想起了那个报告书，认为也许会符合盟国的意图。

　　日本在停战外交中，对苏外交占有重要地位。日本在对苏外交中也利用了伪满问题。1944 年 7 月以后，日本对苏外交的课题是："对苏要维持中立关系，谋求改善国交，努力迅速实现日苏间的和平。"④为此，最高战争指导会议 9 月 12 日制定了《关于对苏外交政策的方案》，拟向苏联派遣特使进行谈判。当时，日本的意图是，如果苏联维持中立态度并进而改善日苏两国的邦交，作为代价，则把北满铁路让给苏联，并承认苏联在满洲和内蒙古的

---

① 日本外务省编：《终战史录》（二），第 60 页。
② 日本外务省编：《终战史录》（二），第 218 页。
③ 日本外务省编：《终战史录》（二），第 204 页。
④ 日本外务省编：《日本外交年表及主要文书》，下卷，第 604 页。

势力范围。①本来日本拟派遣广田弘毅为特使，但是东久迩宫主张派遣久原房之助，并让久原带去了三件"礼物"。其中第一件就是："将满洲归还中国，对苏联在满蒙的权益，由中苏谈判决定。"②这是企图以归还满洲和承认苏联在满洲的权益为条件，使苏联保持中立，以防止苏联从背后进攻。重光外相于9月8日向苏联大使马立克提出了派遣特使的希望。然而苏联以接受日本特使恐在国内外引起特殊意义的解释而加以拒绝。日本未能达到目的。

时至1945年，日苏关系急剧变化。苏联根据《雅尔塔协定》，从2月开始将西部战线的兵力运送到东部，准备对日作战。4月5日，莫洛托夫外长通知日本，不再延长《日苏中立条约》。这是苏联对日参战的外交信号。这个时期，日本对苏外交的任务，首先是防止苏联对日参战，其次是利用欧洲战争的结束而日益激化的美苏矛盾，使苏联与日本同一步调，在停战外交中为日本做有利的中间人。为此，5月14日的日本最高战争指导会议决定对苏进行谈判。为了使谈判成功，东乡提出废弃1925年1月缔结的《日苏基本条约》，以"出让北满的各条铁路""维持苏联在内蒙古的势力范围""租借旅顺、大连""南满为中立地带"为交换条件，以"尽可能维持满洲的独立"。③

据此方针，东乡开始对苏外交。6月3日，广田弘毅在箱根与苏联大使马立克进行了预备会谈。广田与东乡商量后，6月29日向马立克提出三个具体条件。第一项是："可以约定满洲国的中立化，大东亚战争结束后我方撤兵，日苏两国约定尊重满洲国的主权及领土，不干涉内政。"④这是日本企图以中立的名义维持伪满洲国。对此，马立克采取回避态度，不愿与之谈判。此时苏联已决定对日开战，这样对待日本是很自然的。广田和马立克

① 日本外务省编：《终战史录》（一），北洋社1977年版，第251页。
② 日本外务省编：《终战史录》（一），第251页。
③ 服部卓四郎：《大东亚战争全史》，原书房1973年版，第888页。
④ 油桥重远：《战时日苏交涉小史（1941～1945）》，霞关出版1974年版，第201页。

的谈判，事实上被中断了。

及至 7 月，东乡在美英苏三国首脑的波茨坦会议之前，决定通过苏联进行终战谈判，拟以近卫文麿为特使去苏联，目的是企图利用日益激化的苏联和美英的矛盾，将英美的无条件投降，改为保持国体的有条件的投降。

然而 7 月 26 日，美、英、中三国发表《波茨坦公告》，要求日本无条件投降。当时因为苏联尚未参加对日作战，所以未签署这一公告，但实际上参加了公告的讨论。东乡研究公告后认为："苏联首脑在波茨坦参加了发布公告的商谈，尽管这是确切事实，却未在公告上签字。苏联可能至今还对日本保持法律上的中立。"①他对苏联抱有一线的希望，并在 27 日午后的内阁会议上补充说："政府为使苏联不参战，已用尽一切办法，我方已向苏联提出了修改满洲问题和《朴次茅斯条约》问题的意向"，主张等待苏联对派遣近卫特使作出最后答复之后，再决定日本对公告的态度。东乡希望通过在满洲等问题上的"让步"，获得苏联的居中调停。他认为，通过苏联至少可使《波茨坦公告》的条件对日本缓和一些。然而与东乡的判断和希望相反，苏联在 8 月 8 日参加了对日作战，并进兵满洲，打垮了关东军和伪满洲国。通过战争建立起来的伪满洲国，最后被战争摧毁了。从 19 世纪末开始，持续了半个世纪的满洲问题终于得到解决，满洲又归还于中国。

1949 年新中国成立后，苏联将根据《雅尔塔协定》而获得的在中国东北的各种权益，归还给中国，从而使伪满问题得到了彻底解决。

日本对战时外交中的伪满问题，首先是想通过外交使之获得承认。其通过外交手段未能获得承认后，作为其继续，则是通过流血外交——"战争"，强制要求中国和列强予以承认。然而其方

---

① 服部卓四郎：《大东亚战争全史》，第 918 页。

针和承认的方式，随着国际形势和战局的变化而发生变化。从1932年3月伪满洲国的成立到1933年3月日本退出国际联盟期间，其方针是想先获得国联和列强的承认，然后再强迫中国承认。这个方针失败后，日本便退出了国联。其后则是企图改善同中国的关系，先争取中国的承认。在后来的侵华战争中以战争的一时"胜利"为后盾，又强制要求中国承认。日本在侵华战争中对中国的首要要求之一，便是"承认满洲国"。从这个意义上来说，侵华战争是九一八事变的继续，"承认满洲国问题"是侵华战争时期最重要的问题之一。然而到了开战外交的日美谈判时期，日本又转换了外交步骤，决定先要求美国予以承认，以此来迫使中国承认。这个时期的伪满问题有二重性，它既是开战外交的目的，同时又是开战外交的手段。不过，这时开战外交的重点是南进问题。"承认满洲国问题"已退而成为次要问题。美国在这一时期，曾一时想以牺牲"满洲国"来阻止日本南进。然而双方没有达成妥协，便开始了太平洋战争。从1932年至1944年上半年13年间，日本争取各国承认伪满洲国的方针，从国联、列强承认→中国承认→列强承认→中国承认，改变了数次。其承认的具体方式，也从正式公开承认→默认其存在→正式公开承认→默认其存在，改变了数次。这是在争取承认的失败中产生的现象，与国际形势和战局的变化有密切关系。

屡遭失败的"承认满洲国问题"，至1944年下半年，已不是承认的问题，而是变成了如何维持现状的问题。从1945年夏天开始，在日本的终战外交中，又成了如何利用伪满洲国为筹码的问题。日本企图把伪满洲国作为对苏、对美外交的"礼物"，同意伪满洲国的国际共管，实行中立化或将北满铁路和旅顺让给苏联。另外，美英和中国也在对苏外交中利用了伪满洲国。这时，伪满洲国的地位有了很大变化。这个变化是由于太平洋战争和第二次世界大战战局的变化而引起的。

　　从这种多变的转换中，我们可以了解到九一八事变后的伪满问题，在日本外交上不是孤立的问题，而是日本外交的一个组成部分。其一方面为了日本外交的总目标而存在，另一方面又为达到其他目标而被利用。因此，伪满问题与构成日本外交的其他外交问题有多边的有机联系，在这种有机联系中，有矛盾和牵制，也有互相利用。当国际形势和战局对日本有利时，其他外交问题就被"承认满洲国"问题所利用；而当国际形势和战局对日本不利时，伪满洲国则成为讨价还价的筹码，被用以解决日本外交的主要课题。

　　伪满问题的多变性，或者说伪满洲国的利用和被利用的转换，是随着当时的国际形势和战局变化而变化的。然而在其变化和转换中，始终不变的是日本外交中的帝国主义利益。它是九一八事变后日本对"满洲问题"外交的主轴，伪满问题不过是装在这根主轴上的一轮。这是从考察伪满问题和日本战时外交中得到的规律性结论。这个结论再一次证明了"满洲国"的傀儡性。

大事记

1927 年

2 月 21 日 汪精卫任主席的武汉政府成立。

3 月 24 日 南京事件。

4 月 18 日 蒋介石在南京成立国民政府。

4 月 20 日 田中义一任日本首相兼外相。

5 月 28 日 日本政府借口保护侨民,第一次出兵山东,8 月 8 日 撤回。

6 月 18 日 张作霖在北京组建中华民国军政府,自任海陆军大元帅。

6 月 27 日 日本政府召集有关官员,在东京商讨对华政策,史称东方会议。会议通过《对华政策纲要》,策划"满蒙脱离中国"的阴谋。

7 月 20 日 山本条太郎任满铁总裁,松冈洋右任副总裁。

8 月 13 日 蒋介石宣布下野,9 月 28 日赴日。

8 月 15 日 日本外务省召开大连会议,商讨"满蒙问题"。

8 月 24 日 驻华公使芳泽谦吉就"满蒙问题"开始与张作霖谈判。

9 月 4 日 奉天爆发反日示威运动。

9 月 6 日 南京、武汉两政府合并。

11 月 5 日 蒋介石在日本与田中首相会谈,要求日本援助国民政府。

11 月 12 日　满铁总裁山本就满蒙五条铁道建设计划与张作霖达成谅解。

1928 年

1 月 9 日　蒋介石重新担任国民革命军总司令，2 月 7 日，兼任军事委员会主席，3 月 7 日，再兼国民党中央政治会议主席。

3 月 28 日　驻华公使芳泽建议在满蒙问题谈判中日本应采取强硬立场。

4 月 7 日　南京国民政府重新开始北伐。4 月 19 日，日本第二次出兵山东，5 月 3 日，制造了"济南惨案"。5 月 8 日，日本第三次出兵山东。

5 月 18 日　日本政府通告南京和北京政府：当战乱波及满蒙时，将适当采取有效措施。张作霖和南京政府分别于 25 日、26 日对此提出抗议。

　　　　　　驻华公使芳泽劝张作霖返回东北。

5 月 30 日　张作霖下令奉军撤回东北。

6 月 4 日　关东军参谋河本大作等炸死张作霖，制造了"皇姑屯事件"。

6 月 8 日　北伐结束。

6 月 18 日　张学良回到奉天。7 月 7 日，就任东三省保安总司令。

7 月 19 日　日本驻奉天总领事通知张学良，反对东三省易帜。

7 月 27 日　反日团体在上海召开全国代表大会。通过《全国反日团体组织大纲》。

8 月 3 日　南京政府任命施肇基为常驻国联代表。

8 月 8 日　日本代表林权助借参加张作霖葬礼之际，向张学良表示：只要张学良不与南京政府合作，日本愿给其各种援助。

8 月 27 日　《白里安—凯洛格公约》在巴黎签署。

10 月 1 日　苏联开始第一个五年计划。

10 月 10 日　石原莞尔赴关东军任作战主任参谋,开始策划侵占满蒙的阴谋。蒋介石任南京国民政府主席。

12 月 22 日　张学良派人接收中东铁路电话局。

12 月 29 日　张学良易帜,南京政府任命张学良为东北边防司令长官。

1929 年

1 月 16 日　日本政府任命驻华公使芳泽为中日交涉全权代表,就"济南惨案"等问题,在南京与外交部长王正廷进行谈判。

3 月 28 日　王正廷与芳泽签署《中日济案协定》。5 月 13 日,日军撤退。

4 月　　　日本政府决定不再支持张学良。

5 月 14 日　板垣征四郎任关东军高级参谋,与石原合谋策划侵占满蒙。

5 月 19 日　以解决满蒙问题为目标的陆军法西斯团体一夕会成立。

6 月 3 日　　日本承认南京政府。

6 月 8 日　　全国反日团体临时代表大会在南京召开,会议决定改名为废约促进会。

7 月 1 日　　日本政府发表《关于皇姑屯事件责任者的处分决定》。

7 月 2 日　　田中内阁辞职,滨口雄幸内阁成立,币原喜重郎再次任外相。

7 月 3 日—15 日　关东军举行"参谋旅行",边考察地形,边制定占领满蒙及对苏作战的构想。石原莞尔在旅行中作《对现代战争的观察》《关东军占领满蒙计划》,旅行后的第三天便提出《作为扭转国家命运之根本国策的满蒙问题解决方案》,主张武力占领满蒙,并着手研究对满蒙占领区实施殖民统治的计划。

7 月 11 日　东北当局以武力接管中东铁路；7 月 17 日，中苏断绝外交关系；10 月 12 日，苏军越过边境，向中国军队发起猛攻，中国军队连战连败。12 月 22 日，《中苏伯力会议议定书》签署，中东铁路恢复原状。

8 月 29 日　佐分利贞男任驻华公使；11 月 29 日，返回日本的佐分利死于旅馆，死因不明。

10 月 24 日　纽约股票行情暴跌，世界性经济危机开始。

12 月 17 日　中国政府拒绝日本政府新任命的小幡酉吉驻华公使，中日关系恶化。

12 月　　　日本驻奉天总领事林久治郎向外务省提出统一在满殖民机构的建议。

1930 年

1 月 11 日　重光葵代理驻华公使。

1 月 21 日　伦敦海军裁军会议召开；4 月 22 日，伦敦海军条约签署。

3 月 12 日　《中日关税协定》草签，日本承认中国关税自主。5 月 6 日，正式签订。

4 月 25 日　滨口内阁因签订伦敦海军条约，被攻击为"侵犯统帅权"。

5 月 30 日　间岛（今延边一带）爆发朝鲜人反日武装起义。

9 月 15 日　日本军人的法西斯团体樱会成立。

10 月 29 日　日本内阁决定改称支那为中华民国。

11 月 14 日　滨口首相在东京站受到法西斯分子袭击，身受重伤。翌日，外相币原代表首相。

11 月 20 日　中国立法院通过满蒙铁路网计划，12 月 17 日，中国驻日公使汪荣宝就满蒙铁路网计划一事请求日本谅解。

12 月 4 日　　王正廷再次任外交部长。

12 月 5 日　　蒋介石第一次"围剿"工农红军，翌年 1 月以失败
　　　　告终。

12 月　　　　完成《对（满蒙）占领地区统治的研究》。

1931 年

1 月 16 日　　蒋介石、张学良就北方善后措施发表联合宣言。

1 月 21 日　　蒋介石辞去行政院长、国民政府主席等兼职。

1 月 22 日　　张学良与满铁理事木村就东三省铁路问题进行谈判。

3 月 12 日　　蒋介石第二次"围剿"红军。

3 月　　　樱会的桥本欣五郎、民间右翼大川周明等发动政变，力图
　　　　建立宇恒一成（陆军大将）内阁，发动政变未遂。

4 月 13 日　　滨口首相因病情恶化，内阁总辞职。翌日若槻礼次郎
　　　　内阁成立，币原留任外相。

4 月 16 日　　日本通过汉奸郝永德在万宝山地区强租大片土地后，
　　　　并非法转租给朝鲜农民开垦。

4 月 18 日　　日本迫使朝鲜人农民在万宝山开渠，侵占当地农民的
　　　　土地。4 月末，万宝山农民阻止他们越界开渠，但他们在日
　　　　本领事馆支持下拒不停工。

5 月下旬　　万宝山农民上告，当地政府派人要求朝鲜农民停工，
　　　　但被拒，中国警察拘留朝鲜监工。

5 月 27 日　　汪精卫、孙科等在广东另立政府。

5 月 28 日　　关东军高级参谋板垣征四郎发表《关于满蒙问题》的
　　　　演说；石原莞尔发表《满蒙问题之我见》。

6 月 1 日　　蒋介石在南京召开五中全会，15 日重新担任南京国
　　　　民政府主席。

　　　　　长春县政府派遣政府官员，在警察的协助下，令朝鲜农
　　民撤出工地，但他们拒不听命，中方警察逮捕 8 名首领。6

月 3 日，长春县公安局长率警官 10 名、马队 50 名，驱逐继续施工的朝鲜农民。同日，日方在当地领事馆警察支援下，令朝鲜农民继续施工。万宝山地区农民与朝鲜农民的冲突演变为中国地方政府与日本驻当地领事馆的外交问题。

6 月 4 日　　日本驻长春领事田代重德与长春县县长马仲援交涉。6 月 5 日，吉林总领事石射猪太郎提议中日双方撤退警察。奉天总领事林久治郎却持强硬态度，要求中方承认朝鲜人行为合法性。中方则抗议日本警察离开使馆区是违犯有关条约，侵犯中国主权。

6 月 8 日　　长春市政筹备处处长周玉柄向田代领事提议：双方派人实地调查，在确认事实的基础上公正迅速解决两方冲突。

6 月 9 日　　中日双方各自派人现地调查。调查结果双方意见对立。

6 月 13 日　　内田康哉任满铁总裁。

　　　　　　在满蒙成立的"满洲青年联盟"回日本，借万宝山等事件大肆掀起反华浪潮。

6 月 19 日　　建川美次、永田铁山等日本参谋本部、陆军省中坚将校起草《满蒙问题解决大纲》，主张武力解决满蒙问题。

6 月 24 日　　万宝山地区农民 40 余人，在警察保护下，填埋了朝鲜人擅自开挖的水渠，25 日，朝鲜农民在日本警察保护下重新挖开，27 日完成拦水工程，28 日，开始播种。7 月 1 日，朝鲜农民在日警保护下，再次加固拦堤工程。愤怒的万宝山农民 400 余人一举捣毁拦堤，填埋水渠。对此日警开枪镇压，爆发万宝山事件。

6 月 26 日　　广东政府的陈友仁向日本驻粤总领事须磨弥吉郎提出日本援助反蒋运动之要求。

6 月 27 日　　进行间谍活动的日本军官中村震太郎行至内蒙古的苏鄂王府，被驻扎当地的屯垦三团士兵枪杀。

7 月 3 日　　日本利用万宝山事件在朝鲜各地掀起迫害华侨事件，

华侨财产被抢，许多华侨受冲击。7月7日，南京政府抗议日本煽动反华。同日，吉林总领事石射会见吉林军参谋长熙洽，企图利用朝鲜排华事件，使万宝山事件尽快按日方要求解决。

7月5日　　蒋介石第三次"围剿"红军。

7月11日　　日本迫使朝鲜农民重新挖水渠修复拦堤。

7月13日　　南京政府决定就万宝山事件和朝鲜排斥华侨事件与日本直接进行交涉。

7月15日　　日驻奉天总领事林久治郎反对将万宝山事件的交涉移交南京政府。

7月18日　　日驻吉林总领事石射与南京特派员钟毓举行预备会谈。8月2日就日警撤退问题达成一致，但在朝鲜农民去留及租约问题上双方对立。

7月22日　　南京政府外交部就万宝山事件向日驻华代理公使重光葵提出抗议。8月26日，日本公使馆向南京政府外交部辩解。

7月28日　　广东国民政府派陈友仁赴日拜见币原外相，表示愿在东北问题上对日让步，并请求日本支持其反蒋。

7月末　　　就中村事件，币原外相指示：对此事暂时保密，由外务省派出机关对此事进行调查。

8月2日　　石原莞尔主张利用中村事件，打开解决满蒙问题新局面。

8月6日　　重光葵任驻华公使。

8月10日　　币原外相指示林久治郎总领事与奉天当局交涉中村事件。

8月13日　　蒋作宾任驻日公使。

8月17日　　林久治郎与臧式毅就中村大尉事件开始正式交涉。

8月18日　　日本参谋本部代表向臧式毅表示如中方缺乏诚意，将不惜使用武力。

8月中旬　　在军部和右翼煽动下，日本国内舆论一时激化，主张对华采取强硬措施。为缓和局面，张学良派遣汤尔和赴日，向日本政府和军部要人提出改善关系的愿望。

8月下旬　　为煽动陆军中央中坚将校对关东军活动的支持，花谷正少佐被派往东京。

9月10日　　张学良表示要妥善解决中村事件。

9月11日　　日本陆军、海军、外务、参谋本部、军令部有关课长召开会议，讨论中村事件。结果一致同意：以此事件为契机一举解决有关悬案。

9月15日　　南京政府就万宝山事件再次向日本驻华公使提出抗议。

9月16日　　中国外交部表示妥善处理中村大尉事件。

9月18日　　关东军按预定计划，炸开沈阳北郊柳条湖一段铁路，然后诬蔑中国守军破坏"南满铁路"，并以此为借口攻占中国守军驻地北大营和沈阳，挑起九一八事变。

　　　　　　中国驻国联代表施肇基向国联行政院报告事变情况。

9月19日　　中国外交部长就柳条湖事件向重光葵公使提出严重抗议。

　　　　　　日本关东军占领沈阳、长春、营口、凤凰城等地。

9月20日　　南京国民党中执委电请广东政府"共赴国难"。28日，南京政府与广东政府开始谈判。

9月21日　　蒋介石从"剿共"前线返回南京，召集国民党军政要人，商讨对策。日本驻朝鲜军司令官林铣十郎应关东军请求擅自下令越境增援关东军。

　　　　　　中国驻国联代表正式向国联提出控诉，同时要求国联派观察员前往东北调查事实真相。

9月22日　　日本内阁承认驻朝日军越境出兵，关东军决定《满蒙问题解决方案》。上海举行反日大会。

　　国联行政院讨论九一八事变。并通过关于中日冲突的第一个决议案。

　　蒋介石发表外交演说，主张"先以公理对强权"，"暂取逆来顺受态度，以待国际公理之判断"。

9 月 23 日　国民政府发表《告国民书》称政府已将事变诉诸国联，力戒全国军民避免与日军冲突。

9 月 24 日　日本陆军中央指示关东军，不得出兵哈尔滨及间岛（今延边一带）。日本政府就事变发表第一次声明，决定采取不扩大方针。

　　袁金凯、于冲汉在关东军支持下，在奉天组织伪地方维持会。

9 月 26 日　上海市抗日救国大会倡议组织义勇军赴东北抗日。

9 月 27 日　张学良将指挥部迁至锦州。

9 月 28 日　熙洽宣布吉林省"独立"，组织伪省政府。

9 月 29 日　张景惠在哈尔滨组织伪东省特区自治委员会。

9 月 30 日　王正廷辞职，施肇基任代理外交部长。

　　国联通过决议，劝告日军迅速撤退到满铁附属地以内。

10 月 2 日　辽宁省政府行署在锦州成立。依 9 月 30 日国联决议，为接收日军占领地区，张学良任命张作相、王树常为"占领地区接办官"。10 月 5 日，中国向日本提出日军应撤出地点的备忘录。

10 月 5 日　日本内阁作出决议，对上海抵制日货提出抗议。10 月 7 日，日本驻上海总领事就抵制日货问题向中国方面提出警告。

10 月 8 日　关东军飞机轰炸锦州。

10 月 9 日　国联行政院主席致电中日两国政府对锦州问题表示关注。

日本内阁通过中日直接交涉五项大纲。

10 月 10 日　英、美、法、意、西等国驻日大使对日军轰炸锦州表示抗议。

10 月 15 日　国联行政院邀请美国以观察员身份参加行政院会议。

10 月 17 日　日本参谋本部军官桥五欣五郎等发动政变未遂,此即十月事件。

10 月 19 日　上海商会组织对日经济绝交实施委员会。

10 月 21 日　关东军起草了《满蒙共和国统治大纲》,准备建立傀儡政权。

10 月 22 日　蒋介石、汪精卫、胡汉民在上海会谈两政府合并等事宜。

10 月 24 日　国联行政院通过决议,限日本 11 月 16 日之前撤兵。

10 月 26 日　日本政府发表声明:坚持不撤兵。

10 月 28 日　张学良赴南京就当前局势与蒋介石举行会谈。

10 月 29 日　苏联外交部就九一八事变发表声明表示将采取中立和不干涉的态度。

11 月 2 日　为实现国联 10 月 24 日决议,南京政府任命顾维钧、张群为东北接收委员。

11 月 4 日　中国驻日公使蒋作宾根据国联 10 月 24 日决议,要求日军在 16 日之前撤退。16 日,日方拒绝撤兵要求。

11 月 5 日　南京政府发出禁止抗日运动令。　日军进攻嫩江,马占山率部抵抗。

11 月 6 日　国联行政院主席要求中日双方停止战斗。

11 月 7 日　全国民众支持马占山抗日。

11 月 11 日　为筹建傀儡政府,土肥原策划溥仪逃出天津。

11 月 15 日　币原外相指示日本驻国联代表,同意国联派调查团赴中国调查。

11 月 19 日　日军占领齐齐哈尔。

11月21日　马占山在海伦建立黑龙江省政府。

11月24日　南京政府向英、美、法驻华公使提出"锦州中立化"方案，请英、美、法给予保证。施肇基奉命向国联行政院提出该方案。

11月26日　法国驻日大使向币原外相转达中方提出的"锦州中立案"。国联讨论中国提案并表示赞同，日本也以保留警察权为条件表示同意。

11月27日　关东军命令西进的军队返回沈阳。

12月1日　日本陆军中央发表声明撤出辽西。

12月2日　在国内舆论强烈反对下，南京政府被迫电告国联，取消"锦州中立化"提案。

12月8日　国联放弃"锦州中立化"提案。

12月10日　国联通过决议：派遣调查团，就中日冲突进行实地调查。

12月11日　若槻内阁总辞职。

12月13日　犬养毅内阁成立，犬养兼任外相。

12月14日　调查团人选确定，英国人李顿为调查团团长。

12月15日　日本决定永久性占领齐齐哈尔。

　　　　　蒋介石宣布下野。

　　　　　伪奉天省政府成立，臧式毅任伪省长。

12月16日　张学良辞去陆海空副总司令，改任北平绥靖公署主任。

12月22日　日本陆军中央宣布准备进攻锦州，关东军声明进攻锦州。

12月25日　南京政府命张学良死守锦州。

12月27日　日本政府声明支持关东军进攻锦州。

12月28日　林森就任国民政府主席、孙科任行政院院长。

　　　　　日军开始进攻锦州。

12 月 29 日　张学良部开始从锦州撤退。

12 月 31 日　南京政府再次下令张学良死守锦州。

1932 年

1 月 1 日　　以广东派为核心的新政府在南京成立。

1 月 3 日　　日军占领锦州。

1 月 6 日　　日本外务省和陆、海军省起草了《支那问题处理方针纲要》。

1 月 7 日　　吴铁城任上海市长。

　　　　　　伪黑龙江省政府成立，张景惠任伪省长。美国务卿通知中日两国，不承认满洲的新事态。

1 月 11 日　英国表示不与美国联合对日发出通牒。

1 月 14 日　芳泽谦吉任外相。

　　　　　　国联行政院任命李顿为调查团团长，并选定其他成员。

1 月 18 日　南京政府任命顾维钧为调查团中方顾问。

　　　　　　在关东军参谋板垣征四郎与日本驻上海武官助理田中隆吉策划下，日本僧侣与中国人在上海发生冲突，日本五名僧侣受伤，其中一名 24 日死亡。

1 月 20 日　日本驻沪总领事要求上海市长吴铁城惩办凶手、解散抗日团体。

1 月 21 日　孙科去杭州访蒋介石，蒋介石答应参加新政府。

　　　　　　李顿调查团正式成立。

1 月 23 日　日本增加在上海的海军兵力。

　　　　　　十九路军军官召开紧急会议，准备抗击日本侵略。

1 月 27 日　日本就僧侣被害事件向上海市提出最后通牒。

　　　　　　国民党政治会议决定恢复外交委员会，负责制定外交政策。

1 月 28 日　蒋汪合作政权建立，罗文干任外交部长。

关东军决定进攻哈尔滨。

上海市长吴铁城接受日方 27 日最后通牒的所有要求。

日本海军陆战队进攻闸北,十九路军奋起抵抗,第一次上海事变爆发。

1 月 29 日　日本政府就上海事变发表声明,歪曲事实真相,为自己侵略行动进行辩解。

十九路军通电表示:"保卫国土"。

南京政府外交部发表自卫宣言。

中国驻国联代表颜惠庆就"上海事变"向国联起诉,要求国联依《盟约》第十、第十五条处理九一八事变及上海事变。

日本海军飞机轰炸闸北。

经英美驻沪总领事斡旋,中日达成暂时停火协议。

蒋介石制定对日交涉原则和方法,主张直接交涉。

1 月 30 日　南京政府宣布暂迁洛阳。

蒋介石密令全国抗战。

中日军队在上海再次开火,中国军队击退日军第一次进攻。

英国驻日大使抗议日军在上海的行动损害英国在华利益。

国联行政院决定按《盟约》第十五条即行政院经全体或多数同意便可以就冲突提出处理意见。

1 月 31 口　林森、汪精卫宣布长期抗战。

日本驻华公使重光葵抵达上海。

在英美驻沪公使斡旋下,中日进行第二次停战交涉,但因意见对立没有结果。

吉林抗日义勇军李杜等发表抗日宣言。

2 月 1 日　蒋介石在徐州召开军事会议。

日本海军炮击南京,中国守军还击。

英美驻日大使就上海事件向芳泽外相提出警告。

2 月 2 日　日本海军为上海事变组成第三舰队,海军大将野村吉三郎任司令官。

　　日本决定派遣第二十四混成旅团和第九师团增援上海。

　　日本海军陆战队再次向闸北发起总攻。

　　英、美、法三国向中日双方提出调停方案。

　　国联行政院召开紧急会议，讨论上海事变问题。

2月3日　　日军进攻哈尔滨，5日占领该市。

2月4日　　日本陆海军制定《上海方面军事行动指导大纲》，决定占领上海附近地区。

2月4日　　日本政府答复2日英美法三国提出的调停方案，但要求保留军事行动自由。中国接受英美法调停。

2月5日　　中国军队击退日军第二次进攻。

2月6日　　南京政府成立军事委员会。

　　中日第三次停战交涉失败。

2月7日　　日本第二十四混成旅团在吴淞附近登陆。

　　英国驻华舰队司令克利向中国外交委员会成员宋子文、顾维钧及上海市长吴铁城提出上海事变就地解决之方案。

2月8日　　南京政府指示上海当局尽快就地解决上海事变。

2月9日　　第三舰队司令野村会见英舰司令克利，讨论上海局势。

2月12日　　中国陆军步兵学校校长王俊与日本第九师团参谋长田代皖一郎开始交涉。

　　英国驻华公使蓝普森提出中国先行撤兵方案，中方拒绝，第四次停战交涉失败。

2月13日　　外交委员顾维钧按南京国民政府指示向美国驻华公使表示可首先解决上海事变。

2月14日　　军政部长何应钦向吴铁城说明"一面抵抗、一面交涉"的方针。

2月16日　　南京政府通电全国，准备长期抗战。

　　日本第九师团在吴淞附近登陆。为筹建伪满，张景惠、

熙洽、臧式毅、马占山（2 月上旬马占山向日本投降，任黑
龙江省伪省长）等在奉天聚会。

在蓝普森斡旋下，中日第五次停战交涉在法租界中日联
谊社举行，因日本所提条件苛刻，交涉失败。国联行政院警
告日本：要停止在上海的军事行动。

2 月 17 日　　伪东北行政委员会成立。

日本政府设立"满蒙政策审议委员会"。

2 月 18 日　　第九师团向十九路军递交最后通牒，要求中国军队在
20 日下午 5 点之前后撤 20 公里。翌日，十九路军拒绝其要求。

伪东北行政委员会发表《满蒙新国家独立宣言》。

日本特使松冈洋右抵达上海。

2 月 19 日　　国联行政院要求日本延长最后通牒期限。

2 月 20 日　　十九路军通电表示："用铁血回答日本的通牒。"

日军在上海发起总攻，十九路军第三次击退日军。

石原莞尔携《新政府组织纲要》赴东京游说。

2 月 21 日　　南京国民政府外交部声明：对东北的伪政权一概不予
承认。

2 月 23 日　　日本决定派遣第十一、十四两师团增援上海。

美国国务卿史汀生致函参议院外交委员会主席博拉，详
细阐述了美国的"不承认主义"，对日本以军事手段改变远东
现状不予承认。

2 月 24 日　　南京国民政府外交部就日本扶持东北伪政权向日本
驻华公使重光葵提出抗议。

2 月 26 日　　日本任命松平恒雄、佐腾尚武、吉田茂为出席国联临
时大会代表。

2 月 28 日　　中日两军代表在驻上海英国军舰"肯特号"上会晤，
开始第六次停战交涉。仍无结果。

日本在国联行政院会议上发表芳泽备忘录，一方面为日

本侵略辩护、一方面提出召开圆桌会议，讨论上海问题。

2 月 29 日　　李顿调查团抵日。

　　　　　　芳泽外相就九一八事变、上海事变发表谈话，企图将责任推给中国。

　　　　　　蒋介石指示上海停止抵抗。

3 月 1 日　　伪满"建国"宣言发表。

　　　　　　日本第十一师团在上海登陆，并向中国军队发起进攻。

　　　　　　中国驻日代理公使抗议日本在东北扶植伪政权。

3 月 2 日　　十九路军按照蒋介石命令开始后撤。

3 月 3 日　　国联行政院决定召开临时大会讨论中日纠纷。

　　　　　　日本上海派遣军司令发表声明：中国军队按日本 2 月18 日要求撤退后，日本将立即停止进攻。

　　　　　　日本驻华公使重光葵发表停战声明。

　　　　　　李顿调查团开始就九一八事变等问题与日本首相、外相进行会谈。

3 月 4 日　　为解决中日纠纷，国联临时大会召开。大会决定设立十九人委员会就中日纠纷向全会提出报告，并要求日军撤出上海的租界，中日双方立即开始讨论停战事宜。

3 月 6 日　　蒋介石担任军事委员会委员长。

3 月 9 日　　溥仪就任伪满执政。

3 月 10 日　　国民党中常委通过《加强国防、长期抗日》决议案。

　　　　　　伪满政权溥仪致函关东军司令，将伪满的国防、治安、铁路管理等事宜委托给日本，并邀请日本人做政府顾问。

　　　　　　中国就日本扶持伪满向重光葵提出抗议。

3 月 11 日　　南京政府声明：不承认东北伪政权。

　　　　　　国联临时大会通过决议，不承认伪满。

　　　　　　李顿调查团离开东京。

3 月 12 日　　日本内阁决定对伪满采取诱导方针。

伪满外长谢介石向在东北设有领事馆的国家发出通知，请求外交承认。

3月14日 李顿调查团抵达上海。

重光葵与中国外交部次长郭泰祺在上海开始就停战协议进行预备会谈。19日，达成基本协议。

3月18日 伪满设立"中央银行"。

蒋介石兼任总参谋长。

3月24日 上海停战会议在英国驻沪总领事馆正式召开。

3月31日 李顿调查团与蒋介石、汪精卫会晤，讨论中日纠纷等问题。

4月2日 马占山脱离伪满并于8日宣布继续抗日。

4月5日 伪满拒绝顾维钧随李顿调查团进入东北。10日，南京政府就此事向日本提出抗议。

4月10日 南京政府要求国联就上海停战问题召开十九国委员会会议。

4月12日 顾维钧举行记者招待会，坚持随李顿调查团进入东北的正当权利。20日顾维钧由海路经大连进入东北。

4月22日 日军在吉林扫荡。

4月26日 日本三井、三菱公司与伪满签订2000万日元融资合同。

4月29日 日本侨民在上海举行天长节庆祝大会，朝鲜青年投掷炸弹，炸死日本上海派遣军司令白川义则，炸伤野村吉三郎、重光葵等。预定的上海停战协定签字仪式延期。

4月30日 日本陆军中央决定将第十四师长从上海调往东北。

国联大会通过十九国委员会提出的《中日停战决议案》。

5月3日 调查团开始与伪满政要会谈。

5月5日 上海停战协定签字。

5月12日 调查团抵哈尔滨，顾维钧提出调查团应会晤马占山，调查团同意顾维钧的提议。14日调查团向伪满提出与马占山会晤要求，遭到拒绝。

5月15日　日本发生"五一五"事件，犬养首相被杀，内阁解体。

5月26日　斋藤内阁成立，斋藤兼任外相。

5月31日　日本撤回派往上海的军队。

6月3日　斋藤在众议院表示要尽快承认伪满政权。

6月6日　国民党政治会议决定进行恢复中苏邦交的谈判。

6月12日　日本进攻马占山抗日义军。

6月14日　日本众议院通过《承认满洲国决议案》。日本外务次官有田八郎建议统一日本在伪满的殖民机构。

6月18日　日本外务省干部会议通过《承认满洲国具体事宜》。

6月25日　日本陆、外、拓、藏四省次官会议提出《驻满特派总监府官制方案》。外务次官有田表示：在李顿调查团离开亚洲之前，将不承认伪满。

7月1日　蒋介石开始第四次"围剿"红军。

7月4日　李顿调查团起草报告书，再次赴日与日本政府会谈。

7月6日　内田康哉出任外相。

7月12日　内田外相与李顿会谈,他表示日本将自主处理承认伪满问题。

7月20日　蒋介石命令张学良保卫热河。

7月21日　南京政府命令热河省主席汤玉麟阻止日军进攻热河。

7月25日　南京政府交通部宣布停止受理伪满邮政事务。

7月26日　日本内阁会议通过《在满机关统一纲要》。
　　　　　日本任命有吉明为驻华公使。

7月27日　日本将长春领事馆改为总领事馆，并在锦州新设领事馆。

7月29日　马占山抗日义军失败。

7月30日　南京政府抗议日本向伪满派遣临时全权大使。

8月7日　关东军司令本庄繁与伪满总理郑孝胥签订伪满交通

港口管理协议。

8月8日　　武藤信义任关东军司令兼临时特命全权大使及关东州长官，将对伪满实行三位一体的殖民体制。

8月17日　　张学良辞去北平绥靖主任，改任军事委员会北平分会代理委员长。9月1日，任委员长。

8月21日　　日军大举进攻热河。

8月25日　　内田外相发表"焦土外交"演说，决意承认伪满。

8月27日　　日本内阁通过《着眼于国际关系的时局处理方针》。

8月29日　　日本驻苏大使广田弘毅向苏联提出中东铁路出售办法。9月9日苏联表示同意。

　　　　　　中国外交部长罗文干驳斥内田的"焦土外交"。

8月末　　　内田外相向驻日外国使节表示，为承认伪满，不惜退出国联。

9月4日　　李顿调查团完成调查报告书。

9月9日　　郑孝胥与武藤信义签订《矿业权协定》。

9月13日　　日本枢密院通过《日满协定书》。

9月15日　　日本和伪满缔结《日满协定书》，日本承认伪满。

　　　　　　武藤信义特命全权大使在长春正式设立事务所。

9月16日　　南京政府外交部抗议日本承认伪满。

9月23日　　苏联表示同意伪满领事继续留驻莫斯科。

9月24日　　国联行政院会议讨论调查团报告书的发表及审议手续。

9月27日　　中东铁路护路军苏炳文通电：成立东北民众抗日救国军。

10月1日　　国联将李顿调查团报告书分送中日两国及国联成员国。

10月3日　　南京政府就李顿报告书发表声明。中华苏维埃政府通电全国，反对李顿调查团报告书。

10 月 11 日　日本任命松冈洋右为出席国联审议李顿调查团报告书会议代表团团长。

10 月 18 日　颜惠庆、顾维钧、郭泰祺任中国出席国联会议代表。

10 月 26 日　智利承认伪满。

11 月 9 日　苏联提议签订《日满苏互不侵犯条约》。

11 月 17 日　国民党中常委决定国民政府和中央党部迁回南京，12 月 1 日，迁回。

11 月 19 日　日本与伪满各银行签订三千万日元建国公债承兑合同。

11 月 21 日　国联行政院审议李顿调查报告书，松冈洋右和顾维钧展开激烈辩论。

11 月 30 日　武藤信义就任驻伪满大使。12 月 1 日设日本驻伪满大使馆。

12 月 6 日　国联全体会议讨论中日纠纷，会议决定由十九国委员会起草裁决报告书。

12 月 12 日　中苏恢复邦交，颜惠庆任中国驻苏大使。

12 月 15 日　国联十九国委员会提出中间报告书；17 日日本提出修正案，27 日南京政府提出修正案。

12 月 24 日　蒋介石要求张学良阻击日军侵入热河。

12 月 31 日　日军在东北东部进行扫荡。

　　　　　　苏联完成第一个五年计划。

1933 年

1 月 1 日　日本挑起山海关事件，南京政府请求国联制止。

1 月 5 日　南京政府要求日本处罚山海关事件肇事者，并立即撤兵。

1 月 30 日　日本政府声明：坚持承认伪满的方针。

2 月 4 日　十九国委员会劝告日本接受中间报告书。

2月9日　　国联十九国委员会就热河问题向日本提出警告。

2月14日　　十九国委员会通过要求日军撤到满铁附属地以内，承认中国对东北拥有主权的《裁决报告书》。

2月17日　　日本拒绝接受国联劝告，大肆进攻热河。

2月20日　　日本决定在国联大会通过十九国委员会起草的《裁决报告书》后，即退出国联。

2月21日　　国联召开全体大会，审议裁决报告书。日本代表声明：不接受《裁决报告书》。翌日，中国代表表示赞成《裁决报告书》。

2月22日　　日军要求中国驻热河军队在24小时内撤退。

2月23日　　日军开始进攻热河。3月3日，中国守军败退。

2月24日　　国联全会以42：1通过《裁决报告书》，日本代表松冈洋右率团退出会场。

3月1日　　伪满公布《满洲国经济建设纲要》。

3月3日　　萨尔瓦多承认伪满。

3月27日　　日皇颁布退出国联诏书。

　　　　　　内田外相通知国联：日本退出国联。

4月1日　　伪满宣布对不承认自己的国家闭关。

4月10日　　关东军进攻关内。

4月27日　　南京国民政府外交部抗议日军进攻河北。

5月2日　　日本前外相石井菊次郎等出席国际经济会议，内田指示不得涉及伪满问题。

　　　　　　苏联正式向日本和伪满提出出售中东铁路。

5月8日　　南京政府抗议苏联擅自出售中东铁路。

5月23日　　日本政府决定由伪满购买中东铁路。

　　　　　　南京政府代表黄郛提议中日停战。25日，中日停战交涉开始。

5月31日　　中日签订《塘沽停战协定》。

7月28日　　日本派菱刈为驻满大使。

9月14日　　广田弘毅任外相。

1934 年

2月26日　　苏联与伪满开始就中东铁路出售问题举行谈判。

3月1日　　 伪满改行帝制，溥仪称帝，年号为康德。

4月9日　　 北平政务整理委员长黄郛在南昌与蒋、汪会谈，商订在不承认伪满的条件下通邮、通车、设卡。

4月13日　　罗马教廷承认伪满。

4月18日　　汪精卫向日本驻华公使有吉明表示：在搁置伪满问题的条件下，改善中日关系。

5月14日　　有关关内外通车问题秘密协议会在山海关召开。

6月6日　　 北平政务整理委员长黄郛向日本驻华公使有吉明提出为了实现关内外通车通邮，日军应撤至非军事区。

6月20日　　南京政府在山海关设海关。

7月1日　　 关内外通车协定实施。

7月8日　　 冈田启介内阁成立，广田弘毅任外相。

8月10日　　伪满、巴西互设领事馆。

9月14日　　日本内阁会议通过《调整驻满机关方案》，在内阁中设立对满事务局，确立关东军司令官和驻伪满大使的二位一体的殖民统治体制。

9月26日　　日本公布《对满事务局官制》，陆军大臣任该局总裁。

10月　　　 英国产业视察团赴伪满考察。

　　　　　 美国记者团赴伪满采访。

12月10日　南次郎任驻伪满大使和关东州长官。

12月14日　南京政府与关东军签订关内外通邮协议。翌年 1 月10日实施。

12月24日　南京政府与关东军达成设关协议。

12月26日 日本任命林铣十郎为对满事务局总裁。

1935 年

1月21日 苏联与日、满达成《中东铁路转让协定》，3 月 23 日，正式签署。

2月12日 《日满关税协定》签署。

2月 日本外务省设立废除在满治外法权问题调查审议委员会。

4月6日 伪满皇帝溥仪访日。

5月17日 中日公使馆升格为大使馆。日本任命有吉明为驻华大使，中国任命蒋作宾为驻日大使。

6月11日 何应钦同梅津美治郎就解决华北问题达成协定。6月 27 日，察哈尔省代理主席与土肥原达成《中日秦土协定》。为日本策动"华北自治"提供了便利条件。

6月 伪满驻日公使馆升格为大使馆。

7月15日 日满签署《关于设置日满经济共同委员会的协定》。

8月 日本宣布以渐进方式废除在满治外法权及满铁附属地行政权，以此强化对伪满的殖民统治。

9月24日 中国驻屯军司令多田骏发表声明:建立独立于南京国民政府之外的华北政权。企图使华北五省脱离南京政府，变为准"满洲国"。

10月4日 日本外相广田弘毅提出对华三原则:停止排日、承认伪满、共同防共。

11月25日 日本在冀东扶植殷汝耕"自治政府"。

12月11日 南京政府在华北建立冀察政务委员会，宋哲元任委员长。

12月26日 《日满邮电业务条约》签订。

1936 年

1 月 13 日　日本政府决定促进华北五省脱离南京政府。

2 月 8 日　有田八郎任驻华大使。

2 月 26 日　日本发生"二二六政变"。

3 月 6 日　植田谦吉任驻伪满大使兼关东军司令。

3 月 9 日　广田弘毅内阁成立。4 月 2 日，有田八郎任外相。
5 月 18 日，恢复军部大臣现役武官制。

4 月 30 日　德国与伪满签订贸易协定。

5 月 15 日　川樾茂任驻华大使。

6 月 10 日　日本与伪满签订《日本人在满居住及纳税问题附属议定书》。

8 月 11 日　日本政府决定将华北五省变为防共亲日亲满地带。

11 月 25 日　日德防共协定在柏林签订。

12 月　　　意大利重开奉天总领事馆，以示承认伪满之意。

12 月 12 日　西安事变。张学良、杨虎城逼蒋抗日，抗日民族统一战线初步形成。

1937 年

2 月 2 日　林铣十郎内阁成立。3 月 3 日，佐藤尚武任外相。

5 月 14 日　日本为推动国家总动员计划，设立企画厅。

6 月 4 日　第一次近卫文麿内阁成立，广田弘毅任外相。

7 月 7 日　日军炮制"卢沟桥事变"，中日全面战争爆发。

8 月 13 日　日军武装进攻上海，"八一三"抗战开始。之后蒋介石下达全国总动员令，国共第二次合作。

8 月 24 日　日本实施国民精神总动员令。9 月 9 日，日本内阁宣布：实行举国战时体制。10 月 25 日，日本将企画厅与资源局合并，成立企画院。

10 月 27 日　在日本扶植下，蒙古联盟自治政府成立。

11 月 5 日　随着日本在伪满的殖民体制的确立，日本演出"废除"在伪满治外法权、"移交"满铁附属地行政权的闹剧，以此掩盖伪满的傀儡性。

11 月 16 日　意大利加入日德防共协定。同月 29 日，意大利承认伪满。

11 月 20 日　日本设大本营，同时设置大本营政府联络会议，以协调战事。

12 月 13 日　日军攻陷南京，制造了震惊中外的"南京大屠杀"惨案。

12 月 14 日　在日军扶持下，以王克敏为首的伪中华民国临时政府在北平成立。

1938 年

1 月 16 日　近卫发表声明：不以国民政府为对手。中日撤回各自大使。

2 月 20 日　希特勒在国会上表示将承认伪满。

3 月 28 日　在日军扶植下，伪中华民国维新政府在南京成立。梁志鸿任行政院长。

4 月 1 日　日本颁布《国家总动员法》。

5 月 12 日　德国承认伪满，《德满修好条约》在柏林签订。

5 月 26 日　宇垣一成任外相。

7 月 5 日　意大利和伪满缔结《通商航海条约》。

7 月 9 日　日、苏军队在中苏边境张鼓峰发生军事冲突。

7 月　伪满派遣修好使节团出访欧洲。

9 月 14 日　伪满与德意签订贸易及支付协定。

9 月 22 日　伪中华民国临时政府（北平）与伪中华民国维新政府（南京）合并，成立伪中华民国政府联合委员会，王克敏任主席。

10 月 29 日　有田八郎任外相。

11 月 3 日　近卫发表第二次声明，狂言要建立东亚新秩序。

11 月 30 日　日本御前会议通过《调整中日关系新方针》，近卫据
　　　　　此提出：睦邻友好、共同防共、经济提携三原则，企图将中
　　　　　国变为日本殖民地。

12 月 29 日　日本外相有田发表声明：列强在华活动不得影响日满
　　　　　华三国国防及经济自主。

1939 年

1 月 5 日　　平沼骐一郎内阁成立，有田留任外相。

1 月 10 日　匈牙利承认伪满。

2 月 24 日　伪满加入防共协定。

5 月 11 日　蒙古军队和伪满军队在诺蒙坎发生冲突，后因苏、日
　　　　　军队加入，冲突升级。7 月 1 日关东军向诺蒙坎发起总攻，
　　　　　遭到苏军反击。8 月 20 日苏军发起反攻，几乎全歼日军。
　　　　　9 月 15 日，日苏在莫斯科缔结停战协定。

8 月 23 日　苏德互不侵犯条约签订，同月 28 日平沼内阁辞职。

8 月 30 日　阿部信行内阁成立，9 月 25 日野村吉三郎任外相。

9 月 1 日　　德军进攻波兰，欧战爆发。

9 月 7 日　　梅津美治郎任驻伪满大使。

9 月　　　　伪满与德国签订贸易及支付协定。

1940 年

1 月 8 日　　日本内阁会议决定扶植汪精卫建立新的伪中央政府。

1 月 16 日　米内光政内阁成立，有田八郎留任外相。

3 月 7 日　　日军在香港展开对重庆诱降的"桐工作"，其中将承
　　　　　认伪满列为重要条件，虽经多次会谈，但以失败告终。

3 月 30 日　汪伪政权在南京成立。

6 月 26 日　伪满皇帝溥仪访日。

7 月 22 日　第二次近卫内阁成立，松冈洋右任外相，南进和强化
　　　　　　轴心成为国策。

9 月 23 日　日军进驻法属印支。

9 月 26 日　美国对日禁运石油及废钢。

9 月 27 日　德意日三国同盟建立。

11 月中旬　松冈外相通过中国交通银行董事长钱永铭展开对重
　　　　　　庆政府诱降工作，在伪满问题上只要求默认。

11 月 30 日　日汪签订《日华基本条约》，日本正式承认汪伪政权。
　　　　　　日本、伪满、汪伪签订《日满华共同宣言》。

1941 年

3 月 2 日　　日本任命畑俊六为中国派遣军总司令。

4 月 13 日　苏日签订中立条约，相互承认各自拥立的蒙古和伪满。

4 月 16 日　日美交涉开始，日本希望美国承认伪满，然后再谋求
　　　　　　中国承认。美国准备在伪满及中国问题上对日让步，以换取
　　　　　　日本放弃三国同盟和南进政策。

6 月 17 日　日苏订立《满蒙划界协定》。

6 月 22 日　苏德战争爆发。

7 月 2 日　　关东军特种演习。

7 月 18 日　近卫第三次内阁成立，丰田贞次郎任外相。

9 月 6 日　　日本御前会议决定对美开战。

10 月 18 日　东条英机内阁成立，东乡茂德任外相。

12 月 1 日　日本御前会议正式决定对美开战日期。

12 月 8 日　日本偷袭珍珠港，挑起太平洋战争。

1942 年

1 月 30 日　日本宣布以日元作为大东亚通用货币，以东京为调剂中心。

2 月 28 日　日本决定"大东亚共荣圈"的范围。

3 月 7 日　日本大本营政府联络会议通过了《今后战争指导大纲》，准备进入持久战态势。

3 月 16 日　伪满特使张景惠朝拜日本政府。

5 月 7 日　汪精卫赴伪满。

6 月 5 日　中途岛海战开始，日军以失败告终。美军开始转入反攻。

9 月 15 日　伪满举行"建国"十周年庆典。

10 月 13 日　日本在东京召开"日满华兴亚团体会议"。

11 月 1 日　日本内阁设立大东亚省，该省内设置满洲事务局，由它管辖伪满。青木一男任大东亚相。

1943 年

1 月 9 日　汪伪政权在日本授意下对英美宣战。

1 月 11 日　重庆国民政府与英美签订取消治外法权条约。

2 月 1 日　日军在瓜岛海战中失败，美国开始掌握太平洋战争的主导权。

3 月 13 日　东条英机督察汪伪政权，商谈战时合作问题。

4 月 1 日　东条英机督察伪满。

4 月 8 日　汪伪特使周佛海赴伪满。

4 月 20 日　重光葵任外相。

5 月 31 日　日本御前会议通过《大东亚政略指导大纲》。

9 月 8 日　意大利宣布无条件投降。

9 月 18 日　日本决定修改日汪《基本关系条约》及《对重庆政府

工作纲要》。

9 月 30 日　日本御前会议通过《今后应执行的战争指导大纲》，将伪满划入绝对国防圈内。

10 月 30 日　日汪签订《日华同盟条约》。

11 月 5 日　日本召集各傀儡政府代表，在东京举行大东亚会议。会上发表了《大东亚共同宣言》。

12 月 1 日　中、英、美三国发表《开罗宣言》，要求日本将从中国盗取的包括伪满在内的一切领土，全部归还中国。

1944 年

2 月 21 日　东条兼任陆相、参谋总长，实现军政一人独裁体制。

5 月 5 日　日本大本营下令赋予防卫总司令对国内一切军队的指挥权，以准备本土决战。

6 月 15 日　美军在塞班岛登陆，日守军全军覆灭。7 月 7 日，美军占领塞班岛，日本绝对国防圈崩溃。7 月 18 日东条内阁倒台。11 月 24 日美军 B—29 飞机空袭东京。

7 月 22 日　小矶国昭内阁成立，重光葵留任外相。

7 月 29 日　美军 B—29 飞机开始空袭伪满。

9 月 5 日　日本战争最高指导会议通过《对重庆政治工作实施案》，放弃了正式承认伪满的要求。9 月 12 日，该会议又起草了《对苏外交施策》，准备承认苏联在东北及内蒙古的势力范围，以换取苏联保持中立。

10 月 1 日　日本设立东京京都防空本部，以对付美军对日本本土的空袭。

11 月 12 日　冈村宁次任中国派遣军总司令。

12 月 13 日　日本战争最高指导会议通过《关于就地对重庆工作指导原则》，再次表示在伪满问题上可以让步。

1945 年

2 月 4 日　　美、苏、英三国首脑在雅尔塔会谈。会谈期间,英美承认在主权归中国的情况下,苏联在中国东北享有特权。苏联允诺参加对日作战。2 月 11 日,三国签订《雅尔塔协定》。

2 月　　　　日本根据《关于就地对重庆工作指导原则》着手"缪斌工作"。3 月 16 日,缪斌自称重庆代表,赴东京与日本政府商讨中日关系问题,并提出伪满问题可别订协议,后因军部反对没有结果。

4 月 5 日　　苏联通知日本:中立条约到期后不再延长。

4 月 7 日　　铃木贯太郎内阁成立。4 月 9 日,东乡茂德任外相。

4 月　　　　由于美军在冲绳登陆,日本企图以伪满国际共管为条件与美交涉。

5 月 2 日　　盟军攻克柏林,5 月 8 日,德国无条件投降。

5 月 14 日　　日本战争最高指导会议决定开始对苏交涉。以出让中东铁路、承认内蒙古为苏联的势力范围、南满中立、旅顺和大连租让为条件,妄图维持伪满政权。由于苏联决定参加对日作战,日苏交涉实际上毫无结果。

6 月 22 日　　天皇向战争最高指导会议成员表示了停战意图。

7 月 17 日　　美、苏、英三国首脑在波茨坦举行会谈。7 月 26 日,发表《波茨坦公告》,督促日本无条件投降。但日本以伪满问题上的让步来争取苏联居中调停。

7 月 28 日　　铃木首相发表声明,拒绝投降。

8 月 6 日　　美军在广岛投掷第一颗原子弹,9 日,又在长崎投掷第二颗原子弹。

8 月 8 日　　苏联对日宣战。9 日,苏联红军开始对驻扎伪满的关东军发起全面进攻。

8 月 14 日　　日本御前会议正式决定投降。15 日,日本播放天皇

《终战诏书》录音。

8月17日　　东久迩稔彦内阁成立。重光葵任外相,办理投降事宜。

8月18日　　伪满皇帝溥仪宣布退位。19 日溥仪被苏军逮捕。伪满覆灭。

9月2日　　日本无条件投降书签署。日本从中国盗取的土地全部归还中国。

1950 年

2月14日　　《中苏友好同盟互助条约》签订。苏联同意将它在东北享有的一切特权归还给中华人民共和国。至此, 东北完整地回归祖国怀抱。

附录二

主要参考文献

1. 罗家伦编：《革命文献》，第33、35、36、37、39、40辑，台北版。

2. 李云汉编：《九一八事变史料》，正中书局1982年版。

3. 秦孝仪主编：《中华民国重要史料初编·对日抗战时期》绪编（一），中国国民党中央委员会党史委员会编印，台北，1981年版。

4.《历史档案》，1984年第4期。

5.《民国档案》，1985年创刊号，2期。

6.《北京档案史料》，1991年3期。

7.《晨报》，1931、1932、1933年。

8.《上海新闻报》，1931、1932、1933年。

9. 上海《民国日报》，1931、1932、1933年。

10. 天津《大公报》，1931、1932、1933年。

11.《中央日报》，1932年。

12. 天津《益世报》，1931年。

13.《吉长日报》，1931年。

14.《时事新报》，1931、1932年。

15.《文史资料选辑》，第3、12辑。

16.《国民政府军事机关档案》（25），南京中国第二历史档案馆藏。

17. 王霖、高淑英编：《万宝山事件》，吉林人民出版社1991年版。

18. 辽宁省档案馆史料。

19. 日本外务省编：《日本外交文书·满洲事变》，第一、二、三卷，别卷。

20.《现代史资料（7）·满洲事变》，三铃书房 1965 年版。

21. 日本外务省编：《日本外交年表及主要文书》，原书房 1976 年版。

22. 稻叶正夫等编：《走向太平洋战争之路》，别卷资料编，朝日新闻社 1963 年版。

23. 日本参谋本部：《满洲事变作战指导关系缀》，别册一、二，日本防卫厅防卫研究所藏。

24. 日本宪兵队司令部：《满洲事变中宪兵队的行动》第 10 号，日本国会图书馆藏。

25. 角田顺编：《石原莞尔资料·国防论策》，原书房 1967 年版。

26. 日本关东军参谋部：《满洲事变情报》（缩微胶卷），远东国际军事裁判检察官资料，日本早稻田大学图书馆藏。

27.《密大日记》，昭和六年（1931）第四册，日本防卫厅防卫研究所藏。

28. 日本外务省编：《日美谈判资料》第 1 部，原书房 1978 年版。

29. 李新等编：《中国新民主主义革命时期通史》，第二卷，人民出版社 1981 年版。

30. 易显石等：《九一八事变史》，辽宁人民出版社 1981 年版。

31. 姜念东等：《伪满洲国史》，吉林人民出版社 1980 年版。

32. 日本国际政治学会编：《满洲事变》，有斐阁 1970 年版。

33. 臼井胜美：《满洲事变——战争与外交》，中央公论社 1974 年版。

34. 臼井胜美：《日中外交史·北伐时代》，塙书房 1971 年版。

35. 马场伸也：《走向满洲事变的道路》，中央公论社 1972 年版。

36. 马场明：《日本外交史·满洲事变》，鹿岛研究所出版会 1973 年版。

37. 马场明：《日中关系和外政机构的研究》，原书房 1983 年版。

38. 绪方贞子：《满洲事变及其政策形成过程，》，原书房 1966 年版。

39. 森克己：《满洲事变的另一面史》，国书刊行会 1976 年版。

40. 江口圭一：《十五年战争的开幕》，小学馆 1982 年版。

41. 斋滕镇男：《日本外交政策史论序说》，有信堂 1981 年版。

42. 币原和平财团编著：《币原喜重郎》，东京，1955 年版。

43. 海野芳郎：《国际联盟和日本》，原书房 1972 年版。

44. 满洲移民史研究会编：《日本帝国主义下的满洲移民》，龙溪书舍 1976 年版。

45. 日本参谋本部编：《满洲事变作战经过概要》，岩南堂 1973 年版。

46. 松泽哲成：《日本法西斯的对外侵略》，三一书房 1983 年版。

47. 岛田俊彦：《近代的战事·满洲事变》（4），人物往来社 1966 年版。

48. 松原一雄：《最近国际法及外交资料》，育成堂 1942 年版。

49. 森田正夫编：《汪兆铭》，兴亚文化协会 1939 年版。

50. 山口重次：《满洲国》，行政通信社 1975 年版。

51. 榛原茂树、柏正彦：《上海事件外交史》，金港堂 1932 年版。

52. 立作太郎：《国际联盟规约论》，国际联盟协会 1932 年版。

53. 松冈洋右传记刊行会编：《松冈洋右——其人及其生涯》，讲谈社 1974 年版。

54. 板垣征四郎传记刊行会编：《秘录·板垣征四郎》，芙蓉书房 1977 年版。

55. 朴永锡：《万宝山事件研究》，第一书房 1983 年版。

56. 山浦贯一：《森恪》，原书房 1982 年版。

57. 三宅正树等编：《昭和史上的军部和政治·军部支配的开始》（1），第一法规出版株式会社 1983 年版。

58. 满洲青年联盟史刊行委员会编：《满洲青年联盟史》，原书房

1968 年版。

59."满洲国"政府编:《满洲建国十年史》,原书房 1969 年版。

60.广田弘毅传记刊行会编:《广田弘毅》,中央公论社 1966 年版。

61.内田康哉传记编纂委员会编:《内田康哉》,鹿岛研究所出版会 1969 年版。

62.守岛康彦:《昭和的动乱和守岛伍郎的生涯》,苇书房 1985 年版。

63.日本外务省编:《终战史录》(一)、(二),北洋社 1977 年版。

64.服部卓四郎:《大东亚战争史》,原书房 1973 年版。

65.油桥重远:《战时日苏交涉小史》,霞关出版 1974 年版。

66.日本防卫厅防卫研究所战史室编:《战史丛书·中国事变陆军作战(1)》,朝云新闻社 1975 年版。

67.日本防卫厅防卫研究所战史室编:《战史丛书·大本营陆军部(2)》,朝云新闻社 1968 年版。

68.日本防卫厅防卫研究所战史室编:《战史丛书·大本营陆军部·大东亚战争开战经纬(3)》,朝云新闻社 1973 年版。

69.日本防卫厅防卫研究所战史室编:《战史丛书,大本营陆军部·大东亚战争开战经纬(5)》,朝云新闻社 1974 年版。

70.日本防卫厅防卫研究所战史室编:《战史丛书·大本营陆军部(9)、(10)》,朝云新闻社 1975 年版。

71.币原喜重郎:《外交五十年》,读卖新闻社 1951 年版。

72.若槻礼次郎:《古风庵回忆录》,读卖新闻社 1950 年版。

73.重光葵:《外交回忆录》,每日新闻社 1978 年版。

74.林久治郎:《满洲事变与奉天总领事》,原书房 1978 年版。

75.原田熊雄口述:《西园寺公望与政局》(第二卷),岩波书店 1982 年版。

76.芳泽谦吉:《外交六十年》,自由亚洲社 1958 年版。

77.森岛守人:《阴谋·暗杀·军刀》,岩波书店 1950 年版。

78. 顾维钧：《顾维钧回忆录》（1）、（2），中华书局 1983、1985
　　年版。
79. 鹿岛守之助：《鹿岛守之助外交论文选集》，第 9 卷，鹿岛研究
　　所出版会 1970 年版。
80. 张群：《日华风云七十年》，产经出版 1980 年版。